René Gr

L'épopée des Croisades

Essai

 Le code de la propriété intellectuelle du 1er juillet 1992 interdit en effet expressément la photocopie à usage collectif sans autorisation des ayants droit. Or, cette pratique s'est généralisée dans les établissements d'enseignement supérieur, provoquant une baisse brutale des achats de livres et de revues, au point que la possibilité même pour les auteurs de créer des œuvres nouvelles et de les faire éditer correctement est aujourd'hui menacée. En application de la loi du 11 mars 1957, il est interdit de reproduire intégralement ou partiellement le présent ouvrage, sur quelque support que ce soit, sans autorisation de l'Éditeur ou du Centre Français d'Exploitation du Droit de Copie , 20, rue Grands Augustins, 75006 Paris.

ISBN : 978-2-37976-176-8

10 9 8 7 6 5 4 3 2 1

René Grousset

L'épopée des Croisades

Essai

Table de Matières

Chapitre I	7
Chapitre II	14
Chapitre III	17
Chapitre IV	44
Chapitre V	82
Chapitre VI	101
Chapitre VII	119
Chapitre VIII	127
Chapitre IX	139
Chapitre X	150
Chapitre XI	168
Chapitre XII	182
Chapitre XIII	202
Chapitre XIV	209
Chapitre XV	217
Chapitre XVI	245
Chapitre XVII	248
Chapitre XVIII	264
Annexe	274

A Pierre Benoit
en témoignage d'une amitié de toujours.

Chapitre *I*
Le pape défenseur de l'Europe

Urbain II

Lorsque, dans les derniers jours de juin 1095, le pape Urbain II passa d'Italie en France pour y prêcher la première croisade, nul, semble-t-il, ne se doutait encore de l'objet de son voyage. Avant de rendre public le projet qui devait bouleverser le monde, ce Champenois voulait reprendre contact avec sa province natale et se recueillir sous les voûtes du monastère de Cluny où avait rêvé sa jeunesse. Aussi bien les voix qui montaient de cette terre étaient-elles éminemment faites pour le confirmer dans sa résolution, si même ce n'était pas elles qui lui en avaient inspiré la première idée. N'était-ce pas de Cluny qu'étaient parties, avec le grand mouvement de pèlerinages du XIe siècle, les premières expéditions pour délivrer du joug musulman les chrétientés espagnoles ? Quand Urbain, qui s'appelait encore Eude de Châtillon, n'avait qu'une vingtaine d'années, n'avait-il pas vu en 1064 son compatriote Eble de Roucy prendre avec la chevalerie française de l'est le chemin des Pyrénées pour aller chasser les Arabes de l'Aragon ? Fidèle à ces souvenirs comme à l'exemple de son prédécesseur Grégoire VII, Urbain, une fois devenu pape, avait en 1089 lancé lui-même sur les routes d'Espagne une autre expédition française, composée en majorité, celle-là, de chevaliers du midi. Or, la *reconquista* espagnole à cette date, c'était déjà comme les grandes manœuvres de la croisade.

Comment Urbain II décida-t-il d'étendre à l'Orient la guerre de délivrance commencée à l'Occident extrême ? Pour répondre à cette question, il nous faudrait suivre le grand pape en ses méditations solitaires quand, du palais du Latran, de son exil de Salerne ou des fenêtres de Cluny, en ces années du XIe siècle finissant, il promenait son regard sur le monde.

***

L'Islam, surgi quatre cents ans plus tôt des sables de l'Arabie, couvrait maintenant, de la Syrie à l'Espagne, près de la moitié de l'ancien territoire romain, et le berceau du christianisme était toujours en son pouvoir. Un moment – il y avait un siècle de cela – on avait pu croire que la Terre sainte allait en être délivrée. C'était quand l'empire byzantin, par un redressement inattendu et dans une grande revanche contre les Arabes, les avait relancés jusqu'en Syrie. En 969 la ville d'Antioche avait été ainsi rendue au christianisme. En 975 l'empereur Jean Tzimiscès, un des plus glorieux souverains de l'histoire byzantine, avait traversé en vainqueur la Syrie entière et tenu sa cour sous les murs de Damas. De là il avait pénétré sur la terre sacrée de Galilée. On l'avait vu, à la tête des légions « romaines », venir prier sur les bords du lac de Tibériade, épargner en souvenir de la Vierge les habitants de Nazareth, monter en pèlerinage sur la montagne de la Transfiguration, au Thabor. Peu s'en était fallu qu'il ne poussât, comme il en manifestait l'intention, jusqu'à Jérusalem ; mais l'obligation où il se trouva d'aller combattre les garnisons arabes, restées maîtresses des ports libanais, l'avait arrêté dans sa marche et, après s'être senti si près du but, il était revenu mourir à Constantinople, sans avoir délivré la ville sainte. La persécution que peu après, en 1005, le khalife du Caire avait exercée contre le Saint-Sépulcre avait rendu plus visible aux yeux de la chrétienté cette carence des armes et de l'Église byzantines. Byzance avait décidément laissé échapper la gloire d'attacher son nom à la croisade…

La situation empira ensuite avec l'apparition des Turcs. Arabes et persans, les anciens maîtres de l'Islam oriental avaient depuis longtemps perdu sous l'influence d'une civilisation raffinée leur combativité première. Les Turcs, au contraire, race militaire par excellence, endurcis par des siècles de nomadisme et de misère dans les âpres solitudes de la Haute Asie, allaient apporter au monde musulman une force neuve. Le jour où en 1055 – date mémorable dans l'histoire de l'Asie – le chef d'une de leurs hordes sortie de la steppe kirghize, Toghroul-beg le Seldjoukide, entra à Bagdad et s'imposa au khalife arabe comme vicaire temporel et sultan, superposant ainsi à l'empire arabe un empire turc, quand, avec lui, les Turcs furent devenus la race impériale du monde musulman, tout fut changé. La conquête musulmane, depuis deux siècles arrêtée, reprit son cours. Le futur Urbain II, encore moine de Cluny, dut sans doute entendre raconter par les pèlerins comment les Turcs seldjoukides, après d'effroyables ravages, venaient d'enlever à l'empire byzantin la vieille terre chrétienne d'Arménie. Bientôt, une nouvelle plus terrible devait lui parvenir, celle du désastre de Malazgerd.

Un dernier soldat énergique, l'empereur Romain Diogène, venait de monter sur le trône de Byzance. Au printemps de 1071, avec une centaine de mille d'hommes, parmi lesquels de nombreux mercenaires normands, il voulut délivrer l'Arménie des Turcs. Le chef des Turcs, Alp Arslan, « le lion robuste », deuxième sultan de la dynastie seldjoukide, se porta à sa rencontre. Le choc eut lieu près de Malazgerd, au nord du lac de Van, le 19 août 1071. Dans cette journée décisive, Romain fut trahi par ses lieutenants. Resté seul avec une poignée de fidèles, il se défendit en héros jusqu'à ce que blessé, son cheval tué sous lui, il fut fait prisonnier et conduit à Alp Arslan qui du reste le traita avec honneur. Ce furent les Byzantins qui, lorsqu'il fut rendu à la liberté, lui firent, par haine politique, crever les yeux.

La défaite de Malazgerd, trop peu mentionnée dans nos manuels, fut un des pires désastres de l'histoire européenne. Cette bataille livrée au cœur de l'Arménie eut comme conséquence, dans les dix ans, la conquête des trois quarts de l'Asie Mineure par les Turcs. Il est vrai que les progrès des Turcs furent aidés par l'incroyable absence de « patriotisme chrétien » des généraux byzantins qui se disputaient le trône. Ce fut l'un de ces prétendants qui en 1078 – crime insigne contre l'Europe – appela lui-même les Turcs comme alliés et les installa à ce titre à Nicée, près de la Marmara, en face de Constantinople. Trois ans après, un cadet de la famille seldjoukide mettait les Byzantins à la porte et fondait, avec Nicée comme capitale, un royaume turc particulier d'Asie Mineure, noyau de notre Turquie historique. Pendant ce temps en Syrie d'autres chefs turcs enlevaient Jérusalem aux Arabes d'Égypte (1071) et Antioche aux Byzantins (1085). Sous le troisième sultan seldjoukide, Mélik-châh (1072-1092), l'empire turc s'étendait de Boukhara à Antioche. Mélik-châh, le petit-fils des nomades sortis des profondeurs de l'Asie Centrale, vint en 1087, en un geste curieusement symbolique, tremper son sabre dans les eaux de la Méditerranée.

Ces événements, dont les premiers se déroulent sous le pontificat d'Urbain II (1088-1099), eurent en Occident un retentissement profond. L'effondrement de l'empire byzantin après Malazgerd, son absence de réaction devant la prise de possession de l'Asie Mineure par la race turque et par l'islamisme imposèrent à l'Occident la conviction que devant une telle défaillance, pour sauver l'Europe directement menacée, les nations occidentales se devaient d'intervenir. Nos vieux chroniqueurs ne s'y sont pas trompés. Guillaume de Tyr verra dans le désastre de Malazgerd l'éviction définitive des Grecs comme protagonistes de la chrétienté, la justification historique de l'entrée en scène des Francs pour remplacer ces partenaires hors de jeu. De fait il était temps d'aviser. De Nicée où l'Islam avait pris pied, il pouvait à tout instant surprendre Constantinople. La catastrophe de 1453 pouvait se produire dès les dernières années du XIe siècle. Comme allait le proclamer Urbain II, ce fut un des motifs qui le déterminèrent, quatorze ans après la prise de Nicée, à entreprendre la prédication de la première croisade. Point n'est besoin, pour expliquer une telle résolution, d'imaginer un appel direct de l'empereur byzantin Alexis Comnène. Le sentiment qu'avait Urbain de ses devoirs comme guide et défenseur de la chrétienté suffit à éclairer sa politique. Politique aux larges vues s'il en fut jamais, qui, du haut du trône pontifical dressé à Clermont-Ferrand, embrassait aussi bien Jérusalem où les guerres entre Égyptiens et Seldjoukides avaient abouti à de nouveaux massacres de chrétiens, que la question des Détroits, « le bras Saint-George », comme on disait alors, toujours sous la menace d'un coup de main turc.

Le 27 novembre 1095, dixième jour du concile de Clermont, Urbain II appela donc toute la chrétienté aux armes, appel du pontife à la défense de la foi menacée par la nouvelle invasion musulmane, appel du véritable héritier des empereurs romains à la défense de l'Occident, de la plus haute autorité européenne à la sauvegarde de l'Europe contre les conquérants asiatiques, successeurs d'Attila et précurseurs de Mahomet II. Le cri de « Dieu le veut ! » répondit de toutes parts à sa proclamation, repris par Urbain lui-même qui en fit le cri de ralliement général et demanda aux futurs soldats du Christ de se marquer du signe de la croix. La « croisade » était née, idée en marche qui allait lancer princes et foules jusqu'au fond de l'Orient. L'idée croisée du concile de Clermont ne peut se comparer à cet égard qu'à l'idée panhellénique du congrès de Corinthe en 336 avant Jésus-Christ, qui avait lancé Alexandre le Grand et toute la Grèce à la conquête de l'Asie.

***

L'appel d'Urbain II, l'ordre de mobilisation européenne de 1095, arrivait à son heure. S'il avait été lancé quelques années plus tôt, si les armées de la croisade avaient débouché en Asie, non pas, comme elles allaient le faire, en 1097, mais sept ou huit ans auparavant, quand le grand empire turc unitaire des Seldjoukides était encore debout, le succès eût sans doute été beaucoup moins assuré. Mais à l'heure où Urbain dressait l'Europe contre l'Asie, le sultan seldjoukide Mélik-châh venait de mourir (15 novembre 1092), et son empire, comme naguère l'empire de Charlemagne, venait d'être partagé, au milieu d'épuisantes luttes de famille, entre ses fils, ses neveux et ses cousins. Les fils du grand sultan n'avaient conservé que la Perse dont ils devaient pendant plusieurs années encore se disputer les provinces. Ses neveux – deux frères ennemis, eux aussi – étaient devenus rois de Syrie, le premier à Alep, le second à Damas. L'Asie Mineure enfin, de Nicée à Qonya, formait sous un cadet seldjoukide un quatrième royaume turc. Tous ces princes, malgré leur parenté, étaient trop divisés entre eux pour faire bloc contre un péril extérieur. Arrive la croisade, ils l'affronteront isolément et, plutôt que de s'entraider à temps, se feront battre les uns après les autres.

Sans doute Urbain II ne connaissait-il pas le détail de toutes ces querelles, mais il ne pouvait, informé comme il l'était par les pèlerins, en ignorer le principal. Dans tous les cas, il faut convenir que pour la réalisation de son grand projet, l'heure s'annonçait singulièrement opportune. La croisade, survenant dans un Islam en plein désarroi, au milieu d'une dissolution d'empire, allait bénéficier des mêmes avantages que naguère en Occident les invasions normandes survenant en pleine décadence carolingienne.

***

Sur quel concours Urbain II pouvait-il immédiatement compter ?

Ne pouvant abandonner Rome pour se mettre lui-même à la tête de la croisade, il songea, pour diriger celle-ci, à un prélat qui, ayant accompli le pèlerinage de Terre sainte, connaissait bien la question d'Orient, à l'évêque du Puy Adhémar de Monteil, choix excellent, la haute sagesse d'Adhémar devant, comme nous le verrons, maintenir la cohésion indispensable entre tant de tumultueux féodaux. Autant que les conseils d'Adhémar, l'expérience clunisienne du pape lui fit ensuite jeter les yeux sur ceux des barons français du midi qui avaient déjà mené la guerre sainte en Espagne. De ce nombre était le comte de Toulouse Raymond de Saint-Gilles qui avait pris part en 1087 à l'expédition contre Tudela. La piété de Raymond, sa déférence envers les autorités ecclésiastiques le firent répondre avec ferveur à l'appel du pontife. Après l'assemblée de Clermont, Urbain séjourna auprès de lui, dans le comté de Toulouse, de mai à juillet 1096, et un dernier concile, tenu alors à Nîmes, acheva l'œuvre commencée à Clermont. Par là, comme nous l'annoncions tout à l'heure, la croisade se soudait directement à la *reconquista*.

En même temps que sur les barons du midi, déjà accoutumés en Espagne à lutter contre les Maures, Urbain II pouvait compter sur les Normands des Deux-Siciles, ses amis de longue date, puisque c'était chez eux qu'il avait naguère à Salerne trouvé refuge, lors de sa lutte contre l'empire germanique. L'histoire de l'établissement de ces étonnants aventuriers dans l'Italie méridionale depuis plus d'un siècle n'avait été d'ailleurs à bien des égards qu'une croisade avant la lettre, croisade pleine de profits autant que d'héroïsme, car c'était sur les Arabes comme sur les Byzantins qu'ils avaient conquis le pays. Événements assez récents : c'était en 1072 seulement que le chef normand Robert Guiscard avait réussi à chasser les derniers Arabes de Palerme. Les Normands, ici, représentaient donc l'avant-garde de la latinité à la fois contre l'Infidèle et contre l'hérétique grec. Déjà, du reste, ils avaient franchi le canal d'Otrante, afin de poursuivre le Byzantin dans les Balkans avant de relancer le musulman en Asie. De 1081 à 1085, Robert Guiscard et son fils Bohémond avaient porté la guerre en plein territoire byzantin, conquis une partie de l'Épire et de la Macédoine, poussé leurs armes de Durazzo à l'hinterland de Salonique. La mort de Robert avait amené leur retraite, mais Urbain II devait trouver en eux des auxiliaires prêts à partir. Pour Bohémond, héritier du rêve oriental de son père Robert Guiscard, la croisade, à laquelle il va joyeusement adhérer, ne sera en effet que la reprise, sous un prétexte pieux, de l'expédition manquée de 1081.

Urbain II trouvait en Italie d'autres appuis tout désignés : Pise et Gênes. La vie de ces deux communes maritimes était depuis deux siècles une lutte de chaque jour contre les flottes arabes. Pise avait été pillée deux fois en 1004 et 1011 par les corsaires arabes. Aidés par les Génois, les Pisans avaient énergiquement réagi. En 1015, ils avaient chassé les Arabes de la Sardaigne. En 1087, au signal donné par le pape Victor III, prédécesseur d'Urbain II, leurs escadres, unies à celles de Gênes, étaient allées attaquer la Tunisie. Pisans et Génois avaient alors pris la capitale tunisienne, Mehdia, où ils avaient délivré une multitude de captifs chrétiens. Nous verrons l'appui décisif que les flottes pisanes, génoises et vénitiennes prêteront à la croisade dont elles ravitailleront les armées sur la côte de Syrie et qu'elles aideront à conquérir les ports. Urbain II, qui devait comprendre l'importance de ce facteur, s'était fait accompagner au concile de Clermont par l'archevêque de Pise Daimbert, le même qui conduira quatre ans plus tard une flotte en Syrie et deviendra le premier patriarche de Jérusalem délivrée.

Tels étaient les concours auxquels Urbain II devait immédiatement songer pour la réalisation de la croisade. D'après ses premiers calculs, une armée unique devait se mettre en mouvement, composée surtout des chevaliers du midi de la France, sous la direction d'Adhémar de Monteil et de Raymond de Saint-Gilles. Mais déjà l'ébranlement causé par la prédication de la croisade se répercutait de proche en proche, notamment dans la France du nord où on voyait se croiser le comte de Vermandois Hugue le Grand, frère du roi de France Philippe Ier, le comte de Normandie Robert Courte-Heuse, fils de Guillaume le Conquérant, le comte de Flandre Robert II. Dans les futurs Pays-Bas, en terre d'Empire, se croisaient aussi le duc de Basse-Lorraine, c'est-à-dire de Brabant, Godefroi de Bouillon, ainsi que son frère, resté de mouvance française, Baudouin de Boulogne. Le nombre des Croisés devint bientôt si grand qu'il fallut les laisser s'organiser en quatre armées distinctes, par groupes régionaux. D'autre part, l'enthousiasme des foules allait susciter en elles un élan désordonné et, bien avant que les troupes régulières fussent prêtes, lancer sur la route de Constantinople une croisade populaire à laquelle reste attaché le nom de Pierre l'Ermite.

***

Ce dernier mouvement ne répondait guère aux vues d'Urbain II dont toute l'activité révèle un plan mûrement réfléchi, un profond génie politique et, autant qu'une pensée forte, le sens inné de l'organisation ; mais on ne soulève pas l'Europe, on ne bouleverse pas la face du monde sans entraîner de remous... Ce qui reste à l'actif d'Urbain, c'est d'une part l'idée de la croisade, d'autre part son succès. Vers 1090, l'Islam turc, ayant presque entièrement chassé les Byzantins de l'Asie, s'apprêtait à passer en Europe. Dix ans plus tard, non seulement Constantinople sera dégagée, non seulement la moitié de l'Asie Mineure sera rendue à l'hellénisme, mais la Syrie maritime et la Palestine seront devenues colonies franques. La catastrophe de 1453, qui était à la veille de survenir dès 1090, sera reculée de trois siècles et demi. Et tout cela sera l'œuvre voulue et consciente d'Urbain II. Au geste du grand pape, barrant la descente du fleuve, le cours du destin va être arrêté et brusquement refluera.

Chapitre II
La croisade populaire

Pierre l'Ermite

Parmi les prédicateurs qui répandirent dans les masses l'idée de croisade, le plus connu est assurément Pierre l'Ermite. Tel que les chroniqueurs nous l'ont décrit, nous le voyons encore avec sa petite taille, sa maigreur, son teint brun, vêtu d'une robe de bure et allant, sur son âne, de ville en ville, de hameau en hameau, pour adjurer les populations de prendre la croix. Son éloquence ardente et rude soulevait les foules et déjà sa physionomie était déformée par la légende. Ne racontait-on pas qu'il s'était rendu naguère en pèlerinage au Saint-Sépulcre où, dans un songe, le Christ lui aurait ordonné d'aller trouver le pape en vue de la délivrance de Jérusalem ? Ainsi la figure de l'humble ermite, qui dans son zèle et son enthousiasme se consacrait de tous ses moyens à la réalisation du projet pontifical, se substituait quelque peu à la figure d'Urbain lui-même. Le danger était que son action se substituât aussi à celle du pape. Nous avons vu combien mûrement réfléchies avaient été les décisions d'Urbain, combien toute sa conduite dénotait un profond sens politique. Or voici qu'à la voix de Pierre l'Ermite, les masses populaires, hommes, femmes et enfants, sans élimination préalable des non-combattants, sans attendre qu'Urbain II ait eu le temps de les organiser et de les encadrer, sans attendre l'armée des barons, se mettaient en marche vers Constantinople. Du Berri où Pierre avait commencé sa prédication, de l'Orléanais, de la Champagne et de la Lorraine où il l'avait continuée, le mouvement gagna le Rhin. Le 12 avril 1096, quinze mille pèlerins environ arrivèrent avec lui à Cologne, pauvres gens qui, à chaque apparition de ville à l'horizon de la route, demandaient naïvement si c'était là Jérusalem. Leur hâte de voir la ville sainte était telle que plusieurs d'entre eux partirent en avant-garde, sous la conduite d'un simple chevalier surnommé Gautier-sans-avoir, jusqu'à Constantinople où ils attendirent d'ailleurs l'arrivée de leurs compagnons.

Pierre l'Ermite, avec le gros de la croisade populaire, traversa à son tour l'Allemagne, la Hongrie et l'empire byzantin, mais au cours de cette longue marche il ne put imposer aux siens un minimum de discipline. Avec plus de charité que de prudence, il avait accepté dans sa troupe beaucoup de vagabonds, voire de gens sans aveu, même d'anciens criminels qui cherchaient, en prenant la croix, à obtenir la rémission de leurs fautes. Ces pécheurs mal convertis eurent vite fait de revenir à leurs mauvais instincts. Pillards ils étaient, pillards ils se retrouvèrent. Ce fut ainsi qu'ils saccagèrent Semlin en territoire hongrois et Nisch en territoire byzantin. Ils provoquèrent bientôt une réaction sévère des autorités byzantines qui massacrèrent plusieurs milliers d'entre eux et encadrèrent étroitement le reste dans la descente de Nisch sur Constantinople.

Pierre l'Ermite atteignit Constantinople le 1er août 1096. L'empereur byzantin Alexis Comnène, qui le reçut en audience, lui conseilla avec beaucoup de sagesse de ne pas traverser le Bosphore pour aller combattre les Turcs avant l'arrivée de la croisade seigneuriale. Il fit camper les compagnons de Pierre sous les murs de la grande ville en leur assurant le ravitaillement nécessaire. Mais ici encore les éléments douteux admis par le trop confiant Ermite ne purent s'empêcher de piller. Devant leurs excès Alexis Comnène, craignant pour la sécurité de sa capitale, fit passer tous les pèlerins en Asie où il leur assigna comme séjour, en attendant l'arrivée des barons, la place forte de Kibotos sur la rive méridionale du golfe de

Nicomédie, près de la frontière gréco-turque. Une fois là, malheureusement, la tentation était forte pour eux de commencer immédiatement la guerre sainte. Pierre l'Ermite et Gautier-sans-avoir, à qui le contact des réalités avait appris bien des choses, cherchèrent à empêcher cette folie. Mais ils étaient tous deux complètement débordés. Le 21 octobre 1096, les pèlerins, profitant d'une absence de Pierre, parti pour Constantinople, marchèrent sur Nicée, la capitale turque. Marche exécutée dans le plus grand désordre et qui eut l'épilogue qu'on pouvait imaginer. A trois kilomètres d'Hersek les malheureux pèlerins furent surpris et massacrés en masse par les Turcs. Gautier-sans-avoir resta au nombre des morts. Sur vingt-cinq mille hommes, trois mille seulement purent regagner le territoire byzantin.

Malgré la pitoyable fin de son équipée, Pierre l'Ermite a mérité par son zèle et sa foi de rester une des figures populaires de l'histoire des croisades. On ne saurait en dire autant de ses émules allemands, Volkmar, Gottschalk et Emich de Leisingen. Ce dernier n'était qu'un chevalier-brigand et tous trois avaient une singulière façon de se préparer à la guerre sainte. Avant de partir, Emich se mit à massacrer les Juifs de Rhénanie. Les évêques rhénans ayant pris ces malheureux sous leur protection, les bandes d'Emich, à Mayence et à Worms, donnèrent l'assaut aux évêchés. Ces abominables pratiques eurent le châtiment qu'elles méritaient. Les soi-disant pèlerins ayant continué leurs pillages en traversant la Hongrie, le roi de Hongrie en fit exécuter un grand nombre et le reste se dispersa.

Négligeons l'écume ainsi soulevée par la vague des croisades, pour suivre désormais la Croisade elle-même, la seule qui mérite ce nom, celle de Godefroi de Bouillon et de ses émules.

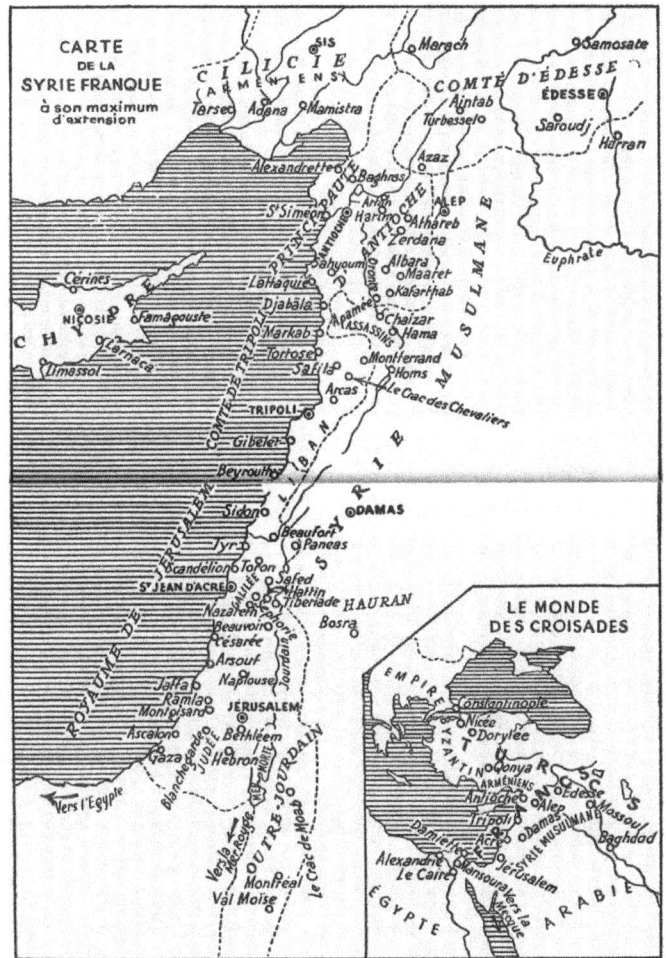

Chapitre III
La première croisade

Godefroi de Bouillon, Raymond de Saint-Gilles et Bohémond

Tandis que la croisade populaire, fourvoyée par des chefs incapables ou indignes, aboutissait à ce lamentable échec, celle des barons, organisée en grandes armées régulières, se mettait en marche vers Jérusalem.

Le chef du premier groupe était le duc de Basse Lotharingie, c'est-à-dire de Brabant, Godefroi de Bouillon. A l'heure où commençaient à se préciser la physionomie historique de la France et celle de la future Belgique, Godefroi se présente à nous comme la première incarnation des amitiés franco-belges. Sa mère n'était-elle pas l'héritière des ducs de Brabant, tandis que son père était comte de Boulogne-sur-mer, au royaume de France ? De type physique, c'est bien un chevalier du nord. Très grand, la poitrine large et les membres vigoureux, mais la taille mince et élevée, il a les traits fins, les cheveux et la barbe d'un blond vif. Vaillant guerrier s'il en fut, c'est lui qui à la bataille de Dorylée rétablira la situation compromise en arrivant, ventre à terre, avec cinquante chevaliers, sur les Turcs jusque-là victorieux. Grand chasseur comme ses cousins des Ardennes, il manquera en Cilicie d'être tué par un ours énorme qu'il a affronté corps à corps. Sa force est stupéfiante. Un jour, en Syrie, des cheikhs arabes, pour s'en assurer, le défieront de décapiter d'un seul coup de sabre un chameau adulte et à l'instant la tête de l'animal roulera à leurs pieds. Sa loyauté est proverbiale. Bien que longtemps lésé par son suzerain, l'empereur d'Allemagne Henri IV, il lui est resté fidèle dans la lutte contre l'anti-César suscité par la Papauté. Cette obéissance a dû coûter à Godefroi, car sa piété est exemplaire. Les clercs de son entourage ne se plaignent-ils pas de ses interminables oraisons qui leur font ensuite trouver le dîner froid ? Au cours de la croisade, ce sera un pèlerin pieux, plein de bonne grâce, de douceur, de charité, d'humilité chrétienne. La tradition, nous allons le voir, lui fera refuser de ceindre la couronne royale dans cette Jérusalem où le Christ n'a porté que la couronne d'épines. Il est certain, nous le verrons aussi, que ce sera par respect pour les droits de l'Église sur la ville sainte qu'il se contentera modestement alors du titre d'avoué du Saint-Sépulcre. Ce roi sans couronne de Jérusalem restera jusqu'au bout d'une simplicité de vie légendaire. Les cheikhs arabes qui viendront le saluer seront stupéfaits de le trouver assis dans sa tente, à même le sol, sans tapis ni draps de soie, appuyé sur un mauvais sac de paille. Sans doute ce grand chevalier blond qui ne semble vivre que pour le devoir ne présente-t-il pas aux yeux du siècle la puissante personnalité de son frère Baudouin ou de Bohémond de Tarente. Il n'en est pas moins vrai que ses hautes qualités morales allaient, parmi tant de barons au caractère plus accusé, lui permettre de jouer le rôle de conciliateur et d'arbitre, et c'est ce rôle même qui, à l'heure d la victoire finale, le fera choisir par ses pairs pour la dignité suprême dans Jérusalem délivrée.

La haute sagesse de Godefroi de Bouillon se fit sentir dès la traversée de la Hongrie. Les Hongrois étaient encore sous le coup de l'irritation causée par les pillages de la croisade populaire. Godefroi entra en rapport avec leur roi et la marche de l'armée s'effectua sans incident. Avec les Byzantins chez lesquels on entrait ensuite, les relations allaient devenir plus nuancées et pas seulement en raison du fossé confessionnel qui séparait l'Église grecque de l'Église romaine. Sans doute l'empereur byzantin Alexis Comnène, un des plus adroits politiques de ce temps, fit-il accueillir courtoisement à la frontière l'armée de Godefroi qu'il ravitailla pendant la traversée de son empire. Même quand certains détachements, échappant au contrôle de leur chef, eurent pillé Sélymbria, sur la Marmara, à l'ouest de Constantinople, l'empereur, sans se fâcher, invita Godefroi à venir camper sous les murs de la capitale que ce dernier atteignit le 23 décembre 1096. Mais précisément, si Alexis Comnène recevait si bien les Croisés, c'est qu'il voyait en eux des auxiliaires bénévoles, venus pour l'aider à récupérer sur les Turcs ses provinces perdues, depuis Nicée jusqu'à Antioche. Les anciennes terres chrétiennes qu'ils allaient ainsi délivrer en Asie Mineure, en Syrie et en Palestine n'avaient-elles pas, dans un passé tantôt éloigné, comme Jérusalem, tantôt tout récent, comme Antioche et Édesse, fait partie de l'empire byzantin ? Toute la politique d'Alexis Comnène, avec ses alternances de flatterie et de contrainte envers les Croisés, n'eut donc d'autre but que d'enrôler la croisade à son service. Dans cet esprit, il réclama tout de suite le serment de fidélité de Godefroi de Bouillon.

Godefroi refusa longtemps. Prince du Saint-Empire, parti pour obéir au pape, pouvait-il se mettre au service du gouvernement byzantin, presque du schisme grec ? Alexis coupa alors le ravitaillement des Croisés et fit attaquer leur camp par des forces supérieures. Godefroi, qui n'était pas venu pour faire la guerre à des chrétiens, se décida à céder. Quoi qu'il lui en coûtât, il se sacrifiait dans l'intérêt de la croisade. Il se rendit solennellement au palais des Blachernes et là, dans la grande salle d'audience, devant l'empereur trônant en majesté, il s'agenouilla et prêta le serment requis. D'avance il s'engageait à remettre aux Byzantins tous les territoires leur ayant autrefois appartenu qu'il pourrait reconquérir sur l'Islam. Alors Alexis s'inclina vers lui, l'embrassa et déclara l'adopter. Des cadeaux magnifiques remis par le « père » au « fils » – somptueux vêtements de parade, tissus précieux, cassettes pleines de besants d'or, chevaux de prix – scellèrent cette réconciliation.

***

Sur ces entrefaites débarqua en Épire une deuxième armée de croisés, celle des Normands de l'Italie méridionale, conduits par Bohémond de Tarente. Ces croisés-là, nous le savons, Alexis Comnène ne les connaissait que trop, pour avoir dû soutenir contre eux une guerre terrible, de 1081 à 1085. C'était le même Bohémond en effet qui, quinze ans plus tôt, avec son père Robert Guiscard, avait envahi l'empire byzantin, conquis une partie de la Macédoine, directement menacé Constantinople. Grand fut l'émoi dans cette ville quand on apprit que, sous prétexte de croisade, ces ennemis héréditaires reparaissaient. Précisément l'itinéraire qu'ils suivaient aujourd'hui comme croisés, du port de débarquement d'Avlona jusqu'en haute Macédoine, n'était autre que celui qu'ils avaient emprunté naguère comme envahisseurs.

L'inquiétude des Byzantins se conçoit, surtout si l'on songe à la personnalité de Bohémond. Fils dévoué de l'Église romaine, mais d'une ambition illimitée et entièrement dénué de scrupules, il n'est pas douteux (l'événement le prouvera assez) que dans la croisade le prince normand n'ait vu qu'une occasion inespérée de réaliser le rêve oriental de ses aïeux. Car Bohémond est bien de la race de ces Vikings descendus à la fin du IXe siècle des fjords de Norvège pour s'installer en Normandie et qui, de là, une fois baptisés et francisés, sont repartis à l'aventure pour conquérir les rivages bénis de Naples et de Sicile. Voici qu'avec lui l'aventure va rebondir, plus merveilleuse encore, jusqu'aux rives d'Asie. Et au service de ces ambitions, quelle richesse de tempérament, quelle intelligence avisée ! Soldat épique, tout bouillant encore de la fougue des rois de la mer et, comme eux, d'une incroyable audace, Bohémond va se révéler, dès les premiers combats, un capitaine plein de ressources, voire le meilleur stratège de l'armée. De surcroît, ce grand nordique est déjà tout pénétré d'astuce sicilienne. Avec sa double rouerie italienne et normande, il se sentira aussi à son aise face aux diplomates byzantins qu'avec son invincible épée face aux Turcs.

Les Byzantins, en le voyant arriver à Constantinople, craignaient qu'il ne méditât quelque mauvais coup contre la ville. C'était mal le connaître. Certes ses ambitions lointaines restaient sans limites, mais il était trop fin pour les compromettre, et avec elles les chances que lui offrait la croisade, en se livrant dès le début à des brutalités inconsidérées. Que voulaient les Byzantins ? Des satisfactions protocolaires, des assurances sur parchemin, des serments de fidélité ? Il leur en prodiguerait à satiété ! Et dès son arrivée à Constantinople, à la surprise générale, alors que le loyal Godefroi de Bouillon avait opposé tant de résistance à la prestation de l'hommage, on le vit, lui, finasser sans scrupule, consentir d'emblée à toutes les formalités et promesses désirables, prendre tous les engagements requis, devenir sur-le-champ plus byzantin que les Byzantins. Un serment, qu'était-ce, pourvu qu'à ce prix, comme vassal théorique du *basileus*, il pût se tailler quelque vaste principauté en Asie – à Antioche, par exemple ? Dans ce rôle inattendu, les Byzantins, d'abord méfiants et incrédules, le virent se multiplier à leur service auprès des autres croisés, réclamer pour Alexis Comnène l'hommage des nouveaux arrivants, notamment du comte de Toulouse, Raymond de Saint-Gilles qui venait, par l'Italie du nord, la Serbie et la Macédoine, de rejoindre en avril 1097 le quartier général des Croisés devant Constantinople.

***

C'est une personnalité assez complexe que Raymond de Saint-Gilles. Déjà au cours de la croisade, il a eu des admirateurs fervents et d'impitoyables détracteurs. Aussi bien ce méridional passionné, au caractère inquiet, inégal, plein de nervosité, avec des alternances d'enthousiasme et de découragement, d'ambitions romantiques et de brusques abandons, de sautes d'humeur et de ténacité finale, défie-t-il les définitions toutes faites. Comme soldat, il sera très diversement jugé, car d'une bataille à l'autre sa conduite variera beaucoup. Après s'être fort bien comporté durant la première croisade, le cœur lui manquera pendant la campagne d'Anatolie en 1101, et il s'enfuira dans la nuit en abandonnant son armée, ce qu'à coup sûr ni Godefroi de Bouillon ni Bohémond n'eussent fait. En revanche, après cette défaillance, il aura au Liban une conduite admirable, « assiégeant Tripoli à lui tout seul ».

Ce qu'on ne saurait mettre en doute, c'est l'ardeur de sa foi et son dévouement à la croisade. Nul peut-être n'a fait en se croisant un tel sacrifice. Bohémond et Godefroi allaient conquérir chacun quelque royaume. Lui, en partant, risquait d'en perdre un, ce beau royaume de la France du midi, alors en pleine élaboration et qu'il abandonnait aux convoitises de ses rivaux, les comtes de Poitiers. Ce dévouement à l'idée chrétienne survivra chez Raymond à toutes les désillusions, à toutes les rancœurs. Quand Jérusalem aura été délivrée et qu'un autre, à sa place, en aura été proclamé le chef, quand du moins, il pourra, lui, son vœu étant bien accompli, retourner paisiblement dans son Languedoc, il refusera avec stoïcisme et, bien que jusque-là frustré du fruit de son labeur, il demeurera en Syrie, voulant, comme il le dira, rester croisé jusqu'à sa mort « à l'exemple du Christ qui a refusé de descendre de la croix ».

Au départ de la croisade, il est vrai, son enthousiasme religieux s'était peut-être doublé de vastes espérances temporelles. N'était-il pas le premier baron à qui Urbain II ait fait part de ses projets ? Ne pouvait-il pas de ce fait escompter une sorte de prééminence parmi les autres seigneurs ? Mais le connaisseur d'hommes qu'était Urbain II, tout en appréciant son zèle, avait sans doute craint que la primauté d'un chef laïque ne portât ombrage aux autres barons. Raymond n'avait donc pas obtenu le commandement général qu'il ambitionnait, le soin de coordonner les vues des divers chefs d'armée étant confié par le pape à un dignitaire ecclésiastique, le sage archevêque Adhémar de Monteil. Raymond avait eu d'ailleurs assez d'esprit de foi pour n'en manifester aucune amertume. Tout au contraire, l'idée catholique continua à n'avoir pas de plus zélé défenseur. Lorsque à son arrivée à Constantinople il fut à son tour invité à prêter hommage et à faire abandon de ses conquêtes éventuelles à Alexis Comnène, il refusa net. Sa foi romaine s'insurgeait, comme se révoltait son orgueil de baron français : la Terre sainte, une fois délivrée grâce à l'initiative d'Urbain II, devrait appartenir à la papauté, non au souverain schismatique. Le seul serment qu'on put obtenir de Raymond fut la promesse de respecter la vie et les biens de l'empereur.

Chapitre III

D'autres groupes de croisés étaient arrivés à Constantinople, notamment des Français de langue d'oïl. Le comte Hugue de Vermandois, frère du roi de France Philippe Ier, les avait précédés. Ce grand seigneur qui appréciait la magnificence de l'hospitalité impériale s'entremit utilement auprès de ses compagnons en faveur de l'accord franco-byzantin. Mais après s'être fort bien comporté sous Antioche, il devait se fatiguer de la campagne et rentrer en France avant la prise de Jérusalem. Le comte Étienne de Blois se lassera encore plus vite de la guerre, mais il rachètera bientôt cette défaillance en revenant en Terre sainte pour y trouver la mort des héros. Au contraire le comte de Normandie Robert Courte-Heuse, fils de Guillaume le Conquérant, et le comte Robert II de Flandre accompagneront l'expédition jusqu'au bout, en montrant sans interruption les plus solides qualités militaires.

Comme on le voit, l'armée de la Croisade, formée des contingents de la France du nord et de la France du midi, de la Belgique flamande et de la Belgique wallonne, du Saint-Empire et du royaume normand des Deux-Siciles, était une armée internationale. Comme dénomination commune, les Croisés adoptèrent le nom de Francs, en donnant à ce mot le sens qu'il avait eu au temps de l'unité carolingienne, quand la Gaule, la Germanie et l'Italie ne formaient qu'un seul empire sous l'égide de l'Église romaine.

***

Une fois passés en Asie Mineure, les Croisés, conformément au pacte conclu avec l'empereur Alexis Comnène, commencèrent la guerre sainte en venant assiéger en mai 1097, et de concert avec les Byzantins, la ville de Nicée. Objectif tout indiqué : Nicée, qui seize ans plus tôt avait été enlevée à l'empire byzantin par les Turcs, était restée depuis lors la capitale du sultanat seldjoukide d'Anatolie dont la puissance s'étendait de là jusqu'au Taurus et qu'il fallait traverser de part en part pour parvenir en Syrie. La collaboration de la « furie franque » et des machines de siège byzantines, l'apparition, aussi, d'une flottille byzantine sur les eaux du lac Ascanios pour prendre la ville à revers, acculèrent les défenseurs de Nicée à la capitulation. A l'heure précise où l'armée franque se préparait à donner l'assaut final, les chefs turcs rendirent la place aux Byzantins (26 juin 1097). En voyant tout à coup flotter les étendards byzantins sur les murs, plusieurs Croisés, comme Raymond de Saint-Gilles, manifestèrent une vive déception : on les frustrait de leur victoire ! Il faut bien convenir cependant que la remise de Nicée aux Byzantins était conforme aux stipulations de l'accord de Constantinople.

Après la chute de Nicée, les Croisés entreprirent la traversée de l'Asie Mineure suivant une diagonale orientée du nord-ouest au sud-est, le plus court chemin pour se rendre par terre des Détroits en Syrie (c'est la route que suit encore aujourd'hui l'Orient-Express). Traversée pénible. Le plateau anatolien, sur lequel on s'engageait, est une zone de steppes sèches, aboutissant en leur milieu à un désert salin et où la question du ravitaillement a toujours été difficile. Pour y faire face, l'armée se divisa en deux échelons, le premier cheminant avec Bohémond, son neveu Tancrède et Robert Courte-Heuse, le second avec Godefroi de Bouillon et Raymond de Saint-Gilles. Les Turcs d'Asie Mineure qui avaient concentré toutes leurs forces sous les ordres de leur sultan, le seldjoukide Qilidj Arslan, cherchèrent à profiter de cette division. Le 1er juillet au matin, à hauteur de Dorylée, l'actuel Eski-chéhir, ils tombèrent en masse sur le corps d'armée de Bohémond. La brusquerie de l'attaque fut telle que Bohémond, surpris en pleine marche, n'eut que le temps de regrouper hâtivement sa troupe pour résister aux charges de la cavalerie turque qui l'entourait déjà de toutes parts. Selon la tactique de leurs ancêtres nomades, les escadrons turcs s'approchaient à distance de trait, vidaient leur carquois, puis faisaient demi-tour en cédant la place à d'autres bandes d'archers montés. En vain les Francs, que cette grêle de flèches décimait, chargeaient pour accrocher l'adversaire. Celui-ci, évitant le contact, se dérobait à chaque fois. Ce ne fut que lorsque l'armée normande commença à être visiblement épuisée par ce jeu meurtrier que les Turcs, dégainant, chargèrent à leur tour. Les Normands, rejetés jusque sur leur convoi, s'y abritaient de leur mieux, résistant avec une opiniâtreté farouche... La croisade allait-elle, dès la première rencontre, se terminer sur un désastre ?

Mais Bohémond, avant d'être encerclé, avait eu le temps de faire prévenir du péril où il se trouvait l'autre division franque. A son appel, les chefs de celle-ci se précipitèrent à son secours. Godefroi de Bouillon arriva le premier avec, seulement, cinquante chevaliers, le reste des Brabançons le suivant au galop. Presque en même temps apparurent sur le champ de bataille Hugue de Vermandois, puis le légat Adhémar de Monteil et Raymond de Saint-Gilles. A deux heures de l'après-midi tous intervenaient dans la bataille. L'arrivée de ces masses franques devait déjà, du point de vue tactique, changer l'issue de la journée ; mais de plus, Adhémar de Monteil, en se défilant à l'abri d'une ligne de hauteurs, vint déboucher à gauche sur le flanc des Turcs. Le mouvement fut imité à l'aile droite par Godefroi de Bouillon, le comte de Flandre et Hugue de Vermandois qui, de ce côté aussi, commencèrent à déborder l'armée turque. Menacés d'encerclement, broyés sous la charge furieuse de la lourde chevalerie chrétienne, les Turcs prirent la fuite, sans même avoir le temps de mettre à l'abri les richesses de leur smalah. « Ils s'enfuirent à travers les défilés, les montagnes et les plaines et nous prîmes leurs tentes avec un butin considérable, or et argent, bétail et chameaux. »

La bataille de Dorylée trancha pour plus d'un siècle la question de force dans le proche Orient. Depuis la journée de Malazgerd et la capture d'un empereur byzantin par un sultan turc en 1071, la puissance turque dominait l'Orient. La journée du 1er juillet 1097 annonçait au monde qu'une force nouvelle s'était levée, la force franque, qui allait désormais prévaloir. A cet égard la journée de Dorylée, effaçant celle de Malazgerd, revêt dans l'histoire de l'Asie une importance aussi grande que les journées du Granique ou d'Arbèles. Deux siècles d'hégémonie européenne au Levant vont en découler, deux siècles durant lesquels l'avance turque reculera non seulement devant la conquête franque en Syrie et en Palestine, mais encore devant la reconquête byzantine en Asie Mineure.

Remarque intéressante, les Francs et les Turcs, la race militaire de l'Occident et la race militaire de l'Asie, apprirent dès cette première rencontre à s'estimer. Ce sont des impressions vécues que nous livre à ce sujet le chroniqueur des *Gesta Francorum* : « On doit reconnaître les qualités militaires et la vaillance des Turcs. Ils croyaient nous effrayer par leur grêle de flèches, comme ils ont effrayé les Arabes, les Arméniens, les Syriens et les Grecs. Mais, avec la grâce de Dieu, ils ne prévaudront pas sur nous ! A la vérité, ils reconnaissent de leur côté que nul, à part les Francs et eux-mêmes, n'a le droit de se dire chevalier. »

Après avoir vaincu les hommes, il restait à triompher de l'opposition de la terre, cette steppe anatolienne coupée d'âpres montagnes et où l'eau n'apparaît guère que sous forme de marécages. On était en plein mois de juillet, avec une chaleur moyenne de 26 degrés. Devant l'armée franque les Turcs avaient fait le désert. Leur principale capitale, depuis la chute de Nicée, était la ville d'Iconium, l'actuel Qonya. Les Francs comptaient s'y refaire : ils la trouvèrent évacuée, sans ravitaillement d'aucune sorte. Du moins, après avoir dépassé Erégli, entra-t-on dans une zone moins désertique, à mesure qu'on se rapprochait des puissantes chaînes boisées du Taurus et de l'Anti-Taurus. Il est vrai que la traversée des gorges, au milieu de ces « montagnes diaboliques », opposa à l'armée des difficultés d'un autre ordre. A ce point de son itinéraire (on était à la mi-septembre) et pour cheminer plus commodément, elle se divisa. Tancrède, neveu de Bohémond, et Baudouin de Boulogne, frère de Godefroi de Bouillon, descendirent avec un détachement dans la plaine de Cilicie, tandis que le gros de la croisade contournait l'Anti-Taurus au nord-est à travers la montagneuse région de Qaisaryé, dans l'ancienne Cappadoce. Dans ces deux directions, les Francs trouvaient d'ailleurs des alliés inattendus : les Arméniens.

Au moment de la conquête de la Grande Arménie par les Turcs dans le troisième quart du XIe siècle, une partie de la population arménienne, fuyant la domination musulmane, avait reflué vers la Cappadoce, la Cilicie, jusque dans la région d'Édesse, en Djéziré, au nord-est de la Syrie. Si dans la plaine cilicienne et en Cappadoce cette immigration arménienne n'avait pu empêcher le pays de subir à son tour la domination turque, d'énergiques chefs arméniens s'étaient solidement établis dans les nids d'aigles du Taurus, comme aussi à Mélitène, l'actuel Malatya, et jusqu'à Édesse, l'actuel Orfa, où, par un prodige d'habileté autant que de vaillance, ils avaient maintenu, en même temps que leur foi chrétienne, leur indépendance politique. L'arrivée des Croisés allait apporter à ces chrétientés héroïques un secours inespéré. Inversement, la Croisade allait trouver chez les Arméniens une aide inappréciable, non seulement parce qu'ils constituaient pour elle des alliés naturels contre les Turcs – alliés au courant du pays, capables de fournir aux Francs des renseignements de premier ordre –, mais encore parce que parmi toutes les chrétientés orientales les montagnards arméniens représentaient l'élément militaire le plus solide.

Chapitre III

Tancrède et Baudouin, en arrivant en Cilicie, bénéficièrent les premiers de ce concours. La population arménienne de Tarse noua des intelligences avec eux contre la garnison turque qui, prise de panique, évacua la place. Ce furent également les Arméniens qui accueillirent Tancrède à Adana et lui ouvrirent les portes de Mamistra, l'actuel Missis (septembre 1097). Malheureusement Baudouin et lui se querellèrent pour la possession de la Cilicie et leur discorde empêcha l'occupation effective de la province. Pendant ce temps le reste des Croisés contournait par le nord-est le massif de l'Anti-Taurus jusqu'à Qaisamyé d'où ils redescendirent sur Marach, partout accueillis avec un touchant enthousiasme par l'élément arménien. Le 16 octobre ils quittaient Marach pour pénétrer en Syrie. Le 21, Bohémond, lancé en avant-garde, arrivait devant Antioche.

***

Antioche, à l'arrivée des Croisés, appartenait à l'émir turc Yâghi Siyân, qui était vassal du roi seldjoukide d'Alep, Ridwân. Si ce dernier s'était résolument porté au secours de son vassal, s'il avait été lui-même immédiatement secondé par les autres princes seldjoukides, ses parents, qui régnaient à Damas et en Perse, la tâche des envahisseurs eût été sans doute bien difficile. L'Antioche médiévale, avec ses quatre cents tours ou bastions et son immense enceinte, protégée à l'ouest par le cours de l'Oronte, à l'est par le massif du Silpios, au nord par une suite de marais, était une des places les plus fortes de l'Orient. L'étendue de cette enceinte était telle que les Croisés renoncèrent à en entreprendre le blocus effectif. Ils se contentèrent au début de surveiller le secteur nord-ouest en face duquel ils établirent leur camp. La garnison pouvait donc, du côté de la montagne, communiquer librement avec la Syrie musulmane et, par là, ravitailler la ville, tandis que le camp chrétien commençait à souffrir de la disette.

Fort heureusement pour les assiégeants, les Turcs étaient paralysés par leurs querelles. L'émir d'Antioche, Yâghi Siyân, restait en mauvais termes avec son voisin et suzerain, le roi d'Alep Ridwân ; de plus, ce dernier était brouillé avec son propre frère, le roi de Damas Douqâq. Le résultat fut que les défenseurs naturels de la ville assiégée ne surent pas s'entendre pour la secourir. Les Damasquins se mirent les premiers en mouvement, mais ils tombèrent sur une forte patrouille chrétienne qui battait la campagne sous les ordres de Bohémond et du comte de Flandre, et furent repoussés. Un mois après, les Alépins essayèrent à leur tour de dégager Antioche. Bohémond alla les attendre entre le cours de l'Oronte et le lac d'Antioche, position fort habilement choisie pour empêcher les archers montés turcs de se déployer et de se livrer à leur tourbillonnement habituel. Obligés d'accepter le corps à corps dans un espace restreint, les Turcs furent écrasés sous le poids de la lourde chevalerie franque.

Malgré ces succès, la disette dans le camp chrétien s'aggravait, démoralisant les troupes. La désertion et la maladie éclaircissaient les rangs. Ce fut alors que Bohémond s'imposa comme l'homme fort, seul capable de reprendre l'armée en main. Ayant jeté son dévolu sur Antioche, il tenait plus que quiconque à la prise de la ville. Mais avant de donner son plein effort, il voulait arracher aux autres barons une promesse en bonne et due forme concernant leur future conquête. Aux plus mauvais jours du siège, quand chacun avait pris l'habitude de le considérer comme l'âme de l'armée, l'astucieux chef normand annonça brusquement l'intention de rentrer en Europe. Il voyait, disait-il, mourir ses gens et ses chevaux et n'était pas assez riche pour supporter les frais d'une longue campagne. Cette menace déguisée produisit l'effet attendu. Laisser partir un homme comme Bohémond dans l'état critique où se trouvait l'armée, c'était pour les barons vouer la Croisade à l'échec. Pour le retenir, la plupart, malgré l'opposition de Raymond de Saint-Gilles, lui laissèrent entendre qu'aussitôt Antioche prise, ils lui en abandonneraient la possession. Il n'attendait que ces mots. Il resta, apportant désormais à s'emparer d'Antioche une ardeur personnelle qui devait triompher de tous les obstacles.

Une ombre au tableau subsistait cependant pour lui : les droits supérieurs de l'empire byzantin. Aux termes du pacte de Constantinople, les Francs ne s'étaient-ils pas engagés à remettre Antioche à l'empereur dès qu'ils en auraient chassé les Turcs ? La présence dans l'armée assiégeante d'une division impériale était comme un rappel permanent de cette promesse. Une fois de plus Bohémond recourut à la ruse. Se déclarant le meilleur ami des officiers byzantins, il vint les prévenir en grand mystère d'un prétendu complot ourdi contre eux parmi les Francs. Le commandant byzantin prit peur et, remerciant Bohémond de son zèle, partit précipitamment avec sa troupe. Dès qu'il eut disparu, Bohémond ameuta l'armée franque contre cette « défection » : les Byzantins s'étant « déshonorés », ayant « trahi la chrétienté », les Croisés se trouvaient déliés de leurs serments envers l'empire. L'hypothèque impériale sur Antioche fut ainsi levée pour le plus grand profit du joyeux chef normand.

L'homme, d'ailleurs, se présente à nous avec une verdeur exceptionnelle. Certains de ses stratagèmes de guerre ont l'allure de plaisanteries énormes, encore qu'un peu rudes. Des espions musulmans, déguisés en Arméniens, infestaient l'armée franque. On ne savait comment s'en débarrasser. Bohémond s'en chargea. Un soir, à l'heure du dîner, il pria ses cuisiniers de lui accommoder pour sa table un lot de prisonniers turcs. « On leur coupa la gueule, dit le chroniqueur, on les embrocha et on se prépara à les faire rôtir. » A qui l'interrogeait sur ces étranges préparatifs, Bohémond, le plus naturellement du monde, répondit qu'on améliorait l'ordinaire de l'état-major en mettant les espions à la broche. Tout le camp accourut pour s'assurer du fait. Rien de plus exact : les Turcs, dûment lardés, cuisaient à grand feu. Le lendemain tous les espions, horrifiés, avaient disparu sans demander leur reste.

En dehors de ces jeux d'un humour quelque peu féroce, les Croisés inauguraient une politique musulmane fort avisée et souple. La situation s'y prêtait. L'Islam était alors divisé en deux obédiences religieuses, en deux « papautés » ennemies : le Khalifat abbâsside de Baghdad et le Khalifat fâtimide du Caire. Le premier était reconnu par les Turcs, maîtres, on l'a vu, de l'Asie antérieure, le second dans le royaume arabe d'Égypte. Ce « grand schisme » religieux s'aggravait donc d'une sourde opposition de races, Arabes contre Turcs, Afrique musulmane contre Asie musulmane. Un des principaux points du litige entre les deux adversaires était la Palestine. Le gouvernement égyptien ne pardonnait pas aux Turcs de lui avoir enlevé cette province. Quand il les vit aux prises avec l'invasion franque sur le front d'Antioche, il jugea l'instant propice pour les prendre à revers du côté de l'isthme de Suez et récupérer sur eux la zone convoitée. C'était évidemment là une trahison envers l'Islam, mais le poste de grand vizir au Caire était occupé par un Arménien converti dont le zèle musulman était naturellement assez tiède. Ce renégat ne se rendait pas mieux compte de l'enthousiasme religieux qui poussait les Croisés vers Jérusalem. Il envoya une ambassade aux Francs devant Antioche, pour leur proposer une alliance tacite, avec partage des possessions turques de Syrie et de Palestine : aux Francs, Antioche et la Syrie ; aux Égyptiens, Jérusalem et la Palestine.

Les Croisés se gardèrent de repousser la proposition. Quoique Jérusalem restât, bien entendu, leur objectif essentiel, ils firent grand accueil aux ambassadeurs et les encouragèrent dans leurs visées. Le principal était de favoriser les divisions dans le sein de l'Islam et, tant qu'Antioche n'était pas prise, de démoraliser les Turcs par une opportune diversion égyptienne du côté de la Judée. Galamment, les chefs croisés offrirent à l'ambassade égyptienne trois cents têtes de Turcs massacrés près du lac d'Antioche : menus cadeaux pour cimenter l'alliance. Alors les Égyptiens n'hésitèrent plus. Ils attaquèrent les Turcs du côté de la Palestine et en août de la même année (26 août 1098) leur enlevèrent Jérusalem.

Cependant, pour en finir avec Antioche, les Croisés devaient transformer ce siège perlé en blocus effectif. Une escadre génoise, qui apportait enfin du matériel de siège, venait de mouiller à l'embouchure de l'Oronte. Bohémond et Raymond de Saint-Gilles allèrent établir la liaison avec elle, mais la garnison d'Antioche profita de leur éloignement pour tenter par surprise contre le camp une sortie meurtrière. La panique se répandait parmi les défenseurs du camp : on disait tués les compagnons de Bohémond et de Saint-Gilles. Godefroi de Bouillon fut admirable : « Beaux seigneurs, si ces rumeurs sont vraies, si ces chiens déloyaux ont occis nos compagnons, il ne nous reste qu'à mourir comme eux, en bons chrétiens et en gens d'honneur. Ou si le Christ veut bien que nous le servions encore, vengeons le trépas de ces braves ! » Joignant l'exemple à la parole, il s'élança sur les Turcs et les jeta dans le fleuve. Ce fut au cours de cette mêlée que le même Godefroi, nous dit le chroniqueur, « fit une prouesse dont il sera toujours parlé » : d'un seul coup d'épée il coupa en deux un Turc par la taille. « Le buste tomba à terre, tandis que le bassin et les jambes restaient accrochés au cheval qui s'éloignait au galop. »

L'arrivée du matériel de siège permit de construire autour d'Antioche un certain nombre de bastions grâce auxquels le blocus devint effectif. Ce fut alors que Bohémond reçut personnellement et en grand secret les propositions d'un habitant d'Antioche, un renégat arménien nommé Firouz qui, ayant été outragé par les Turcs, offrait d'introduire les Francs. Bohémond, joyeux, n'oublia pas pour autant ses ambitions personnelles. Il réunit les autres barons et leur annonça froidement qu'il avait le moyen de leur faire livrer Antioche, à condition que tous, une bonne fois, lui fissent d'avance solennellement abandon de leurs droits sur la ville : « Si vous rejetez cette condition, trouvez un autre moyen de prendre Antioche : j'abandonnerai bien volontiers ma part à celui qui y parviendra ! »

Ce discours, plein d'ironie narquoise, avait d'autant plus de mordant qu'on apprenait l'approche d'une immense armée turque. Si elle arrivait avant la chute de la ville, les Croisés étaient perdus. L'offre de Bohémond représentait pour eux la dernière chance de salut. Les plus récalcitrants acceptèrent.

Bohémond, d'accord avec le mystérieux Firouz, régla alors tous les détails du coup de main. Le 2 juin au soir on donna le change aux assiégés en feignant une démonstration du côté du fleuve, après quoi l'armée se regroupa dans la nuit devant la tour du mont Silpios où Firouz attendait Bohémond. Un peu avant quatre heures du matin l'escalade de la tour commença. Toutes les tours voisines furent de même occupées à tâtons, dans le demi-jour douteux qui précède l'aube. Dès qu'il fit plein jour, les Francs, dévalant les pentes du mont Silpios, se ruèrent en masse à travers la ville, accueillis en libérateurs par l'élément arménien, grec et syriaque de la population qui se joignit à eux pour massacrer les Turcs. Quant à l'émir Yâghi Siyân, lorsqu'il vit flotter sur la muraille l'étendard pourpre de Bohémond, il perdit courage et s'enfuit à travers la campagne où il tomba de cheval en se cassant la jambe. Un Arménien l'acheva.

Antioche était prise, mais il n'était que temps. Le lendemain, la grande armée turque, envoyée par les Seldjoukides de Perse et commandée par l'émir de Mossoul, Kourbouqa, apparaissait sur l'Oronte.

La situation des Francs était tragique. D'assiégeants devenus assiégés, ils étaient maintenant bloqués dans Antioche par les Turcs qui ne laissaient passer aucun ravitaillement. La famine dans la ville devenait atroce. « Qui trouvait un chien mort ou un chat le mangeait à grandes délices. » Le pire était qu'exténués par le manque de nourriture, les Francs négligeaient la surveillance de la muraille. Seul Bohémond, avec une âpreté furieuse, restait inébranlable. La nuit, à la lueur des torches, il battait les rues pour surprendre les déserteurs et les traîtres. Les soldats, tombant d'inanition et de fatigue, restaient prostrés dans les maisons au lieu d'aller au rempart. Un soir d'alerte, pour les forcer à reprendre leur poste de garde, le terrible chef normand n'hésita pas à mettre le feu à la ville. Devant les flammes menaçantes, les malheureux furent bien obligés de sortir en foule dans les rues ; ils y trouvèrent Bohémond qui, l'épée au poing, les poussait vers les créneaux. Plusieurs quartiers étaient incendiés, mais l'assaut des Turcs fut arrêté net.

Néanmoins, pour relever le moral de l'armée, il fallait un miracle. Le miracle se produisit. Ce fut la découverte de la Sainte Lance. A la suite d'une vision, un pèlerin provençal, Pierre Barthélemy, l'exhuma le 14 juin sous les dalles d'une des églises d'Antioche. Les Francs, hier encore à peine capables de se défendre derrière les murailles, se sentirent tout à coup animés d'une ardeur telle qu'ils passèrent à l'offensive. Le 28 juin, dès l'aube, Bohémond fit sortir l'armée devant la porte du pont et commença à la déployer dans la plaine. Si Kourbouqa l'avait attaqué pendant que cette opération était en cours, les choses auraient pu mal tourner. Mais le capitaine turc, dans sa fatuité, préféra avoir affaire à toute l'armée franque pour la détruire d'un seul coup.

Bohémond, joyeux de cette faute, eut le temps de disposer méthodiquement ses escadrons, le premier corps étant constitué par les Français et les Flamands avec Hugue de Vermandois et le comte Robert, le deuxième par les Brabançons avec Godefroi de Bouillon, le troisième par les chevaliers de Normandie avec Robert Courte-Heuse, le quatrième par les Français du midi avec Adhémar de Monteil, le cinquième par les Normands d'Italie avec Tancrède et Bohémond lui-même. De plus en plus mal inspiré, Kourbouqa, au lieu de recourir à l'habituelle tactique turque de harcèlement par un tourbillonnement d'archers à cheval, attendit la charge massive des chevaliers bardés de fer qui écrasa tout. Un instant, il songea à rétablir la situation en débordant l'armée franque. Bohémond, perçant son dessein, préleva aussitôt sur les troupes normandes et brabançonnes un sixième corps qui alla au galop prendre l'armée turque à revers. Alors la débâcle des Turcs devint générale. Kourbouqa s'enfuit à franc étrier jusqu'à Alep, puis jusqu'à Mossoul. Pour ne pas laisser au gros de l'armée turque le temps de s'échapper aussi, Bohémond, sans permettre aux Croisés de piller le camp ennemi, les entraîna à la poursuite des fuyards en un hallali sans rémission. Ce ne fut qu'au retour de cette furieuse chevauchée qu'il lâcha les siens au pillage des tentes turques. Le butin fut énorme.

***

La défaite des Turcs, qui consacra la conquête définitive d'Antioche par les Francs, est, on l'a vu, du 28 juin 1098. Or ce ne fut que le 13 janvier 1099 que les Croisés reprirent leur marche vers Jérusalem. On a blâmé ce long piétinement. En réalité l'armée, épuisée par tant d'épreuves, avait besoin de se refaire. Puis les disputes pour la possession d'Antioche reprenaient. Si les autres chefs croisés, conformément à leur promesse, avaient sans difficulté remis à Bohémond les divers secteurs de la ville occupés par leurs troupes, si le loyal Godefroi trouvait tout naturel que le chef normand, après tant de services rendus, devînt prince d'Antioche, Raymond de Saint-Gilles refusait de se dessaisir du quartier où ses Toulousains s'étaient installés. A diverses reprises, Toulousains et Normands faillirent en venir aux mains.

Ces dissensions paralysaient la croisade. L'armée s'était depuis longtemps reposée, le temps passait et les barons se querellaient toujours. Après Antioche, il s'agissait maintenant de Maaret en-Nomân, autre place de Syrie qu'on venait de prendre et dont Bohémond et Saint-Gilles se disputaient la possession. Devant un tel étalage de cupidité féodale, la foule des pèlerins finit par se révolter. Était-ce pour nantir les barons de nouveaux fiefs ou pour délivrer le tombeau du Christ qu'à l'appel du pape ils avaient pris la croix ? Le 5 janvier 1099 éclata dans Maaret en-Nomân une véritable émeute. Le chroniqueur nous a transmis en phrases saisissantes l'indignation de ces « pauvres », de ces « simples » qui conservaient seuls l'idéal des premiers jours : « Eh quoi ! des querelles à propos d'Antioche, des querelles à propos de Marra, dans chaque place que Dieu nous livre, des luttes entre nos princes ! Pour Marra, supprimons l'objet du litige en rasant la ville ! » Aussitôt, malgré les officiers du comte de Toulouse, les pèlerins se ruent sur la ville et la démolissent.

Cette sainte indignation atteignit son but. Le 13 janvier, Raymond de Saint-Gilles, vivement ému par ce rappel au serment de Clermont et pour bien montrer qu'il reprenait le pèlerinage interrompu, sortit de Maaret en-Nomân nu-pieds, par la route du sud – la route de Jérusalem. Avec sa mobilité méridionale, il passait maintenant des pires chicanes féodales au zèle religieux le plus ardent. Puis le rôle d'un chef de foules, communiant avec elles dans le même idéal, plaisait à son tempérament. Enfin son ambition, déçue devant Antioche, trouvait ici son compte, et déjà son imagination s'enflammait. Bohémond dans sa rapacité normande, pour ne pas risquer de perdre Antioche, refusait de suivre la croisade. Godefroi de Bouillon lui-même, excédé de toutes ces querelles pour lesquelles il n'était pas fait, s'était retiré à Édesse avec son frère Baudouin et Robert de Flandre. Cette carence de ses compagnons faisait l'affaire du comte de Toulouse. Il se voyait déjà entrant, seul des chefs croisés, à Jérusalem et bénéficiant d'une gloire immortelle.

La marche des Croisés de Maaret en-Nomân à Jérusalem fut relativement aisée. Le pays était divisé entre petits émirs arabes qui, ne pouvant tenir tête à l'armée franque, cherchèrent à se concilier sa bienveillance en concourant à son ravitaillement. Tel fut notamment le cas à Chaizar et à Tripoli, ce qui n'empêcha pas d'ailleurs les hostilités d'éclater à propos de diverses places secondaires de l'émirat de Tripoli. Ces faits de guerre entraînèrent un avantage imprévu. Godefroi de Bouillon et le comte de Flandre, apprenant qu'on se battait, rejoignirent immédiatement. Ils arrivaient à point, car voici que Saint-Gilles, sur cette belle *riviera* libanaise où on venait d'occuper Tortose, se sentait ressaisi par ses ambitions territoriales. Ce fut à grand-peine que Godefroi de Bouillon l'arracha à la conquête du Liban pour reprendre avec lui, le long de la corniche phénicienne, la marche vers Jérusalem.

Devant Beyrouth, devant Tyr, devant Saint-Jean-d'Acre les émirs locaux, que l'approche des Croisés terrifiait, leur fournirent sans difficulté le ravitaillement nécessaire. Entre Arsouf et Jaffa on abandonna la côte pour prendre, à travers l'aride plateau de Judée, la piste qui monte vers Jérusalem. Gaston de Béarn et Robert de Flandre, lancés en éclaireurs, entrèrent les premiers à Ramla, évacuée par les musulmans. A hauteur d'Emmaüs, Godefroi de Bouillon envoya son cousin, Baudouin du Bourg, et Tancrède avec cent cavaliers pousser une pointe sur Bethléem.

Après avoir galopé toute la nuit, la petite troupe atteignit Bethléem à l'aube. Quand les chrétiens indigènes reconnurent les Francs, ce fut une explosion de joie. Tous, tant de rite grec que de rite syriaque, sortirent en procession avec leurs croix et leurs évangiles, en entonnant des psaumes triomphants pour accueillir ces libérateurs venus du fond de l'Occident. Il avait donc lui, le jour inespéré du triomphe de la croix sur le croissant ! Tous ces pauvres gens, après plus de quatre siècles d'oppression, baisaient en pleurant les mains des rudes chevaliers. Conduits par un peuple en fête, Tancrède et ses compagnons se rendirent à l'église de la Nativité. « Ils virent la crèche où avait reposé le doux enfant par qui furent créés le ciel et la terre. Les habitants, par reconnaissance, prirent la bannière de Tancrède et la plantèrent au sommet de la basilique de la Vierge. »

En quittant Bethléem, Tancrède rencontra Gaston de Béarn qui, avec trente chevaliers, était venu reconnaître les abords de Jérusalem. Le mardi 7 juin l'armée franque tout entière aperçut les dômes de la ville sainte. « Quand ils entendirent ce nom : Jérusalem, ils ne purent retenir leurs larmes et, se jetant à genoux, ils rendirent grâces à Dieu de leur avoir permis d'atteindre le but de leur pèlerinage, la cité sainte où Notre-Seigneur a voulu sauver le monde. Qu'il était émouvant alors d'entendre les sanglots qui montaient de tout ce peuple ! Ils s'avancèrent encore jusqu'à ce que les murs et les tours de la ville devinssent bien distincts. Ils levaient leurs mains en actions de grâces vers le ciel et baisaient humblement la terre. »

Jérusalem, on l'a vu, avait été, dix mois auparavant, enlevée aux Turcs par les Arabes d'Égypte. Ceux-ci, en apprenant l'approche des Croisés, l'avaient hâtivement mise en état de défense, avec une forte garnison, composée en partie de Soudanais. Les chefs croisés se partagèrent les secteurs d'attaque, Robert de Normandie dans le secteur nord, face à la porte de Damas, Robert de Flandre face à l'actuelle Notre-Dame de France, Godefroi de Bouillon et Tancrède dans le secteur ouest, face à la porte de Jaffa et à la citadelle, Raymond de Saint-Gilles enfin au sud, sur le mont Sion. Siège exceptionnellement pénible. On était à la mi-juin. La chaleur était torride. L'eau manquait, le ravitaillement aussi, et comment sans machines de siège attaquer une aussi forte place ? Enfin arriva à Jaffa une escadre génoise apportant des vivres et du matériel. Guillaume de Sabran, avec quelques escadrons, alla établir la liaison avec elle, et on put entreprendre la construction d'échelles géantes et de tours de bois mobiles d'où on dominait le rempart. Gaston de Béarn se signala à cette occasion comme ingénieur. Dans la nuit du 9 au 10 juillet, Godefroi, Robert de Flandre et Robert de Normandie transportèrent leurs machines face au secteur nord-est, depuis la porte Saint-Étienne (l'actuelle porte de Damas) jusqu'au torrent du Cédron. Le 14 l'assaut commença, sans résultat tout d'abord. La garnison égyptienne disposait du terrible feu grégeois dont elle inondait les tours roulantes de l'assaillant.

L'attaque reprit le 15 au matin, un vendredi. Godefroi put approcher jusqu'à la muraille même sa tour de bois qu'il avait recouverte de peaux de bêtes fraîchement écorchées pour en protéger les poutres contre le feu. Il avait pris place à l'étage supérieur avec son plus jeune frère, Eustache de Boulogne. Vers midi il réussit à lancer une passerelle sur la muraille. Il s'y précipita avec Eustache et deux chevaliers de Tournai. En même temps, les échelles, appliquées de toutes parts, livraient passage à des grappes de soldats francs, si bien que la muraille, de ce côté, fut entièrement conquise, tandis que les défenseurs s'enfuyaient vers la mosquée el-Aqsâ, « le Temple de Salomon », où ils se retranchaient. La conquête de la mosquée n'eut lieu qu'au prix d'un nouveau combat, plus acharné encore : « On y marchait dans le sang jusqu'aux chevilles. » Tancrède et Gaston de Béarn coururent s'emparer du sanctuaire musulman voisin, la Qoubbat es-Sakhra ou Mosquée d'Omar. Ils y trouvèrent réfugiées d'autres foules musulmanes qui, celles-là, imploraient l'*aman*. Vainqueur chevaleresque, Tancrède prit ces malheureux sous sa protection en leur laissant sa propre bannière comme sauvegarde. Malheureusement, pendant la nuit ou le lendemain matin, de nouvelles vagues d'assaut franques massacrèrent ces captifs. Grande fut la fureur du chef normand quand il apprit l'outrage fait à sa bannière, le démenti donné à sa parole et aussi la perte que lui faisait subir l'égorgement de ces prisonniers dont il escomptait à juste titre le versement d'une bonne rançon.

Dans le secteur sud, le plus difficile, il est vrai, le comte de Toulouse avait rencontré plus de résistance. Ce ne fut que dans l'après-midi du 15, quand les défenseurs du Temple, fuyant devant Godefroi, refluaient de ce côté sous la protection de la citadelle, que Raymond de Saint-Gilles put à son tour pénétrer dans la place. Les Égyptiens, pris entre les masses franques qui au nord-est dévalaient du Temple et celles qui, avec Saint-Gilles, montaient du sud, tourbillonnaient, éperdus. Saint-Gilles courut à la citadelle, « la Tour de David », comme on disait, que le gouverneur lui livra sous promesse de pouvoir se retirer avec la garnison. Cette promesse, Saint-Gilles la tint noblement. Il donna une escorte à l'émir pour le protéger jusqu'à Ascalon.

Cet exemple malheureusement fut loin d'être partout suivi. Certes on s'explique le sang versé dans les combats de rues, même les scènes terribles du Temple, les musulmans ayant transformé cet édifice en un suprême réduit de résistance. Mais si le chiffre des victimes musulmanes a été fort exagéré, les fureurs inhérentes à toute prise d'assaut se prolongèrent ici beaucoup trop longtemps. « La ville présentait en spectacle un tel carnage d'ennemis, une telle effusion de sang que les vainqueurs eux-mêmes en furent frappés d'horreur et de dégoût. » Celui qui parle ainsi n'est autre que le grand archevêque Guillaume de Tyr, incapable de dissimuler sa réprobation de chrétien, son blâme aussi d'homme d'État. Car, à ce dernier point de vue, les excès du 15 juillet constituèrent une faute grave. Les villes maritimes, de Beyrouth à Arsouf, étaient, la veille encore, sur le point de négocier leur soumission. Épouvantées maintenant par le sort des musulmans de Jérusalem, elles se raidirent dans une résistance désespérée...

Cependant, sous les terribles vainqueurs du 15 juillet, les chrétiens enfin se retrouvaient. Le soir même de ce jour ils montèrent au Saint-Sépulcre. « Ils lavèrent leurs mains et leurs pieds, quittèrent leurs vêtements ensanglantés pour des robes neuves et, pieds nus, se rendirent aux Lieux Saints ». La fureur du combat était tombée. Chez ces hommes rudes, après tant d'épreuves et de périls, rien ne subsistait plus qu'une immense émotion religieuse. Ils se pressaient, en versant des larmes, le long de la voie douloureuse « et baisaient doucement la place où le Sauveur du monde avait posé ses pas ». Les chrétiens indigènes, qui s'étaient portés en procession à leur rencontre, les introduisirent au Saint-Sépulcre parmi les hymnes d'actions de grâces. Là, tous se jetèrent la face contre terre, les bras en croix. « Chacun croyait encore voir devant lui le corps crucifié de Jésus-Christ. Et il leur semblait aussi qu'ils fussent à la porte du ciel. »

***

On redescendit sur terre pour organiser la conquête. Qui deviendrait chef du nouvel État franc ? Parmi les hauts barons qui avaient concouru à la prise de Jérusalem, le comte de Flandre et le comte de Normandie désiraient rentrer en Europe. Ne restaient en présence que Raymond de Saint-Gilles et Godefroi de Bouffon.

Il n'est pas douteux que Raymond était ce que nous appellerions aujourd'hui le plus brillant candidat. Il avait sa politique à lui, basée (il avait complètement changé à cet égard) sur l'alliance byzantine. La réussite finale était pour une bonne part son œuvre, puisque c'est lui qui, six mois plus tôt, devant Maaret en-Nomân, avait remis la croisade en marche. Il semble que ce roi de la France du midi, s'il avait obtenu la couronne de Jérusalem, aurait constitué tout de suite une monarchie syrienne solide, encore que vassale des Byzantins. Sans doute est-ce précisément ce qui effraya les autres barons. Peut-être lui offrirent-ils le trône, mais avec des restrictions telles que, nerveux comme il l'était, il refusa. Nous savons d'ailleurs que Robert de Flandre et Robert de Normandie favorisèrent contre lui Godefroi de Bouillon.

Godefroi désirait beaucoup moins que lui le pouvoir et c'est vraiment à son corps défendant qu'il allait être élu. Mais tout en lui attirait les suffrages. Sa bravoure, à l'assaut de Jérusalem, avait été prodigieuse ; à l'heure où la plupart des Croisés songeaient à rentrer en Europe, qui, mieux que ce grand soldat, pourrait avec des effectifs réduits assurer le maintien de la conquête ? Puis il était aussi conciliant, patient et facile que Raymond était entêté, emporté et vindicatif. C'est ici que Guillaume de Tyr raconte la piquante anecdote évoquée plus haut. Avant de se décider, les barons procédaient dans l'entourage de Godefroi à une enquête discrète sur son caractère et ses goûts. Ainsi interrogés, les clercs de sa chapelle se plaignirent seulement de sa dévotion excessive, de ses interminables stations à l'église après lesquelles ils trouvaient le repas froid, ou trop cuit. Dans la bouche des chapelains du duc le reproche était évidemment fort grave. Au contraire, les barons s'en montrèrent édifiés et ce fut, nous assure en souriant l'archevêque de Tyr, un des motifs qui décidèrent de l'élection de Godefroi. Sans doute concluait-on que ce moine couronné serait un souverain débonnaire.

De fait, le nouvel élu ne prit même pas le titre royal. Avec une magnifique humilité, il se refusa, dit la tradition, à ceindre une couronne d'or là où le Christ n'avait porté qu'une couronne d'épines. Il se contenta de la dignité, singulièrement plus modeste, d'avoué du Saint-Sépulcre. Pour ce grand chrétien, le seul roi de Jérusalem, c'était le Christ ou le vicaire du Christ, le pontife romain. De Jérusalem il n'était, lui, que le régent pour le compte de l'Église.

Mais ce fils respectueux de l'Église se retrouvait sur le champ de bataille un lion, et ceux qui l'avaient choisi comme le plus apte à défendre Jérusalem contre les retours offensifs de l'Islam avaient vu juste. Vingt jours ne s'étaient pas écoulés depuis la prise de la ville qu'une puissante armée égyptienne, conduite par le vizir en personne, faisait irruption en Palestine. La situation était fort grave pour les Francs ; leurs forces se trouvaient dispersées ; Tancrède guerroyait vers Naplouse ; Raymond de Saint-Gilles, furieux de son éviction, était allé bouder du côté du Jourdain. Que serait-il arrivé si les Égyptiens avaient poussé directement sur la ville sainte ? Mais ils s'attardèrent sous Ascalon, tandis que Godefroi agissait avec rapidité, rappelant à lui tous ses compagnons d'armes. Raymond de Saint-Gilles regimba d'abord, puis, devant l'imminence du péril, rallia l'armée chrétienne : le danger commun reformait le faisceau des forces franques, et, bon gré, mal gré, faisait la monarchie. Toutefois les Francs n'avaient en tout que mille deux cents cavaliers et environ neuf mille fantassins, tandis que l'armée égyptienne était cinq fois supérieure en nombre.

Godefroi de Bouillon ne s'en porta pas moins au-devant de l'ennemi. Le 12 août, à l'aube, il se trouva en vue du camp égyptien, entre Ascalon et la mer. Il prit aussitôt ses dispositions de combat. Il commandait lui-même l'aile gauche, vers Ascalon. Tancrède, Robert de Normandie et le comte de Flandre chevauchaient au centre et Saint-Gilles à l'aile droite, du côté de la plage. Devant la soudaineté de l'attaque les Égyptiens furent complètement surpris. « Ils se disposaient à monter à cheval et à revêtir leurs armes, mais les Francs ne leur en laissèrent pas le temps. » Robert de Normandie, apercevant l'étendard du vizir, s'élança vers le porte-drapeau et l'abattit. Tancrède força le camp égyptien. En quelques minutes la déroute de l'armée arabe fut complète. Une partie des fuyards se réfugièrent dans un bois de sycomores où on mit le feu. Le reste fut jeté à la mer.

Après une telle victoire les Francs auraient pu s'emparer des villes de la côte. Leurs discordes, de nouveau, les paralysèrent. Les défenseurs d'Ascalon voulaient se rendre : plutôt que de voir la conquête profiter à Godefroi, Raymond de Saint-Gilles leur fit dire de tenir. Cette place de première importance, la clé de la Palestine du côté égyptien et que les Francs auraient pu annexer sans effort dès 1099, ne sera conquise par eux qu'en 1153, après leur avoir fait un mal infini. Godefroi, malgré sa patience, fut si exaspéré qu'il faillit attaquer le camp toulousain. Le comte de Flandre réussit à l'apaiser, mais il était temps que les barons se séparassent. Le comte de Toulouse, plein de rancœurs après tant de déceptions inavouées, remonta vers le nord, par la côte du Liban, jusqu'à Lattaquié où nous le retrouverons. Robert de Normandie et le comte de Flandre prirent congé, non sans émotion, de Godefroi qu'ils ne devaient plus revoir. Celui-ci restait seul, avec une poignée de gens, dans la Judée mal soumise, au milieu d'un monde d'ennemis. Il pria les deux princes de ne pas l'oublier en rentrant en France, de lui faire envoyer en hâte des renforts.

***

De tant de barons partis d'Europe pour la délivrance des Lieux Saints, Godefroi de Bouillon ne conservait auprès de lui, pour défendre sa conquête, que le prince italo-normand Tancrède. Soldat aussi fougueux et aussi hardi capitaine que son oncle Bohémond, Tancrède apportait dans sa passion de conquête plus de moralité relative et de loyauté que lui. Beaucoup plus jeune que Godefroi, il consentit à servir sous ses ordres et servit fidèlement. Ce fut Tancrède qui soumit la Galilée, à commencer par la place de Tibériade que Godefroi lui céda en fief. « Il tint la terre si bien et si sagement, nous dit le chroniqueur, qu'il en fut loué de Dieu et du siècle. » Empruntant aux Arabes leur tactique, il conduisait en pays ennemi de véritables *rezzous* et, à chaque coup de main, rapportait un butin considérable à Tibériade et à Jérusalem. Il porta même ses armes à l'est du lac de Tibériade, dans la province de Sawâd qui dépendait du royaume turc de Damas, et la soumit au tribut.

Entre deux campagnes, il ornait magnifiquement les sanctuaires de Nazareth. Un peu plus tard, il devait enlever aux Égyptiens le port de Caïffa.

Autant que la personnalité de Tancrède, celle de Godefroi paraît avoir impressionné les Arabes. D'abord par sa simplicité qui leur rappelait les premiers compagnons du Prophète. Durant le siège d'Arsouf (nous avons déjà fait allusion à cet épisode) plusieurs cheikhs vinrent apporter en tribut les produits de leur terre, du pain, des olives, des figues, du raisin sec. Ils trouvèrent Godefroi assis par terre, dans sa tente, à même le sol. Quand ils l'aperçurent ainsi, ils s'émerveillèrent : « Comment ce prince redoutable qui était venu de si loin pour tout bouleverser chez eux, qui avait anéanti tant d'armées et conquis tant de pays, se contentait-il d'un si modeste appareil, sans tapis ni draps de soie, sans vêtements royaux ni gardes ? » Mis au courant par l'interprète, l'avoué du Saint-Sépulcre leur fit répondre par le verset de l'Écriture : « L'homme doit se souvenir qu'il n'est que poussière et qu'il retournera en poussière. » Ils repartirent, dit la chronique, remplis d'admiration. Premiers contacts où l'ascétisme catholique et l'ascétisme musulman – comme devait le prouver un jour le père de Foucauld – se découvraient beaucoup plus proches qu'ils ne l'eussent pensé.

Le sentiment chevaleresque, si vif chez les cheikhs arabes, commençait aussi à les rapprocher des Francs. On parlait sous les grandes tentes de la force prodigieuse de Godefroi. Un seigneur du désert (nous avons plus haut fait allusion à cet épisode) eut la curiosité de s'en assurer. Il demanda un sauf-conduit, l'obtint et fut introduit auprès du duc. « Il le salua en s'inclinant, selon la coutume arabe, et lui demanda s'il était vraiment capable de trancher d'un seul coup d'épée, comme on l'affirmait, le cou d'un chameau. » Et il présentait une énorme bête adulte qu'il avait emmenée pour cela. « Le duc tira l'épée, frappa le chameau à l'encolure, là où elle était la plus épaisse, et la sectionna en deux aussi facilement que s'il s'était agi du col d'une oie. » Le Bédouin, ébahi, offrit, avant de repartir, sa plus riche verroterie au chef franc.

***

Pendant que Godefroi de Bouillon en Palestine jetait les bases du futur royaume de Jérusalem, Bohémond en Syrie achevait de fonder la principauté d'Antioche. Elle était enfin à lui la belle cité de l'Oronte, objet de sa tenace convoitise, la ville qu'il avait conquise de haute lutte sur les Turcs, dont il avait subtilement éliminé les Grecs et qu'il avait dû, pour finir, disputer à la jalousie du comte de Toulouse. Le départ des autres Croisés pour Jérusalem en janvier 1099 l'en avait laissé paisible possesseur. Pour achever son œuvre, il lui fallait maintenant un grand port sur la mer, en l'espèce la ville de Laodicée, notre Lattaquié. Mais Lattaquié avait été peu auparavant occupée par son vieil adversaire, Raymond de Saint-Gilles, et remise par ce dernier aux Byzantins. Bohémond n'hésita point à aller assiéger la garnison byzantine. Justement une puissante escadre pisane venait de mouiller en Syrie sous le commandement de l'archevêque de Pise, l'énergique Daimbert. Bohémond proposa aux Pisans d'attaquer Lattaquié par mer, tandis qu'il la pressait par terre, ce que les Pisans, déjà en lutte avec Byzance, acceptèrent volontiers. Mais les alliés avaient compté sans Raymond de Saint-Gilles. Le siège se poursuivait lorsqu'en septembre 1099, celui-ci, qui revenait de Jérusalem, apparut devant Lattaquié.

Le comte de Toulouse faillit suffoquer d'indignation. Ainsi, pendant qu'il était allé délivrer Jérusalem, Bohémond, qui n'avait même pas participé à la marche sur la ville sainte, profitait de son absence pour attaquer une place que lui, Saint-Gilles, avait solennellement donnée aux Byzantins ! Raymond somma Bohémond de lever le siège. Bohémond se préparait à résister, mais les Pisans, peu désireux de commencer leur croisade par une bataille entre Latins, l'abandonnèrent. L'archevêque Daimbert, en apprenant l'arrivée de ces Croisés méridionaux qui avaient pris une si grande part à la délivrance du Saint-Sépulcre, courut à leur rencontre. La chronique nous le montre « se jetant au cou des Toulousains, petits et grands, en versant des larmes de joie ». Suit un discours fort éloquent : « Je vous salue, vous les fils et les amis du Dieu vivant, qui, après avoir abandonné vos familles et vos biens, n'avez pas hésité à risquer votre vie si loin de votre patrie, au milieu de tant de peuples barbares, pour la gloire du Seigneur ! Jamais armée chrétienne n'a accompli pareils exploits ! » Ce beau discours fut fraîchement accueilli. « Si vos sentiments sont si chrétiens, répliqua Saint-Gilles, comment vous êtes-vous associés au siège d'une ville chrétienne ? » Le lendemain, tandis que Bohémond se retirait à Antioche, Saint-Gilles faisait son entrée à Lattaquié où l'oriflamme de Toulouse flotta fièrement à côté des bannières byzantines.

Cependant, malgré la défaillance de Daimbert, l'accord de celui-ci avec Bohémond persista. Après l'échec de leurs projets sur Lattaquié, les deux alliés firent ensemble le pèlerinage de Jérusalem. Le 21 décembre 1099, ils furent reçus par Godefroi de Bouillon dans la ville sainte. Et aussitôt, sur l'initiative de Daimbert, se posa la question du patriarcat.

Au lendemain de la prise de Jérusalem, on avait plus ou moins régulièrement élu patriarche le chapelain du comte de Normandie, Arnoul Malecorne, clerc fort intelligent, d'une remarquable éloquence naturelle, mais politique intrigant et dont la vie manquait de sainteté. Daimbert n'eut pas de peine à montrer les vices d'une telle élection. Il fit déposer Arnoul et se fit nommer à sa place au siège patriarcal. En réalité dans l'un comme dans l'autre cas, il était profondément regrettable que le choix pour un poste aussi important ait été imposé par la politique locale au lieu d'être laissé à la sagesse de la Papauté. Car Daimbert, lui aussi, était loin d'être sans défaut. Homme d'action bien plus qu'homme d'Église, sa forte personnalité manquait de mesure. Énergique plus qu'il n'eût été nécessaire, plus ambitieux encore qu'Arnoul, autoritaire et cassant, on lui reprochait, au cours d'une mission en Espagne, d'avoir détourné à son profit personnel une partie des sommes destinées à la cour romaine. A peine nommé patriarche, il invita Godefroi à lui faire abandon de Jérusalem pour aller vivre, roi sans royaume, dans toute autre place à conquérir sur les musulmans. Godefroi, sans doute un peu surpris, finit par céder, du moins en principe, car, épuisé par tant de difficultés, il mourut à Jérusalem le 18 juillet 1100 sans avoir eu le temps d'exécuter son engagement.

Daimbert jugea l'heure venue de constituer définitivement la Judée en patrimoine patriarcal. Il savait pouvoir compter pour cela sur son ami, Bohémond d'Antioche, et lui écrivit en ce sens. Mais voici qu'à la place de l'allié qu'il attendait, il allait voir surgir, visiteur pour lui singulièrement inopportun, le propre frère de Godefroi de Bouillon, Baudouin de Boulogne, comte d'Édesse, qui réclamait comme un droit la possession de Jérusalem.

Chapitre IV
Le fondateur du royaume de Jérusalem

Baudouin de Boulogne

C'était un beau type de baron que Baudouin de Boulogne, frère de Godefroi. De taille plus élevée que celui-ci, on lui appliquait la citation du *Livre des Rois* à propos de Saül qui, lorsqu'il était au milieu du peuple, dépassait de la tête toute la foule. La barbe et les cheveux bruns, mais la peau fort blanche, le nez aquilin, son énergique et mâle figure s'imposait à l'attention. Son expression, son langage, sa démarche respiraient d'ailleurs une gravité voulue. C'est ainsi qu'on ne le voyait jamais sans un manteau sur les épaules, si bien, dit un chroniqueur, qu'au premier abord on l'eût pris pour un évêque plutôt que pour un chevalier. De fait, à l'exemple de beaucoup de cadets, il avait été dans sa jeunesse destiné à l'état ecclésiastique. « Il apprit suffisamment de lettres, comme il sied à un jeune clerc, et fut inscrit aux chapitres de Reims, de Cambrai et de Liège. » Mais ce stage dans la cléricature dura peu. Il abandonna à temps une carrière pour laquelle il n'était pas fait et rentra dans le siècle. Toutefois de son passage dans l'Église il devait toujours garder certaines habitudes d'esprit, la dignité, le sens de la mesure, le tact diplomatique. Très porté sur les femmes, il est loué par le chroniqueur pour avoir du moins évité le scandale, au point que ses familiers eux-mêmes ignoraient presque toujours ses débordements.

Baudouin, nous allons le voir, devait être un jour le principal bénéficiaire de la croisade, le premier roi de Jérusalem. Mais la croisade, il s'en était dès le début assez peu soucié, du moins au point de vue spirituel, et la marche sur Jérusalem, il l'avait avant tout autre abandonnée pour de plus lucratives opérations. Dès septembre 1097, pendant la traversée de l'Asie Mineure, il avait, avec Tancrède, quitté l'armée croisée, pour aller tenter personnellement la conquête de la Cilicie. Sa mésentente avec Tancrède avait fait échouer l'entreprise, mais Baudouin, sans même participer au siège d'Antioche, avait presque immédiatement abandonné de nouveau la croisade pour aller chercher fortune du côté d'Édesse.

Chapitre IV

La ville d'Édesse, l'actuelle Orfa, à l'est de l'Euphrate, constituait alors une petite principauté arménienne, îlot battu de tous côtés par la vague turque. Thoros, le chef arménien qui avait réussi, comme par miracle, à maintenir ce bastion chrétien en terre musulmane, commençait à désespérer. Il se faisait vieux ; l'invasion turque semblait inévitable, quand la nouvelle des victoires franques parvint jusqu'à lui. Justement un des chefs croisés, notre Baudouin, venait de réussir un coup de main sur la place turque voisine, Tell-bâcher ou Turbessel. Thoros, joyeux, vit là une aide providentielle. Il invita Baudouin à se rendre à Édesse et l'y accueillit comme un sauveur. Évidemment le prince arménien comptait prendre le chef franc à sa solde, à titre de mercenaire, d'ailleurs grassement rétribué. Mais Baudouin voulait bien autre chose. Une fois dans la place, il posa ses conditions : il partagerait le pouvoir avec Thoros ou quitterait sur-le-champ Édesse en abandonnant la ville aux attaques des Turcs. Thoros fut bien obligé de s'exécuter. Il reconnut Baudouin pour son fils adoptif et son héritier. Conformément au cérémonial du temps, le vieil Arménien fit passer son « fils » nu, entre sa chair et sa chemise, le serra sur son sein et scella par un baiser leur mutuel engagement.

Suit une histoire très trouble qui nous montre Baudouin sous un jour assez fâcheux, bien que son habileté politique s'y révèle consommée. Toutes ces chrétientés orientales étaient empoisonnées par les rivalités de sectes et les jalousies de famille. Thoros avait des ennemis acharnés non seulement chez les chrétiens syriaques, mais parmi ses propres coreligionnaires arméniens. Ils s'abouchèrent avec Baudouin, offrant à celui-ci de le rendre seul maître d'Édesse, s'il les laissait se débarrasser de Thoros. A leur instigation, le 7 mars 1098, une émeute éclata contre le vieux prince arménien. La populace l'assiégea avec des cris de mort dans le château en acclamant Baudouin. Fort dignement, ce dernier affecta de vouloir les calmer, de prendre la défense de son père adoptif, d'agir en médiateur. De fait, il se rendit auprès de Thoros et lui suggéra d'apaiser les insurgés par une opportune distribution d'espèces. Thoros, tout tremblant, lui livra les clés de ses trésors, en demandant seulement de pouvoir se retirer sain et sauf. Baudouin le jura sur les reliques, « en prenant à témoin les archanges, les anges et les prophètes ». Mais le lendemain, comme le vieillard, se fiant à la parole donnée, se préparait tranquillement à quitter Édesse, la populace, armée de bâtons et de piques, se précipita sur lui et le massacra. « Lui ayant attaché une corde aux pieds, ils traînèrent son cadavre à travers les rues », et ce fut ainsi, conclut durement le chroniqueur, que Baudouin de Boulogne resta seul maître d'Édesse.

Baudouin chercha à légitimer son élévation aux yeux de la population locale. Tout d'abord il épousa une princesse arménienne, Arda, fille d'un seigneur du Taurus. Puis il délivra des Turcs les places voisines, notamment Saroudj et Samosate. Le « comté d'Édesse » devint ainsi une belle seigneurie, étendue des frontières de la principauté d'Antioche jusqu'au seuil du Kurdistan.

Cependant ces campagnes coûtaient cher. La main gantée de fer du chef franc s'abattait sur les épaules des riches bourgeois arméniens, exigeant de l'or, toujours plus d'or. Beaucoup, regrettant leur conduite envers le malheureux Thoros, commençaient à prendre en haine le terrible protecteur qu'ils s'étaient donné. Douze des plus notables formèrent un complot pour se débarrasser de lui, fût-ce avec l'aide des Turcs. Mais il avait des espions partout. Averti par un Arménien resté fidèle, il frappa vite et fort. Les principaux coupables eurent les yeux crevés, à la manière byzantine ; aux comparses on coupa simplement le nez, les mains ou les pieds, puis on les expulsa.

Ce furent les dernières rébellions. Les milieux arméniens comprirent qu'ils avaient trouvé leur maître. Comment résister à ce Franc extraordinaire, plus astucieux, aussi peu scrupuleux qu'un Levantin, plus subtil et aussi fermé qu'un Arabe, plus brutal et brusque à la riposte qu'un Turc, avec une fougue et des capacités militaires qui surpassaient la valeur turque ? Du reste les bienfaits de sa sévère administration commençaient à se manifester : c'étaient l'ordre, la sécurité, la richesse, les victoires quotidiennes sur les Turcs, richesse et victoire dont l'élément arménien bénéficiait largement. De plus, les Arméniens, qui avaient naguère tant souffert du mépris et des persécutions religieuses des Byzantins, trouvaient auprès des rudes chevaliers francs une tout autre attitude. Entre Francs et Arméniens aucun préjugé de race, aucune hostilité confessionnelle. Les mariages entre barons francs et dames arméniennes, entre seigneurs arméniens et châtelaines franques commençaient à se multiplier. Baudouin lui-même en avait donné le premier exemple, comme Alexandre le Grand jadis avait donné l'exemple des unions macédo-iraniennes.

Sur ce théâtre restreint du comté d'Édesse, Baudouin Ier se montrait donc l'aventurier sans scrupules, mais aussi l'aventurier de génie et déjà l'homme d'État de grande classe que l'avenir nous apprendra à mieux connaître. Il semblait destiné à orienter l'expansion franque du côté du Dyarbékir et de la Mésopotamie, quand le 12 septembre 1100 il reçut une nouvelle imprévue : son frère Godefroi de Bouillon venait de mourir et une délégation de chevaliers palestiniens lui offrait le trône de Jérusalem. Mais en attendant, le patriarche Daimbert, avec l'aide des Normands, était en train de se saisir du pouvoir. Baudouin n'avait pas une minute à perdre, s'il ne voulait se trouver en présence du fait accompli.

Son attitude, en recevant ce message, peint l'homme. Dans un raccourci digne de Tacite, son chapelain, Foucher de Chartres, nous le montre « convenablement triste de la mort de son frère, mais plus joyeux encore de l'héritage escompté ». Son parti fut aussitôt pris. Il n'avait vécu jusque-là que pour son comté d'Édesse en faveur duquel il avait déserté la croisade. Mais dès qu'il entrevit la couronne de Jérusalem, il n'hésita pas. Cette couronne de David, Godefroi n'avait rien su en faire, même pas la placer sur sa tête. On allait voir le parti que Baudouin saurait en tirer ! Sur-le-champ il confia le comté d'Édesse à son cousin Baudouin du Bourg et, prenant avec lui quatre cents chevaliers et mille fantassins, il partit pour Jérusalem (2 octobre 1100).

La chevauchée d'Édesse à Jérusalem avec une troupe aussi réduite était une entreprise hasardeuse. De Jérusalem, Daimbert, on l'a vu, avait écrit à Bohémond d'arrêter Baudouin au passage, quand celui-ci traverserait la principauté d'Antioche. Et, s'il franchissait ce premier obstacle, les Turcs de Damas le guettaient dans les défilés du Liban pour l'écraser sous le nombre. Mais la chance favorisa l'audacieux Baudouin. Au moment même où mourait Godefroi de Bouillon, Bohémond, qui guerroyait du côté de Malatya, venait d'être fait prisonnier par les Turcs : à l'heure où on aurait voulu le faire intervenir dans la succession de Jérusalem, il se rongeait les poings au fond de quelque forteresse d'Asie Mineure. Baudouin, loin d'être reçu en ennemi à Antioche, y fut donc accueilli fraternellement. Il en repartit au bout de trois jours et, par Lattaquié et la côte alaouite, s'engagea sur la corniche libanaise. Là, ses compagnons furent saisis d'effroi : à tout instant au détour du chemin l'armée turque pouvait surgir. La moitié d'entre eux l'abandonnèrent. Sa ferme contenance en imposa aux autres : « S'il y a des lâches, qu'ils retournent en arrière ! » Mais en arrivant à Djabala, il n'avait plus que cent soixante cavaliers et cinq cents fantassins...

L'inquiétude qui régnait dans la petite troupe était justifiée. Le roi turc de Damas, renforcé par l'émir arabe de Homs, était venu guetter Baudouin entre Tripoli et Beyrouth, au point le plus dangereux de la route, celui où elle traverse les gorges du Nahr el-Kelb, près de l'embouchure encaissée du fleuve. L'embuscade était si bien préparée que Baudouin aurait dû succomber. Par une chance inespérée, il avait été prévenu à temps par le qadi arabe de Tripoli, qui, brouillé à mort avec les Damasquins, trahit en sa faveur la cause musulmane. La situation des Francs en arrivant devant la passe du Nahr el-Kelb n'en était pas moins terrible, d'autant qu'assaillis de front par l'armée de Damas, ils se voyaient harcelés sur leur flanc droit par une flottille arabe sortie de Beyrouth. Comme l'écrit dramatiquement un chroniqueur, « du côté de la mer, les navires ennemis ; de l'autre côté de la mer, les navires ennemis ; de l'autre côté, la montagne à pic ; en face, toute l'armée turque. » La nuit tombait, nuit d'angoisse au cours de laquelle le bivouac ne cessa d'être harcelé par les archers musulmans. Ce que pouvaient être les réflexions autour de Baudouin, son chapelain, le bon Foucher de Chartres, nous l'avoue sans ambages. « Ah ! que j'aurais préféré me trouver à Chartres ou à Orléans ! Et je n'étais pas le seul... »

Le lendemain, dès l'aube, Baudouin, comprenant l'impossibilité de forcer le passage, feignit de battre en retraite. Les Turcs se jetèrent à sa poursuite, mais dans leur précipitation et vu l'étranglement de la corniche libanaise, ils lancèrent d'abord en avant un escadron de cinq cents cavaliers, suivi à distance par les piétons. C'est précisément ce qu'escomptait Baudouin. Quand il eut attiré cette avant-garde assez loin, il fit brusquement volte-face et chargea. L'étroitesse de la passe ne permettait pas aux musulmans de profiter de leur supériorité numérique pour se déployer. Comme, essoufflés par leur poursuite, ils arrivaient en échelons dispersés, la contre-attaque franque, concertée et massive, les écrasa. Fuyant en

Chapitre IV

désordre dans l'étroit couloir, leur panique se communiqua au gros de l'armée damasquine qui se dispersa dans la montagne, le mélik de Damas en tête des fuyards...

La voie était libre. Baudouin s'y élança et par le Carmel et Jaffa atteignit Jérusalem. Quand il approcha de la ville sainte, il vit arriver à lui en joyeux cortège toute la population chrétienne, avec les prélats de chaque rite, au chant des hymnes et des cantiques, pour accueillir « comme leur seigneur et leur roi » le frère et l'héritier de Godefroi de Bouillon. Spontanément, tous se ralliaient à lui d'enthousiasme non seulement en souvenir du bon duc qui les avait si paternellement gouvernés, mais parce que cette petite colonie chrétienne, perdue au milieu du monde musulman, sentait d'instinct le besoin de se serrer autour d'un homme fort. C'était le plébiscite des foules. Daimbert, voyant ses projets s'évanouir, dut bon gré mal gré s'incliner. Un instant même, dans la crainte de représailles, il se réfugia dans l'église du mont Sion où, dit joliment l'*Eracles*, « il s'occupait d'oraison et regardait privément dans ses livres ». Mais Baudouin était trop avisé pour se compromettre par des vengeances avant d'être suffisamment affermi sur le trône. Affectant d'oublier ses propres griefs, il entreprit aussitôt à la tête de l'armée chrétienne une grande chevauchée à travers le massif de Judée jusqu'à la pointe méridionale de la mer Morte. Il poussa même en direction du sud jusqu'au « Val Moyse », notre Ouadi Mousa, en plein désert d'Arabie Pétrée.

Cette promenade militaire acheva d'établir l'autorité de Baudouin. A son retour, le patriarche Daimbert se résigna à le sacrer roi de Jérusalem. La cérémonie se déroula dans l'église de la Vierge à Bethléem, le jour de Noël 1100.

Cette royauté, Baudouin allait la prendre volontairement très au sérieux, l'entourant à dessein de toute la pompe orientale, la rehaussant d'une majesté presque biblique. Il trônera, vêtu d'un burnous tissé d'or, la barbe longue comme un *basileus* et faisant porter devant lui un grand bouclier doré. A la manière d'un sultan, il se laissera « adorer » par les ambassades musulmanes et prendra devant elles ses repas, les jambes croisées sur un tapis. Non qu'il soit vain et dupe de toute cette pompe, mais parce que dans le nouveau milieu où il est appelé à vivre, il a discerné en elle un moyen de gouvernement.

La dernière opposition venait de Tancrède, qui, naguère investi de la principauté de Galilée par Godefroi, ne pouvait se résigner à devenir vassal de Baudouin avec qui il était brouillé depuis 1097. Fort heureusement les gens d'Antioche, toujours sans chef depuis la capture de Bohémond par les Turcs, offrirent sur ces entrefaites à Tancrède la régence de leur principauté. La grande ville franque du nord y gagna un vaillant défenseur et Baudouin resta seul maître dans son royaume du midi.

Le nouveau roi de Jérusalem se mit aussitôt à l'œuvre. A son avènement, son autorité ne dépassait guère l'enceinte des villes murées, les campagnes restant en proie aux coureurs arabes. Baudouin retourna contre ceux-ci leur propre tactique, organisant et dirigeant lui-même des contre-rezzous qui surgissaient à l'improviste au milieu des douars. Telle page de son biographe évoque directement à nos yeux les déplacements d'une de nos colonnes mobiles pendant la conquête de l'Algérie ou du Maroc, d'autres « prises de la smalah ». Certain jour Baudouin apprend par ses guetteurs qu'un gros campement d'Arabes, avec leurs tentes, leurs femmes, leurs enfants, leurs chevaux, leurs chameaux et leurs ânes, vient de s'établir en Transjordanie. Ramassant avec lui tout ce qu'il peut trouver de gens, il part à l'improviste, passe le Jourdain sans donner l'éveil, se défile dans le lit desséché d'un oued jusqu'aux approches de l'ennemi et attend l'obscurité. Au milieu de la nuit il tombe sur le campement endormi et dans l'affolement de la surprise s'empare de toute cette ville nomade. Seuls quelques chefs parmi les Arabes ont eu le temps de sauter à cheval et de s'enfuir. Mais dans la foule des prisonniers, voici qu'on signale au roi de Jérusalem une jeune femme de haute naissance, épouse d'un puissant cheikh et qui attendait un enfant. Il accourt, la fait descendre de chameau, dispose pour elle une tente avec les plus riches coussins qu'on peut trouver, et dans un grand geste chevaleresque, ôtant son manteau royal, il en recouvre la jeune Bédouine, puis il prend congé d'elle en lui laissant de l'eau, des vivres, des servantes et deux chamelles pour allaiter l'enfant qui va naître. Cependant, les Francs une fois repartis, le cheikh, dans une mortelle angoisse, se met en quête de sa femme ; il la retrouve sur place dans le somptueux appareil où l'a laissée Baudouin. De ce jour il jura au prince franc une reconnaissance éternelle. Nous verrons qu'il eut bientôt l'occasion de lui en témoigner les effets.

En même temps que le nettoyage de l'hinterland palestinien, le principal souci de Baudouin Ier était la conquête des ports, encore restés pour la plupart aux mains des garnisons égyptiennes. Il s'empara coup sur coup d'Arsouf qui capitula et de Césarée qui fut prise d'assaut (avril-mai 1101). Cependant le gouvernement du Caire, ne pouvant se résigner à la perte de ces places, concentra en août sous Ascalon une puissante armée, évaluée à une trentaine de mille d'hommes. Baudouin appela à lui toutes les garnisons franques du pays, mais quand, le 7 septembre, il vint prendre position devant Ramla, il ne pouvait opposer aux masses arabes et soudanaises que deux cent soixante cavaliers et neuf cents fantassins. Pour rendre sa petite armée plus mobile, il la divisa en cinq échelons. Les trois premiers furent mis en déroute, et ce fut Baudouin qui avec les deux autres dut rétablir la bataille. La Vraie Croix, portée devant lui par l'évêque Gérard, lui servit à raffermir les courages. Avant de charger, il adressa aux siens une brève harangue dont Foucher de Chartres nous a conservé le sens : « Si vous êtes tués, c'est la couronne du martyre ; si vous êtes vainqueurs, une gloire immortelle. Quant à vouloir fuir, inutile : la France est trop loin ! » Dans un mouvement analogue à celui de Philippe Auguste à Bouvines, le roi, se prosternant au pied de la Vraie Croix, confessa publiquement ses péchés à l'évêque Gérard. Puis, montant à cheval – un cheval arabe, nommé la Gazelle à cause de sa légèreté –, il chargea à la tête des siens. La Vraie Croix, portée par Gérard, s'avançait à sa suite. Un des émirs égyptiens pénétra jusqu'à elle pour s'en emparer ; il fut tué avant d'y avoir réussi. Un autre émir, qui fonça sur Baudouin, fut abattu en même temps que son cheval, d'un seul coup, par le roi. Devant ces hommes de fer, Égyptiens et Soudanais plièrent. Toute l'armée musulmane prit la fuite vers Ascalon. En quelques minutes le camp égyptien avec tout ce qu'il renfermait tomba au pouvoir des Francs. Baudouin interdit aux siens, sous peine de mort, de ralentir la poursuite pour s'attarder au pillage. La « chasse » ne s'arrêta qu'à la tombée de la nuit, en vue d'Ascalon. Baudouin fit alors sonner le ralliement et ramena ses soldats pour leur partager enfin les richesses du camp ennemi.

Bref répit. En mai 1102 une nouvelle armée – vingt mille Arabes et Soudanais – sort d'Égypte et s'avance encore sur la route de

Jérusalem jusqu'à hauteur de Ramla. Cette fois, Baudouin, grisé par ses précédents succès, manqua de prudence. Sans prendre le temps d'appeler à lui les garnisons de la Galilée, il partit à la rencontre des envahisseurs avec les seuls chevaliers de Jérusalem. Ce ne fut qu'en débouchant dans la plaine de Ramla, le 17 mai, lorsqu'il découvrit la multitude de l'armée ennemie, qu'il comprit dans quel abîme sa présomption l'avait jeté. Mais il était trop tard pour reculer. « Ne cherchant plus qu'à vendre chèrement sa vie », la petite troupe chargea. Si rude fut le choc qu'un instant les Égyptiens « s'en ébahirent », croyant que la suite du roi n'était qu'une avant-garde. Mais bientôt Baudouin et les siens se virent écrasés sous le nombre. La plupart de ses compagnons furent tués. Avec une dernière poignée de fidèles il se réfugia dans la bourgade de Ramla qui fut aussitôt assiégée par toute l'armée égyptienne. Seule la nuit qui tombait empêcha les vainqueurs d'emporter cette faible défense, mais il était évident que le lendemain c'en serait fait du roi de Jérusalem...

Ce fut alors que se produisit, d'après Guillaume de Tyr, une romanesque intervention qui apporta le salut. Vers le milieu de la nuit, voilà qu'un chef arabe se présente devant la muraille et demande à parler personnellement au roi. On introduit le mystérieux visiteur : c'est le cheikh dont Baudouin a l'année précédente sauvé et libéré la jeune femme lors du coup de main en Transjordanie. Le chevaleresque Arabe vient avertir le roi d'avoir à s'échapper avant l'aube, pendant qu'il en est encore temps. Baudouin, à la prière instante des siens, tente cette suprême chance. Sur son cheval « la Gazelle », il s'élance en pleine nuit dans la campagne, à travers les bivouacs ennemis. Sa fuite est aussitôt signalée ; une nuée de cavaliers arabes se jettent à sa poursuite, presque tous ses serviteurs sont tués ou pris. Seule la vitesse de la Gazelle sauve son cavalier qui disparaît dans les gorges de la montagne.

Le lendemain les coureurs égyptiens se présentaient devant Jaffa en brandissant la tête coupée de Gerbod de Winthinc, le sosie de Baudouin. La femme de ce dernier, la reine Arda, qui se trouvait dans la ville, croyait avec tous les habitants que le roi avait péri, lorsque le 20 mai, à la surprise générale, une barque apparut au large, qui portait, claquant dans le vent, l'oriflamme personnelle de Baudouin...

Chapitre IV

Après avoir erré deux jours dans la montagne, Baudouin avait en effet réussi à gagner Arsouf d'où un hardi corsaire anglais nommé Goderic accepta de le conduire par mer à Jaffa. La flotte égyptienne croisait au large. Pour rassurer les défenseurs de Jaffa du plus loin qu'ils apercevraient l'embarcation, Baudouin avait fait déployer au haut du mât l'étendard royal, mais à cette vue l'escadre ennemie s'élança pour le capturer. Par bonheur, la mer était démontée, le vent soufflait du nord, favorisant Goderic et arrêtant les voiles égyptiennes, si bien que la barque royale, dansant dans la tempête, put entrer sans encombre dans le port.

L'arrivée de Baudouin « ressuscité » parut aux défenseurs de Jaffa tenir du miracle. « C'était comme l'étoile du matin qui annonce l'approche du jour. » En même temps la chevalerie franque de Galilée arrivait par terre sous son chef Hugue de Saint-Omer, sire de Tibériade. Enfin une escadre chrétienne de deux cents navires débarqua providentiellement à Jaffa un grand pèlerinage avec de nombreux chevaliers anglais, français et allemands. L'armée franque reconstituée se trouva bientôt en état de reprendre l'offensive. Le 27 mai, Baudouin attaqua à l'improviste l'armée égyptienne entre Jaffa et Ascalon et remporta cette fois une victoire complète.

La supériorité des Francs sur les forces égyptiennes était décidément rétablie. En 1104, Baudouin profita de la croisière d'une escadre génoise pour enlever à l'Égypte la ville maritime de Saint-Jean-d'Acre, destinée à devenir le plus grand port chrétien du Levant (26 mai 1104). L'année suivante le gouvernement du Caire fit un dernier effort. Son armée s'avança jusqu'à Ramla, renforcée par des contingents damasquins. La bataille se livra devant Ramla le 27 août 1105. « Les Francs poussaient leur cri de guerre : *Christus vincit, Christus regnat, Christus imperat !* » Au commencement de l'action, la cavalerie turque de Damas leur fit beaucoup de mal en les criblant de flèches, selon sa coutume. Baudouin impatienté arracha des mains de son écuyer son étendard blanc et, le dressant à bout de bras, en un galop furieux, chargea les Turcs qu'il dispersa. Il se retourna ensuite contre les rangs égyptiens. Parmi ceux-ci, l'infanterie, composée de fellahs et de Soudanais, se fit bravement massacrer sur place ; la cavalerie arabe put seule se sauver...

L'occupation du littoral palestinien par les Francs apportait dans le commerce intérieur du monde musulman une énorme perturbation. Les caravanes entre Le Caire et Damas ou Baghdad étaient obligées de se détourner vers les pistes du désert, par le sillon d'Idumée, de passer au sud de la mer Morte, puis de remonter le sillon du Jourdain du côté de la Transjordanie. Les chroniques du temps nous montrent une de ces caravanes d'Égypte faisant halte près du Jourdain « dans l'ombre et le silence de la nuit ». Mais le roi Baudouin est averti par des guetteurs. Avec soixante cavaliers il descend en pleines ténèbres jusqu'au fleuve et surprend la caravane. Au tableau, « onze chameaux chargés de sucre, quatre chameaux chargés de poivre, dix-sept chargés d'huile et de miel ». Quelque temps après, aubaine autrement importante : c'est une énorme caravane de quatre mille chameaux, revenant d'Arabie en Transjordanie, qui est capturée par le croisé anglo-normand Guillaume Cliton, petit-fils de Guillaume le Conquérant. Il est vrai que les Musulmans opposaient rezzou à rezzou. Le sire de Tibériade, Gervais de Bazoches, ainsi tombé dans une embuscade, fut conduit prisonnier à Damas. Le capitaine turc qui gouvernait Damas, le brutal Toughtékîn, offrit à Baudouin de libérer son vassal contre cession de Tibériade et de Saint-Jean-d'Acre. Baudouin, la raison d'État faite homme, resta inébranlable : « De l'argent tant que vous voudrez, plus de cent mille besants, s'il le faut ! Mais quand même vous auriez réduit en captivité toute ma famille avec tous les autres chefs francs, je ne rendrais pas pour leur rançon la moindre de nos villes ! » Sur ce refus, Gervais fut exécuté à coups de flèches sur la grande place de Damas ; la peau de son crâne, avec ses cheveux blancs, fut scalpée pour être portée sur une hampe devant l'émir, mais les conquêtes franques furent intégralement maintenues.

Dès qu'une escadre chrétienne jetait l'ancre dans les eaux du Levant, Baudouin en profitait pour attaquer avec son concours les villes maritimes encore au pouvoir de l'Égypte. Nous venons de voir qu'en 1104 une croisière génoise lui avait permis de prendre Saint-Jean-d'Acre. Le 13 mai 1110, la présence de navires génois et pisans lui permit de même de s'emparer de Beyrouth, et le 4 décembre suivant, grâce au concours d'une armada scandinave conduite par le roi de Norvège Sigurd, il fit capituler Sidon. A cette date tout le littoral palestinien, à l'exception de Tyr au nord et d'Ascalon au sud, avait donc été arraché à l'Égypte et solidement annexé au royaume franc.

***

Tandis qu'au sud, en Palestine, Baudouin fondait dans ses limites historiques le royaume de Jérusalem, dans la Syrie du nord son ancien rival, Tancrède, appelé à la régence de la principauté d'Antioche pendant la captivité de Bohémond (1100-1103), « faisait aussi bonne besogne ». Il consolidait à l'est la principauté normande par de victorieuses expéditions contre le royaume turc d'Alep et à l'ouest achevait de lui donner sa façade maritime en enlevant aux Byzantins le grand port de Lattaquié (fin 1102). Quant au comte de Toulouse, Raymond de Saint-Gilles, après la déception qu'il avait éprouvée à voir Antioche et Jérusalem attribuées à d'autres, il était parti pour Constantinople afin de se concerter avec l'empereur Alexis Comnène. Celui-ci le chargea de diriger à travers l'Asie Mineure les nouvelles croisades qui arrivaient de France, d'Allemagne et d'Italie.

La première de ces « croisades de renfort » ou « d'exploitation », qui à la nouvelle de la délivrance de Jérusalem s'étaient organisées en Occident, était composée de pèlerins de la Lombardie. Arrivés par la route du Danube en territoire byzantin, les Lombards furent cantonnés près de Constantinople. Leur expédition, qui comprenait une foule de non-combattants, présentait à bien des égards le caractère des croisades populaires de 1096 dont elle allait renouveler les fâcheux exploits. Malgré les objurgations de leurs chefs, les pèlerins lombards se mirent à piller le territoire byzantin, volant bêtes et récoltes, allant jusqu'à dévaliser les églises. La police byzantine s'interposant, les plus forcenés n'hésitèrent pas à donner l'assaut au palais impérial des Blachernes. L'archevêque de Milan, leur chef nominal, parvint à les apaiser. Les Lombards furent rejoints par une autre croisade de renfort, française celle-là, et tous acceptèrent comme chef Raymond de Saint-Gilles qui à leur tête passa en Asie (avril-mai 1101).

La question de l'itinéraire à choisir pour la traversée de l'Asie Mineure semblait ne pas se poser : il n'y avait qu'à suivre celui de la Première Croisade, par Nicée, Dorylée et Iconium, dont on connaissait les relais et les points d'eau, pour descendre, comme en 1097, sur Antioche. Mais une idée passionnelle, comme il en germe chez les foules, s'empara des pèlerins lombards : avant de descendre en Syrie, il fallait aller délivrer Bohémond. Or Bohémond se trouvait prisonnier des Turcs dans la forteresse de Niksar, au nord-est de l'Asie Mineure, à l'autre extrémité de la péninsule, du côté du Caucase. Pour parvenir jusqu'à lui (à supposer que les Turcs ne l'emmenassent pas plus loin encore), il fallait donc aller à l'opposé de la Syrie, s'écarter complètement de l'objectif de la Croisade, engager toute l'expédition dans une marche sans terme et sans issue ? C'est ce qu'objectèrent les barons, à commencer par Raymond de Saint-Gilles. Mais on ne raisonne pas avec la psychologie des foules. Étant leur chef, Raymond dut les suivre. Et la folle anabase commença. Après Ankara qu'on atteignit le 23 juin, on s'engagea dans des solitudes montagneuses, sans villes ni cultures, où la cavalerie turcomane harcelait les Croisés mourant de fatigue et de faim. Ils se trouvaient criblés de flèches à distance, sans pouvoir engager le corps à corps. Leur présomption se changea en abattement, et bientôt en panique. Un peu avant Amasia, les Turcs, jugeant la colonne franque assez démoralisée, lui barrèrent la route. Les Lombards prirent la fuite. Raymond de Toulouse avec les Français et les Allemands tint bon jusqu'à la tombée de la nuit, puis à lui aussi le cœur manqua et il s'enfuit en direction de la mer Noire avec ses guides byzantins. A franc étrier il atteignit le premier port de la côte, d'où il s'embarqua pour Constantinople. Quand sa fuite fut connue dans l'armée croisée, ce fut le sauve-qui-peut général. Des cent cinquante mille Croisés (au minimum) qu'avait comptés l'expédition, quelques milliers seulement purent gagner Sinope. Tout le reste fut massacré ou réduit en captivité par les Turcs (juillet-août 1101).

  La première conséquence de ce désastre fut de faire perdre aux Francs le bénéfice moral des victoires de Godefroi de Bouillon en Asie Mineure. Les Turcs, qui depuis 1097 avaient une mentalité de vaincus, se sentirent de nouveau des ghazi, des vainqueurs. On le vit tout de suite quand, en ce même été 1101, le comte Guillaume de Nevers avec quinze mille croisés voulut reprendre l'itinéraire de Godefroi de Bouillon à travers la Phrygie et la Lycaonie. Arrivé à Érégli, à l'est de Qonya, il fut encerclé par la cavalerie turque, et sa troupe, criblée de flèches, fut presque tout entière massacrée sur place (août 1101). Un sort analogue attendait un dernier pèlerinage de soixante mille âmes, conduit par Guillaume IX de Poitiers et par Welf IV de Bavière. Eux aussi atteignirent Qonya, mais ils ne purent s'y ravitailler, les Turcs ayant fait le vide devant eux. En arrivant à la rivière d'Érégli, comme les malheureux, torturés par la soif, se précipitaient en désordre vers les berges, les archers turcs, surgissant sur l'autre rive, puis sur toutes les collines, entourèrent ce troupeau lamentable où chaque flèche portait. Ce fut un massacre sans nom (5 septembre 1101). Seuls quelques chevaliers s'échappèrent. La belle margravine Ida d'Autriche, qui chevauchait dans l'armée bavaroise, disparut sans qu'on pût connaître son sort : morte ou captive au fond de quelque harem ?

Le désastre d'Anatolie eut des conséquences fort graves pour l'avenir de l'Orient latin. Les foules qui allèrent s'y faire massacrer constituaient, après la conquête de Jérusalem, la seconde vague, « la vague d'exploitation » destinée à consolider le succès et à transformer les principautés franques de Syrie en colonies véritables.

Ce renfort de deux cent mille hommes, cette immigration de tout un peuple, la Syrie franque ne les retrouvera plus. Il faudra désormais travailler plus modestement, sur un plan rétréci, limité aux possibilités du moment. Le comte de Toulouse – un des responsables du désastre, puisqu'il n'a pas su résister aux folies de la plèbe lombarde – sera le premier à le comprendre. Après le désastre de 1101, ce ne sera plus le prince inquiet, superbe et quelque peu outrecuidant que nous avons connu. Ce candidat universel à tous les trônes de l'Orient ira fonder un modeste comté provençal sur la côte libanaise. Il est vrai que cette œuvre sera sans doute plus raisonnable et solide que ses premiers rêves de paladin.

***

Il est vrai aussi qu'avant de se résigner à cette fin, il fallut encore à Saint-Gilles une autre désillusion. Après le désastre d'Anatolie, il songeait encore à venir disputer Antioche à Tancrède et il venait pour cela d'aborder à l'embouchure de l'Oronte quand il fut fait prisonnier par un aventurier, puis livré contre espèces à son rival. Tancrède se montra d'ailleurs bon prince et remit assez facilement le comte en liberté, mais après avoir obtenu de lui un désistement explicite à toute prétention sur Antioche. Ce fut alors que Raymond se ressouvint des belles terres de Tortose et de Tripoli qu'il avait naguère traversées au cours de la Première Croisade. Il y avait là, entre le royaume de Jérusalem, définitivement échu à Baudouin de Boulogne, et la principauté d'Antioche, définitivement passée à Bohémond et à Tancrède, une *riviera* privilégiée qui devait lui rappeler les confins de son Midi natal. Justement une flotte génoise croisait au large. Raymond obtint l'appui des capitaines génois et avec leur concours vint attaquer, sur les terres de l'émirat arabe de Tripoli, la ville de Tortose. Le 21 avril 1102 il s'empara de la place, dont il fit sa résidence, en attendant de pouvoir se rendre maître de la métropole même de la région, son objectif désormais, Tripoli.

L'émirat de Tripoli appartenait à une famille de cadis arabes, relevant plus ou moins théoriquement de l'Égypte, les Bénou Ammâr, politiques fort avisés, esprits sages et cultivés (ils possédaient une des plus belles bibliothèques de l'Islam), nullement fanatiques et qui avaient jusque-là entretenu des rapports courtois avec les Francs. Les Bénou Ammâr espéraient ainsi laisser passer l'orage et maintenir leur indépendance : il leur suffisait de ravitailler les convois chrétiens circulant entre Antioche et Jérusalem et passant devant leur Tripoli péninsulaire d'el-Mînâ, ce « Gibraltar libanais » à peu près inexpugnable.

La situation changea lorsqu'un prince franc s'établit à demeure dans le pays avec la ferme résolution de s'en rendre maître et d'y finir ses jours. Certes, Raymond de Saint-Gilles avait bien peu de monde avec lui, quatre cents hommes d'après les plus généreuses estimations mais malgré l'insignifiance actuelle de ses moyens, loin de se cantonner dans sa nouvelle possession de Tortose, il poussait ses attaques jusque sous les murs de Tripoli. Comme l'écrit pittoresquement Raoul de Caen, « il osait assiéger cette populeuse cité à lui tout seul ». Ajoutons que les chrétiens maronites de la montagne lui prêtèrent un concours précieux. Avec leur aide, avec celle aussi d'une escadre génoise, il enleva aux gens de Tripoli le 23 avril 1104 la ville de Djébail, l'ancienne Byblos, la Gibelet des chroniqueurs. Avec Tortose au nord et Gibelet au sud, le cadre du futur comté de Tripoli était déjà tracé. Il lui manquait au centre sa capitale naturelle, Tripoli elle-même. Comme nous le disions, la Tripoli arabe du XIe siècle, resserrée dans la presqu'île rocheuse d'el-Mînâ que protège un isthme assez étroit, était d'une prise singulièrement difficile. Y bénéficiant de tous les avantages de l'insularité, ravitaillés par mer par la flotte égyptienne et communiquant ainsi avec le reste du monde musulman, les Bénou Ammâr attendaient que leur ennemi se décourageât. Mais Saint-Gilles, pour bien marquer son inébranlable volonté et assurer le blocus permanent de la ville, s'installa en face et y construisit, sur l'éperon rocheux qui surplombe la gorge de la Qadicha, une forteresse qu'il appela Mont-Pèlerin et que les Musulmans baptisèrent de son nom Château-Saint-Gilles (Qalaat Sandjîl), forteresse qui correspond à la citadelle actuelle de Tripoli (1103).

Ce fut à Mont-Pèlerin que Saint-Gilles mourut le 28 février 1105. Mélancolique destinée que celle de ce haut baron qui, après avoir, le premier, donné son adhésion à la Croisade, après avoir été le premier confident d'Urbain II, avait vu l'un après l'autre lui échapper tous les avantages qu'il eût pu en escompter. D'autres avaient pris à sa place la tête du grand pèlerinage. Il n'avait eu en partage aucune des grandes villes conquises, ni Antioche ni Jérusalem. La croisade de renfort qu'il avait conduite en 1101 à travers l'Anatolie avait lamentablement échoué. Après le naufrage de ces vastes espérances, il avait dû, au soir de sa vie, se rabattre sur un coin de la côte libanaise, et là encore il disparaissait sans avoir eu la joie d'entrer dans la terre promise de Tripoli. Mais après bien des erreurs, bien des défaillances aussi, il avait la suprême consolation de pouvoir se dire qu'il mourait à la tâche, fidèle au devoir, ayant refusé de quitter cette Terre Sainte où il avait trouvé tant d'amertume, « à l'exemple du Christ qui avait refusé de descendre de la Croix ». N'oublions pas non plus, lors de la prise de Jérusalem, son humanité envers les prisonniers musulmans...

L'héritage libanais de Raymond fut recueilli par son cousin Guillaume Jourdain, comte de Cerdagne (1105-1109). De Mont-Pèlerin, Guillaume continua avec la même obstination le blocus de Tripoli. Désespéré, le chef des Bénou Ammâr alla implorer l'aide de l'atâbeg turc de Damas, puis du khalife de Baghdad, en leur offrant toute espèce de cadeaux précieux (1108). Hélas ! ses interlocuteurs prirent les cadeaux, mais ne lui rendirent en échange que de bonnes paroles. Et lorsque l'émir rentra désillusionné en Syrie, les gens de Tripoli, las de l'attendre, s'étaient donnés au khalife d'Égypte. Quant à Guillaume Jourdain, s'il ne put pas plus que son prédécesseur prendre l'imprenable Tripoli, il s'empara du moins en avril 1109, malgré l'intervention des Damasquins, de l'importante place de Arqa, au nord-est de cette ville, et y ajouta encore les châteaux du Djébel Akkâr.

***

Pendant qu'à l'écart de la grande histoire, sur leur coin de côte libanaise, Raymond de Saint-Gilles, puis Guillaume Jourdain, constituaient patiemment le futur comté de Tripoli, au nord la principauté d'Antioche voyait se succéder les plus dramatiques événements.

On a vu que depuis 1100 le prince d'Antioche, le chef normand Bohémond, était prisonnier des Turcs d'Asie Mineure, tandis que son neveu Tancrède gouvernait à sa place sa « princée ». Il désespérait de recouvrer jamais sa liberté lorsqu'au début de 1103 les chefs turcs se prirent de querelle au sujet de sa rançon éventuelle. Cette rançon, son geôlier, l'émir de Sivas Gumuchtékîn, entendait la garder pour lui seul. Le sultan seldjoukide de Qonya, suzerain de Gumuchtékîn, en voulait sa part et passait aux menaces. De sa prison, le rusé Normand ne fut pas sans percevoir quelque écho de la dispute. Il s'arrangea pour faire connaître la sympathie que Gumuchtékîn lui inspirait, si bien qu'un beau jour celui-ci descendit dans son cachot pour consulter cet esprit fertile en expédients sur la manière de résister aux Seldjoukides. L'accord fut vite conclu. Bohémond promit non seulement de verser à l'émir seul tout le prix de son rachat, mais encore d'être son allié fidèle et de l'aider à conquérir l'Anatolie seldjoukide. Sur quoi il fut enfin rendu à la liberté (mai 1103).

Bohémond rentra donc à Antioche où Tancrède, qui avait si bien gouverné en son absence, lui remit le pouvoir. L'année suivante, les deux chefs normands, à la demande de leur voisin, le comte d'Édesse Baudouin du Bourg, organisèrent avec lui une grande expédition dans la Djéziré musulmane. Leur premier objectif était la place de Harrân, au sud-est d'Édesse. Mais une telle pointe en direction de Baghdad ne pouvait manquer d'émouvoir les émirs turcs du voisinage. Plusieurs d'entre eux, l'atâbeg de Mossoul et les Ortoqides du Dyarbékir, réunirent leurs forces et se portèrent au secours de Harrân. Le choc eut lieu sur les bords de Balîkh le 7 mai 1104. Les escadrons turcs placés en face du comte d'Édesse feignirent dès le premier instant de prendre la fuite. Ils attirèrent ainsi la chevalerie d'Édesse loin de celle d'Antioche, droit sur une embuscade, où, derrière un repli de terrain, attendait un autre

Chapitre IV

corps de dix mille Turcs. En un instant, Baudouin du Bourg et les siens se trouvèrent encerclés. Baudouin fut fait prisonnier, tandis que la plupart de ses compagnons étaient massacrés. A l'autre aile, les Normands avaient eu d'abord l'avantage, mais restés dangereusement en l'air après le désastre de leurs alliés, ils ne purent que se dégager à temps par une retraite précipitée.

Les Turcs, après cette victoire assez inespérée, vinrent assiéger Édesse presque vide de défenseurs. Tancrède s'enferma dans la place, pendant que Bohémond courait chercher du secours à Antioche. En attendant l'arrivée de ces renforts, Tancrède n'avait avec lui qu'une poignée d'hommes, tandis que la plaine était au loin couverte de campements turcs. Il paya d'audace, admirablement secondé d'ailleurs par la population arménienne qui ne voulait à aucun prix retomber sous le joug turc. Cependant, si, pour maintenir le moral des habitants, il affectait la plus tranquille confiance, il envoyait en secret message sur message à Antioche pour prévenir son oncle Bohémond que la ville était à bout. Bohémond, en dépit des périls qu'il courait lui-même (les Turcs d'Alep venaient d'envahir sa principauté d'Antioche), ramassa trois cents chevaliers, quelque quatre cents piétons et partit pour Édesse. Mais malgré sa hâte il ne put y arriver que le septième jour et pendant ce temps les assauts quotidiens des Turcs contre la ville se faisaient de plus en plus violents. Tancrède, qui désespérait de l'arrivée des secours et s'attendait chaque jour à voir l'ennemi atteindre le rempart, prit, d'accord avec la population arménienne, un parti extrême. Aimant mieux mourir en se battant qu'être vendus sur les marchés de l'Islam, les assiégés décidèrent une sortie générale. Seulement cette sortie, sous l'inspiration de Tancrède, fut préparée avec autant de soin qu'une bataille en rase campagne. Avant l'aube, tout ce qu'Édesse comptait d'hommes capables de tenir une arme se massa en silence derrière les portes. Le camp turc dormait, les soldats fatigués de l'assaut de la veille, d'autres appesantis par l'ivresse. A l'improviste les portes s'ouvrent et dans un fracas soudain de boucliers, de hurlements et de trompettes, tous tombent sur l'ennemi. La surprise est complète ; le camp turc, culbuté et pris. Des groupes de dormeurs mal éveillés sont égorgés avant d'avoir saisi leurs armes. Le reste, frappé de panique, prend la fuite, d'autant qu'à ce moment même Bohémond et les chevaliers d'Antioche arrivaient enfin pour achever la victoire.

Édesse était sauvée, mais le désastre de Harrân n'en eut pas moins de graves conséquences. Il marqua l'arrêt de la conquête franque vers la Mésopotamie, comme le désastre de Crassus, survenu sur ce même site de Carrhes, avait naguère marqué l'arrêt de la conquête romaine. Les Turcs d'Alep enlevèrent à Bohémond la plupart de ses possessions à l'est de l'Oronte et les Byzantins eux-mêmes en profitèrent pour reprendre à celui-ci le port de Lattaquié. Sous cette double contre-attaque, Bohémond voyait s'écrouler son œuvre. Pour la reprendre par la base, il résolut d'aller chercher des secours en Occident. Raoul de Caen nous restitue le sens du discours que dans la basilique Saint-Pierre-d'Antioche il tint alors à ses fidèles : « La tempête soulevée contre nous est telle que, si nous ne réagissons pas, c'en est fait de nous. Nous sommes encerclés. A l'est, de l'intérieur, l'invasion turque. A l'ouest, par mer, le débarquement des Grecs. Nous ne sommes qu'une poignée d'hommes qui ira toujours diminuant. Il nous faut de larges renforts de France. C'est de là que nous viendra le salut, ou de nulle part. Ces renforts, je vais aller les chercher. » Il confia à Tancrède la gérance d'Antioche et dans les derniers mois de 1104 s'embarqua pour l'Italie.

Bohémond était parti, la rage au cœur contre les Byzantins. C'était l'attaque byzantine qui, le prenant à revers du côté de Lattaquié, l'avait paralysé contre les Turcs. Décidément Byzance était la pire ennemie ! Et toutes ses anciennes rancœurs, tous ses souvenirs de jeunesse, du temps où il accompagnait son père Robert Guiscard à la conquête de la Macédoine, le ressaisissant, ce fut une croisade contre Byzance qu'il alla prêcher en Italie. D'Italie il passa dans le même dessein en France où il fut solennellement reçu par le roi Philippe Ier (septembre 1105). Des alliances de famille scellèrent leur amitié. Une des filles du roi de France, la princesse Constance, fut donnée en mariage au prince normand, une autre, Cécile, fut envoyée à Tancrède « qui l'épousa à moult grande joie ». Fort de tous ces appuis moraux ou matériels, Bohémond débarqua en Épire le 9 octobre 1107 et alla aussitôt assiéger Durazzo, la grande forteresse byzantine sur l'Adriatique ; mais il ne retrouva plus cette fois la chance de sa jeunesse. Il fut bientôt assiégé lui-même par l'armée byzantine, infiniment supérieure en nombre, et, en septembre 1108, réduit à subir les conditions des vainqueurs : il dut se reconnaître étroitement vassal de l'empereur Alexis Comnène pour la principauté d'Antioche ainsi que pour ses autres conquêtes éventuelles en Orient.

Ce traité, qui aurait marqué la solution byzantine des Croisades, ne fut jamais exécuté, parce que Bohémond, après une humiliation si forte pour son orgueil, n'eut pas le courage de reparaître en Orient. Brisé par sa défaite, il languit quelque temps encore en Italie et y mourut obscurément vers mars 1111.

***

Ce fut Tancrède qui releva la principauté d'Antioche (1104-1112). Bohémond, pour sa malheureuse entreprise balkanique, avait vidé le trésor. Tancrède le remplit à la suite d'un discours bref, mais persuasif aux cent plus riches marchands arméniens ou grecs du pays ; puis, ayant reconstitué son armée, il affronta les Turcs d'Alep dans une grande bataille livrée à Tizin, à l'est d'Artâh, le 20 avril 1105. Entre l'armée normande et l'armée turque s'étendait une plaine rocheuse, impropre aux évolutions de la cavalerie. Tancrède, l'ayant remarqué, s'arrêta un peu avant d'y arriver. « Immobile comme s'il était endormi », il laissa les Turcs s'engager dans la zone rocheuse et la traverser tranquillement, mais, dès qu'ils l'eurent dépassée, « comme s'il se réveillait d'un seul coup », il chargea. La tactique de la légère cavalerie turque était toujours la même : ne pas attendre le corps à corps avec la lourde chevalerie franque, mais fuir devant elle en la criblant de flèches, puis, quand les chevaux bardés de fer étaient essoufflés comme leurs cavaliers, faire une brusque volte-face, tomber sur les poursuivants dispersés et hors d'haleine et les massacrer sous le nombre. Mais sur le terrain choisi par Tancrède le jeu n'avait plus cours. En se dérobant, la cavalerie turque tomba dans la zone rocheuse où le galop devenait à peu près impossible. Déroutés par cet obstacle, les Turcs mirent pied à terre ou se dispersèrent. Les chevaliers francs en acculèrent une bonne partie aux rochers et en firent une boucherie. Cette victoire rendit à la principauté d'Antioche ses territoires d'outre-Oronte, y compris Artâh et Sermîn. L'année suivante Tancrède profita des querelles qui divisaient les chefs arabes de la région d'Apamée, sur le haut Oronte, pour s'emparer, avec l'aide d'une partie d'entre eux, de cette importante place (14 septembre 1106). Plus au sud, il entra en rapports d'amitié avec les chevaleresques émirs de Chaizar, de l'illustre maison arabe des Bénou Mounqidh. L'émir mounqidhite Ousâma, qui nous a laissé le récit de ces événements, nous montre ses parents et Tancrède faisant assaut de courtoisie, échangeant des coursiers de luxe et se plaisant, émirs comme chevaliers, à caracoler côte à côte. Quant aux Byzantins, ils n'avaient rien perdu pour attendre. Au milieu de 1108 Tancrède leur enleva définitivement le port de Lattaquié.

En même temps qu'il gouvernait Antioche pour le compte de Bohémond, toujours en Italie, Tancrède, on l'a vu, administrait Édesse à la place de Baudouin du Bourg, toujours prisonnier des Turcs. A la vérité, il aurait pu sans trop de peine faire remettre Baudouin du Bourg en liberté contre rançon, mais, heureux de toucher les revenus du beau comté d'Édesse, il ne mettait aucune hâte excessive à provoquer l'événement. Ce fut le principal vassal de Baudouin du Bourg, Jocelin de Courtenay, sire de Turbessel (Tell Bâcher), qui, prisonnier des Turcs comme lui, travailla le premier à la délivrance de son suzerain, après s'être racheté lui-même. Baudouin du Bourg fit le reste en concluant un pacte d'alliance étroite avec son geôlier, le chef turc Djâwali. Celui-ci le relâcha contre promesse d'une aide militaire pour enlever à d'autres Turcs Alep ou Mossoul. Mais alors Baudouin du Bourg eut la plus désagréable surprise : Tancrède, invité a lui restituer Édesse, faisait la sourde oreille. Ce ne fut que de fort mauvaise grâce qu'il finit par s'exécuter (septembre 1108). Réconciliation tout apparente. Quelques mois après, l'émir Djâwali, en guerre avec ses compatriotes, les Turcs d'Alep, fit appel à Baudouin du Bourg et à Jocelin de Courtenay qui, fidèles à leur pacte, se portèrent à son aide. De son côté le seldjoukide d'Alep, Ridwân, demanda l'aide de Tancrède, qui obtempéra. On eut ainsi ce spectacle étrange d'une coalition franco-turque luttant contre une autre coalition franco-turque. Une bataille eut même lieu sur les bords de l'Euphrate, près de Turbessel, entre, d'une part Tancrède et les Turcs d'Alep, d'autre part Baudouin du Bourg et les Turc de Djâwali, bataille dans laquelle les premiers furent vainqueurs. Une telle situation, dix ans après la Première Croisade, si elle ne manqua pas de scandaliser les âmes pieuses, montrait du moins qu'entre la féodalité franque et la féodalité musulmane les haines religieuses ou ethniques avaient beaucoup perdu de leur violence.

Chapitre IV

***

Tandis que le régent d'Antioche et le comte d'Édesse se querellaient dans la Syrie du nord, d'autres compétitions entre barons troublaient également le comté toulousain du Liban.

Guillaume Jourdain régnait depuis quatre ans sur cet État en voie de formation, avec le ferme espoir de couronner ses succès par la prise imminente de Tripoli, lorsqu'en février-mars 1109, il vit débarquer à Tortose un compétiteur inattendu, son cousin Bertrand, fils aîné de Raymond de Saint-Gilles, qui venait réclamer l'héritage paternel. Guillaume refusa naturellement de se dessaisir d'une terre qu'il avait défendue et agrandie. Les deux adversaires cherchèrent des appuis au dehors. Guillaume se tourna du côté d'Antioche où Tancrède lui promit aide et protection. Bertrand, de son côté, fit appel au roi de Jérusalem Baudouin Ier. Portant toute l'affaire devant le tribunal royal, il réclamait l'intervention de Baudouin pour pouvoir rentrer dans son héritage et, au demeurant, se déclarait, pour cet héritage, vassal de la couronne de Jérusalem.

Baudouin, dont toute la politique tendait à transformer sa royauté judéenne, jusque-là si restreinte, en une royauté syro-palestinienne embrassant l'ensemble des terres franques, n'était pas homme à laisser passer une telle occasion. Il déclara sur-le-champ à Tancrède et à Guillaume Jourdain que, Bertrand s'étant placé sous sa protection, il leur interdisait de rien faire contre lui. Puis, sur un ton de suzerain qui n'admettait pas de réplique, parlant « au nom de toute l'Église de Jérusalem », il les convoqua tous les deux à un plaid royal devant Tripoli, non sans profiter de cette occasion pour blâmer Tancrède de sa mauvaise conduite à l'égard du comte d'Édesse. Et, se constituant d'office l'arbitre de toutes ces querelles franques, le roi annonçait sa ferme volonté de rétablir la concorde entre les barons, concorde sans laquelle on ne pourrait conserver les conquêtes de la croisade.

Joignant l'acte à la parole, Baudouin se rendit de sa personne devant Tripoli. Guillaume Jourdain exaspéré était prêt à en appeler aux armes, mais Tancrède, plus politique et qui savait quel homme était Baudouin, calma son allié. Se conformant à la semonce royale, tous deux descendirent à Tripoli, où se rendirent de leur côté Baudouin du Bourg, comte d'Édesse, et son vassal le sire de Turbessel, Jocelin de Courtenay. Les hauts barons de

Syrie étaient donc au complet devant Tripoli, lorsque le roi ouvrit, probablement à Mont-Pèlerin, un plaid solennel. Les adversaires furent invités à y exposer publiquement leurs griefs. Le roi les obligea ensuite à se réconcilier, Tancrède avec Baudouin du Bourg, Guillaume Jourdain avec Bertrand, puis entre ces derniers il prononça. L'héritage de Raymond de Saint-Gilles fut partagé. Il fut décidé que Guillaume Jourdain conserverait Tortose et Arqa, mais que Bertrand aurait Gibelet, Mont-Pèlerin et Tripoli, dès que cette dernière place aurait capitulé.

L'accord une fois établi sur ces bases, on profita de la concentration des forces franques et aussi de la présence d'une puissante escadre génoise de soixante-dix navires pour en finir avec la résistance de Tripoli. L'escadre de secours envoyée d'Égypte n'arriva pas à temps. Les Arabes de Tripoli, abandonnés à eux-mêmes, épuisés par un blocus qui durait depuis quelque six ans, s'offrirent à capituler, sous condition de pouvoir soit émigrer librement, soit rester moyennant redevances annuelles comme sujets des Francs. Le 12 juillet 1109, les Francs entrèrent dans la place. La capitulation fut scrupuleusement respectée par le roi et par le comte Bertrand. Seuls, dans leur secteur, les marins génois se livrèrent au pillage et au massacre. Malgré ces excès, comme leur concours avait été décisif, ils reçurent de Bertrand des privilèges commerciaux étendus, sans compter l'inféodation de la petite ville de Gibelet (Djébaïl) à la famille génoise des Embriaci.

Ainsi fut définitivement fondé le comté toulousain de Tripoli qui s'étendit sur la côte du Liban entre la principauté d'Antioche et le royaume de Jérusalem. D'après l'arbitrage rendu par Baudouin Ier, ce comté devait être partagé entre Bertrand à Tripoli et Guillaume Jourdain à Tortose. Il y avait évidemment là une source de complications pour l'avenir. Un « accident », qui paraît être survenu trop à point pour n'avoir point été sollicité, mit fin à cette situation délicate. Un soir qu'une rixe avait éclaté entre écuyers des deux maisons, Guillaume Jourdain accourut pour les séparer ; à ce moment il reçut une flèche dans les côtes et tomba mort. « Certains dirent que c'était Bertrand qui, en trahison, avait fait faire le coup, mais nul ne put savoir la vérité ni découvrir l'assassin. Toujours est-il – ajoute prudemment la chronique – que la part de Guillaume revint à Bertrand. » Et Foucher de Chartres, de son côté, conclut en philosophe : « Les uns se lamentèrent, les autres furent bien contents. Bertrand resta seul maître du comté, lui qui s'était reconnu l'homme lige du roi... »

***

Il était temps que sous l'énergique impulsion de Baudouin Je les princes francs s'unissent. Pour la première fois depuis la prise de Jérusalem, voici que le monde turc s'agitait en vue d'une contre-croisade. En 1110, le sultan seldjoukide de Perse organisa dans cet esprit une grande expédition à la tête de laquelle il plaça son lieutenant, Maudoud, émir de Mossoul. En avril-mai 1110 Maudoud, avec une puissante année, vint mettre le siège devant Édesse.

A l'approche des Turcs, le comte d'Édesse Baudouin du Bourg envoya en hâte Jocelin de Courtenay en Palestine demander secours au roi Baudouin Ier. La situation était d'autant plus grave que le prince d'Antioche, Tancrède, qui, comme voisin, aurait pu fournir une aide plus rapide, faisait de nouveau preuve de mauvaise volonté. Baudouin II partit aussitôt, en ramassant sur son passage tous les contingents disponibles. En quelques semaines il eut ainsi groupé quinze mille hommes avec lesquels il apparut dans la plaine d'Édesse. La chronique nous décrit joyeusement l'arrivée de cette armée de renfort, « les bannières et les casques flamboyant sous les rayons de soleil d'été, les trompettes sonnant bruyamment, tout le tumulte de tant de troupes. » Les Turcs ne l'avaient pas attendue. Ils avaient battu en retraite sur Harrân.

Édesse était sauvée, mais le roi de Jérusalem sentit la nécessité d'en finir avec les dissensions franques. Il fallait qu'en cas de nouvelle attaque turque contre Édesse, on pût compter sur l'aide de la chevalerie d'Antioche. Le roi invita donc Tancrède à venir pour s'expliquer sur sa défection et, le cas échéant, exposer ses griefs devant ses pairs. Si vive était l'animosité du prince normand qu'il hésita à obéir. Il s'y décida sur la pression de son entourage et parce qu'en présence de la menace turque une plus longue absence eût équivalu à de la trahison. Correctement, à son arrivée, il vint saluer le roi et reçut de celui-ci un accueil cordial. Comme Baudouin lui demandait ensuite les raisons de son attitude, il répondit en revendiquant la suzeraineté d'Édesse, « la ville ayant appartenu de tout temps à la mouvance d'Antioche ».

Albert d'Aix nous donne la substance de la réplique de Baudouin Ier véritable sentence royale, pleine de force et de majesté : « Mon frère Tancrède, ce que tu demandes n'est pas juste. Tu te fondes sur le statut du pays au temps de la domination musulmane, mais tu dois te souvenir que, quand nous sommes partis pour la guerre sainte, il a été convenu que ce que chacun de nous aurait enlevé aux infidèles, il le garderait. Du reste vous avez constitué un roi pour qu'il vous serve de chef, de sauvegarde et de guide dans la conservation comme dans la dilatation de la conquête. C'est pourquoi j'ai le droit, au nom de toute la chrétienté, ici représentée, d'exiger de toi une réconciliation sincère avec Baudouin du Bourg. Sinon, si tu préfères intriguer avec les Turcs, tu ne peux rester des nôtres et nous te combattrons sans merci ! » Cette fois Tancrède s'inclina définitivement.

Malheureusement, devant la réaction turque qui s'annonçait, les chefs francs durent se résoudre à un douloureux sacrifice. Tout en conservant, bien entendu, la totalité de leurs villes fortes, ils firent évacuer par les chrétiens indigènes – Arméniens, « Grecs » et Syriaques – les bourgs ouverts et les campagnes du comté d'Édesse situés sur la rive orientale de l'Euphrate. Cet exode, exigé par les nécessités militaires et décidé dans l'intérêt même des populations, fut troublé par l'irruption de la cavalerie turque qui au moment du passage de l'Euphrate se jeta sur les colonnes d'émigrants et en massacra une multitude à coups de flèches sous les yeux des Francs impuissants, qui pleuraient de rage. Tancrède, exaspéré par ces scènes d'horreur, tira une immédiate vengeance de ses plus proches voisins, les Turcs d'Alep. Au cours d'une expédition punitive, il s'empara de deux places du royaume d'Alep, Athâreb et Zerdanâ, et força le roi turc d'Alep, ainsi que les émirs arabes de Chaizar et de Hamâ, à se reconnaître tributaire (fin 1110).

Cependant une deuxième contre-croisade se préparait. On s'indignait dans les souks d'Alep de l'audace des coureurs francs qui interceptaient le commerce entre l'intérieur et la côte et condamnaient à dépérir la riche cité caravanière. N'obtenant pas de leur roi turc une action énergique, plusieurs bourgeois d'Alep allèrent à Baghdad provoquer du scandale dans la grande mosquée, un vendredi, jour de la prière musulmane, en réclamant contre les Francs maudits l'intervention du khalife et du sultan. Les manifestants soulevèrent la populace, interrompirent l'office, mirent le *minbar* en pièces, firent tant que khalife et sultan intimidés promirent d'envoyer en Syrie une armée de secours. Cette fois encore, ce fut l'atâbeg de Mossoul, Maudoud, qui fut mis à la tête des forces turques.

Au printemps de 1111, l'armée turque au grand complet alla tâter les murailles d'Édesse. Renforcée comme elle l'avait été l'année précédente par le roi de Jérusalem, la place était imprenable. Maudoud se dirigea alors sur Alep, dont il comptait faire le pivot de sa campagne contre la principauté d'Antioche. Mais là une surprise l'attendait : le roi d'Alep, le Turc Ridwân, en voyant arriver à son aide une aussi formidable armée, fut le premier à prendre peur. Les Francs lui parurent beaucoup moins redoutables que tous ces compatriotes et coreligionnaires venus pour le défendre de tous les coins de l'empire seldjoukide. Et, refusant de rompre les trêves qu'il avait conclues avec Tancrède, il ferma les portes d'Alep devant Maudoud stupéfait. Force fut à ce dernier de changer de plan de campagne en allant guerroyer contre les Francs du côté du haut Oronte où du moins l'autre chef turc local, l'atâbeg de Damas Toughtékîn, vint opérer sa jonction avec lui.

Pendant ce temps les Francs avaient achevé leur concentration. Aux côtés du prince d'Antioche, Tancrède, directement menacé, étaient accourus le comte d'Édesse Baudouin du Bourg, le roi de Jérusalem Baudouin Ier et le comte de Tripoli Bertrand, soit en tout seize mille chevaliers, sergents et piétons. L'armée chrétienne vint se poster près d'Apamée, sur le moyen Oronte, position centrale pour surveiller à la fois la Syrie, le Liban et la Palestine. L'armée turque s'établit un peu plus au sud, à Chaizar. Pendant plusieurs semaines les deux adversaires s'observèrent, se livrant à des marches et contre-marches sans oser s'engager à fond. Une action limitée le 29 septembre 1111 resta sans résultats. Finalement, devant le faisceau des forces franques étroitement unies, devant aussi le peu de zèle des musulmans syriens, Maudoud se découragea. La grande armée turque repassa l'Euphrate sans avoir obtenu aucun succès...

Un tel résultat, il faut le reconnaître, est l'œuvre propre de Baudouin Ier. La Syrie franque, constituée de pièces et de morceaux, au hasard des initiatives individuelles, n'avait encore à la mort de Godefroi de Bouillon aucun statut d'ensemble, aucune cohésion. C'est Baudouin Ier qui, en assumant le titre royal d'abord, en assumant les fonctions royales ensuite, avec toutes les obligations que titre et fonctions comportaient, en rendant sans cesse à ses vassaux virtuels les services du suzerain féodal, en leur imposant l'union face à l'ennemi, a vraiment créé une Syrie franque. La campagne de 1111 l'a clairement fait apparaître dans ce rôle de chef incontesté, fédérateur des énergies franques. Désormais jusqu'en 1186 la Syrie franque formera, en dépit du partage féodal, un tout solidaire. Les institutions monarchiques fondées par le génie du premier Baudouin vont assurer au pays quatre-vingt-six ans de stabilité. La Syrie franque a trouvé ses Capétiens.

Le moindre mérite de Baudouin Ier n'était pas d'avoir su, à force de fermeté et de bonne grâce, faire cesser l'opposition de Tancrède et rallier à la politique royale cet ancien adversaire personnel. Tancrède était devenu un partisan décidé de la concorde franque, quand il mourut à Antioche le 12 décembre 1112.

***

Tancrède aura été le véritable fondateur de la principauté d'Antioche. Certes, la première idée de l'établissement normand revenait à son oncle Bohémond. C'était Bohémond qui avait jeté son dévolu sur le bassin de l'Oronte inférieur. Mais son génie aventureux l'avait sans cesse lancé dans des équipées lointaines où il avait fini par succomber. Pour ce petit-fils des Vikings, son duché syrien n'était visiblement qu'un épisode, une étape, un marchepied. Ce qu'il rêvait, ce n'était rien de moins que Constantinople, l'empire d'Orient. Tancrède au contraire s'était uniquement consacré à la Syrie. Chez Bohémond il y avait encore l'inquiétude des grands aventuriers normands du XIe siècle, un Roussel de Bailleul par exemple, aujourd'hui possesseurs de provinces immenses, demain captifs et dépouillés de tout. Tancrède, lui, est déjà territorialement fixé. Patiemment, jalousement, de Lattaquié à Athâreb, il agrandit son domaine. La mauvaise grâce, la mauvaise foi dont il fait preuve quand il lui faut restituer à Baudouin du Bourg le comté d'Édesse attestent chez ce Normand un goût de la terre, un amour du pré carré, un enracinement bien caractéristiques. Au même titre que Baudouin Ier, en Palestine, il a dans la Syrie du nord jeté les bases d'une tradition dynastique durable, déjà adaptée au milieu.

La numismatique de Tancrède est ici le symbole de son œuvre. Les légendes sont en langue grecque ; le chef normand est représenté dans un costume en partie byzantin, en partie musulman, avec, sur la tête, l'ample *kaffié* enroulé en turban. Sur une de ses monnaies se lit d'ailleurs le titre inattendu de « *grand émir Tankridos* ». Nul doute que cet aspect d'émir chrétien ne correspondît à la figure que le conquérant normand voulait se donner aux yeux de ses sujets orientaux.

La politique de réconciliation du roi Baudouin avait si bien porté ses fruits que, dans les derniers temps de sa vie, Tancrède avait été chargé d'apprendre le métier des armes au jeune Pons, fils de son ancien ennemi, le comte Bertrand de Tripoli. Le page témoigna-t-il une secrète admiration pour la toute jeune femme de Tancrède, la princesse capétienne Cécile de France ? Et Tancrède s'en aperçut-il ? En ce cas il n'en laissa rien paraître, mais à son lit de mort il confia Cécile à Pons en lui demandant, quand lui-même ne serait plus là, de l'épouser. Conformément à ses dernières volontés, Cécile se remaria donc avec Pons et régna avec celui-ci sur le comté de Tripoli. Il semble qu'elle ait apporté dans son douaire au jeune comte la célèbre forteresse appelée par la suite le Crac des Chevaliers, forteresse que Tancrède avait enlevée aux Arabes en juin 1110 et qui fit depuis partie du comté toulousain.

Tancrède, en mourant, laissa la principauté d'Antioche à un de ses cousins, le prince italo-normand Roger de Salerne. Les chroniqueurs ont été quelque peu sévères pour ce jeune homme qui avait épousé la sœur de Baudouin du Bourg, mais dont le tempérament fougueux ne gardait guère les lois du mariage. Déjà en Sicile tous ces princes normands s'étaient laissé grandement influencer par la polygamie arabe et ce fut naturellement bien pis sous le climat et avec les habitudes du Levant. Normand, Roger l'était aussi par son « amour du gain », mais le chroniqueur qui lui impute tous ces défauts est obligé de reconnaître que « sans mentir, c'était un chevalier et un preux ». En fait, jamais plus magnifique paladin ne gouverna la Syrie franque. Son court règne (1112-1119) n'est qu'une course épique de victoire en victoire jusqu'au jour où sa folle bravoure lui vaudra la mort des héros.

Il eut bientôt l'occasion de montrer sa vaillance en venant porter secours au roi Baudouin Ier.

***

L'atâbeg ou gouverneur turc de Mossoul, Maudoud, que le sultan seldjoukide de Perse et le khalife de Baghdad avaient chargé de la contre-croisade, n'oubliait pas sa mission. Ayant échoué en 1110 et en 1111 par la faute des musulmans de Syrie, il revint à l'assaut en 1113, les circonstances étant cette fois plus favorables. En mai de cette année, il traversa l'Euphrate et vint opérer sur le haut Oronte sa jonction avec l'atâbeg de Damas Toughtékîn. Les deux chefs turcs envahirent ensuite le royaume de Jérusalem par la Galilée qu'ils ravagèrent cruellement. Puis, devant l'approche de l'armée franque, ils s'établirent à la pointe sud du lac de Tibériade, derrière la sortie du Jourdain.

A la nouvelle de l'invasion, le roi Baudouin Ier lança un pressant appel aux autres princes francs, notamment à Roger d'Antioche et à Pons de Tripoli. Malheureusement les ravages des Turcs l'avaient exaspéré. Renouvelant l'acte de témérité qui lui avait coûté si cher en 1102, il ne voulut pas attendre l'arrivée de Roger et de Pons. Avec les seuls contingents du royaume de Jérusalem – sept cents cavaliers, quatre mille piétons – il courut à la rencontre des Turcs et vint s'établir tout près d'eux, à Sinn en-Nabra, près de la rive sud-ouest du lac de Tibériade (20 juin 1113). Les Turcs, voyant sa confiance, l'attirèrent dans un piège. De la rive orientale du Jourdain ils envoyèrent de l'autre côté, en direction de Sinn en-Nabra, deux mille cavaliers d'élite. Quinze cents se placèrent en embuscade devant le pont du Jourdain ; les cinq cents autres allèrent provoquer Baudouin à Sinn en-Nabra. Follement, Baudouin fonça sur eux et vint donner droit dans l'embuscade. Il était déjà en fort mauvaise posture, quand par le pont du Jourdain arriva en trombe le gros de l'armée turque qui l'écrasa sous le nombre. Le roi, qui, sa bannière à la main, essayait de rallier les siens, se vit si étroitement pressé que, cette fois encore, il ne dut son salut qu'à la vitesse de son cheval. Tout le campement, y compris la tente royale, tomba aux mains des Turcs. Beaucoup de fuyards se noyèrent dans le lac. Néanmoins la plupart des chevaliers purent trouver refuge dans la ville de Tibériade (28 juin 1113).

Comme aux journées de Ramla, Baudouin pouvait voir dans quel abîme sa fougue l'avait jeté. Mésaventure d'autant plus amère qu'il eût suffi d'attendre deux ou trois jours pour recevoir les renforts d'Antioche et de Tripoli. Roger et Pons arrivaient en effet avec leur belle chevalerie. Loyalement, Baudouin s'accusa auprès d'eux de sa faute, puis on avisa. Reconstituée et désormais au grand complet, l'armée franque représentait de nouveau une force respectable. Mais, comme la supériorité numérique restait toujours aux Turcs, elle se cantonna dans l'expectative sur les hauteurs à l'ouest de Tibériade, tandis que les coureurs ennemis ravageaient la plaine. Le pire est que les fellahs arabes se joignaient à l'envahisseur pour dévaliser les bourgs ouverts. Baudouin, rendu prudent par l'épreuve, eut l'énergie d'assister impassible, pendant un mois, à ces provocations. D'ailleurs on approchait d'août. C'était le moment où les escadres italiennes débarquaient en Terre Sainte le pèlerinage annuel. Il vint cette année-là seize mille pèlerins, renfort considérable qui allait renverser la proportion des deux armées. L'armée turque était en outre fatiguée par les chaleurs et manquait de vivres. Maudoud comprit que la campagne avait échoué. Il licencia la majeure partie de ses troupes et se retira à Damas auprès de son allié, l'atâbeg Toughtékîn (30 août 1113).

Ici se place un drame assez mystérieux dont les conséquences achevèrent de disjoindre au profit des Francs le faisceau des forces musulmanes. Le vendredi 2 octobre 1113, comme Maudoud, à Damas, venait d'assister dans la grande mosquée à la prière publique, un assassin se jeta sur lui et le frappa mortellement de plusieurs coups de poignard. Qui avait armé le meurtrier ? L'opinion publique accusa Toughtékîn. Il est certain que l'atâbeg de Damas, habitué à trancher du souverain, avait dû trouver désagréable l'installation, à ses côtés, du représentant suprême du sultan. En tout cas le monde musulman lui imputa le crime et Toughtékîn fut bientôt réduit à s'allier aux Francs.

En 1115 le sultan de Perse envoya en Syrie une nouvelle armée turque, sous le commandement de l'émir Boursouq, avec ordre à la fois de mener à bien la contre-croisade et de ramener à l'obéissance les musulmans d'Alep et de Damas. Toughtékîn et les autres émirs menacés mesurèrent toute l'étendue du péril. Le rétablissement de l'autorité du sultan sur la Syrie musulmane ne pouvait avoir lieu que par leur éviction. Contre la menace du pouvoir central turc ils n'hésitèrent pas à se déclarer solidaires des Francs. On vit donc les chefs de la Syrie musulmane et les princes francs unir leurs forces pour barrer la route à l'armée sultanienne. Les coalisés, à l'été de

1115, se réunirent dans la région d'Apamée, sur le moyen Oronte, point central bien choisi pour protéger à la fois Alep et Antioche, Damas et le royaume de Jérusalem. Il y avait là le roi Baudouin Ier, le prince Roger d'Antioche, le comte Pons de Tripoli, les émirs d'Alep et l'atâbeg de Damas, Toughtékîn. La chronique se plaît à nous montrer le Turc Toughtékîn et Roger chevauchant côte à côte « comme bons et loyaux compagnons d'armes ».

Boursouq comprit qu'il ne pourrait rompre ce front. Il feignit de renoncer à son entreprise et battit en retraite vers le Djéziré. Les coalisés, sans méfiance, rentrèrent chacun chez soi. Aussitôt il revint en Syrie et envahit la partie de la principauté d'Antioche située à l'est du moyen Oronte.

Roger d'Antioche courut aux armes. Le temps pressait trop pour faire cette fois appel au roi de Jérusalem ou à l'atâbeg de Damas. Roger se contenta de demander l'aide du comte d'Édesse Baudouin du Bourg et, passant avec lui l'Oronte à Djisr ech-Choghr, s'avança au-devant des Turcs, à l'abri du massif boisé de Feïloun qui leur dissimulait sa marche. Après avoir envoyé en reconnaissance un de ses meilleurs chevaliers, Théodore de Barneville, il venait de faire halte, quand Barneville revint ventre à terre, annonçant que les Turcs se trouvaient tout près de là, de l'autre côté du bois, en train de dresser leurs tentes dans la plus grande sécurité au pied de la butte de Tell-Dânîth. Le récit du chancelier Gautier reflète la joie épique de l'armée normande à la nouvelle de la surprise qui se préparait. Roger donne aussitôt le signal du boute-selle : « Au nom de notre Dieu, aux armes, chevaliers ! » La relique de la Vraie Croix fut présentée aux escadrons qui s'ébranlèrent vers Tell-Dânîth. C'était le 14 septembre, à l'aube. Roger galopait au centre, Baudouin du Bourg, comte d'Édesse, à l'aile gauche, à droite la cavalerie indigène des Turcoples, ces goumiers de la Syrie franque.

Quand toute cette cavalerie leur tomba dessus, les Turcs cheminaient vers Dânîth dans le plus grand désordre. « L'armée était précédée de ses bagages et des bêtes de somme, les troupes marchaient à la suite des bagages, se donnant la main les unes aux autres ; tous étaient dans la plus grande sécurité, ne pensant pas que personne vînt les attaquer ; le campement, préparé à une étape d'avance, n'avait pas encore été rejoint par la troupe ; les tentes, déjà dressées, restaient encore inoccupées, sauf par les valets d'armée ». La cavalerie franque, lancée en ouragan, tomba d'abord sur le camp, presque vide de défenseurs, qui fut emporté en un instant. Elle se jeta ensuite sur les divisions turques qui arrivaient par détachements successifs, en ordre dispersé, et qui se trouvèrent les unes après les autres complètement surprises. Boursouq avec huit cents cavaliers essaya de regrouper les siens sur la butte de Tell Dânîth, mais la butte fut prise d'assaut par Baudouin du Bourg et le chef turc dut se résigner à prendre la fuite. Il devait mourir de chagrin en rentrant à Hamadhan.

Cette brillante victoire valut au prince d'Antioche un prestige inouï dans le monde musulman. Sous le nom de Sirodjal (Sire Roger) il allait, comme plus tard Richard Cœur de Lion, s'immortaliser dans la légende. Sans combat, du seul fait de sa pression militaire, le royaume turco-arabe d'Alep tomba sous son protectorat.

***

Pendant ce temps, en Palestine, le roi Baudouin Ier menait à bonne fin un projet qui lui tenait à cœur, l'occupation de l'Arabie Pétrée. En novembre-décembre 1100, nous l'avons vu, il avait déjà dirigé une première reconnaissance jusqu'à Petra. En 1116, « toujours impatient d'ouvrir des voies nouvelles », il s'engagea plus avant dans cette dépression du Ouadi el-Araba qui, du sud de la mer Morte, creuse son sillon longitudinal jusqu'au golfe d'Aqaba, sur la mer Rouge. A Chaubek, sur une colline au nord de l'ancienne Petra, il venait d'élever le château fortifié de Montréal, destiné à dominer toute la vallée. Dépassant Montréal, il poussa jusqu'à Aïla sur la mer Rouge. Pendant un demi-siècle les Francs allaient pouvoir intercepter à leur gré le commerce des caravanes entre l'Égypte et l'Asie musulmane et contrôler même la route du pèlerinage de la Mecque. En mars 1118, Baudouin Ier poussa le long de la côte de Philistie une expédition de reconnaissance vers le delta du Nil, du côté de la branche pélusiaque et de la ville de Farama qu'on trouva vide de défenseurs. De même que les chroniqueurs nous ont montré tout à l'heure les Francs s'amusant à se baigner et à pêcher dans la mer Rouge, ils nous décrivent maintenant l'orgueil et l'émerveillement de Baudouin en contemplant « le grand fleuve d'Égypte ». Mais ce fut dans cette exploration des abords du Delta que le roi contracta la maladie qui devait le terrasser.

***

Avant de clore le règne de Baudouin Ier, il nous reste à rappeler brièvement ce qu'on peut appeler sa politique intérieure. Car ce prodigieux guerrier fut aussi un des plus lucides organisateurs de son temps.

Une des questions qui le préoccupaient le plus était le peuplement chrétien de la Palestine. Il avait été très frappé de ce qu'au moment de l'invasion turque de 1113 une partie des fellahs ou paysans musulmans sujets des Francs avaient fait cause commune avec l'ennemi. Par ailleurs la population arabe des villes avait été détruite ou chassée lors de la conquête et les cités palestiniennes en étaient restées presque vides. Provoquer une immigration latine suffisante était malheureusement impossible, les « croisades de peuplement » étant allées se perdre en 1101 dans les déserts de l'Asie Mineure. Ce fut alors que Baudouin Ier appela en Palestine toutes les communautés de chrétiens indigènes, tant grecques que syriaques, dispersées à travers la Syrie musulmane et la Transjordanie. Il les cantonna dans les villes et les bourgs, en leur accordant en franchise toutes les maisons et propriétés abandonnées par l'élément musulman. Ainsi se créa dans les villes et aussi dans les campagnes un peuplement chrétien de langue arabe dans lequel les cadres politiques et militaires francs trouvèrent leur point d'appui. Pour s'asseoir solidement dans le pays, le nouveau royaume devait en effet se fonder sur une étroite association franco-syriaque. Ce fut le mérite de Baudouin Ier de l'avoir compris malgré toutes les rivalités de rites qui troublaient (et troublent encore aujourd'hui) la paix des Lieux Saints.

En même temps, d'ailleurs, ceux des conquérants et des pèlerins francs qui étaient restés en Syrie s'adaptaient de jour en jour et donnaient naissance à un peuple nouveau, voire à un esprit colonial dont l'apparition a été explicitement saluée par le chapelain de Baudouin Ier, le chroniqueur Foucher de Chartres : « Occidentaux, nous voilà transformés en habitants de l'Orient. L'Italien ou le Français d'hier est devenu, transplanté, un Galiléen ou un Palestinien. L'homme de Reims ou de Chartres s'est transformé en Tyrien ou en citoyen d'Antioche. Déjà nous avons oublié nos lieux d'origine. Ici l'un possède désormais maison et domesticité avec autant d'assurance que si c'était par droit d'héritage immémorial dans le pays. L'autre a déjà pris pour femme une Syrienne, une Arménienne, parfois même une Sarrasine baptisée, et il habite avec toute une belle famille indigène. Nous nous servons tour à tour des diverses langues du pays. Le colon est devenu un indigène, l'immigré s'assimile à l'habitant. Chaque jour des parents et des amis viennent d'Occident nous rejoindre, ils n'hésitent pas à abandonner là-bas tout ce qu'ils possédaient. En effet celui qui là-bas était pauvre atteint ici à l'opulence, celui qui n'avait que quelques deniers se trouve ici à la tête d'une fortune. Tel qui en Europe ne possédait même pas un village, se voit en Orient seigneur d'une ville entière. Pourquoi reviendrions-nous en Occident, puisque l'Orient comble nos vœux ? »

***

Nous venons de voir comment Baudouin Ier, par une politique indigène généralement fort habile, sut asseoir en terre d'Orient le royaume de Jérusalem. Il nous reste à rappeler comment il sut de même à l'intérieur de la société latine asseoir la royauté franque.

Au début, nous l'avons dit, Baudouin avait eu à lutter contre le patriarche Daimbert. Il avait obtenu d'être sacré roi par celui-ci. Mais sans parler de la rancune de Baudouin, le souverain était excité contre Daimbert par l'ancien patriarche déposé, Arnoul Malecorne. Baudouin, à l'instigation d'Arnoul, en appela au pape Pascal II, en accusant Daimbert d'avoir naguère fomenté la guerre civile entre Francs en présence de l'ennemi, grief malheureusement justifié, car un concile réuni à Jérusalem sous la présidence d'un légat pontifical interdit à Daimbert de célébrer les fêtes du vendredi saint au mont des Oliviers. Cependant le concile et le roi penchèrent pour l'indulgence, mais peu après, au plus fort de la guerre contre l'Égypte, comme Baudouin suppliait le patriarche de lui consentir une avance pour l'équipement des troupes, celui-ci jura n'avoir par devers soi que deux cents marcs d'argent. Le roi était disposé à le croire, lorsque l'archidiacre Arnoul Malecorne et d'autres clercs démontrèrent que le patriarche cachait des sommes énormes. Furieux, Baudouin fit irruption dans l'hôtel patriarcal. Il y avait ce soir-là un grand dîner, le menu était particulièrement choisi et les vins coulaient à flots. Soudain Baudouin Ier surgit devant les convives. Sa foudroyante apostrophe, dont Albert d'Aix nous restitue le sens, cloua au pilori l'avarice du mauvais prélat : « Voilà comment vous passez votre temps en banquets, tandis que nuit et jour nous exposons notre vie pour la défense de l'Église. Sans vous soucier de la détresse de nos soldats, vous dévorez entre vous les offrandes des fidèles. Mais, je vous le jure, si vous ne payez pas sur-le-champ la solde des troupes, vous ne vous remplirez pas longtemps le ventre du tribut de la Chrétienté ! » A quoi Daimbert aurait répondu que le prêtre a droit à vivre de l'autel et que l'Église n'avait pas à être serve de la royauté. Mais le roi reprenait, au paroxysme de la colère : « Que ceux qui servent l'autel vivent de l'autel, as-tu dit ? Eh bien ! en ce cas, c'est d'abord à mes soldats à en vivre, car ce sont eux qui servent le mieux l'Église, puisqu'ils la défendent chaque jour contre les Sarrasins ! Et ce ne sont pas seulement les aumônes ecclésiastiques que je veux pour payer la troupe, c'est tout l'or du Saint-Sépulcre que j'irai prendre pour équiper l'armée, car les Sarrasins sont à nos portes ! Quand on les aura repoussés, quand la Terre Sainte sera hors de péril, c'est au centuple que je rendrai à l'Église ce que je lui aurai emprunté ! » Sans doute, comme le fait remarquer Albert d'Aix, les anciennes études ecclésiastiques de Baudouin, sa connaissance du droit canon et de l'éloquence sacrée ne lui furent-elles pas inutiles dans cette véhémente diatribe.

Un scandale plus grand vint servir le roi. Le prince Roger de Pouille avait envoyé au patriarcat mille besants à partager entre les chanoines du Saint-Sépulcre, l'Hôpital et la solde des chevaliers. Daimbert, dans son avarice sénile, garda tout pour lui. Mis au courant, le roi rendit le scandale public et Daimbert fut déclaré déchu de son siège. Mais l'obstiné vieillard ne désarmait point encore. Il se retira à Antioche chez ses vieux amis normands qu'il réussit à persuader de son bon droit. A l'automne de 1102, comme Baudouin, menacé d'une invasion égyptienne, ne pouvait se passer de l'aide des Normands, Daimbert se fit imposer par ceux-ci et, grâce à leur pression, fut restauré sur le siège patriarcal. Politique comme toujours, Baudouin céda en dissimulant sa colère. Mais dès que le péril égyptien se trouva écarté, il demanda que le cas fût porté devant le légat pontifical, le cardinal de Paris, Robert. Daimbert, définitivement convaincu de simonie et de détournement des fonds ecclésiastiques, fut encore condamné par le cardinal-légat et par le Synode. Il quitta sans retour la Palestine pour le plus grand bien de l'Église comme de la couronne.

A sa place on élut patriarche un saint homme, Ébremar de Thérouanne, qui en 1105 devait se révéler aussi un homme de cœur lors de la bataille de Ramla où il porta la Vraie Croix au milieu de la mêlée. Nous n'avons pas à raconter ici comment Ébremar fut ensuite victime des intrigues de l'ambitieux archidiacre Arnoul Malecorne qui, naguère chassé pour indignité du siège patriarcal, songeait toujours à y remonter. Pour le moment, jugeant que l'heure n'était pas encore venue, Arnoul se contenta de faire élire l'archevêque d'Arles, Gibelin de Sabran, qui, en plus de sa grande sainteté, avait le mérite d'être fort âgé (1108). A la mort de Gibelin, Arnoul réussit enfin à se faire restaurer dans le patriarcat (1112). L'archevêque Guillaume de Tyr, qui poursuit le « Malecorne » de sa vindicte, lui applique les citations les plus désobligeantes du Livre de Job. « C'est pour les péchés du peuple que Dieu supporte le triomphe de l'hypocrite. » De fait, si on peut mentionner à la louange d'Arnoul son dévouement aux intérêts du roi et du royaume, son incontestable patriotisme franc, on est bien obligé de reconnaître que, dans son désir de plaire à Baudouin Ier il poussa parfois la complaisance jusqu'à la complicité. Tel fut le cas dans l'affaire des mariages du roi.

Quand il n'était encore que comte d'Édesse, Baudouin Ier, on s'en souvient, avait épousé la princesse Arda, fille d'un chef arménien du Taurus, mariage politique s'il en fut, qui lui valut le ralliement de l'élément arménien prépondérant à Édesse. Mais depuis son couronnement à Jérusalem où les Arméniens ne comptaient pas, cette union lui était à charge. Avec la même désinvolture que pour la déposition du patriarche, il mit sa femme au couvent. « De sa propre autorité, il la mit en religion et la fit devenir nonnain en l'église de madame Sainte Anne. » Il est vrai, ajoute la chronique, qu'il prit à cœur d'enrichir le couvent. Quant aux motifs précis de sa décision, le bon Guillaume de Tyr se perd en conjectures. « Les uns disent qu'il la laissa pour en prendre une plus riche, car elle était sans dot, les autres qu'il s'était aperçu qu'elle était fort légère ». La reine, en tout cas, parut au début ravie d'entrer en religion et mena au couvent une vie des plus édifiantes, après quoi elle vint modestement prier le roi de la laisser aller à Constantinople pour voir ses parents et obtenir d'eux une donation pour son monastère. Une fois hors du royaume, elle se défroqua joyeusement et se livra tout entière au plaisir, « son corps abandonna aux garçons et à autre gent ». Quant au roi Baudouin, on nous dit qu'il retrouva avec non moins de joie la vie de célibataire. Mais le célibat ne l'enrichissait point, et ce fut alors qu'il jeta les yeux sur Adélaïde de Sicile.

Adélaïde était la veuve du comte normand de Sicile Roger Ier, décédé en 1101. C'était, malgré son âge mûr, un des plus beaux partis du siècle. Baudouin jeta son dévolu sur elle. Il était impécunieux au plus haut point et la solde de ses chevaliers était chaque fois pour lui un problème. Il demanda la douairière en mariage. Elle fut flattée d'avoir été encore distinguée par un aussi prestigieux chevalier, émue de ceindre avec lui la couronne sacrée de Jérusalem. Les accordailles furent conclues, et, au commencement d'août 1113, Adélaïde débarqua à Saint-Jean-d'Acre.

Albert d'Aix nous peint avec la richesse d'une tapisserie l'arrivée de l'escadre sicilienne escortant la royale fiancée. Il y avait deux trirèmes portant chacune cinq cents guerriers d'élite et sept autres navires chargés d'or, d'argent, de pourpre, de pierreries, de tissus précieux, d'armures étincelantes. Dans le navire qui portait la princesse, un mât couvert d'or jetait ses feux au soleil et les deux proues, incrustées d'or et d'argent, n'étaient pas moins merveilleuses à voir. Dans un autre bateau, les archers arabes de la garde sicilienne montraient leurs burnous d'une éclatante blancheur. Baudouin, de son côté, était venu attendre sa fiancée en grand costume royal, avec tous ses dignitaires et tous ses pages revêtus de leurs plus beaux atours, leurs chevaux et leurs mules caparaçonnés de pourpre et d'or, dans l'aubade des trompettes et l'allégresse des musiques. Les rues d'Acre étaient couvertes de tapis multicolores, des draps de pourpre flottaient aux terrasses, la joie était universelle.

Toutefois, les fêtes une fois terminées, il fallut bien convenir de la situation pour le moins irrégulière où on se trouvait. La première épouse de Baudouin n'était pas morte. Le roi était donc bigame. Adélaïde fut, paraît-il, fort émue de l'apprendre officiellement, bien qu'il paraisse assez curieux qu'elle ait pu l'ignorer jusque-là... D'autre part, c'était avec une précipitation dénuée d'élégance que Baudouin avait transféré dans ses coffres les richesses apportées par sa nouvelle épouse. Quant aux scrupules de celle-ci, il les faisait calmer par le patriarche Arnoul Malecorne qui ne s'embarrassait pas pour si peu.

Cependant Rome s'inquiétait et de la bigamie du roi et de la complaisance de Malecorne. Le patriarche courtisan fut mandé par le pape Pascal II qui le somma de faire cesser le scandale. En rentrant à Jérusalem, Arnoul entreprit donc le roi sur ce sujet. Baudouin fit quelque temps la sourde oreille, puis, à la suite d'une grave maladie en mars 1117, il s'inclina. Adélaïde reçut son congé. La malheureuse pleura fort et se plaignit amèrement d'avoir été jouée. De fait, le roi avait attendu, pour se mettre en paix avec sa conscience, d'avoir complètement mangé la riche dot apportée de Sicile... Mais quand il décéda peu après, à son retour de la frontière égyptienne le 2 avril 1118, on n'eut du moins pas le scandale de voir le roi de Jérusalem mourir excommunié.

***

Baudouin de Boulogne, le premier roi franc de Jérusalem délivrée, ne fut donc certes pas un saint comme son frère Godefroi de Bouillon, mais au point de vue politique il avait été vraiment l'homme nécessaire, taillé à la mesure de l'épopée ou plutôt la dominant, puisque, seul d'entre tous ces paladins, il sut intégralement, cette épopée, la « réaliser » à son profit. En lui en effet l'aventurier sans scrupules avait tout naturellement, tout continûment fait place à l'homme d'État. Violence et patience, fougue et cautèle, hypocrisie ou cynisme, loyauté, brutalité ou perfidie, crimes même comme vertus – mais crimes pour le salut public, vertus de chef –, tous ces éléments d'une dense personnalité sont en lui contrôlés et dominés par la raison d'État, ordonnés en vue de la raison d'État. Les anciens Grecs, à la manière des bâtisseurs d'empire, l'eussent nommé Baudouin le Fondateur. Cet État franc de Jérusalem, né de la surprise, se trouvera, dès que posé par lui, du jour au lendemain si solide que nul après lui n'osera le remettre en question. C'est en cela que le formidable aventurier dépasse l'aventure. De cette marche extrême de la chrétienté il fit ce qu'elle devait être pour rester viable : une solide monarchie militaire. Le patriarcat, aux mains de son ami Arnoul Malecorne, devint l'associé fidèle de cette politique. Quelle que soit la liberté de ses mœurs, n'oublions pas d'ailleurs qu'avant d'être d'épée Baudouin a été d'église, gardant toujours au physique la dignité de l'ancien chanoine de Cambrai, comme au moral l'ordonnance romaine de l'esprit. Il crée de la majesté. Il crée même une légitimité de droit divin – et la plus sacrée du monde chrétien ! – en se rattachant à la royauté de David et de Salomon. En dix-huit ans de règne, il va jusqu'à jeter les bases d'une tradition monarchique égale, car fondée sur le rocher de Sion, à celle du Capétien, de l'Anglo-Normand ou de l'empereur romain germanique.

Et toute l'histoire du royaume de Jérusalem après lui restera son œuvre.

Chapitre V
Consolidation de la conquête

Baudouin II

Le hasard voulut qu'au moment de la mort de Baudouin Ier, son cousin Baudouin du Bourg, comte d'Édesse, vînt de se mettre en route pour faire ses dévotions à Jérusalem. Il arriva dans la ville sainte le jour même des obsèques du roi et sa candidature au trône fut aussitôt posée par le principal des vassaux directs de la couronne en Palestine, Jocelin de Courtenay, sire de Tibériade. Jocelin avait naguère possédé dans le comté d'Édesse la terre de Turbessel (Tell Bâcher), reçue par lui en fief de Baudouin du Bourg, mais, s'étant brouillé avec celui-ci, il avait été dépouillé et s'était réfugié auprès du roi qui l'avait investi du fief de Tibériade (1113). A la surprise générale, au lieu de profiter de l'occasion pour manifester sa rancune, il se fit, à la mort de Baudouin Ier le grand électeur de Baudouin du Bourg. Les autres barons, grandement édifiés de tant de beauté morale, se rangèrent à son avis. Baudouin du Bourg fut proclamé roi (1118). En réalité, Jocelin n'avait pas été sans se dire que le nouveau souverain, lui devant sa couronne, lui témoignerait sa reconnaissance. Ainsi advint-il. Le comte d'Édesse, en montant sur le trône de Jérusalem, céda Édesse à Jocelin.

Baudouin du Bourg, que nous appellerons désormais Baudouin II, était fils du comte de Rethel, dans les Ardennes. Grand, beau de visage, le teint coloré, les cheveux blonds mais peu épais et bientôt blanchissants, la barbe également peu fournie, mais portée fort longue, à la mode du temps, c'était, comme son prédécesseur, un chevalier accompli. Son caractère toutefois était bien différent. A l'âpreté et à la violence brutale dont Baudouin Ier avait trop souvent fait preuve, le nouveau souverain préférait, sinon, comme on l'a dit, la dissimulation et la ruse, du moins la finesse malicieuse et les calculs ingénieux. Dans une scène de comédie digne des meilleurs fabliaux, Guillaume de Tyr nous fait entrevoir ce côté de son caractère :

En ce temps-là, Baudouin II, qui n'était encore que comte d'Édesse, avait de graves ennuis financiers, la solde de ses chevaliers excédant ses ressources. Or il avait épousé la princesse Morfia, fille du seigneur de Malatya, l'Arménien Gabriel, et Gabriel était fort riche. Pour sortir d'embarras, après s'être concerté avec ses chevaliers, il alla, escorté par eux, rendre visite à son beau-père. L'excellent homme, ravi de le voir (car, à la différence de Baudouin Ier, Baudouin II était le plus parfait des époux), l'accueillit tendrement : « il l'embrassa, lui fit grande chère et l'installa de son mieux. Baudouin séjourna à Malatya je ne sais combien de temps. Le beau-père et le gendre étaient les meilleurs amis du monde. » Un beau jour qu'ils devisaient affectueusement dans le palais, voilà que les chevaliers de Baudouin se présentent en corps à la porte et l'orateur de la troupe (qui, bien entendu, avait tout concerté d'avance avec Baudouin) réclame avec fermeté le paiement de leur solde ou, sinon, la remise du gage promis. Aux questions inquiètes de Gabriel, Baudouin avoue avec embarras qu'il avait juré à ses chevaliers, s'il ne pouvait les payer, de se laisser couper la barbe. En entendant ces mots, l'excellent Gabriel faillit tomber à la renverse, « car les Arméniens comme les Grecs ont coutume de garder leur barbe aussi fournie que possible, et tiendraient pour un déshonneur qu'on leur en arrachât seulement un poil ». Baudouin prie ses chevaliers d'accorder un nouveau délai. Refus de ceux-ci : la solde immédiatement, ou la coupe de la barbe ! La scène avait été si bien jouée que le digne Arménien s'offrit de lui-même à verser les quelque trente mille besants nécessaires, non sans faire jurer à son gendre de ne jamais plus, au grand jamais, engager sa barbe, « ce que Baudouin jura bien volontiers, » conclut narquoisement le chroniqueur.

Une autre anecdote, également relative à l'époque où Baudouin II n'était encore que comte d'Édesse, nous le montre sous le même aspect, bien qu'ici la comédie se termine sur un couplet d'un bel accent cornélien. La terre d'Édesse, qui venait d'être cruellement ravagée par les Turcs, souffrait d'une véritable famine et une fois de plus Baudouin se voyait en proie à de cruels embarras financiers. Au contraire, son vassal, Jocelin de Courtenay, dont le fief de Turbessel, protégé par le cours de l'Euphrate, avait échappé à l'invasion, nageait dans l'opulence. Enivré de sa prospérité, Jocelin manqua de tact jusqu'à se répandre en propos imprudents : il pourrait, lui, Jocelin, acheter toute la terre d'Édesse à son impécunieux suzerain, lequel ferait beaucoup mieux, ne pouvant tenir son rang, de retourner vivre en France. En apprenant ces inconvenances, Baudouin feint d'être gravement malade, et mande Jocelin à son chevet. Celui-ci, persuadé qu'on ne l'appelle que pour recueillir une succession, accourt avec empressement. On l'introduit, il trouve Baudouin au lit et lui demande avec componction des nouvelles de sa santé. « Bien meilleures que tu ne voudrais ! » s'écrie celui-ci, et jetant le masque, il interpelle violemment Jocelin, lui rappelant tous ses bienfaits, tel Auguste à Cinna : « Jocelin, as-tu rien ici que je ne t'aie donné ? » – « Rien, sire ! » « Alors comment peux-tu me reprocher comme une honte ma pauvreté présente ? » Et après l'avoir accablé d'invectives, il le jette dans un étroit cachot, d'où il ne le tire qu'en le privant de son fief. Nous avons vu d'ailleurs que les deux hommes, de sens aussi fin l'un que l'autre, profitèrent des événements de 1118 pour se réconcilier au plus grand avantage de tous deux.

D'autres traits encore, énumérés par les chroniqueurs, nous montrent cette souplesse dans la ténacité qui était le fond même du tempérament de Baudouin II. Ajoutons tout de suite que jamais chez lui la ruse ne dégénéra en trahison, ni l'énergie en brutalité comme chez son prédécesseur. Sa fermeté se tempéra toujours de modération et finalement de clémence. C'est que Baudouin II, comme jadis Godefroi de Bouillon, était profondément chrétien. Baudouin Ier avait vécu en marge de l'Église ; il avait imposé aux fidèles un patriarche avérément simoniaque et il était resté jusqu'à la veille de sa mort en état de bigamie. Baudouin II au contraire était fort pieux ; la chronique nous décrit ses genoux tout durcis par la fréquence des oraisons. L'influence de la religion se fit nettement sentir dans le sentiment élevé qu'il eut de son devoir, dans la manière admirable dont il allait exercer son métier de roi, et de roi chrétien.

Dans l'exercice du pouvoir, Baudouin II nous apparaît en effet comme un administrateur appliqué et ponctuel (on le surnommait l'Aiguillon), un capitaine consciencieux et méthodique (la manière dont il devait sauver et relever la principauté d'Antioche après le désastre de 1119 est au-dessus de tout éloge), un chef d'État prudent, sans la fougue de tempérament de Baudouin Ier sans non plus ses coups de joueur.

Sa vie privée, au contraire de celle de Baudouin Ier fut irréprochable. Il fut toujours fidèle à son épouse arménienne, la princesse Morfia, et lui donna quatre filles, Mélisende, Alix, Hodierne et Yvette. Sobre et modestement vêtu, « sans morgue et sans orgueil », il différait encore en cela de son prédécesseur qui s'était toujours montré épris de luxe et de pompe. Économe et même quelque peu avare dans le train de vie ordinaire, il savait cependant, quand il le fallait, dépenser, et dépenser avec magnificence. En résumé il fut à Jérusalem, sur une scène plus vaste, ce qu'il avait déjà été à Édesse : « Il gouvernait bien et vigoureusement, se faisant aimer de ses sujets et redouter de l'ennemi. »

Quatre ans après son avènement, Baudouin II dut défendre l'autorité royale contre une révolte assez imprévue. « Le diable, qui jamais n'aima la paix, sema la discorde dans le pays. » En 1122 le comte de Tripoli, Pons, refusa l'hommage et le service féodal. C'était toute l'organisation monarchique de la Syrie franque, telle que l'avait fait triompher le défunt monarque, qui se trouvait remise en question. Baudouin II, violemment courroucé, fit crier son ban pour marcher contre Tripoli. Le sentiment monarchique était déjà si solide que barons et chevaliers partageaient l'indignation du roi. Quand l'armée royale, partie d'Acre, approcha du Liban, les chevaliers de Tripoli eux-mêmes intervinrent auprès de Pons pour lui démontrer sa folie. Ils l'amenèrent, repentant, au roi qui lui pardonna.

***

Sous le règne de Baudouin II, la force de la Syrie franque fut considérablement accrue par la création de l'ordre du Temple et par la transformation militaire de l'ordre des Hospitaliers.

Les Hospitaliers tiraient leur nom d'un établissement de bienfaisance, à la fois hôtellerie et hôpital, fondé vers 1070, pour les pèlerins pauvres. L'établissement fut transformé au moment de la première croisade par un saint personnage nommé Gérard, originaire de la ville de Martigues, en Provence, et qui doit être considéré comme le véritable fondateur de l'ordre de l'Hôpital. Gérard, mort vers 1120, eut comme successeur à la tête de l'ordre Raymond du Puy qui en modifia profondément le caractère, en faisant de la communauté charitable une milice de chevaliers-moines voués à la défense du Saint-Sépulcre. Au contraire, ce fut dès le début que l'ordre du Temple eut un caractère militaire. Fondé en 1118 par le Champenois Hugue de Payens qui l'installa dans le Temple de Salomon (l'actuelle mosquée el-Aqsâ), il en reçut son nom d'ordre des Templiers. Les deux institutions fournirent au royaume de Jérusalem ce qui lui manquait le plus, une armée permanente dont les prises d'armes féodales ne donnaient pas l'équivalent. Par leur bravoure incomparable, leur esprit de sacrifice et leur connaissance de la guerre musulmane, Hospitaliers et Templiers rendirent d'inappréciables services à la cause franque. Ce ne fut que plus tard que, rendus orgueilleux par leur valeur et par leur richesse, ils eurent tendance, surtout les Templiers, à pratiquer une politique fâcheusement particulariste et firent trop souvent preuve d'indocilité envers la royauté comme envers l'Église.

***

Baudouin II eut à donner toute sa mesure à la suite des dramatiques événements qui bouleversèrent la principauté d'Antioche en 1119.

Au commencement de 1119, le prince d'Antioche, Roger, était sur le point de s'emparer de la grande ville arabe d'Alep. Les Alépins appelèrent à leur secours un chef turc du Dyarbékir, Il-Ghâzî, du clan ortoqide, émir de Mardin. Au commencement de juin, Il-Ghâzî, descendu du Dyarbékir avec une forte armée, envahit la principauté d'Antioche du côté du Roudj, district situé à l'est de l'Oronte, entre Djisr ech-Choghr et Maaret en-Nomân.

A cette nouvelle, Roger d'Antioche demanda l'aide du roi Baudouin II et du comte Pons de Tripoli. Baudouin et Pons firent aussitôt leurs préparatifs, en insistant pour qu'on les attendît avant d'engager les opérations. Mais les châtelains des terres d'outre-Oronte, dont les bandes turcomanes détruisaient les récoltes, pressaient Roger d'accourir sans retard. Pour leur complaire, sans attendre les secours qui allaient arriver de Jérusalem et de Tripoli, il se porta avec ses seules forces au-devant des Turcs. Hanté de sinistres pressentiments, le patriarche d'Antioche, le saint vieillard Bernard de Valence, essaya en vain, dans une scène pathétique, de faire entendre raison à Roger. Celui-ci resta inébranlable dans sa résolution insensée. Il remercia le patriarche, lui remit son testament. Bernard, après avoir béni l'armée, reprit, les larmes aux yeux, le chemin d'Antioche. Et Roger partit vers son destin.

Après avoir passé l'Oronte au Pont de fer, Roger alla le 20 juin se poster avec son armée à mi-chemin d'Alep, dans la plaine connue sous le nom de Champ du Sang et où s'élève aujourd'hui le village de Dana. Le 27 au soir, il apprit que les Turcs avaient attaqué la petite place voisine d'Athâreb. La nuit du 27 au 28 se passa dans l'inquiétude. A mesure que l'ennemi se rapprochait, l'armée se rendait mieux compte de la folie qu'on avait commise. Gautier le Chancelier, témoin angoissé, nous raconte l'épisode étrange d'une somnambule qui, cette même nuit, parcourut le camp en prédisant le désastre. Roger fut si troublé qu'il ordonna à son camérier de retourner à Artâh pour y mettre en sûreté les vases précieux qui avaient suivi le campement.

Le lendemain, samedi 28 juin, à l'aube, l'archevêque d'Apamée réunit toute l'armée, fit un sermon émouvant, parlant en prêtre et en soldat, puis il célébra l'office divin, reçut la confession publique des guerriers et leur donna l'absolution générale. Il confessa en particulier Roger dans sa tente (la vie de ce bouillant paladin était loin d'être édifiante). Après avoir mis sa conscience en règle avec Dieu, après avoir fait une distribution d'aumônes aux pauvres de l'armée, le prince d'Antioche appela ses écuyers, siffla ses chiens, se fit apporter ses faucons, monta à cheval, et, insoucieux du drame qui se préparait, partit pour la chasse. Mais, en chevauchant, il rencontra un éclaireur qui revenait ventre à terre : d'énormes masses turcomanes arrivaient non seulement par la route d'Athâreb, du côté où on pouvait les attendre, mais aussi, après un détour derrière les collines, des trois autres côtés de l'horizon. Le Champ du Sang était encerclé !

Roger donne aussitôt ses dernières instructions aux troupes. A peine l'a-t-il fait qu'un second éclaireur, l'écuyer Aubry, survient, le visage en sang, seul débris d'une patrouille massacrée. Et en même temps les Turcomans, en escadrons innombrables, couronnent toutes les hauteurs. Roger, après s'être jeté une dernière fois au pied de la Croix, lance son cri de guerre : « Au nom de Notre-Seigneur Jésus-Christ, comme il convient à des chevaliers, pour la défense de la foi, en avant ! » Mais contre plus de quarante mille Turcs il n'avait que sept cents chevaliers et trois mille fantassins...

Malgré cette énorme infériorité numérique, la valeur normande, sur le premier choc, faillit faire reculer l'ennemi, mais cet avantage ne dura pas. Bientôt l'armée franque fut complètement cernée. Les cavaliers turcomans revenaient sans cesse à l'attaque, criblant les Francs de javelots et de flèches. Le goum des Turcoples, qui formait la gauche franque, lâcha pied. Pour comble de malheur, il s'éleva à ce moment, venant du nord, un véritable cyclone qui, soulevant une tempête de sable, aveugla quelques instants les chevaliers.

L'armée franque, disjointe par la fuite des Turcoples, écrasée sous le nombre, était presque entièrement détruite. Roger d'Antioche restait seul avec une poignée de fidèles. Ayant refusé d'attendre le roi et le comte de Tripoli, il se savait personnellement responsable du désastre. Il sut mourir en chevalier. « Il ne voulut ni fuir ni regarder en arrière », mais se lança au plus épais des escadrons turcs. Un coup d'épée sur la face, à hauteur des yeux, lui donna la mort. Il tomba au pied de la Croix. De tant de héros, cent quarante hommes seulement purent se sauver.

Il-Ghâzî s'installa dans la tente de Roger pour présider au partage du butin. Quant aux prisonniers, les Turcomans donnèrent cours sur eux à leur sauvagerie native. A coups de fouet, on les traînait nus, par files de deux ou trois cents, liés ensemble par des cordes, jusque dans les vignes de Sarmedâ. Par cette torride journée de juin, ils mouraient de soif. Il Ghâzî fit apporter des jarres d'eau qu'on plaça à leur portée. Ceux qui s'en approchaient étaient massacrés. Tous auraient péri sur-le-champ s'il n'avait voulu donner à la populace d'Alep le spectacle de son triomphe. La plèbe arabe se joignant aux soudards turcomans, une partie des captifs périrent au milieu des tortures.

Les avant-gardes turques coururent jusqu'à Antioche et sur le moment on crut que la ville allait être emportée. Mais le patriarche

Bernard de Valence sauva la situation. Il groupa les Latins, les organisa en milice, désarma les chrétiens indigènes, les Grecs surtout qui avaient tendance à trahir. Nuit et jour l'héroïque vieillard inspectait le rempart en stimulant les courages. Enfin le roi Baudouin II arriva.

Dès que Baudouin avait reçu l'appel du prince d'Antioche, il s'était mis en marche avec l'archevêque de Césarée, Ébremar, qui portait la Vraie Croix. Au passage, il avait pris avec lui le comte Pons de Tripoli. A hauteur de Lattaquié, ils se heurtèrent déjà aux coureurs turcomans dont la présence ne leur annonçait que trop le désastre survenu au prince d'Antioche.

Baudouin II fut accueilli à Antioche comme un sauveur, non seulement par sa sœur, la princesse Hodierne, veuve de Roger, et par le patriarche Bernard de Valence, mais par la population tout entière. Nommé aussitôt régent de la principauté, il en reconstitua rapidement les cadres politiques et militaires, puis avec Pons de Tripoli et Jocelin de Courtenay, comte d'Édesse, il partit à la rencontre des Turcs. Le choc eut lieu à Tell Dânîth, dans la terre d'outre-Oronte, le 14 août. Les Turcs étaient commandés par l'émir Il-Ghâzî qu'était venu appuyer l'atâbeg de Damas Toughtékîn, les Francs par Baudouin II et Pons de Tripoli. L'action débuta mal pour ces derniers, mais Baudouin rétablit la situation en chargeant à la tête de sa chevalerie. « Il cria à Notre-Seigneur de secourir son peuple, piqua des éperons et se jeta au plus épais de la mêlée. » Cette fois, les Turcs battirent en retraite. Le roi n'avait reçu aucune blessure, bien que son cheval eût été atteint. Plus surprenant encore fut le cas de l'archevêque Ébremar de Césarée qui sans cuirasse, vêtu de ses ornements sacerdotaux et portant la Vraie Croix, revint aussi sans une égratignure de la ligne de combat où il anathématisait furieusement les infidèles.

Les Turc se vengèrent de leur défaite en massacrant les derniers prisonniers encore survivants. Parmi ceux-ci, le seigneur du château de Saone, Robert, comptait pouvoir se racheter en raison d'anciennes relations de courtoisie avec l'atâbeg Toughtékîn. Mais quand l'atâbeg le vit arriver, « il se leva, mit les pans retroussés de sa robe dans sa ceinture, brandit son épée et trancha la tête du Franc ». Les autres prisonniers, attachés à un poteau, servaient de cible aux Turcomans en état d'ivresse. Il-Ghâzî, à la fin complètement ivre comme ses hommes, convia toute la plèbe d'Alep à assister au massacre des quarante derniers captifs. On les égorgea devant les portes de son palais qui furent aspergées de sang. Inutiles atrocités. Le roi de Jérusalem avait réparé les conséquences du désastre et, quand il regagna la Palestine, la principauté d'Antioche était définitivement sauvée.

Baudouin II fut encore obligé de revenir plusieurs fois de Jérusalem à Antioche pour défendre la principauté du nord contre de nouvelles invasions turques. En 1120, en 1122, nous le voyons parcourir ainsi la terre d'outre-Oronte, avec son armée formée en colonne compacte, sans se laisser effrayer par le tourbillonnement des escadrons turcomans, ni attirer à une dangereuse poursuite par leurs fuites simulées. Sa prudence et sa fermeté finirent par lasser l'adversaire qui, sans nouveaux combats, évacua la terre d'outre-Oronte.

Sur ces entrefaites une nouvelle charge incomba à Baudouin. En septembre 1122, le comte d'Édesse Jocelin de Courtenay fut fait prisonnier par le chef turc Balak qui l'enferma dans la citadelle de Kharpout, au fond des montagnes du Kurdistan. Le roi de Jérusalem se vit donc obligé d'assumer la régence d'Édesse en même temps que celle d'Antioche. Comme il était venu mettre le comté d'Édesse en état de défense, semblable mésaventure lui advint à lui-même. Le 18 avril 1123, tandis qu'il se livrait à la chasse au faucon dans la vallée du haut Euphrate, sans se douter de la proximité des Turcs, Balak, qui le guettait derrière les montagnes, tomba sur lui et le fit prisonnier. Baudouin alla rejoindre Jocelin dans les cachots de Kharpout.

La captivité de Baudouin II mettait la Syrie franque dans une situation singulièrement inquiétante. Le royaume de Jérusalem, la principauté d'Antioche et le comté d'Édesse se trouvaient simultanément privés de leurs chefs. Un seul des quatre princes francs, le comte Pons de Tripoli, était encore à la tête de ses États. Une telle situation, quelques années auparavant, eût sans doute entraîné une catastrophe, mais la domination franque était maintenant assez enracinée pour résister à la tourmente. Les barons de Jérusalem confièrent la régence au connétable Eustache Garnier. Les Égyptiens ayant voulu profiter des circonstances pour prendre Jaffa, Eustache Garnier leur infligea à Ibelin (Yebnâ), le 29 mai

Chapitre V

1123, une retentissante défaite. En même temps, à Antioche, le vieux patriarche Bernard de Valence avait repris la direction des affaires et on se mettait en état de repousser l'invasion. Balak, en effet, venait de se jeter sur la terre d'outre-Oronte où il prit la ville d'el-Bâra. Mais là il reçut la plus incroyable nouvelle : Baudouin II et Jocelin, qu'il avait laissés dans les oubliettes de Kharpout, venaient de se rendre maîtres de la forteresse !

L'épisode est un des plus romanesques de cette histoire. Du fond de leur cachot les deux captifs avaient trouvé le moyen d'entrer en rapport avec les Arméniens du pays. Par leur entremise Jocelin put faire passer un message à ses sujets arméniens d'Édesse, en leur demandant de venir le délivrer. Or, depuis qu'il était devenu comte d'Édesse, le sire de Courtenay avait su s'attacher étroitement l'élément arménien. Cinquante de ces braves gens, hommes de cœur et de ruse, conçurent pour le sauver un plan d'une hardiesse inouïe. Ils se déguisèrent les uns en mendiants, les autres en moines, avec des armes cachées sous leur froc, et se mirent en route vers le Kurdistan. A Kharpout, les autorités turques, les prenant pour des sujets arméniens de l'émir, les laissèrent entrer sans méfiance. Une fois dans la place, ils jouèrent avec un prodigieux sang-froid le scénario concerté. Après s'être mis d'intelligence avec leurs compatriotes arméniens, ils se glissèrent pendant la nuit jusqu'à la prison, égorgèrent les sentinelles turques, parvinrent à la tour où étaient emprisonnés Baudouin II et Jocelin, et les délivrèrent. Au même instant la population arménienne de Kharpout, prenant les armes, se débarrassait de la garnison turque et occupait la citadelle.

Par un coup de chance inespéré le roi de Jérusalem, hier encore captif dans la citadelle de Kharpout, se voyait aujourd'hui maître de cette forteresse, capitale de son ennemi. Restait à s'y maintenir ou à en sortir, toutes choses également difficiles, car les Turcs, revenus de leur surprise, bloquaient étroitement la place, et l'on se trouvait au nœud du Taurus arménien et des sauvages montagnes du Kurdistan, par-delà le Dyarbékir, au fond de la vallée perdue du Mourad-sou. Il fut convenu que Baudouin II se maintiendrait avec les Arméniens dans la forteresse, tandis que Jocelin essaierait à ses risques et périls d'aller chercher du secours en Syrie.

L'odyssée de Jocelin de Courtenay de Kharpout en Syrie constitue une des pages les plus étonnantes de cette histoire. Il sortit de nuit avec seulement trois compagnons, trois Arméniens qui connaissaient bien la contrée, fut assez heureux pour traverser, sans être pris, les campements turcs, renvoya, comme convenu, un des Arméniens à Kharpout pour faire savoir à Baudouin qu'il avait pu franchir la zone dangereuse, et avec les deux autres s'enfonça à la clarté de la lune à travers les gorges de Mezré. Tous trois n'avaient emporté avec eux que deux petites outres de vin et un peu de viande séchée. Se cachant le jour dans les bois et les cavernes, marchant la nuit, ils se dirigèrent vers l'Euphrate. Là, naturellement, point de barques, et Jocelin ne savait pas nager. Il gonfla ses deux outres, se les attacha à la ceinture et, poussé par ses deux Arméniens, excellents nageurs, eux, parvint à la rive occidentale, mais il était épuisé, mourant de fatigue et de faim, les pieds en sang. Il s'écroula au pied d'un noyer, caché derrière les buissons, et s'endormit.

Il avait recommandé à un de ses compagnons de se mettre pendant ce temps à la recherche d'un peu de pain. Celui-ci rencontra précisément un paysan, arménien comme lui, qu'il conduisit à Jocelin avec des figues et du raisin. Mais le paysan reconnut le comte et se jeta à ses pieds en l'appelant par son nom. Jocelin le pria de l'aider à gagner Turbessel en lui promettant les plus grandes récompenses. Foucher de Chartres nous a transmis le pittoresque dialogue : « Dis-moi quel est ton bien, pour que je puisse le décupler ? » – « Je ne te demande rien pour te sauver, répond le paysan, car jadis, je m'en souviens, tu m'as fait l'aumône. Je vais te rendre ta bonté. Mais, si tu désires le savoir, j'ai une femme, seigneur, un enfant en bas âge, une ânesse, et deux bœufs, et aussi un porc. Avec ma famille et mes bêtes, je vais te conduire où tu veux. Mais je vais tuer le porc et le faire cuire pour toi ». « Garde-toi de tuer ton porc, frère, tu attirerais l'attention des voisins. Mais partons vite ! » Aussitôt la petite troupe se met en marche, le comte monté sur l'ânesse et portant dans ses bras, pour donner le change, le nourrisson qui hurlait et se débattait.

Le pittoresque cortège arriva enfin à Turbessel. Jocelin était sauvé. Il y retrouva, versant des larmes de joie, sa femme, qui l'avait cru mort, et ses chevaliers et put récompenser le bon paysan arménien, son guide. Mais l'heure n'était pas aux attendrissements. Sur-le-champ il courut à Antioche et de là, à franc étrier, jusqu'à Jérusalem. Après être monté au Calvaire et avoir offert en ex-voto un fragment des chaînes de sa prison de Kharpout, il réunit la chevalerie de Jérusalem, celle de Tripoli, celle d'Antioche, et à leur tête, la Vraie Croix à ses côtés, il repartit à marches forcées pour Kharpout. Mais à hauteur de Turbessel il apprit que ses efforts étaient inutiles : les Turcs avaient repris la place.

Voici ce qui s'était passé. En apprenant la surprise de Kharpout et que les chefs francs, hier encore ses captifs, commandaient en maîtres dans son propre château, dans sa résidence familiale, Balak avait failli suffoquer de fureur. « Voyageant avec la rapidité de l'aigle », il remonta d'Alep au Kurdistan. Arrivé devant Kharpout, il offrit à Baudouin II de le laisser regagner librement la Syrie contre reddition immédiate de la forteresse. Baudouin, n'osant se fier à la parole des Turcs et espérant être à temps secouru par Jocelin, refusa. Mais la forteresse était construite sur une roche crayeuse, particulièrement tendre, où les mineurs de Balak creusèrent des sapes si profondes qu'une des tours s'écroula. Baudouin n'eut d'autre issue que de se rendre (16 septembre 1123). Le chef turc lui accorda la vie sauve ainsi qu'à son neveu, Galeran du Puiset, mais fit précipiter du haut des remparts tous les autres prisonniers. Les malheureux Arméniens qui s'étaient associés à l'équipée franque furent écorchés vifs ou, liés sur des pieux, servirent de cible à la soldatesque.

***

Non seulement les Francs ne se laissèrent pas abattre par la nouvelle captivité de leur roi, mais ce fut pendant cette captivité qu'ils réalisèrent une conquête de grande importance, la prise de Tyr.

Au mois de mai 1123 était arrivée dans les eaux du Levant une puissante escadre vénitienne conduite par le doge Domenico Michiel : trois cents vaisseaux, quinze mille hommes d'équipage, la plus belle armada qu'ait depuis longtemps mise à la mer la grande république italienne. Or, au même moment, la flotte égyptienne mouillait au large d'Ascalon. En l'apprenant, le doge répartit ses navires en deux escadres. La première, de beaucoup la plus importante, dont il prit le commandement, descendit le long de la côte, en direction de Jaffa, assez lentement d'abord et en évitant de donner l'éveil. La seconde, forte de dix-huit vaisseaux seulement, gagna la haute mer et, de là, cingla vers Ascalon, en se donnant l'air de n'être qu'un simple convoi de pèlerins qui cherchait à débarquer.

Les dix-huit navires arrivèrent devant Ascalon à la fin de la nuit. Aux premières lueurs de l'aube, les amiraux égyptiens, apercevant ce pseudo-convoi, s'élancent en haute mer, joyeux à l'idée de le capturer. Continuant leur manège, les dix-huit vaisseaux feignent de redouter la bataille, reculent sans prendre la fuite et amusent l'ennemi assez longtemps pour permettre au doge, qui, avec la grande flotte, accourait maintenant à force de rames et de voiles, d'entrer en jeu. Les amiraux égyptiens, encerclés alors entre les deux escadres vénitiennes, durent accepter un combat inégal et perdirent presque tous leurs vaisseaux (30 mai 1123).

La destruction de la marine égyptienne assurait aux Vénitiens la maîtrise absolue de la mer. Les Francs en profitèrent pour aller assiéger, de concert avec le doge, la grande place maritime de Tyr qui était restée jusque-là au pouvoir des Musulmans. L'affaire devait être facilitée par les querelles du parti égyptien et du parti damasquin qui se disputaient la ville. Le gouvernement du Caire et l'atâbeg de Damas finirent par se réconcilier et unirent leurs forces pour défendre Tyr, mais il était bien tard, les Francs étaient déjà devant la place.

L'armée franque était commandée par le connétable Guillaume de Bures, sire de Tibériade, qui venait, à la mort d'Eustache Garnier, d'être nommé régent du royaume de Jérusalem, et par le patriarche Gormond de Picquigny. Elle investit la place du côté de la terre, tandis que les Vénitiens assuraient le blocus maritime (février 1124). Le siège fut particulièrement difficile. Tyr, sur sa presqu'île rocheuse, constituait déjà une position extrêmement forte et Toughtékîn y avait jeté à temps une solide garnison d'archers turcs. Un renfort précieux fut apporté aux assiégeants par le comte Pons de Tripoli. Les Égyptiens tentèrent une diversion en envoyant d'Ascalon un détachement menacer Jérusalem. En l'absence de la chevalerie, tout entière au siège de Tyr, la bourgeoisie hiérosolymite courut aux portes et fit si bonne contenance que les envahisseurs se retirèrent. La chronique de l'*Eracles* se montre à juste titre fière de l'attitude de ces roturiers, dignes de nos communiers de Bouvines. L'atâbeg de Damas, Toughtékin, essaya une dernière manœuvre pour dégager Tyr à la tête de la cavalerie turque. Il ne put parvenir jusqu'à la ville dont les défenseurs se résignèrent à capituler. Le 7 juillet 1124 la bannière royale fut arborée sur les murs et l'armée franque fit son entrée. Conformément aux causes de la capitulation, les habitants furent laissés entièrement libres de se retirer avec leurs richesses ou de rester sous la domination franque. La chronique nous montre même les émigrants en train de fraterniser avec leurs vainqueurs dont ils visitaient avec curiosité le camp et les machines de siège.

Une telle détente à l'issue d'un siège si véhément laisse entrevoir les progrès accomplis dans la pacification religieuse après vingt-cinq ans de cohabitation franco-arabe. Un *modus vivendi* tendait à s'établir, même sous le régime des hostilités à peu près permanentes. Les rapports devenaient plus courtois. Dans la guerre même Francs et Musulmans apprenaient à s'estimer.

L'importance de la conquête de Tyr par les Francs ne saurait être exagérée. Elle les rendait définitivement maîtres du littoral et les mettait en possession d'un réduit facile à défendre en raison de sa quasi-insularité. A l'heure du désastre, en 1187, quand Jérusalem aura succombé, Tyr servira de boulevard à la résistance franque et c'est de là que partira la reconquête. Quant aux Vénitiens à qui était dû pour une large part le succès, ils reçurent à Tyr de très importants privilèges commerciaux et politiques, avec un tiers de la ville et l'autorisation d'y installer une commune marchande pratiquement autonome.

***

Tandis que le connétable Guillaume de Bures et le patriarche Gormond de Picquigny faisaient en son nom la conquête de Tyr, le roi Baudouin II obtenait enfin sa liberté. Son geôlier, l'émir d'Alep Balak, avait été tué dans une guerre entre Musulmans. Le 29 août 1124, l'émir Timourtach, successeur de Balak, libéra son captif contre rançon de quatre-vingt mille dinars, dont vingt mille payables d'avance, plus certaines rétrocessions territoriales en terre d'outre-Oronte. « Délivré de ses fers, Baudouin fut conduit à la réception de Timourtach. Après avoir bu et mangé avec l'émir, il reçut en présent une tunique royale, un bonnet d'or et des bottines ornementées. On lui rendit même le cheval de prix qu'il montait le jour où il avait été fait prisonnier. »

Enfin libre, Baudouin II se rendit d'abord à Antioche, puisque c'étaient les affaires de la principauté qui étaient en jeu. N'avait-il pas dû promettre de rétrocéder aux Turcs une partie des forteresses d'outre-Oronte ? Mais ici se posa la question de droit. Le seul propriétaire légitime de la principauté d'Antioche était le jeune Bohémond II, fils du grand Bohémond, pour lors adolescent et qui était élevé en Italie.

Baudouin, qui à Antioche n'exerçait qu'une simple régence, avait-il le droit d'aliéner un patrimoine qui ne lui appartenait point ? Le patriarche Bernard de Valence lui en dénia la possibilité juridique et Baudouin II, tel que nous le connaissons, ne fit évidemment aucune difficulté pour se laisser convaincre. Il s'excusa fort poliment auprès des Turcs : le patriarche interdisait de rétrocéder les villes d'outre-Oronte, et Baudouin s'en déclarait désolé, mais ne pouvait aller contre l'autorité religieuse. Au fond, c'est sous un prétexte analogue que François Ier une fois sorti des prisons de Charles-Quint, devait se refuser à exécuter les clauses du traité de Madrid relatives à la cession de la Bourgogne. Ce qui était plus impertinent, c'était la façon dont Baudouin II songeait à trouver les soixante mille dinars de rançon restant à verser à l'émir d'Alep. « Rien de plus simple, lui disaient les bonnes gens d'Antioche. Allez assiéger Alep, tirez-en soixante mille dinars de contribution de guerre et reversez-les correctement à l'émir ! » Évidemment, comme le font remarquer les historiens arabes, les Turcs avaient fait un assez mauvais marché en libérant « ce grand renard ».

Mais Baudouin II montrait tant de bonne grâce et de camaraderie dans ses relations avec les chefs musulmans que ceux-ci ne semblent pas lui en avoir beaucoup voulu. Il était le meilleur ami du cheikh arabe Doubaïs, chef d'une des principales tribus bédouines de la Djéziré. Ce roi du désert rêvait d'enlever Alep aux Turcs. A la fin de 1124, Baudouin vint avec lui assiéger la ville. Elle ne fut sauvée qu'à la dernière minute par l'arrivée de renforts turcs conduits par l'atâbeg de Mossoul, Boursouqi le Faucon Blanc.

La réunion d'Alep et de Mossoul entre les mains du même chef turc allait obliger les Francs à la défensive. Baudouin II venait à peine de regagner Jérusalem qu'une invasion de Boursouqi en terre d'Antioche le rappela sur l'Oronte. Après deux ans de captivité, puis une nouvelle guerre contre les Turcs dans le nord, le roi n'avait pu s'accorder que deux mois de repos dans sa capitale, et voilà qu'il lui fallait encore une fois monter à cheval pour sauver Antioche, repartir pour ces guerres d'outre-Oronte où son beau-frère Roger avait fini par trouver la mort. Nous savons qu'il ne put cette fois s'empêcher de juger sévère la voix du devoir. Il l'écouta cependant et, prenant avec lui Pons de Tripoli, il gagna la principauté d'Antioche. Les Turcs, commandés par les deux atâbegs d'Alep-Mossoul et de Damas, assiégeaient la forteresse de Azâz, dans le nord-est de la principauté. Baudouin poussa jusqu'à Azâz, feignit ensuite de battre en retraite, puis, quand les Turcs se furent lancés à sa poursuite, ce fut lui qui, leur empruntant leur tactique, se retourna brusquement, fit front et chargea. Au contraire, les Turcs, renonçant à leur méthode habituelle, avaient abandonné l'arc et le tourbillonnement éparpillé pour accepter le corps à corps, la mêlée des épées et des lances. A ce jeu la lourde chevalerie franque reprenait tous ses avantages. Les Turcs furent écrasés, avec de grosses pertes, et prirent la fuite « si laidement qu'aucun ne regarda derrière lui ». Baudouin II « joyeux et honoré » fit à Jérusalem une rentrée triomphale. Par surcroît de bonheur, sa plus jeune fille, la petite Yvette, âgée de cinq ans, qui était gardée en otage, lui fut rendue grâce à la chevaleresque loyauté des émirs arabes de Chaizar.

Au commencent de 1126, l'infatigable Baudouin II dirigea une grande expédition contre Damas. Le 13 janvier, par un temps clair, l'armée traversa le Jourdain au sud de l'embouchure du Yarmouk et pénétra au Hauran. « Avant l'aube, écrit Foucher de Chartres, la trompette donna le signal du départ. On plie les tentes, on se hâte. Les ânes ruent, les chameaux crient leur bla-bla caractéristique, les chevaux hennissent. Puis, sous la conduite des guides, la colonne s'enfonce en pays ennemi. » L'armée, après avoir remonté la rive méridionale du Yarmouk, reprit la direction du nord, droit sur Damas, jusqu'à Tell-Chaqhab, à 35 kilomètres de la grande ville, où elle rencontra les forces damasquines conduites par l'atâbeg Toughtékîn en personne. Ce fut une des batailles les plus acharnées de l'époque. Baudouin II, à son habitude, chevauchait au plus épais de la mêlée, « appelant les bons chevaliers par leur nom et les exhortant à bien faire ». Les Turcomans surprirent les bagages des Francs et enlevèrent la chapelle royale, puis toute l'armée de Damas chargea, et les Francs commençaient à plier quand Baudouin II, les reprenant en main, conduisit une brusque contre-attaque. A ce moment Toughtékîn tomba de cheval, ce qui entraîna la débandade des siens. Les Francs poursuivirent l'ennemi jusqu'à la prairie du Çoffar, près de Kiswé, dans la grande banlieue sud de Damas. Baudouin II, après cette chevauchée au cœur du pays ennemi, rentra triomphalement à Jérusalem. Il ne put s'y reposer longtemps : le comte Pons de Tripoli lui demandait de venir l'aider à s'emparer de la forteresse de Rafanyia dans les monts alaouites, au nord du Crac des Chevaliers. Le 31 mars 1126 la place capitula.

Baudouin II, selon la remarque du chroniqueur, « n'était certes point paresseux ». Sans cesse en train de courir des confins du Dyarbékir à la frontière d'Égypte, chargé à la fois de son royaume palestinien et de la régence d'Antioche, il lui tardait cependant de pouvoir remettre cette dernière ville à l'héritier légitime de la principauté, le prince normand Bohémond II, fils du grand Bohémond et que sa mère, Constance de France, élevait en Italie. Enfin en octobre 1126, Bohémond II débarqua à l'embouchure de l'Oronte. Il avait alors dix-huit ans et c'était déjà un chevalier accompli. Tout de suite il conquit les cœurs par sa beauté juvénile, sa noblesse et sa bonne grâce. « Il était grand, très droit et très beau, avec des cheveux blonds, un visage bien fait, doux et gracieux. Entre mille on l'eût reconnu pour le prince. » « Il était tout jeune, confirme la chronique arménienne, et son menton était encore imberbe, mais déjà il avait fait ses preuves dans les combats. Il était de haute taille, à face de lion, avec des cheveux blond clair. » Bon chrétien, de mœurs sages, disert et avisé comme un Normand, dès qu'il parlait il faisait la conquête de ses interlocuteurs. « Son ascendant était irrésistible », dira Matthieu d'Édesse. Libéral avec cela et magnifique à la manière du grand Bohémond son père, ce prince charmant semblait destiné à faire le bonheur de la Syrie franque. Le roi Baudouin II, qui était venu le recevoir, lui accorda en mariage sa deuxième fille, Alix.

Quant à sa fille aînée, Mélisende, Baudouin II chercha longuement pour elle un parti dans toute la France, car le futur époux devait régner après lui sur le royaume de Jérusalem. Son choix finit par se fixer sur le comte d'Anjou, Foulque, qui débarqua à Saint-Jean-d'Acre au printemps de 1129 et le 2 juin épousa Mélisende.

Peu après ce mariage, qui assurait la succession dynastique, Baudouin II reprit son projet de conquête de Damas. Le Turc Toughtékîn, qui gouvernait la grande ville syrienne depuis 1103, venait de mourir (1128). Contre son fils Bouri (« le Loup »), la terrible secte des Ismaïliens ou Assassins, ces anarchistes de l'Islam, fomentait une dangereuse agitation religieuse et sociale. Ennemis jurés de l'orthodoxie et de la société musulmanes, les Assassins ne craignirent pas de s'entendre avec Baudouin II, lui proposant de lui livrer Damas. Telle était la haine de ces révolutionnaires illuminés et fanatiques pour leurs concitoyens qu'ils aimaient mieux livrer leur pays au Franc, voir s'écrouler l'Islam que de renoncer à leur millénarisme. Pratique comme il l'était, Baudouin II n'eut garde de repousser leurs avances. Malheureusement les autorités damasquines éventèrent le complot et firent exécuter les chefs des Assassins avant que ceux-ci aient pu passer aux actes. Du moins les sectaires eurent-ils le temps de remettre aux Francs l'importante place frontière de Paneas (Baniyas) qui garde le passage entre la Gaulée et la Damascène (septembre 1129). Baudouin II essaya encore de s'emparer de Damas. En novembre de la même année, il vint assiéger la grande ville avec le concours des trois autres princes francs, Jocelin d'Édesse, Bohémond II d'Antioche, Pons de Tripoli, mais la mise hors de jeu des Assassins, en le privant des intelligences sur lesquelles il comptait, fit échouer l'expédition.

En même temps apparaissait dans le nord le chef turc qui allait commencer la concentration des forces musulmanes : l'atâbeg Zengi, déjà gouverneur de Mossoul, fut également nommé par le sultan gouverneur d'Alep, ville dont il prit possession le 18 juin 1129. Nous verrons quelle menace l'avènement de Zengi allait constituer pour l'Orient latin. Peu après, un malheur inattendu vint frapper les Francs. En février 1130, le jeune prince d'Antioche Bohémond II, l'espoir de la Syrie franque, fut tué par les Turcs au cours d'une incursion en Cilicie.

La mort de Bohémond II fut une catastrophe pour la principauté d'Antioche qui, à l'heure où le péril turc redevenait menaçant, se retrouvait de nouveau sans défenseur, dans la même situation qu'après la mort tragique de Roger. Une fois de plus, les gens d'Antioche se tournèrent vers Baudouin II, déjà qualifié d'ailleurs pour intervenir comme père de la princesse Alix, veuve de Bohémond II. Mais ce fut précisément de ce dernier côté que vint le plus imprévu des obstacles.

Alix avait eu de Bohémond II une fillette, Constance, en droit féodal héritière de la principauté, mais dont la minorité assurait à la jeune veuve une longue régence ou du moins une bonne part dans la régence. Mais l'autoritaire jeune femme entendait rester maîtresse souveraine du pays, même si elle se remariait. Mauvaise mère, fille révoltée, Franque félonne, elle n'hésita pas, pour faire triompher son usurpation et éliminer sa propre fillette, à demander la protection des Turcs, en l'espèce de l'atâbeg d'Alep, Zengi. Entrant en coquetterie personnelle avec le chef turc, elle envoya en cadeau à celui-ci un coursier de prix richement harnaché, « un palefroi plus blanc que neige, ferré d'argent, au frein et au couvre-poitrail d'argent ciselé, à la selle couverte de brocart lamé d'argent ». Mais le messager fut arrêté au passage. Conduit au roi, il avoua tout.

Baudouin II, stupéfait et furieux d'une telle trahison venant de sa propre fille, partit à franc étrier pour Antioche. Alix, levant le masque, fit fermer devant lui les portes de la ville. En distribuant l'or sans compter, elle avait cherché à se créer un parti, mais contre une telle félonie les notables se révoltèrent et, malgré ses ordres, ouvrirent les portes au roi. Alix, terrifiée, alla se barricader dans la tour, puis, sur l'intervention des notables, elle descendit de son refuge et vint se jeter aux pieds de son père. Malgré son violent courroux, Baudouin laissa parler l'amour paternel. Ou plutôt, avec sa haute sagesse, il se conduisit à la fois en père et en roi. Il enleva à Alix la ville d'Antioche et tout droit sur la régence. Il se proclama lui-même seul régent au nom de sa petite-fille Constance à qui il fit prêter serment de fidélité, prenant toutes ses précautions contre « la malice de la mère ». Puis il assigna en fief à Alix les deux villes maritimes de Lattaquié et de Djabala.

Ce fut le dernier acte politique de Baudouin II. Étant tombé malade à Jérusalem, il se fit porter dans l'hôtel du patriarche pour être plus près du Saint-Sépulcre. Il manda auprès de lui sa fille aînée Mélisende et son gendre Foulque _{p114} d'Anjou, ainsi que leur enfant, le futur Baudouin III, âgé de trois ans. Il se démit de la royauté en leur faveur, et, après les avoir bénis, il revêtit la robe monastique « pour mourir en pauvreté ». Ce fut dans ce costume qu'il trépassa le 21 août 1131, en présence du patriarche.

De ce qui lui avait été confié treize ans auparavant, rien n'avait été perdu, ni au spirituel ni au temporel. Tout avait été maintenu, accru, consolidé. C'était un bon chevalier, un politique sage et un bon roi.

Chapitre VI
L'équilibre entre Francs et Musulmans

Foulque d'Anjou et Zengi

Foulque d'Anjou, le nouveau roi de Jérusalem, n'était pas, comme ses deux prédécesseurs, un cadet de grande maison pour qui un trône en Orient constituait une fortune inespérée. C'était un des plus hauts barons de France, possesseur de ce comté d'Anjou qu'il avait agrandi du Maine et dont il avait fait « l'État de la France capétienne le mieux centralisé et le plus solide ». En 1128 il avait couronné son œuvre angevine par un coup de maître, en obtenant pour son fils Geoffroi Plantagenet la main de la princesse Mathilde, héritière de l'État anglo-normand. Il avait ainsi jeté les bases, au profit de sa maison, de l'empire plantagenet, destiné à devenir bientôt une des plus grandes puissances de l'Occident. Il était depuis trois ans veuf, lorsque, à l'instigation du roi de France Louis VI, le roi de Jérusalem lui avait offert, avec la main de la princesse Mélisende, l'héritage éventuel du royaume de Jérusalem. Une fois en Palestine et les noces célébrées, l'homme, qui en France avait victorieusement tenu tête à l'Anglo-Normand et au Capétien, s'astreignit, tant que vécu Baudouin II, à n'être qu'un lieutenant docile, ou plutôt, comme dit Guillaume de Tyr, un véritable fils. Après avoir enterré Baudouin II aux côtés de ses prédécesseurs sur le Calvaire, il fut couronné roi au Saint-Sépulcre avec Mélisende, le 14 septembre 1131.

Foulque avait alors une quarantaine d'années. C'était un homme aux cheveux roux, d'assez petite taille, capable de supporter toutes les fatigues, fort expérimenté dans l'art militaire, humain, affable, droit, très généreux pour les pauvres et les gens d'église. Tous ses biographes vantent sa piété, sa loyauté dans ses rapports avec ses vassaux, la correction de ses mœurs. Au commencement de cette « seconde existence » que constituait pour lui l'avènement au trône de Palestine, c'était encore un robuste et alerte chevalier. Enfin son œuvre angevine garantissait la maturité de son esprit politique.

Ces qualités n'étaient pas de trop à l'heure où l'Islam syrien entreprenait, avec l'atâbeg Zengi, de réaliser sa redoutable unité.

***

L'avènement de l'atâbeg Zengi à Alep et son règne sur la double principauté d'Alep-Mossoul (1129-1146) marquent, au point de vue musulman, le tournant de l'histoire des croisades. A certains égards Zengi peut être comparé à Baudouin Ier, le fondateur de la monarchie musulmane au fondateur de la monarchie franque. Ce Turc énergique est aussi dévoué à la guerre sainte islamique que Baudouin Ier a pu l'être à la croisade, puisque sa vie, comme celle de Baudouin, se passera à lutter contre l'ennemi de sa foi. Aussi dévoué, mais pas davantage ; je veux dire que pour lui comme pour Baudouin Ier la guerre sainte, à laquelle il se dévoue corps et âme, qui est devenue toute sa raison d'être, est aussi son piédestal, la raison et le moyen voulus de son élévation. Comme Baudouin Ier, il va utiliser et « réaliser » la guerre sainte au bénéfice de sa royauté. Grâce à l'auréole ainsi acquise, il pourra donner à son pouvoir un caractère de légitimité qui frappera ses contemporains. Comme Baudouin Ier avait rattaché ses titres à la vieille royauté biblique, il se souvient, lui, que son père, le Faucon Blanc, avait été nommé prince d'Alep par le sultan Mélik-châh. En dépit d'une interruption de quelque trente-quatre ans, il rétablit à Alep la continuité dynastique et la fonde sur la parole du dernier grand Seldjoukide, source de toute légitimité dans le monde turc.

Comme Baudouin Ier encore, Zengi est un soldat plein de fougue, un administrateur intelligent et sévère. Aussi dur, aussi peu scrupuleux que le premier roi de Jérusalem, avec, en plus, une regrettable tendance à la cruauté, le premier roi de la Syrie musulmane, plus redouté qu'aimé, saura néanmoins s'attacher le dévouement absolu de ses soldats, car leur fortune est fondée sur la sienne, toute victoire du chef signifiant butin et distribution de fiefs pour ses officiers. Et sans certes être aucunement sceptique (la foi musulmane de ce Turc est aussi absolue que la foi chrétienne d'un Baudouin), il n'est pas politiquement dupe de la guerre sainte. Baudouin Ier avait, on s'en souvient, cavalièrement abandonné la croisade pour s'emparer à titre personnel du comté d'Édesse. De même, le véritable objectif de Zengi n'est peut-être pas de s'emparer immédiatement de la ville d'Antioche, mais d'enlever Damas à

Chapitre VI

l'autre dynastie turco-syrienne. Son programme essentiel (et qui, à longue échéance, n'en est que plus dangereux pour les Francs) reste l'unification de la Syrie musulmane, résultat politique qui, une fois obtenu, assurera aux Musulmans la supériorité militaire sur les chrétiens.

Ce fut l'honneur du roi Foulque de l'avoir compris et d'avoir tout mis en œuvre pour y faire obstacle.

***

A peine le roi Foulque venait-il de monter sur le trône qu'au nord un grand vide se fit parmi les princes francs. Le comte d'Édesse, Jocelin de Courtenay, mourut.

Le vieux baron avait été gravement blessé par l'écroulement d'une tour, en assiégeant une forteresse turque. On attendait son décès d'un jour à l'autre, quand les Turcs vinrent assiéger le château de Kaisoun, dans le Taurus, qui lui appartenait. A cette nouvelle, Jocelin ordonna à son fils d'aller délivrer la place. Mais ce fils, Jocelin II, un piètre guerrier, comme on le verra par la suite, s'excusa, alléguant l'infériorité numérique des chrétiens. Le vieux héros n'hésita point. Incapable de monter à cheval, il se fit porter en litière au milieu de ses chevaliers et marcha à l'ennemi. Sa ferme contenance intimida les Turcs qui levèrent le siège. La chronique de l'*Eracles* prête ici à Jocelin une magnifique action de grâces, digne de quelque chanson de geste. Le moribond, vainqueur sans avoir combattu, tant son nom imposait aux ennemis, vient d'apprendre leur fuite précipitée. Alors il commande de poser sa litière sur le sol et il tend ses mains vers le ciel en s'écriant : « Beau sire Dieu, je vous rends grâces et merci de toute mon âme d'avoir voulu qu'à la fin de mes jours, devant moi qui suis à demi mort, devant moi qui suis un infirme et déjà presque un cadavre, les ennemis aient une telle peur qu'ils n'aient pas osé m'attendre sur le terrain et qu'ils se soient enfuis à mon approche. Beau sire Dieu, je reconnais bien que tout cela vient de votre bonté et de votre courtoisie. » « Ayant dit, il recommanda son âme à Dieu et expira au milieu de son armée. »

A ce baron d'avant-garde, type des princes francs de la première heure, taillé à la mesure même de l'Épopée, succéda Jocelin II, l'héritier pusillanime dont la défaillance avait assombri ses derniers jours. Fils d'une Levantine, le nouveau comte d'Édesse, à moitié levantin lui-même, était petit, noir, gras et laid, sensuel et si adonné à la luxure qu'il était un objet de scandale dans un milieu pourtant de mœurs faciles. Il abandonna le séjour d'Édesse, poste de combat trop exposé, pour celui de Turbessel, à l'abri de l'Euphrate. Treize ans plus tard, cette désertion systématique provoquera la catastrophe.

A Antioche, la situation était plus grave encore. La princesse douairière Alix, Levantine intrigante, avide de pouvoir et d'honneurs, recommençait ses machinations pour déshériter sa fillette et régner elle-même. Pour se faire restaurer, elle mit dans son jeu ses deux voisins, Jocelin II d'Édesse et Pons de Tripoli. Les barons d'Antioche, sentant que le gouvernement de cette femme serait la ruine de la principauté, firent appel à son beau-frère, le roi Foulque. Foulque partit aussitôt, mais à l'entrée du comté de Tripoli, Pons lui barra le passage, attitude d'autant plus coupable que Pons avait épousé Cécile, la demi-sœur du roi. Le roi se jeta alors dans une barque avec un seul compagnon et, de Beyrouth, vint aborder à l'embouchure de l'Oronte. Les barons d'Antioche accoururent se donner à lui. A leur tête il se porta contre Pons qui, avec l'armée de Tripoli, venait lui disputer Antioche. Il rencontra le comte à Rugia, lui livra combat et le mit en fuite. Foulque fit son entrée à Antioche en traînant à sa suite de nombreux chevaliers de Tripoli prisonniers. Leçon sévère, mais indispensable, pour ramener les princes dans l'obéissance. Foulque d'ailleurs pardonna bientôt à Pons et lui renvoya ses chevaliers. A Antioche il mit fin aux intrigues de sa belle-sœur, assuma lui-même la régence et confia l'administration au connétable Renaud Masoier.

Peu après, le comte Pons de Tripoli, qui s'était si mal conduit envers le roi, fit humblement appel à lui. Il venait de se faire battre par des bandes turcomanes qui avaient envahi son comté et il se trouvait assiégé par elles dans la forteresse de Montferrand ou Baarin, à cinquante kilomètres à l'est de Tortose, en pleine montagne alaouite. A l'appel de Pons, Foulque se mit en marche. Arrivé à hauteur de Tripoli, il rencontra sa sœur, la comtesse Cécile, qui le supplia en pleurant « de sauver son seigneur ». Devant les larmes de sa sœur, Foulque, achevant d'oublier les anciennes injures et d'ailleurs mû par le sentiment du devoir royal, repartit pour Montferrand et délivra les assiégés.

Chapitre VI

Partout la royauté remplissait sa mission protectrice. A peine avait-il sauvé le comté de Tripoli que Foulque alla défendre la principauté d'Antioche contre les Turcs d'Alep. Il défit ceux-ci au cours d'une surprise nocturne près de Qinnesrîn. En somme le monarque angevin avait partout l'avantage sur les Turcs, quand il se trouva paralysé par suite d'une romanesque intrigue de cour, celle de Hugue du Puiset et de la reine Mélisende.

***

Hugue du Puiset, d'une famille originaire de l'Orléanais, était un cousin de Baudouin II qui l'avait accueilli tout jeune et lui avait donné le comté de Jaffa. On nous le dépeint comme un des plus beaux seigneurs de son temps, « sage et disert, grand et bien fait, la peau claire mais le teint animé, chevalier fier et hardi, courtois et généreux plus que quiconque ». Protégé de Baudouin II qui le traitait comme son fils, élevé avec ses filles, c'était le favori de la cour. Hugue était surtout le familier de la princesse Mélisende, mariée depuis à Foulque. Cousin et ami d'enfance de la nouvelle reine, il continuait à la fréquenter assez librement. Cette intimité excita les malveillants. « Plusieurs personnes y pensèrent mal » et le roi Foulque tout le premier. Foulque, qui avait dépassé la quarantaine, ne se montrait que plus jaloux de sa jeune femme. Il finit par prendre en haine le beau chevalier dans lequel il soupçonnait un rival. Hugue, qui le sentait, chercha à se prémunir contre la vengeance royale en se créant un parti parmi les barons. La noblesse fut bientôt partagée entre le roi et le comte de Jaffa.

La haine couvait des deux côtés, quand un scandale fit éclater le drame. Le promoteur en fut le comte Gautier de Césarée, jeune et brillant chevalier comme Hugue, mais qu'une rancune de famille séparait de lui. Un jour, en pleine cour de Jérusalem, devant tous les seigneurs et tous les prélats, Gautier (peut-être secrètement d'accord avec le roi) accusa le comte de Jaffa de trahison : « Beaux seigneurs, écoutez-moi ! Je dis que le comte ici présent complote la mort du roi. Et s'il le nie, je le provoque en combat singulier. » Il tendit son gage. Hugue releva le défi et, suivant l'usage, la cour royale les convoqua tous deux pour le jugement des armes.

Le jour venu, Hugue se déroba. Ayant été contraint de faire un faux serment pour couvrir l'honneur de la reine, craignait-il la punition divine ? Nul ne le sut. Sa carence, qui paraissait soit un acte de lâcheté, soit un aveu, empêcha ses meilleurs amis de prendre sa défense et permit au conseil du roi de le déclarer pour défaut et selon la coutume coupable de trahison.

A la nouvelle de sa condamnation, Hugue prit peur. Désespéré, jugeant tout perdu, il courut à Ascalon se placer sous la protection de la garnison égyptienne. Cette fois la trahison était effective ; d'autant que l'armée égyptienne, appuyée sur le comté de Jaffa, commença à faire de dangereuses incursions dans le domaine royal. Mais les habitants de Jaffa, indignés, ouvrirent leurs portes à Foulque, et il ne resta au fugitif qu'à implorer son pardon. Le patriarche de Jérusalem, l'excellent Guillaume de Messines, « homme sage et paisible » qui pensait avec l'Écriture que « tout royaume divisé contre lui-même périra », intervint instamment auprès de Foulque. De fait, à la faveur de la guerre civile, les Damasquins reprirent Paneas aux Francs (15 décembre 1132). Cette cruelle leçon hâta la conclusion de l'accord. Pour donner à la colère du roi le temps de s'apaiser, il fut convenu que Hugue s'exilerait pendant trois ans, après quoi les anciens griefs seraient oubliés.

Ici nouvelle péripétie. Hugue du Puiset, en attendant le départ d'un navire pour l'Italie, retourna à Jérusalem. Sa réapparition, après ce qu'on avait murmuré sur ses rapports avec la reine, surtout après l'indignation qu'avait excitée sa trahison avec les Musulmans, était pour le moins prématurée. De fait, un soir qu'il jouait aux dés dans le souk des fourreurs, il fut assailli à coups d'épée par un chevalier breton qui le laissa pour mort sur le carreau. L'attentat retourna d'ailleurs le sentiment populaire et faillit provoquer une émeute. La sensibilité de la foule prit parti pour le galant chevalier, élevé depuis son adolescence en terre syrienne, contre la jalousie du roi « étranger ». De là à accuser Foulque d'avoir par vengeance fait assassiner son rival, il n'y avait qu'un pas. Or Foulque n'était pour rien dans l'assassinat, le chevalier breton ayant agi de sa propre initiative, cerveau fruste qui voulait faire expier à Hugue sa trahison avec l'Égypte. Mais le roi, sentant la nécessité de se disculper sur-le-champ, réunit la cour des barons et leur ordonna de juger le meurtrier. Ils condamnèrent celui-ci à mourir après avoir eu les membres tranchés l'un après l'autre. Le roi exigea que le supplice fût public et interdit de couper la langue au malheureux pour lui permettre de parler jusqu'au bout. La terrible épreuve tourna à la

Chapitre VI

justification complète du roi, car jusqu'au bout aussi le supplicié reconnut n'avoir eu ni inspirateur ni complice. Après ces scènes affreuses, Foulque recouvra sa popularité. Le plus curieux fut que Hugue se rétablit. Conformément à l'accord intervenu, il s'exila, mais le cœur ulcéré, en Sicile. Ce fut là qu'il mourut tout à fait accidentellement, au moment où il préparait son retour.

Quelles avaient été en tout cela les réactions de Mélisende ? Qu'il y eût de sa part simple amitié de jeunesse pour Hugue du Puiset ou qu'un sentiment plus profond les ait unis, elle ne pardonna pas aux ennemis du comte, surtout après la mort de celui-ci. Dans sa violence d'Orientale, elle médita un moment de terribles vengeances. La passion, et une passion sans espoir, uniquement tournée en haine, l'animait. Les plus indulgents la disaient exaspérée par les soupçons qu'on avait fait peser sur sa conduite. Les autres la jugeaient inconsolable « de ce que le comte était mort en exil et pour l'amour d'elle ». Pour venger son beau chevalier, elle complotait on ne sait quel drame des poisons. Les amis personnels du roi n'osaient sortir qu'armés et escortés, tant ils redoutaient un coup de poignard. « La reine était comme hors de sens. » Foulque lui-même eut plusieurs fois l'impression que sa vie était menacée.

Le courroux de Mélisende finit cependant par s'apaiser. Les « prudhommes » s'entremirent pour ménager une réconciliation entre les époux. Le plus difficile fut d'obtenir de la reine qu'elle tolérât, au moins dans les cérémonies officielles, les anciens ennemis de Hugue. Quant à Foulque, une fois débarrassé de son rival, il n'eut plus qu'un désir : se faire pardonner par sa jeune femme la douleur qu'il lui avait causée. L'astucieuse Mélisende s'aperçut vite de l'ascendant qu'un tel sentiment lui donnait sur son époux. Elle en usa largement, le goût du pouvoir ayant remplacé chez elle d'autres passions. Rien ne se décida plus au conseil sans la volonté de l'impérieuse femme.

On allait le voir dans les affaires d'Antioche.

**

A Antioche, pendant la minorité de la toute jeune princesse Constance, la régence était en droit exercée par Foulque. Mais deux ambitions inquiètes cherchaient à profiter sur place de l'éloignement du roi, celle du patriarche Raoul, celle de la douairière Alix.

Raoul de Domfront avait succédé comme patriarche d'Antioche au vénérable Bernard de Valence, décédé en 1135. L'archevêque Guillaume de Tyr nous a laissé un portrait défavorable de ce prélat enfoncé dans le siècle, fastueux et rude, plus semblable à un chevalier qu'à un clerc. « C'était un grand et bel homme, beau de visage, bien que louchant un peu ; moyennement lettré, il avait de l'éloquence naturelle, l'art de parler avec grâce et esprit, le geste généreux, et plaisait aux chevaliers comme à la foule. Mais il était léger, oubliait ses promesses et se mêlait trop des affaires du siècle. » Candidat de la noblesse normande qui voyait en lui un des siens, populaire auprès des petites gens par sa prestance, sa faconde et ses promesses, il sut intimider le chapitre par la menace de quelque émeute et « enleva » son élection au patriarcat.

Cet habile homme commit cependant deux lourdes fautes. Il négligea de demander sa consécration au pape et, au lieu de se concilier les chanoines de son chapitre, restés boudeurs, il les condamna à la prison ou à l'exil. Tyran de son clergé, méprisant l'autorité du Saint-Siège, ne frayant qu'avec les hommes d'armes, tandis qu'il mettait les chanoines aux fers, c'était le type même de ces féodaux égarés dans l'Église, comme le Moyen Age en a tant compté. « Il devint, dit l'archevêque de Tyr, d'une telle morgue qu'il semblait plutôt le successeur des Antiochus de jadis, que de saint Pierre ou de saint Ignace. »

En même temps la douairière Alix commençait à rétablir ses affaires. Ne pouvait-elle pas compter sur le complet appui de sa sœur, la reine Mélisende ? L'influence de celle-ci sur le roi, à mesure que Foulque vieillissait, devenait de plus en plus visible. Sur les prières de sa femme, Foulque permit bientôt à Alix de rentrer à Antioche et d'y distribuer les postes à des barons dévoués, si bien que l'ambitieuse douairière redevint, de concert avec le patriarche et d'accord avec lui, maîtresse de la principauté.

Toutefois, quelle que fut la complaisance de Foulque vieillissant pour sa belle-sœur Alix, il ne pouvait laisser se prolonger indéfiniment à Antioche l'interrègne d'une femme sans scrupule et d'un prélat simoniaque. L'atâbeg d'Alep Zengi venait de profiter de cette situation pour enlever à la principauté, au printemps de 1135, plusieurs des places d'outre-Oronte, notamment Athâreb, Zerdanâ, Maarret en-Nomân et Kafarthâb. D'ailleurs la fille d'Alix, la jeune

Chapitre VI

Constance, seule héritière légitime du pouvoir, allait être en âge de se marier. Il fallait lui trouver pour époux quelque vaillant guerrier, capable de défendre le pays contre les Turcs. Tel était aussi l'avis de la majorité des barons d'Antioche. En secret (car il fallait se garder de donner l'éveil à Alix comme à Mélisende), leurs représentants vinrent consulter le roi à Jérusalem sur le choix d'un fiancé. Il leur désigna le fils cadet du comte de Poitiers, Raymond, alors âgé de trente ans et qui se trouvait à la cour d'Angleterre.

Toujours en secret, en se cachant de la reine et de la princesse douairière, le roi et les barons d'Antioche envoyèrent en Angleterre un homme de confiance, le chevalier de l'Hôpital Gérard Jéberron. Gérard trouva Raymond de Poitiers, lui montra sous le manteau les lettres de Foulque. Raymond accepta. Mais le secret avait fini par transpirer. Au passage, le roi de Sicile Roger II, qui avait des prétentions sur Antioche, donna ordre de faire arrêter Raymond. Celui-ci sut déjouer toutes les embûches en se déguisant, lui et ses compagnons, en pauvres pèlerins ou en marchands ambulants. Il put ainsi s'embarquer sans encombre et arriva sain et sauf à Antioche.

A Antioche, nouveaux dangers. L'impérieuse Alix, maîtresse de la ville, n'entendait pas se laisser déposséder. Et à côté d'elle, il fallait aussi compter avec le patriarche Raoul de Domfront, personnage aussi intrigant qu'elle, non moins ambitieux et même beaucoup plus rusé. C'était précisément là qu'était la clé de la situation. Raymond comprit que la première chose à faire était de mettre le patriarche dans son jeu. Raoul accueillit ses ouvertures, mais posa ses conditions, traitant d'égal à égal avec le futur prince d'Antioche et dictant à celui-ci un pacte qui partageait la souveraineté d'Antioche entre eux deux, moyennant quoi il s'engageait à le faire triompher d'Alix. Quoi que Raymond pensât de pareilles prétentions, il se garda de refuser. Le principal pour le moment était de se débarrasser de la douairière et d'épouser la jeune héritière. Il jura tout ce qu'on voulut.

Raoul de Domfront tint parole. Il alla trouver Alix et lui raconta que le beau chevalier de France venait pour l'épouser elle-même, au lieu de sa fille. Une telle nouvelle flattait trop l'orgueil et la coquetterie de la romanesque douairière pour qu'elle n'y crût point « et elle en eut grande joie ». Loin de s'opposer à Raymond, elle le laissa donc avec empressement mettre la main sur Antioche. Complètement abusée, confiante et ravie, elle attendait en son palais qu'il la vînt chercher pour la mener aux autels, quand elle apprit qu'au même moment il était en train de célébrer ses noces avec la jeune Constance, le patriarche officiant et devant tous les barons désormais ralliés. Pensant mourir de fureur et de dépit, elle alla cacher sa honte dans son fief de Lattaquié, en jurant male mort au gendre inattendu qui l'avait si supérieurement jouée (1136).

Cependant l'entente entre Raymond et le patriarche ne devait pas durer longtemps. Le nouveau prince d'Antioche ne pouvait supporter le partage du pouvoir que lui avait imposé Raoul. Le serment que ce dernier avait exigé de lui, non sans un véritable chantage, lui devenait intolérable. Il procéda par étapes. Il commença par s'entendre avec les adversaires que Raoul comptait dans le clergé. Ceux-ci évoquèrent la question du patriarcat en cour de Rome, faisant valoir que l'élection de Raoul avait été totalement irrégulière. Mais Raoul, loin de se laisser intimider, partit pour l'Italie et plaida sa cause avec tant d'éloquence qu'après avoir d'abord trouvé porte close au Latran, il finit par obtenir de l'indulgence de la cour romaine, contre promesse de s'amender, rémission de ses fautes. Il revint donc à Antioche avec des allures de triomphateur. Malheureusement, à peine restauré, il se remit à persécuter son chapitre. Le pape envoya alors comme légat l'évêque d'Ostie, Albéric de Beauvais, qui, après mûre enquête, le déposa définitivement. Peu s'en fallut que Raoul, barricadé avec ses hommes d'armes dans son hôtel, n'y soulevât une émeute contre la double autorité pontificale et temporelle. On dut recourir à la force pour l'expulser (1139).

***

Dans la personne de Raymond de Poitiers la principauté d'Antioche avait enfin trouvé un chef. Cet héritier des ducs d'Aquitaine était un des plus beaux chevaliers du temps. « Grand, mieux fait de corps et plus beau qu'aucun de ses contemporains, il les dépassait tous au métier des armes et en science de chevalerie. » Sa force était prodigieuse. Il prenait un étrier de fer et le pliait d'une seule main. « Il passa un jour, monté sur un vigoureux étalon, sous une voûte dans laquelle se trouvait un anneau. Il s'y suspendit par les mains, serra son cheval entre ses cuisses et, bien qu'il l'éperonnât violemment et lui donnât de la bride, fut assez vigoureux pour l'empêcher d'avancer. » Sans avoir de culture personnelle, il aimait la compagnie des lettrés. Munificent et libéral, au point de donner son bien sans compter, il se montrait avec cela frugal et sobre et garda toute sa vie à sa jeune femme, Constance, une fidélité exemplaire. En revanche il était joueur et mauvais joueur, se mettant en colère quand il perdait, à en devenir « hors de sens ». En outre, en politique il agissait trop souvent par impulsion et oubliait vite ses serments, comme Raoul de Domfront n'en avait que trop fait l'expérience. Enfin il était dangereusement vindicatif, comme on le verra lors de la chute d'Édesse...

En même temps que la principauté d'Antioche, le comté de Tripoli changeait de maître. Le comte Pons fut tué au cours d'une incursion des Damasquins à la fin de mars 1137. Son fils, le jeune Raymond II, lui succéda.

***

Tandis que les cours franques se livraient à ces querelles, la guerre sévissait entre les Musulmans, mais là avec une portée politique beaucoup plus considérable. L'atâbeg d'Alep et de Mossoul, l'énergique capitaine turc Zengi, cherchait à réaliser à son profit l'unité de la Syrie musulmane, prélude indispensable de l'expulsion des Francs. Il lui fallait pour cela absorber le royaume de Damas, lequel appartenait, nous l'avons vu, à la dynastie, également turque, des Bourides. En juin 1137, il vint attaquer la ville de Homs qui dépendait de l'État damasquin, mais le roi Foulque, avec un sens politique fort avisé, s'était constitué le protecteur de l'indépendance damasquine. Devant l'approche des Francs, Zengi se retira de Homs.

Zengi se retourna alors contre les Francs, en l'espèce contre le comté de Tripoli où il vint attaquer la forteresse de Montferrand ou Baarin, au nord-est du Crac des Chevaliers. Le comte de Tripoli, le jeune Raymond II, fit appel au roi Foulque, qui était à la fois son suzerain et son oncle. « Le roi, qui était comme le père du pays », dit magnifiquement l'*Eracles*, partit aussitôt pour Tripoli. La situation était d'autant plus grave qu'au même moment Raymond de Poitiers l'avisait, on va le voir, que les Byzantins venaient d'envahir subitement la principauté d'Antioche. Il demandait, lui aussi, de toute urgence, l'aide du roi de Jérusalem. Rencontre tragique. La vieille question de l'hypothèque byzantine sur Antioche se réveillait au moment précis où la Syrie musulmane commençait son redoutable mouvement d'unité, quand la contre-croisade, si longtemps inconsistante, prenait enfin corps dans la personne de Zengi. De quel côté faire face ? A Tripoli contre le Turc ? A Antioche contre le Byzantin ? Foulque décida de courir au plus pressé, de repousser le Turc, après quoi il irait à Antioche négocier avec le Byzantin. Nous retrouvons ici ce sentiment de la Chrétienté qui a fait la grandeur politique du XIIe et du XIIIe siècle et qui n'était autre chose que la conscience – combien obnubilée depuis les temps modernes ! – de la solidarité européenne.

Foulque et Raymond II partirent donc à marches forcées pour Montferrand-Baarin, dont la garnison, étroitement assiégée par Zengi et manquant de vivres, ne pouvait longtemps tenir ; mais ils furent égarés dans la montagne par leurs guides et surpris par Zengi au moment où ils débouchaient des monts alaouites dans la plaine de Baarin. Une partie de l'armée franque avec Raymond II fut faite prisonnière, tandis que Foulque réussissait à se jeter avec le reste dans Montferrand. Zengi recommença aussitôt avec une ardeur nouvelle le siège de la place. Comme Foulque et ses compagnons n'avaient pu faire entrer de vivres avec eux, leur arrivée constituait une nouvelle cause de difficultés pour la défense. Dans cette situation tragique le roi parvint à faire tenir une demande de secours au patriarche de Jérusalem, au comte d'Édesse Jocelin II et au prince d'Antioche Raymond de Poitiers. Tous se mirent aussitôt en marche pour délivrer Montferrand. Raymond y eut un mérite tout particulier, car Antioche était sur le point d'être assiégée elle-même par les Byzantins : « S'il s'éloignait, il risquait de perdre sa ville, mais son honneur l'obligeait à aller sauver le roi. » « A la fin, écrit magnifiquement Guillaume de Tyr, il recommanda Antioche à Dieu, et, laissant les Byzantins en entreprendre le siège, partit avec ses chevaliers pour délivrer Montferrand. » Passage capital qui montre à quel point la monarchie créée par Baudouin Ier et par Baudouin II avait réalisé l'unité morale des colonies franques, puisque, à cette date, quarante ans après la fondation indépendante de la principauté normande d'Antioche, le prince d'Antioche n'hésitait pas à risquer le sort de sa terre pour sauver le roi de Jérusalem.

Chapitre VI

Zengi, en apprenant l'approche de l'armée de secours, redoubla ses efforts contre Montferrand : il fallait que la place tombât avant l'arrivée de Raymond de Poitiers. Dans ce dessein, il bloqua si étroitement Montferrand, intercepta si bien toute communication des assiégés avec le monde extérieur, que ceux-ci ignorèrent jusqu'au bout que l'arrière-ban chrétien s'était mis en mouvement pour les délivrer. L'armée de secours était déjà parvenue dans le comté de Tripoli quand Foulque, désespérant de la voir jamais arriver et sentant la garnison de Montferrand réduite à la dernière extrémité par la famine, l'épuisement et les épidémies, se résigna à rendre la place. Zengi, qui voulait à tout prix en finir avant l'arrivée des secours et qui, de plus, était fort inquiet de la menace que l'entrée en scène des Byzantins dans le nord constituait pour sa ville d'Alep, accorda aux assiégés des conditions extrêmement douces. Il se contentait de la conquête de Montferrand, permettait à Foulque et à la garnison de se retirer librement avec leurs armes et tous les honneurs de la guerre et rendait même la liberté au comte de Tripoli Raymond II, ainsi qu'aux autres prisonniers francs (10-20 août 1137). Foulque se tira donc avec le minimum de dommages d'une situation pleine d'angoisses. En réalité, pour lui comme pour Zengi, le péril se déplaçait. L'intervention du facteur byzantin apportait une redoutable inconnue dans les affaires syriennes.

***

Nul ne ressemblait moins au portrait traditionnel du « Byzantin » de décadence que l'empereur Jean Comnène, fils et successeur d'Alexis sur le trône de Constantinople. Ce basileus-chevalier, qui passa sa vie à la tête de ses troupes, avait formé le projet de rendre au vieil empire byzantin ses frontières asiatiques en refoulant les Turcs sur le plateau d'Asie Mineure, en enlevant la Cilicie aux Arméniens et en imposant sa suzeraineté aux Francs de Syrie et spécialement à ceux d'Antioche. Son règne brillant et glorieux (1118-1143) fut tout entier consacré à cette tâche. En Asie Mineure, il avait repris aux Turcs la Paphlagonie, l'ancienne Phrygie et la côte d'Adalia et, en juillet 1137, il avait réannexé la Cilicie en subjuguant la principauté récemment fondée par les Arméniens dans cette province. De Cilicie, il descendit sur Antioche dont le 29 août il commença le siège. Nous venons de voir que le prince d'Antioche, Raymond de Poiriers, eut l'héroïsme de « confier à Dieu » sa capitale menacée, pour aller lui-même porter secours au roi Foulque assiégé par les Turcs dans Montferrand. Aussitôt la campagne de Montferrand terminée, Raymond revint et, par un étonnant coup d'audace, réussit à forcer le blocus et à rentrer dans Antioche où sa présence rendit courage aux défenseurs.

Cependant, quelle que fût l'antipathie ethnique et confessionnelle entre Francs et Byzantins, leur guerre, sous les yeux des Musulmans, était un scandale et un péril pour la chrétienté. Raymond de Poitiers fit les premiers pas. Sur les très sages conseils du roi Foulque, il consentit à reconnaître la suzeraineté byzantine sur Antioche. Le roi de Jérusalem, jugeant de haut, estimait avec raison que le concours des Byzantins et la formation d'un front chrétien unique contre l'Islam valaient bien la reconnaissance de cette théorique suzeraineté. Raymond se rendit donc de sa personne au camp impérial et là, suivant les rites féodaux, agenouillé devant l'empereur, « lui fit hommage lige de ses mains ». Jean Comnène se contenta d'ailleurs pour le moment de ce geste symbolique, comme aussi de voir arborer sa bannière sur le donjon d'Antioche, sans chercher à faire personnellement son entrée dans la ville. Il entendait ainsi ménager l'amour-propre de ces Francs dont il voulait se faire des amis. Il fut convenu qu'il les aiderait à enlever aux Musulmans Alep, Chaizar, Hamâ et Homs et qu'alors, mais alors seulement, les Francs, en échange, lui rétrocéderaient Antioche.

On doit avouer que ce pacte, en dépit de ce qu'il pouvait avoir de pénible au sujet de la cession finale d'Antioche, ouvrait les plus belles perspectives d'avenir. Unis en un front commun – le front même de la chrétienté Francs et Byzantins semblaient invincibles. Les croisés n'avaient pu s'emparer que de la Syrie maritime, en laissant tout l'arrière-pays aux Musulmans, situation dangereuse, puisque c'est de cet arrière-pays que Zengi et ses successeurs allaient s'élancer à la reconquête de la côte. Pour la première fois depuis 1099 et tandis qu'il en était temps encore, les chrétiens songeaient sérieusement à faire cesser ce partage, à conquérir la Syrie tout entière. L'œuvre, restée inachevée, de la croisade latine, la croisade gréco-latine allait-elle enfin l'accomplir ?

La campagne commença en avril 1138. L'empereur Jean Comnène, Raymond de Poitiers et le comte d'Édesse Jocelin II envahirent le

Chapitre VI

territoire d'Alep – le royaume même de Zengi – et s'y emparèrent des villes de Bizaa, d'Athâreb et de Kafarthâb, mais en commettant la faute de ne pas profiter de leur supériorité pour aller surprendre Alep elle-même. De là, la grande armée franco-byzantine vint assiéger sur le moyen Oronte la ville de Chaizar. Les maîtres de Chaizar, les émirs arabes de la tribu mounqidhite, se défendirent avec leur vaillance coutumière. De leur côté, les Byzantins mirent en action toute une « artillerie » de catapultes, pierriers et mangonneaux. Jean Comnène lui-même, « armé du haubert et le chapeau de fer sur la tête », encourageait les serveurs et surveillait personnellement le tir. Malheureusement ses deux alliés, Raymond de Poitiers et Jocelin II, étaient loin de seconder ses efforts. Raymond se montrait au fond peu désireux de troquer sa belle ville d'Antioche contre les villes musulmanes de l'intérieur. Pendant que l'empereur payait de sa personne, le prince d'Antioche et le comte d'Édesse, « retirés dans leurs tentes et vêtus de tissus de soie, jouaient aux dés ou aux échecs, en se moquant des sots qui risquaient leur vie ». Leur inertie voulue ne tarda pas à paralyser les efforts de Jean Comnène. Indigné, celui-ci leva brusquement le siège et partit pour Antioche (23 mai 1138).

Cette fois, le monarque byzantin exigea de faire à Antioche une entrée solennelle, en souverain, à cheval, Raymond de Poitiers et Jocelin II lui servant d'écuyers. « A travers les rues tendues de draps de soie et de tapis précieux, parmi les acclamations populaires, les flûtes et les tambours, le cortège triomphal monta à la cathédrale Saint-Pierre, puis au palais du prince où Jean Comnène s'installa comme chez lui. » « Je ne sais combien de jours il y demeura, lui et ses courtisans, se délassant des fatigues de la guerre et prenant plaisir à fréquenter les bains et les étuves, comme c'est la coutume de ces gens-là. » Du reste il comblait de magnifiques cadeaux Raymond de Poitiers, Jocelin II, les chevaliers et jusqu'aux bourgeois d'Antioche. Quand son autorité se fut ainsi bien affirmée, il convoqua Raymond et brusquement lui ordonna de remettre à l'armée byzantine la citadelle.

Raymond de Poitiers et ses barons se trouvèrent pris au dépourvu. Si les Francs tenaient toujours la citadelle, l'armée byzantine en force s'était introduite dans la ville proprement dite. Raymond se voyait en fait le prisonnier de l'empereur et la situation était d'autant plus délicate que ce dernier pouvait à juste titre lui reprocher son inertie volontaire au siège de Chaizar, c'est-à-dire la violation du pacte franco-byzantin contre l'Islam...

Ce fut le comte d'Édesse Jocelin II, personnage rusé et plein de ressources, qui sauva la situation. Il gagna du temps, fit valoir que pour un acte aussi important que la remise de la citadelle, l'adhésion du prince n'était pas suffisante, qu'il fallait aussi celle des barons et des bourgeois. Pour éviter des troubles, il était indispensable de préparer les esprits. Jocelin s'offrait à le faire et l'empereur pouvait compter sur son zèle ! Cet habile discours convainquit Jean Comnène. Il accorda vingt-quatre heures à Jocelin pour faire livrer les clés de la citadelle. En attendant, les soldats byzantins tenaient Raymond de Poitiers comme captif dans son palais.

A peine dehors, Jocelin excita violemment la population latine d'Antioche contre les Grecs qui voulaient la déposséder. Il n'était pas bien difficile de soulever à cet égard les haines confessionnelles. En quelques instants, ce fut l'émeute. Chacun courut aux armes pour chasser les soldats byzantins. Quant à Jocelin, continuant à jouer son jeu, il galopa vers le palais et vint, en simulant la plus grande terreur, se jeter aux pieds de Jean Comnène en racontant que la populace d'Antioche s'était révoltée, qu'il avait vainement essayé de la calmer, qu'il avait failli être mis en pièces et n'avait échappé que grâce à la vitesse de son cheval.

Il n'est pas sûr que l'empereur ait été dupe de cette comédie, mais au-dehors le soulèvement populaire battait son plein. Les soldats byzantins surpris par la soudaineté de l'émeute, assaillis au milieu de ce dédale de rues, incapables de se regrouper, se voyaient désarmés sans pouvoir se défendre. Jean Comnène comprit que son coup de force avait échoué. Faisant contre mauvaise fortune bon cœur, il invita les barons à calmer le peuple en déclarant qu'il y avait malentendu et en annonçant son départ. Se voyant joué, il tenait, en bon Byzantin, à sauver la face. Le petit discours que Guillaume de Tyr lui fait tenir ici devant Raymond de Poitiers a la finesse d'un fabliau. C'est l'histoire de Renart pris au piège et qui veut s'en sortir avec dignité. L'empereur traite Raymond comme son meilleur ami et lui « ordonne » de conserver la citadelle, ainsi d'ailleurs que le reste de la ville, en loyal vassal de l'Empire. De leur côté Raymond et Jocelin désavouent avec énergie la « folle populace », les éléments irresponsables qui ont fomenté cet absurde soulèvement. Jean Comnène feint d'être convaincu de leur bonne foi, et dès le lendemain matin il reprend le chemin de l'Asie Mineure après des adieux parfaitement amicaux aux deux princes francs.

Mais si les apparences diplomatiques étaient ménagées, la rupture morale entre Francs et Byzantins était un fait accompli, pour le plus grand malheur des Byzantins comme des Francs, pour le seul profit de l'Islam.

***

Nul ne fut plus satisfait que l'atâbeg d'Alep Zengi de voir rompre la coalition franco-byzantine. Il reprit aussitôt le cours de ses empiètements. Fidèle à son programme, avant d'attaquer de nouveau les Francs et précisément pour pouvoir les attaquer avec plus de chances, il essaya d'absorber l'autre royaume turco-syrien, celui de Damas. En mai-juin 1138 il se fit céder par les Damasquins la ville de Homs. En octobre 1139 il leur enleva Baalbek, non sans faire écorcher le gouverneur qui lui avait résisté et crucifier les soldats de la garnison ; mais ces atrocités accrurent l'hostilité des Damasquins contre lui. Quand Zengi vint assiéger leur ville en décembre 1139, ils résistèrent avec énergie sous le commandement de leur vizir, un vieux capitaine turc nommé Ounour, « Aynard », comme écrit, en francisant curieusement son nom, la chronique de l'*Eracles*. Pour repousser l'invasion de Zengi, Ounour n'hésita pas à faire appel aux Francs. Il envoya dans ce but au roi Foulque le plus séduisant des ambassadeurs, l'émir Ousâma, de la grande famille arabe des princes de Chaizar.

Ousâma nous a laissé lui-même le récit de ses entrevues avec Foulque. « On m'a rapporté, lui dit ce dernier, que tu es un noble chevalier. Or je ne savais pas le moins du monde que tu fusses un chevalier » – « O mon maître, répond Ousâma, je suis un chevalier à la manière de ma race et de ma famille. Ce qu'on y admire surtout dans un chevalier, c'est d'être mince et long. » L'émir fit plusieurs voyages auprès de Foulque et n'eut pas de peine à le persuader : si Zengi, qui possédait déjà Mossoul et Alep, s'emparait encore de Damas, la Syrie franque ne tarderait pas à être rejetée à la mer. Comme prix de l'intervention franque, le gouvernement de Damas s'engageait d'ailleurs à restituer à Foulque la place-frontière de Paneas ou Baniyas.

Foulque, qui avait convoqué l'armée franque pour aller délivrer Damas, n'eut pas besoin de livrer combat. A la nouvelle de son approche, Zengi leva le siège et rentra à Alep (4 mai 1140). Il n'est pas douteux que l'intervention du roi de Jérusalem avait sauvé l'indépendance damasquine. En remerciement et conformément à la parole donnée, le chef du gouvernement de Damas, Ounour, vint aider Foulque à reprendre possession de Paneas (juin 1140). L'alliance des deux cours devint alors tout à fait étroite. Ounour, accompagné de l'émir Ousâma, rendit même visite à Foulque, alors à Saint-Jean-d'Acre. Au cours de cette visite, ils admirèrent, en connaisseurs qu'ils étaient, « un grand faucon, avec treize plumes sur la queue », qu'un Génois avait dressé pour la chasse aux grues. Foulque leur en fit aussitôt présent. A Tibériade le vieux connétable Guillaume de Bures offrit un tournoi en leur honneur. Les rapports entre émirs et chevaliers étaient si confiants qu'un seigneur franc proposa de prendre chez lui le fils d'Ousâma, « pour l'élever dans la science de la chevalerie ». A Jérusalem, Ousâma se lia d'amitié avec les Templiers. « Lorsque je visitai Jérusalem, nous dit-il lui-même, j'entrai dans la mosquée el-Aqsâ qui était occupée par les Templiers, mes amis. A côté se trouvait une petite mosquée, que les Francs avaient convertie en église. Les Templiers m'assignèrent cette petite mosquée pour faire mes prières ». Un jour qu'un croisé fraîchement débarqué veut empêcher l'émir de faire les invocations coraniques, les Templiers se précipitent sur l'intolérant personnage, l'expulsent et s'excusent auprès d'Ousâma : « C'est un étranger. Il ne connaît pas ce pays ! » Et Ousâma de souligner combien la cohabitation avec les Musulmans a modifié l'attitude des Francs de Syrie. De son côté, l'émir, visitant à Sébaste l'église de Saint-Jean-Baptiste, est bouleversé par la ferveur des moines latins qu'il a vus en train de réciter l'office.

Le roi Foulque goûtait ainsi les résultats de sa sage politique musulmane. L'amitié du vizir de Damas le garantissait contre toute attaque venue d'Alep. La grande ville arabe, sauvée par lui, était devenue sa meilleure alliée. A l'intérieur aussi, après les orages et les drames du début, l'apaisement était venu. La reine Mélisende avait oublié le souvenir de Hugue du Puiset pour se tourner vers la dévotion. Ce fut alors que le plus stupide accident vint terminer le règne. C'était à la fin de l'automne de 1143. La cour se trouvait à Acre. Un jour – sans doute le 10 novembre – Mélisende voulut aller se récréer dans la belle prairie d'Acre, « près des fontaines ». Foulque décida de l'accompagner en chassant, mais, comme il poursuivait un lièvre, son cheval buta et se renversa sur lui en lui écrasant le crâne. Le roi resta dans le coma et expira le soir du troisième jour.

Chapitre VII
La deuxième croisade

Au temps de Mélisende et d'Aliénor

Le roi Foulque laissait deux jeunes enfants, Baudouin III, âgé de treize ans, et Amaury, qui n'en avait que sept. Baudouin III fut proclamé roi sous la régence de sa mère Mélisende. Les chroniqueurs nous le décrivent dès cette époque comme un adolescent bien doué, tôt mûri par le sentiment de ses responsabilités. Quant à Mélisende, le temps était bien passé des orages de sa jeunesse. C'était maintenant « la bonne dame » pieuse et aumônière, fort jalouse d'ailleurs de son autorité et « plus redoutée des barons que du menu peuple ». Mais si elle gouverna convenablement le royaume, la disparition de Foulque se fit cruellement sentir dans les principautés du nord : ce fut alors que les Francs perdirent Édesse.

Nous avons vu à quel point le comte d'Édesse Jocelin II se montrait inférieur au héros légendaire dont il portait le nom. Fils du premier Jocelin et d'une princesse arménienne, il semblait démentir son ascendance montagnarde comme son hérédité franque. Ayant remplacé la valeur par l'esprit d'intrigue et se sentant dépaysé parmi ses chevaliers, il avait délaissé le séjour d'Édesse, où le voisinage de l'ennemi obligeait les habitants à une existence toute militaire, pour la résidence de Turbessel, château situé de l'autre côté de l'Euphrate, à l'abri du fleuve, où il passait son temps dans les plaisirs, « en beuverie et en luxure ». Encore s'il avait maintenu à Édesse une garnison suffisante ! Mais il rognait sur la solde des troupes, si bien que les meilleurs soldats le quittèrent et que la défense d'Édesse ne fut assurée que par des effectifs squelettiques.

L'atâbeg d'Alep, Zengi, mis au courant de cette situation, vint à l'improviste assiéger Édesse avec une armée formidable, abondamment pourvue de machines de « bombardement ». Le siège commença le 28 novembre 1144. En l'absence de Jocelin II, la défense fut dirigée par l'archevêque latin Hugue. La population arménienne tout entière, même les femmes, les vieillards et les adolescents, fit preuve d'un magnifique héroïsme. Mais un seul homme pouvait sauver Édesse : son plus proche voisin, le prince d'Antioche Raymond de Poitiers. Or il venait de se brouiller avec Jocelin II. A toutes les supplications que Jocelin lui adressa, il répondit par des sarcasmes. Les malheurs du comte d'Édesse le remplissaient de joie. L'insensé ne se rendait pas compte que les Turcs se rapprochaient et qu'Édesse une fois tombée, il aurait à supporter seul le poids de leurs attaques.

Édesse, abandonnée à elle-même, devait succomber. Les sapeurs turcs firent écrouler une partie du rempart. L'entrée des Turcs donna lieu à des scènes d'horreur (23 décembre 1144), mais le massacre et le pillage furent arrêtés par Zengi lui-même qui sentait l'intérêt de maintenir la prospérité commerciale de la ville. Il n'exerça de vengeance que sur les Latins. Au contraire, désireux d'obtenir le ralliement des chrétientés indigènes, il se montra plein d'égards pour le clergé syriaque et pour le clergé arménien. L'élément syriaque se donna à lui sans arrière-pensée : ces chrétiens de langue arabe s'accommodaient toujours assez facilement de la domination musulmane qui, du reste, leur accordait des privilèges particuliers. Au contraire, les Arméniens regrettaient le régime franc auquel ils avaient été si intimement associés.

Zengi fut assassiné par ses pages le 14 septembre 1146. Son royaume fut partagé entre ses deux fils, Ghâzi qui eut Mossoul et Nour ed-Dîn qui eut Alep. Les Arméniens d'Édesse profitèrent du changement de règne pour comploter avec Jocelin II. Dans la nuit du 27 octobre, ils ouvrirent à leur ancien comte et à ses chevaliers les portes de la ville ; la petite garnison turque fut massacrée et le régime franc restauré. Mais les Turcs avaient conservé la citadelle et Nour ed-Dîn accourait d'Alep avec toutes ses forces. Jocelin se trouva bientôt pris dans Édesse entre la grande armée de l'atâbeg qui l'assiégeait étroitement et la garnison turque qui, du haut de la citadelle, faisait pleuvoir les traits sur les défenseurs. Dans cette situation tragique, il résolut de s'ouvrir une trouée à travers les assié-

Chapitre VII

geants. Les Arméniens qui l'avaient appelé, sachant ce qui les attendait de la part des Turcs, prirent le parti désespéré de le suivre. Le dimanche 3 novembre, à l'aube, les portes s'ouvrirent et la tentative de percée commença. Jocelin II et ses chevaliers, chargeant avec fureur, réussirent sur le moment à forcer le passage, mais, poursuivis et bientôt cernés par le gros de la cavalerie turque, ils perdirent les trois quarts des leurs. C'est à peine si Jocelin put, grâce à la vitesse de son cheval, échapper à ses poursuivants et regagner Turbessel. Quant à la population arménienne qui avait essayé de le suivre, elle fut massacrée par les Turcs en une boucherie sans nom. Ceux qui survécurent furent vendus comme du bétail sur le marché d'Alep. « On les dépouillait de leurs vêtements, et nus, hommes et femmes, on les obligeait, à coups de bâton, à courir devant les chevaux. Les Turcs perçaient le ventre de quiconque défaillait et les cadavres jonchaient la route. » Déjà les massacres arméniens, suivis de la déportation des survivants...

Le coup de main de Jocelin II pour recouvrer Édesse se terminait donc par un désastre pire que la catastrophe de 1144. Le prince d'Antioche Raymond de Poitiers, qui avait refusé de secourir Jocelin, ne tarda pas à subir le châtiment de son abstention. Nour ed-Dîn, libre de se retourner contre lui, lui enleva l'importante place d'Artâh ou Artésie, boulevard d'Antioche au nord-est de l'Oronte (1147). Après le comté d'Édesse aux trois quarts disparu, c'était la principauté d'Antioche démantelée.

A Jérusalem la régente Mélisende ne faisait guère une meilleure politique étrangère. Le danger pour les Francs venait avant tout de la dynastie turque d'Alep ; aussi toute la diplomatie du roi Foulque avait-elle consisté à soutenir contre l'atâbeg d'Alep l'indépendance de l'autre royaume turc de Syrie, celui de Damas. L'alliance du feu roi avec le chef du gouvernement damasquin, le sage Ounour, avait à la fois fait obstacle à la réalisation de l'unité musulmane et valu aux Francs d'heureuses rectifications de frontière. Mais au mois de juin 1147 un émir du Hauran, révolté contre les gens de Damas, se donna aux Francs. La cour de Jérusalem ne sut pas résister à la tentation. Rompant pour un profit douteux la précieuse alliance damasquine, elle organisa, malgré l'avis des vieux compagnons de Foulque, une expédition au Hauran. Une campagne à travers les roches volcaniques de cette région est toujours une entreprise difficile. La marche de l'armée fut rendue plus pénible par les chaleurs commençantes et le manque d'eau. La cavalerie turque de Damas, se joignant aux Arabes, harcelait nuit et jour les envahisseurs. Après avoir atteint Bosra, il fallut battre en retraite, retraite épuisante qui faillit tourner au désastre. Le jeune roi Baudouin III – il avait alors seize ans – avait voulu suivre l'expédition. La situation parut bientôt si critique que les barons lui conseillèrent de s'enfuir avec la Vraie Croix sur le meilleur cheval de l'armée et de gagner Jérusalem à franc étrier pour échapper à la catastrophe imminente. Noblement, le jeune homme refusa : il entendait partager jusqu'au bout tous les périls de ses compagnons. Sa détermination sauva sans doute l'armée que son départ eût achevé de démoraliser, tandis que sa présence communiqua à tous son héroïsme. Une discipline stricte fut imposée aux chevaliers comme aux piétons. La colonne franque, disposée en rangs serrés, les blessés au milieu, s'avançait en ligne droite, repoussant tous les assauts, sans se laisser détourner par les feintes adverses, inébranlable. Les Musulmans cherchèrent à l'arrêter par un feu de brousse ; le feu se retourna contre eux. On raconta plus tard qu'une apparition surnaturelle, « un chevalier à la bannière vermeille, monté sur un coursier blanc », avait guidé l'armée chrétienne jusqu'aux frontières du royaume où il disparut mystérieusement.

***

Cependant la chute d'Édesse avait provoqué en Occident la prédication d'une deuxième croisade. Il semble que l'idée première de cette nouvelle prise d'armes doive être attribuée au roi de France Louis VII, mais ce fut saint Bernard qui par sa prédication à l'assemblée de Vézelay, le 31 mars 1146, en fut le grand animateur, en déchaînant un enthousiasme semblable à celui de 1095. Ce fut encore lui qui, à la diète de Spire, les 25-27 décembre de la même année, décida l'empereur d'Allemagne Conrad III à se croiser à l'exemple de Louis VII.

Allemands et Français suivirent l'ancien itinéraire de Godefroi de Bouillon par le Danube, la Serbie, la Thrace et Constantinople, les premiers précédant de quelques étapes les seconds, ce qui d'ailleurs ne suffit pas à éviter les propos aigres-doux entre arrière-gardes allemandes et avant-gardes françaises. Quant aux Byzantins, leurs rapports avec les croisés furent encore plus mauvais qu'au temps de Godefroi. Les rixes se multiplièrent et Conrad III irrité songea un instant à donner l'assaut à Constantinople. Il est vrai que l'empereur byzantin Manuel Comnène trahissait la chrétienté. En guerre quelques mois plus tôt avec les Turcs d'Asie Mineure, il s'était, à l'approche de la croisade, hâté de conclure la paix avec eux et il n'allait pas cesser par la suite de les exciter en sous main contre les croisés.

Une fois en Asie Mineure, Conrad III continua à suivre l'ancien itinéraire de Godefroi de Bouillon en vue de la traversée de la péninsule en diagonale, du nord-ouest au sud-est. Mais à hauteur de Dorylée, le 25 octobre 1147, il fut abandonné pendant la nuit par ses guides byzantins. Le lendemain, il se vit assailli par toute l'année turque. Les chevaux des Allemands étaient exténués par la marche et la soif, les chevaliers étouffaient sous leur lourde armure, tandis que les légers escadrons turcs, tourbillonnant autour d'eux, et sans accepter le corps à corps, les criblaient de flèches à distance. Conrad III, découragé, donna l'ordre de la retraite, talonné jusqu'à la frontière byzantine par les Turcs qui lui firent subir des pertes énormes. Quand il regagna Nicée, vers le 2 novembre, il ne lui restait pas le quart de son armée.

Pendant ce temps le roi de France Louis VII était arrivé le 4 octobre à Constantinople. Parti de Metz en juin 1147, il avait pendant la traversée de l'empire byzantin subi les mêmes avanies que Conrad. Comme Conrad, et en dépit de l'accueil flatteur que lui réserva personnellement l'empereur byzantin Manuel Comnène, il songea ou plutôt on songea dans son entourage à tenter un coup de main sur Constantinople. Il eut d'ailleurs la sagesse d'écarter cette suggestion et à la fin d'octobre passa en Asie avec son armée. Ce fut là, près de Nicée, qu'il apprit le désastre survenu à la croisade allemande dont il recueillit les débris avant d'aller plus loin. Instruit par cet exemple, il renonça à la traversée de la Phrygie pour suivre la route du littoral, à travers les provinces byzantines d'Ionie, de Lydie, de Pisidie et de Pamphylie. Mais sa marche n'en fut pas moins harcelée par les bandes turques, opérant avec la complicité tacite des autorités byzantines. Pour traverser les gorges de la Pisidie, il avait donné aux siens les ordres de marche les plus stricts, mais le chef de son avant-garde perdit le contact ; les Turcs, à l'affût sur les hauteurs voisines, se jetèrent aussitôt dans l'intervalle, et l'armée se trouva coupée en deux tronçons. Les Français, obligés de livrer combat dans des conditions exceptionnellement défavorables, au milieu des gorges ou à flanc de montagne, parmi les précipices, éprouvèrent de très lourdes pertes. Louis VII, un moment isolé de son escorte et poursuivi par un parti de Turcs, réussit, en s'accrochant aux branches basses d'un arbre, à se hisser sur un rocher surplombant d'où il tint tête à l'ennemi. La chronique nous le montre fauchant, de son épée rouge de sang, les têtes et les mains de ses assaillants qui, découragés, finirent par abandonner la partie.

Cette surprise de montagne, pour meurtrière qu'elle ait été, inspira aux Turcs un respect salutaire pour la bravoure de l'armée capétienne qui put descendre sans incident jusqu'au port d'Adalia. Là, Louis VII, renonçant à poursuivre sa route par terre jusqu'en Syrie, décida d'emprunter la voie de mer. Mais les Byzantins, qui lui avaient promis des navires, ne lui en livrèrent qu'en nombre insuffisant. Se fiant cependant à leur parole, il s'embarqua pour la principauté d'Antioche avec sa chevalerie, les piétons devant suivre sur le prochain convoi. Or ce second convoi ne se composa encore que d'une quantité insuffisante de vaisseaux. Un grand nombre de pèlerins restèrent ainsi à Adalia. Ils y furent trahis par les Byzantins qui les laissèrent attaquer par les bandes turques. La plupart périrent misérablement.

Cependant Louis VII et ses chevaliers avaient débarqué le 19 mars 1148 à Saint-Siméon, le port d'Antioche. Le prince d'Antioche Raymond de Poitiers vint le recevoir au milieu de l'allégresse générale. Avec Louis VII arrivait sa jeune femme, Aliénor d'Aquitaine, qui était la propre nièce de Raymond. On connaissait la passion du roi pour elle. Raymond comptait bien en profiter pour recouvrer, grâce à Louis VII, la terre d'outre-Oronte sur l'atâbeg d'Alep Nour ed-Dîn. Tel était, du reste, l'intérêt bien entendu des chrétiens, puisque Nour ed-Dîn restait leur ennemi principal et qu'effectivement la croisade n'avait été entreprise que pour arrêter, après la chute d'Édesse, les progrès du redoutable chef turc ou de son père, Zengi. Raymond se voyait déjà, grâce à l'aide du roi de France, à la veille de s'emparer d'Alep, quand il apprit que, par un scrupule religieux assez étrange, Louis VII lui refusait son concours. Le Capétien estimait en effet qu'ayant pris la croix pour défendre le

Saint-Sépulcre, il aurait manqué à son vœu en faisant la guerre aux Turcs du côté d'Alep. Comme si en cette année 1148 la défense de Jérusalem avait été sur le Jourdain et non pas sur l'Oronte ! Les chroniqueurs ajoutent, et nous n'avons aucune peine à le croire, que Raymond fut exaspéré d'une telle étroitesse de vues...

L'attitude de Louis VII, difficilement intelligible au point de vue politique, trouvait-elle son explication dans des raisons d'un autre ordre ? Le roi avait pris ombrage de l'amitié que sa femme Aliénor témoignait à Raymond de Poitiers. Les longs entretiens de l'oncle et de la nièce pouvaient certes s'expliquer par les efforts du prince d'Antioche pour obtenir de la cour de France l'expédition projetée contre Alep, mais à tort ou à raison Louis suspecta la nature de ces entrevues. De fait, Aliénor était coquette, légère et déjà fatiguée de son époux. Trouva-t-elle dans son oncle encore jeune et paré du prestige de l'Orient un soupirant plus raffiné ? Dans tous les cas, quand le roi invita sa femme à suivre l'armée à Jérusalem, elle annonça son intention de rester à Antioche auprès de Raymond et de divorcer. Il l'entraîna de force et partit pour Jérusalem de nuit, par une décision brusquée, sans prendre congé du prince d'Antioche.

A Jérusalem Louis VII avait été devancé par l'empereur Conrad III et les débris de la croisade allemande. Les deux souverains, une fois réunis dans la ville sainte, se virent sollicités par la régente Mélisende d'aller assiéger Damas. Ils y consentirent. Ainsi la deuxième croisade, lancée en Asie par saint Bernard pour reprendre Édesse et les villes de la principauté d'Antioche aux Turcs d'Alep, ennemis les plus redoutables de l'Orient latin, s'interdisait de les attaquer, mais allait au contraire combattre les Damasquins, ces vieux alliés du roi Foulque !

La croisade franco-allemande, renforcée par l'armée de Jérusalem, marcha donc sur Damas dont le siège commença le 24 juillet 1148 par une attaque du côté des jardins, dans la banlieue sud-ouest. Le nettoyage de ce réseau de vergers, coupés de haies vives, de murs et de canaux d'irrigation, fut mené à bien par les chevaliers de Jérusalem. Les Allemands dégagèrent ensuite, au nord-ouest de la ville, les abords du Barada, la rivière de Damas, après une ruée furieuse où Conrad III paya bravement de sa personne. Déjà les habitants commençaient à désespérer, tandis que le comte de Flandre, Thierry d'Alsace, un des principaux chefs croisés, se faisait promettre par Conrad III et par Louis VII la future baronnie de Damas, quand le 27 juillet, par une détermination en apparence inexplicable, l'armée chrétienne évacua les jardins et les rives du Barada pour aller camper au sud-est de la ville. C'était sacrifier de gaieté de cœur des positions excellentes pour un emplacement désavantageux et, en réalité, renoncer au siège. Aussi bien les barons palestiniens, qui avaient donné aux croisés cet étrange conseil, semblent-ils avoir voulu faire échouer l'entreprise, soit qu'ils aient (non sans raison) considéré comme une faute la rupture de l'alliance franco-damasquine, soit que leur jalousie ait été excitée parce que l'investiture de Damas avait été promise non à l'un d'eux, mais à un des chefs croisés. Toujours est-il que le 28 juillet, l'armée chrétienne, se rendant compte que l'opération était manquée, leva son camp et rentra en Palestine.

Francs de Syrie et croisés regagnèrent Jérusalem, fort mécontents les uns des autres. Pour les croisés, les Francs créoles – les « Poulains », comme on les surnommait – prenaient figure de traîtres. « Plutôt les Turcs que ces Levantins ! » fait à peu près dire aux croisés français la chronique de l'*Eracles*. Guillaume de Neubrige renchérira en écrivant que tous ces « Poulains » sont à demi musulmans. Quant aux barons de Syrie, ils n'étaient pas loin de considérer les croisés d'Occident comme de dangereux fanatiques qui venaient « tuer du musulman » sans distinction d'ami et d'ennemi, pour le plus grand dam de la politique franque. Et il faut avouer que la conduite de la deuxième croisade, refusant d'attaquer le redoutable atâbeg d'Alep pour venir s'en prendre aux inoffensifs Damasquins, justifiait quelque peu cette manière de voir. Ce fut dans ces conditions que Louis VII quitta la Syrie après les Pâques de 1149. Il s'y était révélé le pauvre homme que l'histoire devait connaître plus amplement lors de son divorce d'avec Aliénor et de l'énorme régression qui allait en résulter pour le royaume de France...

***

L'échec de la deuxième croisade entraîna pour les Francs une très grave diminution de prestige dans le monde d'Islam. Le roi de France et l'empereur d'Allemagne, les deux plus puissants princes de la chrétienté, étaient venus et repartis sans avoir rien fait. L'atâbeg d'Alep Nour ed-Dîn, qui avait un moment tremblé devant eux, reprit le cours de ses conquêtes. Le 29 juin 1149, il vainquit et tua à Fons Murez, ou Maarratha, le prince d'Antioche Raymond de Poitiers. A la suite de ce triomphe il enleva à la principauté d'Antioche les dernières places importantes qu'elle possédait encore à l'est de l'Oronte, notamment Hârim et Apamée. Antioche elle-même ne fut sauvée que par l'énergie du patriarche Aymeri de Limoges et surtout grâce à la prompte arrivée du jeune roi Baudouin III (il n'avait encore que dix-huit ans), accouru de Jérusalem avec sa chevalerie. Quant aux places du nord, comme Turbessel et Aïntâb, trop exposées pour pouvoir être défendues, les Francs en évacuèrent la population arménienne au cours d'une retraite mémorable où Baudouin III fit l'admiration de tous non seulement par sa bravoure, mais par ses qualités de chef. Tandis qu'en 1146 l'évacuation des Arméniens d'Édesse avait abouti au désastre, la discipline imposée cette fois à la colonne franque et l'extraordinaire sang-froid du jeune Baudouin permirent de ramener sains et saufs à Antioche les émigrants dont le convoi, étroitement encadré par les chevaliers, ne subit aucun dommage (1150).

Chapitre VIII
Le modèle du roi franc

Baudouin III

Baudouin III venait d'atteindre sa majorité. C'était un grand jeune homme (« d'une taille au-dessus de la moyenne »), remarquable entre tous les chevaliers de sa cour par l'élégance de sa tournure et la beauté de ses traits. Le teint coloré, la barbe et les cheveux tirant sur le blond, il s'était fait la réputation d'un brillant causeur et d'un gai compagnon, célèbre pour la vivacité et le mordant de ses reparties. Sobre dans le boire et le manger, mais quelque peu joueur à ce jeu de dés qui fut le péché mignon du XIIe siècle, on le disait de plus trop porté sur la galanterie, au point, se scandalise le bon archevêque Guillaume de Tyr, d'avoir séduit plusieurs femmes mariées. Ajoutons que par la suite, lorsqu'il fut marié lui-même, il devait garder à sa jeune femme une fidélité exemplaire. Le même chroniqueur loue du reste son humanité, sa charité, la noblesse de ses sentiments, sa solide piété. Après tant de soldats incultes un prince lettré montait dans sa personne sur le trône de Jérusalem. « Il aimait lire ou se faire lire les récits des historiens. Il se plaisait dans la société des hommes instruits. »

Aux yeux des Francs de Syrie, Baudouin III bénéficiait surtout d'un immense avantage : c'était le premier roi de Jérusalem né dans le pays, un véritable enfant de la Terre Sainte où tout, sites et habitants, lui était familier. « Doué d'une excellente mémoire, il reconnaissait le premier les gens, même les plus modestes, et les saluait aussitôt en les appelant par leur nom. » Détail non moins important dans cette monarchie éminemment féodale, il possédait si bien les chartes, droits et coutumes de chaque seigneurie qu'on le considérait comme le meilleur juriste du royaume. Cet ensemble de traits montre que chez le fils du roi Foulque et de la reine Mélisende le sang français et le sang oriental (Mélisende était une demi-Arménienne) aboutissaient au plus heureux équilibre. Parfaitement adapté au milieu, le nouveau monarque conservait sur la terre d'Asie toute la fraîcheur du tempérament angevin. Tel, il va se révéler à nous comme un des représentants les plus accomplis de la France d'outremer, comme le modèle même du roi franc au XIIe siècle.

Mais avant de pouvoir donner toute sa mesure, ce prince si bien doué avait à liquider le passé, en l'espèce à se débarrasser de la régence de sa mère Mélisende.

Après les orages de sa vie amoureuse, la douairière, venue sur le tard à la dévotion, ne voulait plus être maintenant que « la bonne dame, et aumônière », à nous vantée par l'archevêque de Tyr. En dépit de cette conversion quelque peu posthume, elle se montrait impérieuse, jalouse de son pouvoir et fort peu disposée à le partager avec son fils. Elle avait pris pour homme de confiance un sien cousin, Manassé d'Hierges, originaire du pays de Liége, qu'elle avait nommé connétable et qui exaspérait les barons par son insolence. A eux deux ils menaient le royaume. Baudouin III, qui avait fait ses preuves militaires à Aintâb, supportait impatiemment cette tutelle. Il venait, pour sa majorité, d'être couronné solennellement aux fêtes de Pâques 1152, que la reine mère ne parlait toujours pas de lui remettre le pouvoir. Appuyé par les barons, il la mit en demeure de se retirer. Se sachant de son côté soutenue par

Chapitre VIII

le clergé, elle consentit seulement à céder à son fils les villes du littoral, Tyr et Acre, mais en gardant pour elle-même Jérusalem. Cette solution bâtarde ne pouvait durer. Baudouin III, assez légitimement exaspéré, prit les armes. Il commença par mettre hors de jeu le connétable Manassé d'Hierges qu'il fit capituler dans le château de Mirabel, l'actuel Medjdel Yaba, près de Jaffa, après quoi il se retourna contre sa mère, barricadée dans la citadelle de Jérusalem. En vain le patriarche Foucher d'Angoulême voulut-il s'interposer. Baudouin, résolu à en finir, commença le siège de la citadelle. Voyant la partie perdue, l'obstinée douairière se résigna à se rendre. On lui permit de se retirer dans son fief de Naplouse où elle se consola en s'intéressant aux nominations ecclésiastiques.

Baudouin III était enfin roi.

Il n'était que temps, car la nécessité d'un pouvoir central fort se faisait sentir dans toute la Syrie franque. A Tripoli le comte Raymond II venait d'être assassiné par les Ismaïliens. Le roi Baudouin III assuma aussitôt la régence aux côtés de la comtesse douairière Hodierne et au nom du fils de celle-ci, le jeune Raymond III, alors âgé d'une douzaine d'années (1152). Dans le nord, depuis la mort tragique du prince d'Antioche Raymond de Poitiers, Baudouin III avait de même à assurer la défense du pays pour le compte de sa cousine, la jeune veuve de Raymond, Constance, âgée d'une vingtaine d'années. Dans l'intérêt même du pays, il aurait voulu remarier la jeune femme à quelque baron capable d'assumer le commandement dans ce secteur. Mais en vain présenta-t-il à Constance les plus beaux partis ; « la princesse, nous dit la chronique, avait trop bien éprouvé l'ennui d'être au pouvoir d'un mari et le peu de liberté qu'on laisse aux dames quand elles ont un seigneur » ; elle répondit tout net au roi qu'elle n'entendait nullement se remarier. Elle rit au nez de ses tantes qui avaient entrepris de la chapitrer, déclara s'en tenir à son agréable veuvage et éconduisit tous les prétendants.

La situation en était là, quand survint un coup de théâtre. Où avaient échoué toutes les combinaisons politiques, l'amour réussit en un instant. Constance, après avoir par caprice refusé les plus beaux partis, s'éprit d'un jeune chevalier français, nouvellement débarqué, nommé Renaud de Châtillon. Ce n'était qu'un cadet sans fortune, mais fort beau, de prestigieuse allure, plein de fougue et de tempérament. Il n'en fallut pas davantage pour que la jeune veuve, sans prendre conseil de personne, se fiançât secrètement à lui. Cependant il fallait obtenir l'autorisation de Baudouin III. Pour séduite qu'elle fût, Constance avait exigé cette condition. Renaud de Châtillon n'hésita point. D'Antioche il courut à franc étrier à l'autre bout de la Terre Sainte, au camp d'Ascalon, se jeter aux pieds du roi. Il est à supposer que ce dernier était quelque peu excédé par les caprices de sa cousine d'Antioche. Désespérant de la marier selon ses vues, il dut penser que du moins le choix qu'elle venait de faire assurerait à la principauté un défenseur valeureux. Quoique sans enthousiasme, il accorda son consentement.

Le romanesque mariage de 1153 donnait le gouvernement d'Antioche à un splendide guerrier, d'une audace magnifique, à un véritable héros d'épopée, mais aussi à un dangereux aventurier. Dénué de tout esprit politique comme de tout scrupule, ignorant le plus élémentaire droit des gens comme le respect des traités, il devait jouer le sort de la principauté d'Antioche d'abord, du royaume de Jérusalem ensuite sur de simples coups de dés qui n'étaient au surplus que des coups de brigandage. Tel, il rappelait, avec un demi-siècle et plus de retard, les grands conquistadors de la première croisade, Bohémond et Tancrède. Mais Bohémond et Tancrède, en même temps qu'aventuriers sans scrupules, s'étaient montrés de fort avisés diplomates. De plus en 1097, en présence d'un Islam morcelé, affolé et démoralisé, on avait tout à gagner et presque rien à perdre à ce jeu de casse-cou. Au contraire dans la Syrie franque de 1153, société assagie, fixée et assimilée au milieu, conservatrice, vouant tous ses efforts au maintien du *statu quo* et de l'équilibre en face d'un Islam réorganisé, Renaud de Châtillon ne devait pas tarder à devenir un péril mortel. Ce soldat prestigieux, mais fait pour commander une Grande Compagnie ou un rezzou plutôt qu'une baronnie régulière, « suicidera » la Syrie franque.

Sa brutalité se manifesta aussitôt après son élévation, par un drame sauvage dont fut victime le patriarche d'Antioche Aymeri de Limoges.

Tant qu'avait duré le veuvage de Constance, Aymeri avait eu par ses fonctions mêmes une large part au gouvernement. Il ne put naturellement voir que d'un mauvais œil l'avènement du beau cadet porté au trône par un caprice de femme et, comme il avait l'esprit mordant, ses plaisanteries firent le tour de la ville. C'était mal connaître le nouveau prince d'Antioche. Renaud de Châtillon avait des colères terribles pendant lesquelles aucun sentiment d'humanité ne trouvait prise sur lui. Il fit arrêter et emprisonner le patriarche, puis, bien qu'il s'agît d'un prélat digne et respectable, il ordonna qu'on le fouettât jusqu'au sang, après quoi il lui fit enduire la tête et les plaies de miel et l'exposa, ligoté et nu, aux piqûres des mouches et des guêpes, sous le soleil brûlant de l'été syrien. En apprenant cet acte de barbarie, le roi Baudouin III ne put contenir son indignation. Il enjoignit à Renaud de relâcher sur-le-champ sa victime et de la replacer sur le siège patriarcal. Renaud s'exécuta, mais Aymeri ne se souciait pas de vivre à côté d'une bête féroce ; aussitôt délivré de prison, il quitta Antioche pour venir s'établir à Jérusalem où l'affection de la reine douairière Mélisende le consola de ses malheurs [1].

Renaud de Châtillon n'en était qu'au début de ses incartades. C'était maintenant sur le terrain de la politique étrangère qu'allait s'exercer son action malfaisante. En face de la revanche musulmane qui s'annonçait du côté de l'atâbeg d'Alep Nour ed-Dîn, l'intérêt des Francs était de maintenir autant que possible la bonne entente avec les autres puissances chrétiennes du Levant, nommément l'État arménien de Cilicie et l'empire byzantin. Il était déjà assez fâcheux qu'Arméniens et Byzantins fussent en lutte constante. Or le premier geste de Renaud de Châtillon fut pour se mêler inconsidérément de leur querelle. Il commença en 1155 par guerroyer contre les Arméniens du côté d'Alexandrette, pour le compte de Byzance. Puis, renversant ses alliances, il dirigea en pleine paix une expédition de pillage contre l'île byzantine de Chypre. Il s'y conduisit en capitaine d'écorcheurs, saccageant tout, violant les femmes, coupant le nez et les oreilles aux prêtres grecs, puis il reprit la mer et rentra à Antioche avec un énorme butin. Ce crime contre la chrétienté ne reçut pas un châtiment immédiat, parce que l'empereur byzantin Manuel Comnène était retenu en Europe, mais Renaud s'était fait là un dangereux ennemi...

---

[1] Aymeri, après cet exil volontaire, devait conserver longtemps encore le siège d'Antioche. Son pontificat, d'après M. l'abbé Chabot, aurait duré de 1142 à 1194. M. Chabot vient d'établir, d'après Michel le Syrien, qu'Aymeri eut comme successeur un certain Arnoul ou Raoul II (vers 1194-1196) auquel devait succéder (vers 1196 ?) Pierre d'Angoulême. (*C. R. de l'Académie des Inscriptions*, 1938, p.460).

***

Tandis que le nouveau prince d'Antioche compromettait en Syrie la domination franque, Baudouin III la consolidait en Palestine. Les possessions musulmanes, nous l'avons vu, étaient partagées entre trois dominations d'inégale importance. Au nord-est, le redoutable atâbeg turc d'Alep, Nour ed-Dîn, dont la politique conquérante cherchait à faire à son profit l'unité de la Syrie musulmane pour jeter ensuite les Francs à la mer. A l'est, le royaume de Damas, au pouvoir d'une autre dynastie turque, mais depuis longtemps en décadence et que convoitait Nour ed-Dîn. Au sud-ouest enfin, le khalifat arabe des Fâtimides, maître de l'Égypte et qui possédait encore sur le littoral palestinien la place d'Ascalon. Autant que l'État de Damas, l'Égypte fâtimide tombait en déliquescence. Les drames à la Suétone qui bouleversaient périodiquement la cour du Caire – poison et poignard, raffinement dans l'art de la trahison, cadavres de vizirs sur les marches du trône – réduisaient à l'impuissance cette cour faisandée. Baudouin III mit la situation à profit pour s'emparer d'Ascalon. La célèbre place forte, qui avait résisté pendant un demi-siècle à tous les efforts de ses prédécesseurs, lui ouvrit ses portes le 19 août 1153. Les habitants et la garnison égyptienne obtinrent de se retirer avec armes et bagages, conditions qui furent scrupuleusement respectées. Cette importante conquête parachevait l'œuvre de la croisade ; d'Alexandrette à Gaza toute la côte syro-palestinienne appartenait désormais aux Francs.

Au nord-est, Baudouin III, reprenant la sage politique de son père Foulque d'Anjou, se fit, contre les visées annexionnistes de Nour ed-Dîn, le défenseur de l'indépendance damasquine. Par deux fois son intervention força de ce côté l'atâbeg d'Alep à lâcher prise. Vers 1153 Damas, sauvée par les armées chrétiennes, était devenue un véritable protectorat franc. Cependant cette situation exceptionnelle ne pouvait durer. La communauté de religion et de langue entre Alep et Damas, la force du sentiment panislamique devaient finir par l'emporter sur les fragiles constructions de la diplomatie. L'*Anschluss* était inévitable. Il se produisit en partie grâce à la ténacité de Nour ed-Dîn, en partie grâce à la résignation fataliste des Damasquins. Le 25 avril 1154, Nour ed-Dîn fit son entrée dans Damas, déposséda la dynastie locale et annexa le pays. De l'Euphrate au Hauran la Syrie musulmane était unifiée et entre les mains d'un homme fort. Monarchie franque et monarchie musulmane, croisade et contre-croisade étaient debout, face à face. Et Nour ed-Dîn, que nous allons apprendre à mieux connaître, était un adversaire digne de Baudouin III.

***

Dans le chaos turco-arabe de la première moitié du XIIe siècle, Zengi, père de Nour ed-Dîn, avait apporté l'ordre, un principe de gouvernement stable et régulier. Alep, grâce à lui, était devenue le pôle d'attraction, le noyau d'unification de la Syrie musulmane. Nour ed-Dîn continuait maintenant l'œuvre paternelle, mais il la continuait un peu comme chez nous Louis IX devait continuer Philippe Auguste. La politique fait place au saint. Non certes que Nour ed-Dîn ait en rien abandonné (pas plus que Louis IX d'ailleurs) la tradition militaire de ses ancêtres. Il passe au contraire sa vie à la guerre sainte. Mais précisément la guerre sainte, en tant que telle, est toute sa raison d'être. Il s'y dévoue avec le zèle ardent d'un derviche. Il est, lui aussi, le saint émir. Devenu souverain de toute la Syrie musulmane, il continue dans ses palais d'Alep et de Damas à mener une vie étonnamment simple qui, dans les heures d'exaltation religieuse, devient presque la vie d'un ascète, toute mortifiée de jeûne et brûlée de prière. Bien qu'ayant passé son existence à faire la guerre, il est en réalité beaucoup moins soldat que son père Zengi et la plupart de ses succès viennent de ses généraux. Administrateur parfois sévère, mais sans les accès de vieille cruauté turque de Zengi, son gouvernement est remarquablement sage et bienfaisant. A tous ces titres il emporte l'estime des Francs, comme Louis IX obtiendra celle des Musulmans. Notons qu'il y aura les inconvénients de ses qualités. S'il protège les docteurs de la Loi, les savants et les sages, l'exaltation religieuse le plonge parfois dans d'étranges accès mystiques. Aussi bien, de tempérament nerveux et maladif, sans cesse à l'article de la mort, est-il loin de posséder la puissante personnalité physique de son père. Dans ces états d'âme, il subordonne si complètement l'intérêt personnel au mobile religieux que ceux qui savent parer leur ambition du prétexte de guerre sainte arriveront à le duper, comme ce sera le cas du jeune Saladin. Enfin le magnifique soldat et le politique très sage qu'est Baudouin III ne manquera pas de profiter de ses dépressions nerveuses et de ses fréquents accès de fièvre pour remporter sur lui, au bon moment, des avantages signalés.

***

La guerre entre Nour ed-Dîn et Baudouin III commença en mai 1157 par une attaque du premier contre la forteresse franque de Paneas, ou Bâniyâs, en haute Galilée, au pied du massif de l'Hermon, dans la région des sources du Jourdain. La ville fut prise, mais le connétable Onfroi de Toron, retranché dans la citadelle ou ville haute de Soubeibé, tint assez longtemps pour permettre à Baudouin III, accouru à franc étrier, de faire lever le blocus. Après cette victoire sans combat, le roi de Jérusalem revenait à petites étapes. Il campait sans méfiance près du lac de Houlé, croyant Nour ed-Dîn rentré à Damas, lorsque ce dernier, qui avait dissimulé ses troupes derrière les roseaux, les papyrus et les lauriers-roses de la rive, surgit à l'improviste près du Gué de Jacob et mit les Francs en déroute. Aussitôt Nour ed-Dîn vint remettre le siège devant Paneas. Le roi en fuite, l'armée franque dispersée ou captive, le prince turc comptait bien s'emparer de la place, mais ce fut au tour de Baudouin III de lui ménager une surprise. En quelques jours l'actif monarque franc eut rassemblé une nouvelle armée avec laquelle il reparut devant Paneas et força Nour ed-Dîn stupéfait à battre encore une fois en retraite.

Dans cette première passe d'armes, l'avantage revenait donc au vaillant roi de Jérusalem. Baudouin III résolut de pousser son succès, d'autant que Nour ed-Dîn venait de tomber gravement malade. Suivi de tous les contingents de la Syrie franque et aussi d'un haut baron récemment arrivé en pèlerinage, le comte de Flandre Thierry d'Alsace, Baudouin alla mettre le siège devant la ville arabe de Chaizar qui commande le cours du moyen Oronte. La ville fut prise, la citadelle allait capituler, quand la discorde se mit parmi les chrétiens. Baudouin III réservait la seigneurie de Chaizar au comte de Flandre. Jaloux de ce choix, le prince d'Antioche, le néfaste Renaud de Châtillon, fit échouer l'opération et laissa retomber la place entre les mains des Musulmans. Baudouin III se consola en allant en février 1158 reprendre aux Turcs d'Alep l'importante forteresse de Hârim qui commandait le cours de l'Oronte à l'est d'Antioche. Comme Nour ed-Dîn, enfin rétabli, revenait d'assiéger une position franque dans la région du Yarmouk, l'infatigable roi franc le surprit au nord-est du lac de Tibériade et lui infligea un complet désastre. « Nour ed-Dîn, dont presque toute l'armée avait pris la fuite, tint quelque temps encore avec une poignée de fidèles sur une colline isolée ; sur le point d'être capturé, il s'enfuit à son tour devant la bannière de Jérusalem. » Journée de gloire, due à la bravoure personnelle de Baudouin III, et aussi à la belle conduite des chevaliers flamands : « Bien se comportèrent les gens de Flandre. »

**

Ainsi le duel de Baudouin III et de Nour ed-Dîn, après de dramatiques péripéties, se terminait à l'avantage du premier. Le jeune monarque comprit cependant que, pour combattre efficacement la nouvelle monarchie musulmane, la réconciliation de tous les chrétiens n'était pas de trop. Maintenant que la Syrie musulmane avait constitué sa redoutable unité, il devenait indispensable de lui opposer l'union étroite de la Syrie franque et de l'empire byzantin. Vue de génie qui pouvait changer le cours de l'histoire. Pour atteindre ce but, faire cesser les anciennes rancunes et réaliser la grande alliance chrétienne, Baudouin III sollicita la main d'une princesse byzantine.

Il l'obtint. En septembre 1158 débarqua à Tyr dans un cortège de conte de fées la princesse Théodora, nièce de l'empereur Manuel Comnène. C'était une toute jeune fille : elle n'avait pas quinze ans, mais elle était très grande, très belle, avec un teint d'une éblouissante blancheur, d'épais cheveux blonds, fort élégante et déjà infiniment séduisante. Elle apportait une dot des *Mille et une nuits*, des coffres pleins de besants d'or, d'orfèvrerie et de pierres précieuses, des tissus précieux à l'infini, des brocarts de soie et d'or, des tapis et des tapisseries d'une valeur inestimable, tout le luxe raffiné de Byzance. Le mariage fut célébré par le patriarche Aymeri « à grande joie de toute la terre ». Baudouin III, qui n'avait que vingt-sept ans, fut tout de suite très épris de sa femme-enfant. Lui, jusque-là si volage, l'aima dès lors uniquement jusqu'à sa mort.

Au point de vue politique, l'allégresse avec laquelle la blonde Théodora avait été accueillie ne se conçoit pas moins. La petite reine apportait en effet aux Francs la certitude de l'alliance byzantine avec la promesse d'une prochaine intervention impériale contre Nour ed-Dîn.

L'empereur Manuel Comnène, l'oncle de Théodora, était un des plus grands souverains qu'ait eus Byzance. Avec lui le vieil empire était redevenu la principale puissance du proche Orient. En 1158, il avait soumis la principauté arménienne de Cilicie, et ses possessions se trouvaient ainsi limitrophes des États francs. Ce voisinage ne laissait pas d'inquiéter le prince d'Antioche, Renaud de Châtillon, à qui Manuel Comnène allait demander raison du sac de l'île de Chypre. L'armée byzantine sous les ordres de Manuel était justement rassemblée à Missis, en Cilicie, à quelques journées de marche d'Antioche. Renaud, se sentant incapable de résister, prit le parti d'aller implorer son pardon. Il se présenta au camp impérial de Missis, en attitude de suppliant, « tête nue, pieds nus, les bras nus jusqu'au coude, tenant par la pointe son épée dont il devait présenter le pommeau à l'empereur ». Parvenu devant la tente impériale, il dut se prosterner dans la poussière, attendant que Manuel daignât lui permettre de se relever. C'est à cette humiliation sans précédent qu'aboutissait l'acte de banditisme commis quelques années plus tôt contre Chypre. Manuel Comnène pardonna finalement à Renaud, mais l'obligea à reconnaître explicitement la suzeraineté byzantine sur Antioche.

Sur ces entrefaites arriva à son tour au camp de Missis le roi de Jérusalem Baudouin III. Manuel fut charmé de la bonne grâce du jeune souverain que les hasards de la politique venaient de lui donner pour neveu. « ils passèrent dix jours ensemble et chaque jour croissait l'affection de l'empereur pour Baudouin dont il appréciait la précoce sagesse et la courtoisie. Depuis ce moment il l'aima comme un fils. » Le séjour de Baudouin III auprès de Manuel Comnène au camp de Missis, succédant à son mariage avec la nièce du puissant *basileus*, marque le triomphe diplomatique du roi de Jérusalem. L'association étroite, scellée par une union de famille, de la royauté franque et de l'empire byzantin était en effet la seule combinaison capable d'arrêter la contre-croisade turque. Baudouin III, dont toute l'activité durant son séjour à Missis révèle la valeur, rendit sur-le-champ à Manuel Comnène, ainsi d'ailleurs qu'aux Arméniens, un signalé service, celui de les réconcilier entre eux. Le prince arménien Thoros II, chassé de la plaine de Cilicie par l'armée byzantine, tenait toujours la campagne dans les gorges du Taurus. Baudouin, agissant en médiateur, obtint de lui une soumission entière à l'empire et de Manuel le pardon du rebelle enfin

Chapitre VIII

repentant. Il avait ainsi réalisé ce prodige de regrouper, en dépit de vieilles haines ethniques, culturelles et confessionnelles, le faisceau des forces byzantines, arméniennes et franques.

Cet accord se manifesta lors de l'entrée solennelle de Manuel Comnène à Antioche en avril 1159, entrée qui, du point de vue byzantin, prit les allures d'un triomphe. « Le *stemma* à pendeloques en tête, vêtu du grand manteau impérial, tellement chargé de pierreries qu'il en était rigide, tenant en main les insignes impériaux, Manuel, écrit Chalandon, traversa la ville à cheval. » Renaud de Châtillon à pied tenait son coursier par la bride. Derrière lui, à cheval, s'avançait Baudouin III. Le cortège fut reçu par le peuple et les différents clergés, ayant à leur tête le patriarche latin en costume pontifical, tenant l'évangile à la main. « Puis au son des trompettes et des tambours, au chant des hymnes, le cortège pénétra dans la ville à travers la foule bigarrée où le Syrien côtoyait le Normand, se dirigea par les rues ornées de tapis, de tentures, de feuillages et de fleurs, vers la cathédrale d'où l'empereur se rendit au palais. Rien ne vint troubler l'apothéose impériale. Huit jours durant, les fêtes succédèrent aux fêtes. Dans les parties de chasse comme dans les tournois Grecs et Latins rivalisèrent d'adresse. Le récit des chroniqueurs évoque ici quelque merveilleuse tapisserie d'après un thème de chanson de geste : « Sur un cheval dont la garniture de poitrail et la croupière étaient couvertes d'ornements d'or, traduit Chalandon, l'empereur, vêtu du grand manteau impérial, attaché par une fibule sur l'épaule droite pour dégager le bras, défila devant les spectateurs, la lance droite en main, tandis qu'en tête du parti adverse s'avançait sur un cheval blanc le prince d'Antioche, vêtu de la cotte d'armes d'étoffe, recouvrant le haubert de mailles, la tête coiffée du casque conique. La bonne entente personnelle du basileus-chevalier et des princes francs s'affirma dans un épisode inattendu. Pendant une partie de chasse, Baudouin III tombe de cheval et se démet le bras. Manuel accourt, s'agenouille auprès du blessé et, grâce à ses connaissances médicales, lui prodigue des soins efficaces. Pendant la convalescence, ajoute la chronique de l'*Eracles*, « l'empereur allait chaque jour prendre des nouvelles du roi et, quand les chirurgiens changeaient les pansements, il les aidait moult doucement, au point qu'il n'aurait pu mieux faire, s'il s'était agi de son propre fils ».

Les fêtes terminées, Manuel Comnène, Baudouin III et Renaud de Châtillon, unissant leurs forces, partirent faire la guerre à l'atâbeg d'Alep Nour ed-Dîn. Le prince turc pouvait difficilement résister à une telle coalition. L'« épopée byzantine renforcée par la croisade, que ne pouvait une telle rencontre historique ? L'heure semblait unique. Pourquoi fallut-il que la campagne tournât court ? Au lieu d'aller assiéger Alep, Manuel Comnène se contenta d'exiger de Nour ed-Dîn la libération de tous les captifs chrétiens détenus dans les prisons musulmanes, puis, prenant congé des princes francs, il quitta la Syrie et regagna Constantinople (mai-juin 1159). En réalité, malgré l'affection personnelle du *basileus* pour le roi de Jérusalem, la diplomatie byzantine n'avait pas voulu porter le coup de grâce aux Turcs, de peur d'accroître la puissance des Francs. Elle entendait fonder son hégémonie sur le maintien de l'équilibre entre les premiers et les seconds. Politique trop adroite, adresses qui allaient bientôt se retourner contre leurs auteurs. Manuel Comnène comprendra alors la solidarité foncière de Byzance et de la latinité en face du péril musulman, mais trop tard, quand Nour ed-Dîn aura annexé l'Égypte. Il est étrange qu'à propos de tels événements (comme à propos de Philippe le Bel et de François Ier) les historiens saluent comme une preuve d'esprit politique, d'« affranchissement intellectuel » et de modernisme le sacrifice délibéré des intérêts de la chrétienté. Non seulement la perte de la Terre Sainte, mais encore la chute de Constantinople sortiront de cet état d'esprit, c'est-à-dire finalement la déseuropéanisation d'un quart de l'Europe…

***

La première victime de cette situation fut Renaud de Châtillon, prince d'Antioche. Le 23 novembre 1160, comme il dirigeait une razzia dans la région de Marach, il fut fait prisonnier par les Turcs. Conduit dans les cachots de Nour ed-Dîn, à Alep, il devait y passer seize longues années. Avouons d'ailleurs que sa captivité se trouva être un bienfait plutôt qu'un malheur pour la Syrie franque. Elle n'en laissait pas moins la principauté d'Antioche sans défenseur, le jeune Bohémond III, héritier de la terre, n'étant pas en âge de gouverner. La mère du jeune homme, la princesse Constance, démoralisée par la perte de son cher Renaud, était prête à se jeter dans les bras des Byzantins. Une fois encore le roi de Jérusalem sauva la situation. Il accourut à Antioche, mit la ville en état de défense, réconforta l'élément latin et assuma tous les devoirs d'un régent.

Ce fut le dernier acte politique de Baudouin III. Le 10 janvier 1162, il mourait à Beyrouth, à peine âgé de trente-trois ans, sans doute empoisonné par son médecin. Guillaume de Tyr, témoin oculaire, nous décrit la douleur du peuple à cette nouvelle et pendant le transfert du corps, de Beyrouth à Jérusalem. Non seulement les Francs, mais les chrétiens des autres confessions venaient se joindre au cortège funèbre. Les gens de la Montagne descendaient en foule pour saluer une dernière fois le cercueil ; les Arabes eux-mêmes s'inclinaient devant celui qui avait toujours été pour eux un maître juste ou un adversaire chevaleresque. A ceux qui proposaient à Nour ed-Dîn de profiter des circonstances pour attaquer les Francs, le grand atâbeg répondit noblement qu'il se ferait un scrupule de troubler le deuil d'un si vaillant guerrier.

Ce salut d'un ennemi loyal accompagne Baudouin III dans sa tombe. Le quatrième roi de Jérusalem disparaît à la fleur de l'âge, sans une faute politique, sans une tache. Comme soldat et comme capitaine aussi bien que comme homme d'État et comme diplomate, toute son activité porte l'empreinte d'une précoce maturité intellectuelle en même temps que d'un rayonnement de jeunesse. Il avait, par la conclusion de l'alliance byzantine, jeté les bases d'une politique étrangère qui était la sagesse, la vérité, le salut. Il avait partout fait reculer Nour ed-Dîn. Il quittait la vie dans la joie d'un amour en sa fleur, pleuré des Musulmans comme des siens. Destin d'un jeune héros de l'Antiquité attardé en plein Moyen Age...

Chapitre IX
La première expédition d'Égypte

Amaury Ier

Baudouin III n'ayant pas laissé d'enfant, son frère Amaury Ier lui succéda (1162). Le nouveau roi dut, pour accéder au trône, sacrifier à l'hostilité d'une partie de la cour sa femme, Agnès de Courtenay. La désinvolture avec laquelle il se sépara d'elle, bien qu'elle lui eût déjà donné un fils, le futur Baudouin IV, et une fille, Sybille, atteste à quel point il savait subordonner toute considération aux intérêts de sa politique. Il avait alors vingt-sept ans. C'était un gros homme, « si gras qu'on eût dit qu'il avait des seins de femme », mais aussi plus grand que la moyenne, le visage noble, le teint clair, avec un fort nez aquilin, les cheveux blonds rejetés en arrière, des yeux pleins d'éclat, une barbe fournie. Quand il se livrait à la gaieté, « ses éclats de rire lui ébranlaient tout le corps ». Malgré cet embonpoint, il n'était ni gros mangeur ni grand buveur. Il n'était pas non plus joueur comme son frère, et préférait aux dés le noble délassement de la chasse au faucon ou à l'épervier ; mais il se montrait terriblement porté à la luxure et Guillaume de Tyr gémit sur le nombre de ses adultères.

Nous savons par la même chronique qu'Amaury avait une légère difficulté d'élocution. Peut-être est-ce la raison qui l'avait rendu sombre, taciturne et distant. De fait, « il n'adressait la parole aux gens que lorsqu'il ne pouvait l'éviter ». Cette apparente froideur, la sévérité de son abord frappaient d'autant plus qu'il succédait à un prince qui par sa courtoisie, sa bonne grâce, sa familiarité avec chacun avait conquis tous les cœurs. Il est d'ailleurs certain qu'Amaury se montrait assez dur, du moins quand la raison d'État lui paraissait en jeu. L'archevêque de Tyr, qui l'estime cependant, le montre avide d'argent, peu scrupuleux sur les moyens de s'en procurer, fût-ce au détriment des biens de l'Église. Mais, comme il le disait lui-même à ce prélat, cette âpre fiscalité n'avait d'autre but que la défense du royaume, les nécessités de la guerre sainte. La preuve en est que nul ne dépensait plus largement, quand l'intérêt du pays était en jeu. Au reste, faisant confiance à ses agents et leur demandant rarement des comptes. De même, ni rancunier ni vindicatif, il oubliait ou feignait de ne pas entendre les mauvais propos sur sa personne. Ce politique, à qui on reproche d'avoir été sombre et dur, avait donc beaucoup de largeur d'esprit et un fond de bonté. A la guerre, c'était un rude soldat, indifférent au danger, insensible au chaud et au froid, aux privations et à la fatigue, un chef plein de calme et de ressources dans les passes les plus difficiles.

Il était fort intelligent, d'une intelligence à la fois réfléchie et pénétrante. Doué d'une mémoire prodigieuse, il connaissait à fond les « coutumes du royaume » et disait le droit comme le meilleur légiste du temps. Selon l'expression de Guillaume de Tyr faisant allusion à son léger bégaiement, « il savait mieux donner un bon conseil que conter une anecdote ». Sans être aussi lettré que son frère Baudouin III, il avait une grande curiosité intellectuelle, « aimant à regarder dans les livres, surtout dans les livres d'histoire ». Nous savons que c'est lui qui invita Guillaume à écrire sa grande chronique, « l'histoire de ses prédécesseurs et la sienne ». L'archevêque de Tyr fut un jour tout ébahi quand le roi l'interrogea sur les preuves de l'immortalité de l'âme. Le prélat lui ayant rappelé les preuves tirées de l'Écriture sainte, Amaury en demanda d'autres, capables de convaincre même les Infidèles, et il ne se déclara satisfait que lorsque Guillaume de Tyr eut invoqué la nécessité purement philosophique d'une sanction de nos actes dans l'au-delà, la vie terrestre montrant trop souvent la vertu mal récompensée et le vice impuni. Enfin Amaury, né en Palestine, s'intéressait fort aux questions indigènes. Il se faisait présenter les voyageurs que les pistes de caravanes avaient conduits du fond de l'Orient jusque vers les ports syriens et les interrogeait longuement sur leur pays.

**

Quand il se renseignait avidement ainsi auprès des caravaniers venus d'Alep, de Damas ou du Caire, quand il faisait son tour d'horizon vers ce monde musulman qui encerclait sur trois côtés l'étroit royaume chrétien, quelles réflexions pouvait faire le taciturne Amaury ? Au nord-est et à l'est, la constitution du grand royaume turco-arabe de Nour ed-Dîn barrait désormais aux Francs toute possibilité d'expansion. En présence de la nouvelle monarchie musulmane obéie à Alep et à Hamâ, à Homs et à Balbek, à Damas et au Hauran, le royaume de Jérusalem ne pouvait que se tenir sur la défensive. Mais voici qu'en revanche toutes les nouvelles arrivant du Caire montraient que la décadence de la dynastie et du régime fâtimides était devenue irrémédiable. Ce n'étaient que tragédies de sérail, conspirations de palais et révolutions de caserne, parmi les intrigues de la cour peut-être la plus corrompue qui fût jamais. En 1163, le vizir Châwer venait d'être chassé par une de ses créatures, le grand chambellan Dirghâm. L'anarchie était partout. L'Égypte était à prendre.

Devant un tel spectacle Amaury Ier comprit qu'une nouvelle phase de l'histoire des croisades venait de s'ouvrir. Les tentatives franques vers Alep et Damas étaient à jamais terminées. L'ère des croisades vers l'Égypte pouvait commencer. Et résolument, devançant Jean de Brienne et Louis IX, Amaury orienta l'expansion franque vers la vallée du Nil.

Sa première campagne de ce côté, en septembre 1163, fut une simple expédition de reconnaissance. Il poussa jusqu'à Bilbeïs qu'il fit mine d'assiéger, puis il se retira devant l'inondation qu'à la faveur de la crue du Nil le vizir Dirghâm avait tendue devant lui. Mais il s'était sérieusement documenté pour une entreprise plus ample et du reste les Égyptiens eux-mêmes allaient provoquer de sa part une nouvelle intervention. Ce fut à la vérité l'arbitrage de Nour ed-Dîn qui fut sollicité tout d'abord. L'ancien vizir égyptien Châwer, chassé par son compétiteur Dirghâm, se réfugia en Syrie musulmane et implora du puissant atâbeg l'envoi d'un corps expéditionnaire pour le restaurer dans le vizirat. En avril 1164, Nour ed-Dîn chargea de cette mission son meilleur général, l'émir kurde Chîrkouh, l'oncle du grand Saladin.

C'était un rude homme de guerre que Chîrkouh. Malgré son âge et ses disgrâces physiques – il était petit, obèse, à peu près borgne – le vieux chef kurde sut animer ses troupes par son exemple. Il n'ignorait pas qu'Amaury Ier chercherait à lui barrer la route, mais sa marche à travers le désert fut si rapide qu'il atteignit le Delta avant que les Francs aient eu le temps de mobiliser. En mai 1164, il apparaissait devant le Caire, battait Dirghâm qui fut tué dans sa fuite, et réinstallait Châwer dans le vizirat. Mais entre les deux alliés l'accord ne dura guère. La protection de Chîrkouh parut bientôt importune à Châwer. De fait, le lieutenant de Nour ed-Dîn ne parlait plus de quitter l'Égypte. Pour prix du service rendu, il exigeait une contribution de guerre, des provinces entières, s'éternisait dans le pays à la tête de son armée, se conduisait en maître. Excédé de son attitude, Châwer, pour se débarrasser de lui, n'hésita pas à faire appel aux Francs. Cette démarche posait dans son ensemble la question égyptienne : l'Égypte allait-elle devenir une dépendance du royaume syrien musulman de Nour ed-Dîn ou un protectorat franc ?

A l'appel de Châwer, Amaury accourut. A son approche, Chîrkouh, craignant d'être pris entre l'armée franque et l'armée égyptienne, évacua la région du Caire pour s'enfermer dans la place de Bilbeïs. Il y fut assiégé par les forces réunies d'Amaury et de Châwer et se trouvait en assez fâcheuse posture, quand le roi de Jérusalem reçut de mauvaises nouvelles de Syrie : en l'absence de l'armée franque, Nour ed-Dîn avait enlevé la forteresse de Hârim à la principauté d'Antioche et la place-frontière de Paneas, ou Bâniyâs, au royaume de Jérusalem (août et octobre 1164). Cette diversion eut le résultat escompté. A poursuivre le siège de Bilbeïs, Amaury risquait de perdre la Terre Sainte. Il proposa donc à Chîrkouh d'évacuer l'Égypte, si Chîrkouh lui-même en faisait autant. Chîrkouh, qui était à bout de ressources, s'estima heureux d'accepter ces conditions. Les deux corps expéditionnaires rentrèrent simultanément en Syrie, Amaury en longeant la côte et Chîrkouh par le désert d'Idumée, tandis que Châwer restait paisible possesseur du pays (novembre 1164).

La campagne d'Égypte de 1164 se terminait donc par une partie nulle. Cependant, si l'on y réfléchit, ce n'était pas pour Amaury un mince succès que d'avoir empêché la vassalisation de l'Égypte par les gens de Nour ed-Dîn. C'est ce que ne manquait pas de se dire Chîrkouh. Depuis son retour en Syrie, le vieux capitaine kurde rongeait son frein. Il avait mesuré, mieux encore qu'Amaury, l'irrémédiable décadence de la dynastie fâtimide, en même temps qu'il avait tâté de cette grasse terre d'Égypte, proie sans défense, d'avance vouée à tomber au pouvoir du plus audacieux. De plus, aux yeux de Musulmans sunnites orthodoxes comme Chîrkouh et son maître Nour ed-Dîn, la doctrine musulmane chiite, que professaient les khalifes fâtimides, n'était-elle pas une pure hérésie ? Le zèle confessionnel venait ainsi renforcer l'intérêt politique, et ce fut pour toutes ces raisons qu'en janvier 1167 Nour ed-Dîn chargea Chîrkouh d'entreprendre une nouvelle campagne pour la conquête de la vallée du Nil. Châwer, épouvanté, fit pour la seconde fois appel aux Francs.

A cette nouvelle Amaury réunit à Naplouse le « parlement » des barons palestiniens et leur exposa la situation. Si Nour ed-Dîn, déjà maître de toute la Syrie musulmane, mettait en outre la main sur l'Égypte, c'était l'encerclement et bientôt la ruine de la Syrie franque. Il fallait à tout prix voler au secours de Châwer et sauver l'indépendance égyptienne. Une troisième expédition fut donc décidée, mais avant qu'elle ait pu se mettre en mouvement, Chîrkouh avait couvert avec son armée la distance qui sépare Damas du Caire. Il est vrai qu'Amaury avec l'armée franque arriva presque sur ses talons (février 1167). Châwer reçut comme un sauveur le roi de Jérusalem, tandis que devant la jonction des forces égyptiennes et franques Chîrkouh, renonçant à assiéger Le Caire, mettait le Nil entre lui et ses adversaires et allait se poster en face, à Gizeh. Châwer établit ses alliés francs dans la banlieue est de la capitale pour la défendre contre tout coup de main de l'ennemi.

Pour sceller l'alliance avec ses amis francs, Châwer fit recevoir en audience par son maître, le khalife fâtimide, une ambassade du roi Amaury, conduite par Hugue de Césarée.

La chronique de Guillaume de Tyr nous décrit l'étonnement du baron latin pendant la traversée de ce palais des *Mille et une nuits*. « Ils traversèrent des galeries aux colonnes de marbre, toutes lambrissées d'or ; ils longèrent des bassins de marbre remplis d'eau courante ; ils entendaient les gazouillements d'une multitude d'oiseaux exotiques aux couleurs merveilleuses ; après les volières, on leur fit visiter les ménageries pleines de quadrupèdes inconnus de nos climats. Après avoir passé par une infinité de couloirs, ils arrivèrent dans le palais proprement dit. Un rideau tissé d'or, alourdi de pierreries, fut tiré et le khalife apparut sur son trône d'or, vêtu d'un costume d'une richesse inouïe. » Une difficulté protocolaire jeta un moment les courtisans dans l'embarras. Pour sceller le pacte de l'alliance franco-égyptienne, Hugue de Césarée voulut, à la mode franque, serrer la main du khalife. Les courtisans furent d'abord scandalisés d'un tel sacrilège. Le khalife y condescendit enfin, en ayant l'esprit d'en sourire comme d'une extravagance de barbare – le salut de la dynastie valait bien ce sacrifice –, et Hugue de Césarée rentra au camp chrétien, enchanté de sa mission.

L'armée franco-égyptienne chercha à terminer la guerre d'un seul coup en passant le Nil à l'improviste pour surprendre Chîrkouh à Gizeh, mais l'habile capitaine se déroba et gagna la Haute-Égypte. Amaury et Châwer l'y suivirent et l'obligèrent à accepter la bataille à Babeïn (18 mars 1167). Au centre les Francs, sous Amaury en personne, enfoncèrent l'ennemi, mais ils eurent le tort de se laisser entraîner beaucoup trop loin à la poursuite des fuyards. Quand ils furent de retour sur le champ de bataille, ils s'aperçurent qu'à leur aile gauche Chîrkouh avait dispersé l'armée égyptienne malgré les éléments de soutien dont Amaury avait pris soin de la renforcer. Le soir tombait. Les détachements rompus de l'armée

Chapitre IX

franco-égyptienne se cherchaient à travers le moutonnement des dunes. Amaury, pour les rassembler, fit dresser sa bannière sur un tertre qui dominait le paysage. Quand il eut regroupé ses gens, il les forma en colonne serrée et, au pas, marcha droit sur l'armée de Chîrkouh qui essayait de lui barrer la route du Nil. Devant ces hommes résolus, Chîrkouh n'osa recommencer le combat : il laissa le passage libre. Plus éprouvé que les Francs, il ne chercha même pas à les devancer sur le chemin du Caire, mais, tandis que ceux-ci redescendaient vers la capitale égyptienne, il courut, lui, par un trait de grand capitaine, s'emparer d'Alexandrie.

L'occupation d'Alexandrie donnait à Chîrkouh une base solide en Égypte. Amaury et Châwer sentirent toute la gravité de l'événement. Ils vinrent aussitôt établir le blocus de la grande place maritime. Devant la disette qui en résulta, Chîrkouh prit une résolution hardie. Confiant la défense d'Alexandrie à son neveu, le jeune Saladin, il sortit nuitamment de la ville et alla avec le reste de ses troupes fourrager en Haute-Égypte. Cependant les riches marchands d'Alexandrie, navrés de la destruction de leurs villas de banlieue comme du blocus maritime qui ruinait leur commerce, ne songeaient qu'à se rendre. Saladin, avec cette éloquence persuasive que nous lui verrons si souvent, réussit à les faire patienter. Chîrkouh, mis par lui au courant, proposa la paix. Il rendrait Alexandrie à Châwer et rentrerait en Syrie à condition qu'Amaury en fît autant. L'accord fut conclu sur ces bases (août 1167). Il donna lieu, devant Alexandrie, à des scènes de fraternisation pittoresques entre assiégés et assiégeants de la veille, les habitants venant avec curiosité visiter le camp des Francs où on les accueillit de bonne grâce. Réciproquement les soldats francs eurent licence d'aller en toute liberté se promener à travers la ville. Saladin rendit courtoisement visite à Amaury, dont il fut l'hôte pendant plusieurs jours. Châwer et ses amis, une fois maîtres d'Alexandrie, se mettant à exercer leur vengeance sur ceux des habitants qui pendant le siège s'étaient montrés dévoués à Saladin, ce dernier fit appel à l'intervention d'Amaury, et le roi de Jérusalem, chevaleresquement, obtint de ses alliés une pleine amnistie pour toute la population. A la demande de Saladin, Amaury fournit même des vaisseaux pour ramener en Syrie les blessés de l'armée de Chîrkouh. Avec le reste de ses troupes ce dernier reprit par la voie de terre le chemin de Damas. Plus encore que la première fois, il était inconsolable d'avoir manqué de si près la conquête de l'Égypte. Au contraire, Amaury qui l'en avait empêché rentra à Jérusalem en triomphateur. Non seulement l'habile monarque avait sauvé l'indépendance égyptienne et arrêté l'unification du monde musulman, mais encore le gouvernement du Caire, pour le remercier de son intervention et s'assurer de son appui ultérieur, avait consenti à lui verser un tribut annuel de cent mille pièces d'or. En cet automne de l'an 1167 un véritable protectorat franc, librement accepté et même sollicité, venait de s'établir sur l'Égypte.

Pour consolider ces magnifiques résultats, Amaury Ier résolut de resserrer l'alliance franco-byzantine. A l'exemple de son prédécesseur, il demanda la main d'une princesse impériale. L'empereur Manuel lui accorda sa petite-nièce, Marie Comnène, qui débarqua à Tyr en août 1167 et dont les noces furent célébrées à Jérusalem le 29 du même mois.

La cour de Constantinople avait suivi avec beaucoup d'intérêt la dernière campagne d'Amaury en Égypte. Elle en avait conclu que rien ne serait plus facile aux chrétiens que de s'emparer du pays. Dès 1168 elle proposa au roi de Jérusalem une expédition en commun dans ce dessein. Sur la demande de Manuel Comnène, Amaury envoya aussitôt à Constantinople Guillaume de Tyr qui établit avec l'empereur un projet d'action concertée. Il fut entendu que l'année suivante les forces byzantines viendraient opérer leur jonction avec celles du roi de Jérusalem pour entreprendre la conquête du Delta.

Il n'était pas très sûr qu'une telle expédition, dans l'état du monde musulman, fût préférable au protectorat franc, tel qu'il fonctionnait déjà en Égypte. Malgré le concours escompté des Byzantins, c'était peut-être lâcher la proie pour l'ombre. Au moins fallait-il attendre ce concours. Par une erreur fatale, les Francs, dès octobre 1168, décidèrent d'opérer seuls. Nous savons que dans le conseil de la couronne les Hospitaliers, une partie des barons et tous les pèlerins fraîchement débarqués se prononcèrent avec violence en ce sens. Amaury combattit longtemps ce point de vue. Il finit malheureusement par se laisser entraîner. Disons à sa décharge que, d'après les rapports qui parvenaient du Caire, le vizir Châwer commençait à se lasser de la tutelle franque au point d'envisager un nouveau renversement des alliances et de se rapprocher en secret de Nour ed-Dîn. Amaury voulut peut-être prévenir quelque trahison de ce côté, et c'est ce qui expliquerait qu'il n'ait pas attendu pour agir l'arrivée de ses alliés byzantins.

Quoi qu'il en soit, l'expédition une fois décidée, il la conduisit avec son énergie coutumière. Il quitta Ascalon le 20 octobre, arriva devant Bilbeis le 1er novembre et prit la ville d'assaut le 4. Le 13 il apparaissait devant la vieille ville du Caire, Fostât. Châwer prit alors un parti désespéré, le même qu'en 1812 Rostopchine à Moscou. Pour empêcher les Francs de s'installer à Fostât, il mit le feu à la ville. Dès les premiers rougeoiements de l'incendie, son envoyé se présenta devant Amaury : « Regarde, ô roi, cette fumée qui monte vers le ciel : c'est Fostât qui brûle. Nous y avons fait jeter 20 000 pots de naphte et 10 000 torches. Dans quelques heures ce ne sera qu'un monceau de décombres ! Tu n'as plus qu'à t'en retourner ! » Le roi de Jérusalem comprit en effet que son entreprise était manquée. Il chercha seulement à se faire acheter sa retraite au prix d'une bonne indemnité de guerre. Dès le versement de la première tranche, il évacua le pays et rentra en Palestine.

Il pouvait maintenant mesurer toute l'étendue de la faute qu'on lui avait fait commettre. Cette attaque contre son ancien protégé Châwer, attaque qui, dans le public, prenait les allures d'une trahison, avait fait l'union de toute la population musulmane contre les Francs. Châwer se trouvait désormais livré sans contrepoids à la tutelle de Nour ed-Dîn. De fait, dès l'annonce de l'agression franque, ce dernier avait chargé Chîrkouh de retourner en Égypte. Le vieux capitaine, qui n'attendait qu'une telle occasion, partit à franc étrier. Le 8 janvier 1169, il faisait son entrée au Caire où Châwer feignit de le recevoir avec une joie sans mélange. En réalité, l'inquiet vizir cherchait à recommencer son jeu de bascule et à gagner du temps, mais l'heure des ruses était passée. Le 18 janvier Châwer faisait à cheval une promenade jusqu'à la tombe d'un saint musulman. Saladin, neveu et lieutenant de Chîrkouh, lui avait offert de l'accompagner. Les deux hommes chevauchaient côte à côte, lorsque, à l'improviste, Saladin saisit son compagnon de route au collet, le désarçonna et le mit en état d'arrestation. Quelques heures après, le malheureux était décapité et Chîrkouh s'installait à sa place dans les fonctions de vizir. Chîrkouh étant décédé deux mois après (23 mars 1169), Saladin lui succéda dans le vizirat. Sous ce titre modeste qui respectait l'autorité théorique des khalifes-fainéants de la maison fâtimide, le jeune héros kurde était le maître de l'Égypte.

Ainsi la néfaste expédition franque de 1168 n'avait abouti qu'à un désastre diplomatique aux conséquences incalculables. Au lieu d'une Égypte vassale et, dans tous les cas, inoffensive, voici que venait de s'installer à la tête de ce pays un jeune chef dont toute l'histoire ultérieure allait révéler le génie, homme de guerre et homme d'État de premier ordre, la plus forte personnalité qu'ait produite la société musulmane pendant toute l'époque des Croisades. Et Saladin, maître de l'Égypte, continuait à s'y considérer comme le lieutenant de Nour ed-Dîn. L'unité musulmane était ainsi refaite de l'Euphrate à la Nubie. Si on voulait empêcher l'étouffement de la Syrie franque, il fallait à tout prix faire cesser cette situation avant qu'elle ait eu le temps de se consolider, renverser Saladin. Amaury, revenant en hâte au projet de collaboration franco-byzantine, sollicita pour cela l'aide de l'empereur Manuel Comnène. En juillet 1169 celui-ci lui envoya une puissante flotte avec un corps expéditionnaire sous les ordres du *megaduc* Kontostéphanos. Le 16 octobre, l'armée franco-byzantine, commandée par Amaury et Kontostéphanos, partit d'Ascalon à la conquête du Delta. A la fin du mois elle commençait le siège de Damiette. Mais Saladin réussit par des prodiges d'adresse à ravitailler la ville, tandis que dans le camp chrétien la mésentente se mettait entre Byzantins et Francs. Le désaccord chez les alliés devint bientôt si grave, il paralysa à ce point leurs efforts que le 13 décembre toute l'armée chrétienne levait le siège et évacuait le Delta.

Cet abandon eut comme conséquence d'affermir définitivement Saladin dans la possession de l'Égypte. Il en profita pour venir menacer le royaume de Jérusalem du côté de Gaza, tandis que Nour ed-Dîn insultait la grande forteresse franque du Crac de Moab. Devant ces coups, Amaury Ier regrettant sans doute les malentendus du siège de Damiette, résolut à nouveau de resserrer l'alliance franco-byzantine et le 10 mars 1171 s'embarqua lui-même pour Constantinople.

Manuel Comnène fit au souverain franc une réception magnifique. A en lire le récit dans la chronique contemporaine de Guillaume de Tyr, on ne peut se défendre de quelque mélancolie,

Chapitre IX

car c'est vraiment la rencontre du dernier grand *basileus* byzantin avec le dernier roi de Jérusalem digne de ce nom. En débarquant, Amaury fut conduit en grande pompe au palais du Boukoléon qui domine le port. « On y arrive par un escalier de marbre qui descend jusqu'au rivage, bordé de lions et de colonnes aussi de marbre, d'un luxe prodigieux. D'ordinaire cette voie est réservée à l'empereur, mais par faveur spéciale le roi y fit son entrée. » Puis c'est la réception d'Amaury par Manuel dans la grande salle d'honneur du Chrysotriklinion, l'entretien particulier des deux princes en attendant que, le rideau de ce sanctuaire du culte impérial byzantin ayant été tiré, les barons francs aperçoivent leur roi assis dans la gloire sur un siège d'honneur, à côté du siège, protocolairement plus élevé, du *basileus*.

Pendant plusieurs semaines, Amaury fut l'hôte du monarque byzantin qui lui fit en détail les honneurs de ses palais et de ses églises. Un jour, Manuel invita le roi et les barons aux courses de l'Hippodrome, aux jeux des danseuses et des mimes. « Nos gens en étaient ébahis », avoue le bon Guillaume de Tyr. Enfin Amaury eut la fantaisie de visiter en bateau le Bosphore, « le Bras-Saint-George », jusqu'à l'entrée de la mer Noire, observant et s'enquérant de tout avec la curiosité d'esprit que nous lui connaissons.

Ces fêtes constituaient le décor extérieur des graves conversations diplomatiques entre Amaury et Manuel. L'expérience récente venait de montrer aux deux hommes que la vieille querelle entre l'orthodoxie grecque et la latinité ne profitait qu'à l'Islam. A la leçon de l'échec de Damiette, ils décidèrent de préparer une expédition mieux coordonnée pour arracher l'Égypte à Saladin. Ce fut ce grand projet qu'en prenant congé du *basileus*, Amaury, de nouveau plein d'espoir, rapporta avec lui en Palestine.

Les chances de ce côté semblaient redevenir plus favorables. Pour complaire à Nour ed-Dîn, Saladin, il est vrai, avait en septembre 1171 supprimé le khalifat fâtimide du Caire, fait cesser du coup le grand schisme religieux qui depuis deux siècles divisait l'Islam, éteint l'hérésie, comme disaient les sunnites. Mais cette mesure, qui enlevait aux Francs la faculté de mettre à profit les rivalités confessionnelles dans le monde musulman, eut sa contrepartie.

Saladin, une fois aboli le khalifat du Caire, se trouva en fait, sinon en titre, le seul maître du pays, le véritable roi d'Égypte. Entre lui, désormais trop puissant pour ne pas aspirer à l'indépendance complète, et Nour ed-Dîn qui continuait à le traiter en simple lieutenant, les rapports ne tardèrent pas à se gâter. Sa foudroyante ascension commençait à porter ombrage au vieil atâbeg qui songeait sérieusement à organiser contre le général rebelle une expédition punitive. Saladin, informé de ces intentions, ménageait maintenant les Francs. Quand Nour ed-Dîn l'invitait à collaborer contre eux à une offensive commune, il se dérobait : le royaume de Jérusalem paraissait au nouveau maître de l'Égypte un État-tampon providentiel contre la vengeance de Nour ed-Dîn. Un politique comme Amaury Ier allait donc retrouver là de nouvelles possibilités de manœuvre. Ces perspectives s'élargirent encore, quand, le 15 mai 1174, Nour ed-Dîn mourut à Damas, en ne laissant comme héritier qu'un enfant de onze ans, Mélik es-Salih. Point n'était besoin d'être prophète pour prévoir que ce jeune garçon ne conserverait pas l'empire paternel. Le roi de Jérusalem pouvait soit se constituer son protecteur contre les convoitises de Saladin, soit partager avec ce dernier la Syrie musulmane. Amaury agitait ces pensées et d'accord avec ses alliés byzantins préparait une solution nouvelle de la question d'Orient, quand le mauvais destin de la Syrie franque vint l'arrêter en pleine action. Le 11 juillet 1174 il fut emporté par le typhus à Jérusalem à l'âge de trente-neuf ans.

Chapitre X
Vers le drame des croisades

Baudouin IV, le Roi Lépreux

La mort d'Amaury Ier survenant à une heure pareille, était un désastre. Jamais disparition n'eut de plus graves conséquences sur les destinées d'un État. Ce politique audacieux avait orienté la croisade sur des voies nouvelles, vers des entreprises d'où elle devait sortir à jamais triomphante ou blessée à mort. Après avoir un instant réussi à établir le protectorat franc sur l'Égypte, il avait vu sa tentative se retourner contre lui, l'Égypte tomber précisément au pouvoir du plus redoutable des chefs musulmans, le grand Saladin. Mais le dernier mot n'était pas dit, tout pouvait encore être réparé ;

Chapitre X

Amaury n'avait pas donné toute sa mesure, quand le destin, au moment décisif, l'arracha brutalement à son œuvre. Son décès laissait le champ libre à Saladin. Celui-ci en profita aussitôt pour régler à sa guise la succession de Nour ed-Dîn. Le 25 novembre 1174, il se présenta devant Damas, y fit son entrée sans rencontrer de résistance et annexa la grande ville. Homs et Hamâ eurent le même sort. A l'exception d'Alep, qu'il laissa jusqu'en 1183 aux faibles héritiers de Nour ed-Dîn, il était maître de la Syrie musulmane comme de l'Égypte.

Retournement catastrophique des situations ! La veille encore, le royaume franc de Jérusalem, bénéficiant de la division politico-confessionnelle entre le khalifat fâtimide du Caire et les royaumes turcs de la Syrie intérieure, favorisé en Syrie même par le providentiel émiettement turco-arabe, jouant à son gré de l'anarchie musulmane, apparaissait comme l'arbitre de l'Orient. Or voici que, du jour au lendemain, il se voyait désormais encerclé par une puissante monarchie militaire que dirigeait un chef de génie, prêt à profiter à son tour de toutes les divisions des Francs. Et, pour recueillir cette terrible succession, Amaury Ier ne laissait qu'un fils de treize ans, le jeune Baudouin IV.

L'adolescent sur qui en ces heures graves reposaient les destinées de la France d'outre-mer s'annonçait, il est vrai, comme un des plus brillants représentants de cette dynastie d'Anjou qui en Occident s'épanouissait alors dans les Plantagenets. C'était, nous dit Guillaume de Tyr, un enfant charmant et remarquablement doué, beau, vif, ouvert, agile aux exercices du corps, déjà parfait cavalier. D'une grande rapidité d'esprit et d'une excellente mémoire (« jamais il n'oublia une insulte et moins encore un bienfait »), il nous apparaît comme le plus cultivé des princes de sa famille. Dès l'âge de neuf ans on lui avait donné pour précepteur le futur archevêque Guillaume de Tyr, humaniste et arabisant, historien et homme d'État, qui allait par la suite devenir son chancelier, et nous savons par le témoignage du maître que l'élève profitait admirablement de ses leçons, notamment dans les lettres latines et dans l'étude de l'histoire, qui le passionnait.

Mais dès les premières lignes du portrait ému que Guillaume de Tyr trace ainsi de son royal élève, on sent percer une profonde tristesse. Cet enfant si beau, si sage et déjà si cultivé était secrètement atteint du mal horrible qui lui valut son surnom de Baudouin le Lépreux. Guillaume nous raconte comment on s'aperçut du malheur, un jour que le jeune prince jouait avec d'autres enfants, fils des barons de Jérusalem. « Il arrivait que dans l'ardeur du jeu ils s'égratignaient les mains, et alors les autres enfants criaient. Seul le petit Baudouin ne se plaignait pas. Guillaume s'en étonna. L'enfant répondit qu'il ne sentait rien. On s'aperçut alors que son épiderme était réellement insensible. On le confia aux *mires*, mais leur art se révéla impuissant à le guérir. » C'étaient bien les premiers symptômes de la terrible maladie qui, d'année en année, devait faire de cet adolescent plein de vaillance un cadavre vivant...

Le règne du malheureux jeune homme, de 1174 à 1185 – avènement à treize ans, décès à vingt-quatre – ne devait donc être finalement qu'une lente agonie, mais une agonie à cheval, face à l'ennemi, toute raidie dans le sentiment de la dignité royale, du devoir chrétien et des responsabilités de la couronne en ces heures tragiques où au drame du roi répondait le drame du royaume. Et quand le mal empirera, quand le Lépreux ne pourra plus monter en selle, il se fera encore porter en civière sur le champ de bataille et l'apparition de ce moribond sur cette civière mettra en fuite les Musulmans.

***

Dès le lendemain de la mort d'Amaury, après le sacre de son successeur au Saint-Sépulcre, autour de l'enfant malade la lutte pour le pouvoir avait commencé. Le sénéchal Mulon de Plancy, qui avait assumé le gouvernement, déplaisait aux barons par sa morgue et sa dureté. Dans les derniers mois de 1174, pendant un séjour à Acre, comme il traversait la grande rue, un soir, à la nuit tombante, il fut criblé de coups de poignard, et nul ne retrouva les assassins. Sa mort livra la régence au comte de Tripoli Raymond III. Curieuse figure que celle de ce dernier représentant de la dynastie toulousaine qui, trois quarts de siècle plus tôt, était venue fonder une seigneurie de langue d'oc sur la Riviera libanaise. C'était non seulement le plus puissant vassal du royaume (à son comté de Tripoli il joignait, du fait de sa femme, la seigneurie de Tibériade ou de Galilée), mais encore le cousin du roi et même un de ses plus proches parents : petit-fils par sa mère du roi Baudouin II, il pouvait, en cas de décès de l'enfant lépreux, réclamer la couronne. Guillaume de Tyr, qui appréciait en lui le politique, nous a laissé de lui un portrait fort vivant. Mince et même maigre, quoique assez large d'épaules, avec un beau grand visage, le nez un peu long, les cheveux noirs et plats, les yeux vifs et pénétrants, il était mesuré en tout, en paroles comme à table, plein de sens, sage et clairvoyant en affaires, sans orgueil, plus généreux avec les étrangers que dans le privé, avec cela fort lettré. Il se tenait avec beaucoup d'attention au courant de ce qui se passait en terre d'Islam. Connaissant bien par lui-même le milieu musulman (il avait passé huit ans à Alep comme prisonnier), il y avait conservé des sympathies dont il devait faire bénéficier le pays chrétien. Saladin lui-même sera en rapports d'amitié personnelle avec lui. Sous les calomnies du parti Templier et du parti Lusignan, l'historien discerne dans cet homme d'État-né le véritable héritier des rois boulonnais, ardennais et angevins dont la politique avisée avait dans la première moitié du XIIe siècle fondé le royaume de Jérusalem. Tout au plus remarquerons-nous chez lui (mais devant la supériorité militaire de l'Islam maintenant unifié était-il une autre attitude ?) une subordination complète du tempérament chevaleresque et de tout le romantisme de croisade au réalisme le plus circonspect.

Pour l'instant, dans le royaume en péril, le réalisme l'emportait et c'est cet instinct de conservation qui au « parlement » tenu à Jérusalem à la fin de 1174 fit acclamer Raymond III comme régent par l'unanimité des prélats et des barons, « et tout le peuple en eut grande joie ». Mais dans cette malheureuse France du Levant, malade de politique, le travail des partis n'allait pas tarder à ruiner ces dispositions favorables. Parce qu'en cas de décès de l'enfant lépreux le comte de Tripoli pouvait légitimement aspirer à la couronne, on suspectera son loyalisme. Sa prudence diplomatique, ses utiles relations avec Saladin le feront accuser d'islamophilie, voire de trahison. Cependant, dès sa prise du pouvoir, il fit, face à l'Islam, un coup de maître. Au cours de l'hiver 11741175 Saladin vint assiéger Alep. On a vu que cette ville était la seule partie de la Syrie musulmane que le conquérant kurde eût laissée à la famille de Nour ed-Dîn. S'il réussissait à prendre la place, si à l'Égypte et à Damas il ajoutait Alep, l'unité musulmane était réalisée depuis le Soudan jusqu'à l'Euphrate. Devant la menace, les Turcs d'Alep firent appel aux Francs. Le comte de Tripoli accourut et, par une rapide diversion sur Homs, força Saladin à lâcher prise (février 1175). Tandis que le régent besognait ainsi dans le nord, en Palestine l'enfant-roi ne restait pas inactif. En cette même année 1175, au moment de la moisson, il se mit à la tête des siens (il avait alors quatorze ans et le mal n'avait pas encore terrassé son énergie physique) et conduisit une brillante chevauchée par-delà le massif de l'Hermon jusqu'à Daréya, à quelque 5 kilomètres de Damas. Saladin, devant la perspective d'une guerre sur deux fronts, au nord contre les Turcs d'Alep, au sud et à l'ouest contre les Francs, se décida à conclure la paix avec ceux-ci.

Toutefois ce n'était que partie remise. Dans son désir de parfaire l'unité de la Syrie musulmane, Saladin, en juillet 1176, revint assiéger Alep. Le jeune Baudouin IV se remit aussitôt en campagne pour une nouvelle diversion orientée, cette fois, vers la fertile vallée de la Beqa, « terre si délectable, dit l'*Eracles*, qu'elle est toute ruisselante de lait et de miel ». Après avoir battu près d'Andjar un corps d'armée damasquin, Baudouin ramena « à grand joie » sa chevalerie jusqu'à Tyr où le butin fut partagé. Ainsi même sous le règne du pauvre adolescent lépreux, même en présence de l'unité musulmane aux trois quarts reconstituée, les Francs tenaient l'Islam en échec.

***

La brillante victoire du jeune souverain dans la Beqa ne pouvait que faire déplorer davantage le mal incurable dont il était atteint. Sa lèpre empirant, qui ne lui permettait aucun espoir de mariage, il se voyait, au lendemain de son triomphe, dans l'obligation de régler comme un mourant les affaires de sa succession. Certes, son cousin, le comte Raymond III de Tripoli, aurait eu toutes les qualités nécessaires pour recueillir le lourd héritage ; mais, la loi salique ne jouant pas ici, ses droits ne venaient qu'après ceux des deux sœurs de Baudouin IV, Sibylle et Isabelle. Sur Sibylle, l'aînée, reposait en particulier l'avenir de la dynastie, et du choix de son époux dépendait le destin du royaume.

Le choix de Baudouin IV et de ses conseillers s'arrêta sur le baron piémontais Guillaume Longue-Épée, fils du marquis de Montferrat. Au début d'octobre 1176, le blond jeune homme, un des plus beaux et des plus vaillants chevaliers de son temps, débarqua à Sidon et au milieu de fêtes magnifiques épousa la princesse Sibylle. Mais, le sort s'acharnant sur la France d'outre-mer, au bout de quelques mois le paludisme emportait Guillaume à Ascalon, et le problème de succession se trouvait ouvert à nouveau (juin 1177).

Sur ces entrefaites débarqua en Palestine avec une imposante escorte un croisé illustre, le comte de Flandre Philippe d'Alsace. Baudouin IV, dont il était le cousin germain, l'accueillit comme un sauveur. Depuis Robert II, le héros de la première croisade, jusqu'à Thierry d'Alsace, la Flandre avait joué un rôle magnifique dans l'histoire de la Syrie franque. Justement, à cette heure, l'empereur byzantin Manuel Comnène, exécutant les promesses faites au feu roi Amaury, annonçait l'envoi d'une Armada pour coopérer avec les Francs dans une nouvelle descente en Égypte. Mais Philippe refusa de participer à une expédition qu'il estimait hasardeuse. Sans doute l'échec final du roi Amaury n'était-il guère encourageant. Il n'en est pas moins vrai que c'était en Égypte seulement que l'empire de Saladin pouvait être ébranlé, à condition, bien entendu, que Francs et Byzantins coopérassent cette fois avec une égale ardeur aux opérations. La cour de Constantinople, éclairée par les événements, était enfin décidée à faire tout l'effort nécessaire, mais, malgré les supplications pathétiques du Roi Lépreux, Philippe d'Alsace s'obstina dans son refus. Les amiraux byzantins, rebutés, se rembarquèrent. Quant à Philippe, au lieu d'attaquer Saladin au point vulnérable, dans le Delta, il partit guerroyer dans la Syrie du nord, non sans emprunter d'office à Baudouin IV les meilleures troupes du royaume. Saladin s'aperçut que, de ce fait, la Palestine se trouvait dégarnie de défenseurs. Quittant aussitôt l'Égypte avec sa cavalerie, il conduisit un raid foudroyant sur Ascalon, le principal boulevard de la puissance franque au sud-ouest.

Dans cette situation angoissante le jeune roi fut héroïque. Son armée, prêtée au comte de Flandre, guerroyait bien loin, entre Antioche et Alep. Il n'avait sous la main que quatre cents hommes. Ramassant ce qu'il put rallier de gens, il se porta avec la Vraie Croix au-devant de l'envahisseur. Si rapide fut sa marche qu'il devança Saladin à Ascalon. A peine y était-il entré, que l'armée égyptienne, forte de vingt-six mille hommes, l'y investissait. La situation des Francs paraissait si désespérée que Saladin, négligeant leur misérable petite armée dont la reddition ne semblait plus qu'une question d'heures, décida, en laissant devant elle, vers Ascalon, de simples rideaux de troupes, de marcher droit sur la Judée, peut-être même jusqu'à Jérusalem vide de défenseurs.

Au passage, à travers la plaine qui s'étend d'Ascalon à Ramla, il brûlait les bourgs et pillait les fermes, en laissant ses escadrons s'enrichir de la rafle de tout un pays. Dans sa marche triomphale et sans obstacle, il était arrivé, d'après certains chroniqueurs, près de Tell Djézer, le Montgisard des Francs, d'après d'autres, seulement devant Tell Séfi, la Blanche-Garde des Croisés, à l'entrée de la Vallée des térébinthes, et il se mettait en devoir de faire traverser par son armée le lit d'un oued, lorsque, à sa stupéfaction, il vit surgir au-dessus de lui, du côté où il s'y attendait le moins, cette armée franque qu'il croyait réduite à l'impuissance derrière les murailles d'Ascalon (25 novembre 1177).

C'est qu'il avait compté sans Baudouin IV. Dès que celui-ci, du haut des tours d'Ascalon, eut constaté le départ de Saladin, il avait pris du champ avec sa petite armée ; mais, au lieu de suivre l'ennemi sur la grande route de Jérusalem, il avait fait un crochet vers le nord, le long de la côte, pour se rabattre ensuite droit au sud-est, sur la piste des Musulmans. Un vigoureux désir de vengeance animait la petite troupe en traversant les campagnes incendiées par les coureurs ennemis. Près de Ramla, on découvrit les colonnes musulmanes qui s'engageaient dans le lit de l'oued. En d'autres circonstances la chevalerie franque eût sans doute hésité devant son incroyable infériorité numérique, mais l'ardeur des premiers croisés animait le Roi Lépreux. « Dieu qui fait paraître sa force dans les faibles, écrit Michel le Syrien, inspira le roi infirme. Il descendit de sa monture, se prosterna face contre terre devant la croix et pria avec larmes. A cette vue le cœur de tous les soldats fut ému, ils jurèrent sur la croix de ne pas reculer et de regarder comme traître quiconque tournerait bride, ils remontèrent à cheval et chargèrent. » Au premier rang se dressait la Vraie Croix, portée par l'évêque Aubert de Bethléem ; elle devait, une fois de plus, dominer la bataille et plus tard les combattants chrétiens devaient avoir l'impression qu'au milieu de la mêlée elle leur était apparue immense, au point de toucher le ciel. Les chroniqueurs nous montrent Baudouin IV et ses quatre cents chevaliers plongeant et se perdant un instant dans la cohue des forces musulmanes qui tentaient de se rallier au milieu de l'oued. Les Musulmans, qui pensaient d'abord les étouffer sous le nombre, commencèrent bientôt à perdre contenance devant la furie française. « Le passage, dit le Livre des deux jardins, était encombré par les bagages de l'armée. Soudain surgirent les escadrons des Francs, agiles comme des loups, aboyant comme des chiens ; ils chargèrent en masse, ardents comme la flamme. Les Musulmans lâchèrent pied. » Saladin, le sultan d'Égypte et de Damas, avec ses milliers de Turcs, de Kurdes, d'Arabes et de Soudanais, fuyait devant les quatre cents chevaliers de l'adolescent lépreux...

Fuite éperdue. Jetant bagages, casques et armes, ils galopaient à travers le désert d'Amalek, droit vers le ruisseau d'Égypte et le Delta. Pendant deux jours Baudouin IV ramassa sur toutes les pistes un butin prodigieux, puis il rentra à Jérusalem en triomphal arroi. De fait, jamais plus belle victoire chrétienne n'avait été remportée au Levant et, en l'absence du comte de Flandre et du comte de Tripoli, tout le mérite en revenait à l'héroïsme du roi dont les dix-sept ans, triomphant pour un instant du mal qui rongeait son corps, s'égalaient à la maturité d'un Godefroi de Bouillon ou d'un Tancrède.

Baudouin profita de sa victoire pour mettre la Galilée à l'abri des incursions venues de Damas. En octobre 1178, il éleva au Gué de Jacob, sur les bords du haut Jourdain, une puissante forteresse, destinée à commander la route historique qui va de Tibériade à Qouneitra. Plus au nord, aux sources du Jourdain, il disputait aux Damasquins la région de Bâniyâs, vieille marche-frontière perdue depuis peu. En avril 1179, comme, avec son connétable Onfroi de Toron, il exécutait de ce côté une razzia quelque peu hasardeuse, il fut surpris par les troupes damasquines. Le vieux connétable, responsable de l'imprudence commise, sauva le jeune roi. Couvrant de son corps la retraite du prince, il fut criblé de blessures, mais contint l'ennemi et vint mourir, l'honneur sauf, dans son donjon de Hounîn. Cependant Saladin, de retour d'Égypte avec une nouvelle armée, préparait, de Bâniyâs, l'invasion de la Galilée. Hardiment Baudouin IV résolut de le prévenir. S'étant mis à la tête de sa chevalerie et accompagné du comte de Tripoli, il galopa jusqu'à l'entrée du Mardj Ayoun, la « prairie » située entre le grand coude du fleuve Litani et la forêt de Bâniyâs, où, des hauteurs de Hounîn, il découvrit les masses ennemies opérant leur concentration, tandis que leurs fourrageurs rentraient de fructueuses razzias à travers la Phénicie. Renouvelant le coup de surprise de Montgisard et de Blanche-Garde, Baudouin se lança sur ces détachements isolés et les mit en déroute. Malheureusement, dans leur descente trop rapide de la montagne, les chevaliers s'étaient quelque peu dispersés. De son quartier général de Bâniyâs, Saladin eut le temps d'accourir avec le gros de ses forces. Ralliant les fuyards, il tomba sur la cavalerie franque essoufflée et, après une mêlée furieuse, la mit à son tour en déroute. Baudouin IV et le comte de Tripoli réussirent à s'échapper, mais le nombre des morts et des captifs fut considérable (10 juin 1179). Quelques semaines après, Saladin alla raser la forteresse du Gué de Jacob. Toutefois là s'arrêtèrent les hostilités. L'année suivante, Saladin et Baudouin IV conclurent une trêve renouvelable, ce qui dans le droit franco-musulman de l'époque équivalait à la paix. En somme pendant ces trois années le Roi Lépreux avait tenu tête au redoutable sultan, et l'accord de 1180 consacrait le *statu quo*.

***

Malheureusement l'état de Baudouin IV s'aggravait. La lèpre se manifestait dans toute sa hideur. Avec ses stigmates, le caractère de l'héroïque jeune homme s'assombrissait. Il avait maintenant des accès de méfiance envers son entourage. En 1180, le prince d'Antioche et le comte de Tripoli s'étant mis en route pour faire leurs dévotions au Saint-Sépulcre, il s'imagina qu'ils voulaient profiter de sa déchéance physique pour le déposer. Inquiétudes de malade, mais qui montraient combien nécessaire devenait un règlement officiel de la succession au trône. L'héritière était toujours sa sœur aînée, Sibylle, dont le mari, Guillaume de Montferrat, était mort après quelques mois de mariage, en la laissant enceinte d'un fils, le futur Baudouin V. Comme le Roi Lépreux pouvait disparaître d'un moment à l'autre et qu'une longue régence était ensuite à prévoir, il importait de remarier au plus tôt la princesse. Le roi et la cour cherchaient donc parmi les familles souveraines d'Occident un parti convenable pour Sibylle, lorsqu'elle fit savoir que son cœur avait choisi sans s'embarrasser des calculs de la politique.

L'heureux élu était un simple cadet poitevin, sans fortune et sans illustration personnelles, Guy de Lusignan. Dès son arrivée en Palestine, sa belle figure, ses manières élégantes avaient produit la plus favorable impression sur la jeune veuve. Le désœuvrement de celle-ci, son caractère romanesque et passionné de Franque créole firent le reste. A en croire de malveillants chroniqueurs, elle se serait même laissée aller avec Guy à des imprudences telles que le mariage devenait indispensable... Baudouin IV, alors en pleine crise, n'eut pas la force de résister aux pressantes sollicitations de sa sœur. Il consentit à l'union des amoureux en inféodant à Guy le comté de Jaffa et d'Ascalon (1180).

Ce roman devait avoir des conséquences politiques désastreuses. Cadet sans fortune, sans lien avec la noblesse syrienne qui le considéra toujours comme un étranger et un parvenu, désigné par le caprice d'une femme amoureuse et par la lassitude d'un roi moribond, n'ayant enfin d'autre titre à son élévation que d'être le plus bel homme de son temps, Guy était desservi même par ses qualités négatives. Sa naïveté naturelle, comme chante le poète Ambroise, passait pour de la « simplesse ». Dans sa propre famille on le tenait pour quelque peu niais et quand on y apprit que « Guion », le petit cadet, était en train, là-bas, grâce au coup de foudre d'une reine fantasque, de gagner une couronne, son frère aîné éclata de rire : « Si Guy devient roi, pourquoi ne deviendrait-il pas dieu ? » En fait un choix aussi frivole, à une heure aussi tragique, quand le Roi Lépreux s'acheminait vers la tombe, quand l'Égypte et Damas étaient unies sous la main de fer de Saladin, constituait une véritable gageure. Par surcroît, Isabelle, la sœur cadette de Baudouin IV et de Sibylle, épousa bientôt après un autre joli garçon, Onfroi IV de Toron, qui, bien que l'héritier d'une lignée de héros, était un « poulain » encore plus insignifiant, aussi faible au moral qu'au physique et bien incapable, on devait le voir, de jouer un rôle quelconque.

Pendant ce temps l'état du Roi Lépreux empirait chaque jour ; « il semblait déjà tout pourri, et que les membres lui dussent choir ». A cette phase de son mal, il ne pouvait plus, malgré son énergie, s'occuper des affaires que par intermittence. Son entourage immédiat en profitait pour le chambrer et rafler les bénéfices. Sa propre mère, Agnès de Courtenay, ancienne femme répudiée du roi Amaury et « qui n'était guère prude femme », se faisait remarquer par sa soif du pouvoir et sa cupidité. Le frère d'Agnès, Jocelin III de Courtenay, sénéchal de Jérusalem, s'entendait avec elle pour exploiter cyniquement la pitoyable situation du roi et du royaume.

Résumons les détails que nous fournissent à ce sujet les chroniqueurs. Une cour de décadence. L'héritière du trône ayant apporté l'héritage à un joli homme sans valeur. L'autre sœur du roi à la veille d'épouser un jeune seigneur insignifiant. La reine mère, légère, cupide, n'intervenant qu'en faveur de la camarilla. Enfin le roi succombant sous la lèpre et, malgré sa haute valeur, annihilé le plus souvent par sa hideuse maladie. Tous les éléments de la chute d'un État.

Un homme pouvait seul sauver le royaume, le comte de Tripoli Raymond III. Mais c'était précisément la bête noire de la camarilla. Comme il allait, de Tripoli, visiter ses terres de Galilée, la reine mère et le sénéchal Jocelin persuadèrent au malheureux roi que le comte venait lui arracher son royaume, et défense fut faite à Raymond de pénétrer en Galilée. Le comte retourna à Tripoli, humilié et furieux. Les plus sages des barons eurent grand-peine à apaiser son courroux, puis à le réconcilier avec le roi.

***

Le comte de Tripoli étant mis à l'écart et le pouvoir se trouvant aux mains de personnages aussi pâles que Jocelin III et Guy de Lusignan, un acteur nouveau allait s'adjuger une place prépondérante dans les affaires du royaume, un revenant plutôt, l'ancien prince d'Antioche Renaud de Châtillon, enfin sorti des prisons turques et aussitôt investi, grâce à un second mariage, de la seigneurie de Transjordanie et du Ouadi Mousa. Sauvage figure, nous l'avons vu, que celle de ce chevalier-brigand, représentant typique de la féodalité pillarde et sanguinaire d'Occident, devenu en Orient une sorte de bédouin français et qui ne concevait la guerre que comme un exploit de rezzou. Vingt ans plus tôt, comme prince d'Antioche, il avait, par ses brigandages, ses atrocités même dans l'île de Chypre, failli dresser l'empire byzantin contre les Francs. Mais que serait-ce, s'il renouvelait les mêmes actes de banditisme contre un adversaire tel que Saladin ? Maintenant que l'Égypte et Damas étaient unies sous le sceptre du grand sultan, si celui-ci tenait à un principe, c'était avant tout aux libres communications de ses deux royaumes. Or le nouveau fief de Renaud, avec le pays de Moab (Kérak) et l'Idumée (Ouadi Mousa), coupait précisément la route de Damas au Caire. Au moins eût-il fallu que, de ses citadelles de Kérak et de

Chaubak (Montréal), Renaud évitât de rien tenter contre les caravanes musulmanes, tant que les trêves restaient en vigueur. Mais qui aurait pu le retenir ? L'éclipse de la royauté pendant les crises du Roi Lépreux, la mise à l'écart du comte de Tripoli, l'insignifiance des autres dignitaires francs, tout concourait à mettre en relief la brutale personnalité du sire d'outre-Jourdain. Brusquement placé dans cette situation hors de pair, libre d'engager tous les Francs par ses initiatives personnelles, sans contrepoids et sans frein, le vieil aventurier allait entraîner le royaume dans l'aventure. Pendant l'été de 1181, en pleine paix, sans même avoir l'idée de faire dénoncer les trêves, il pénétra en Arabie dans l'espoir de pousser au Hedjaz jusqu'à La Mecque. Il ne put mettre ses projets à exécution, mais surprit une grande caravane qui se rendait en toute tranquillité de Damas à La Mecque et l'enleva.

La nouvelle de cette agression insensée plongea la cour de Jérusalem dans la consternation. Baudouin IV en particulier semble avoir ressenti de la conduite de son vassal une indignation violente. La paix, si indispensable aux Francs, se trouvait rompue par leur faute, dans des circonstances odieuses qui les faisaient passer aux yeux de tout l'Islam pour des violateurs de la foi jurée. Baudouin, qui devant le péril se retrouvait toujours roi, adressa à Renaud un blâme énergique et l'invita à restituer sur-le-champ à Saladin tout le butin et tous les prisonniers. Mais le sire d'outre-Jourdain se riait de l'autorité royale. A tous les appels à l'honneur ou au devoir qui purent lui être adressés, il répondit par un brutal refus. Le malheureux roi dut avouer à Saladin son impuissance à se faire obéir. C'était la guerre générale.

Notons que c'était en même temps la ruine de l'autorité monarchique, c'est-à-dire de l'État franc. Le plus puissant des féodaux profitait de la déchéance physique du Roi Lépreux pour proclamer implicitement la déchéance de la royauté. Bafouant ouvertement celle-ci, il engageait sans leur aveu, malgré eux, le roi et le royaume sur la voie du suicide.

Se produisant ainsi à l'improviste, sans aucune préparation, la rupture de la paix eut pour les Francs des conséquences immédiatement fort pénibles. Saladin accourut du Caire vers la Transjordanie avec toute l'armée égyptienne. Renaud de Châtillon, qui avait tout à l'heure bravé l'autorité royale, implora, pour préserver son fief, le secours de Baudouin IV. Le jeune roi, dont la sainteté égalait l'héroïsme, eut la générosité d'écouter cet appel et, au risque de laisser la Palestine dégarnie, descendit avec l'armée franque vers le Moab ; mais Saladin, évitant l'accrochage, fila droit vers Damas, tandis que d'autres corps musulmans opéraient des razzias à travers la Galilée qu'ils mettaient à feu et à sang. Le sultan, passant ensuite le Jourdain avec toutes ses forces, envahit à son tour la Galilée où il attaqua la place de Beisan, puis la forteresse franque de Belvoir, l'actuel Kaukab, qui défendait la route de Nazareth. L'armée franque, rentrée du Moab, vint prendre position en face de lui. Malgré leur infériorité numérique, les Francs firent si fière contenance que Saladin, devant le mordant de leur contre-attaque, repassa le Jourdain, vaincu (juillet 1182).

Le sultan conçut alors un projet audacieux : couper le royaume de Jérusalem du comté de Tripoli en s'emparant de Beyrouth. En août 1182, il traversa le Liban à toute allure et apparut à l'improviste devant la ville, tandis qu'une escadre égyptienne arrivait à force de rames. Une fois de plus le Roi Lépreux fut le sauveur du pays. De la Galilée où il campait, il accourut au galop de sa chevalerie, non sans ordonner, au passage, à tous les navires chrétiens mouillant sur la côte de mettre à la voile vers Beyrouth. Si rapide fut son mouvement que les plans de Saladin se trouvèrent déjoués. Les habitants de Beyrouth s'étaient d'ailleurs bien défendus. Quand le sultan apprit l'approche du roi, il comprit que le coup était manqué et repassa le Liban après avoir saccagé fermes et cultures.

La brillante délivrance de Beyrouth prouve qu'en dépit d'une situation pleine de périls, l'État franc tenait partout tête à l'ennemi. Même représentée par un malheureux lépreux, la dynastie angevine remplissait avec vigilance son rôle tutélaire. Et quel personnage d'épopée – une épopée chrétienne où les valeurs spirituelles prévalent – que ce jeune chef qui, les membres rongés d'ulcères et les chairs prêtes à tomber, se fait encore porter à la tête de ses troupes, les galvanise par sa présence de martyr et, au milieu de ses souffrances, a de nouveau l'orgueil de voir fuir Saladin !

Le héros chez Baudouin IV se doublait de l'homme d'État. Conformément à la vieille politique musulmane de ses prédécesseurs, il se préoccupait, maintenant que le royaume était délivré de l'invasion, de défendre contre les visées annexionnistes et unitaires du sultan l'indépendance des dynasties islamiques secondaires, en l'espèce des atâbegs turcs d'Alep et de Mossoul de la famille de Nour ed-Dîn. Comme Saladin attaquait ces deux villes, Baudouin IV n'hésita pas à exécuter en leur faveur une puissante diversion dans le Hauran et le Sawad damasquin (septembre-octobre 1182). Mieux encore, au cours d'une troisième expédition, Baudouin s'avança dans la banlieue de Damas jusqu'à Dareya dont il respecta d'ailleurs la mosquée. Après cette brillante chevauchée conduite jusqu'aux portes de la capitale de Saladin, le Roi Lépreux vint célébrer la Noël de 1182 à Tyr, auprès de son ancien précepteur, notre historien, l'archevêque Guillaume.

***

Cependant, avec un adversaire de l'activité de Saladin, il aurait fallu que le Roi Lépreux fût sans cesse à cheval pour déjouer les plans ennemis. Les diversions franques avaient, à l'automne de 1182, sauvé des attaques du sultan l'indépendance d'Alep. L'année suivante, l'impéritie des derniers rois turcs locaux lui livra la ville (juin 1183). Cette fois la Syrie musulmane tout entière appartenait comme l'Égypte au grand sultan. La situation des Francs, malgré les efforts désespérés de Baudouin IV, s'assombrissait de plus en plus. Saladin, après l'annexion d'Alep, était rentré dans sa bonne ville de Damas pour organiser l'invasion de la Palestine (août 1183). A cette nouvelle Baudouin convoqua toutes les forces franques aux fontaines de Séphorie, en Galilée, point de concentration habituel des armées chrétiennes. Ce fut là que la maladie triompha de son héroïsme.

Après un arrêt de quelques mois le terrible mal avait repris ses progrès. Baudouin IV en était maintenant à la dernière phase. « Sa lèpre, dit le chroniqueur, l'affaiblissait au point qu'il ne pouvait plus se servir de ses mains ni de ses pieds. Il était tout pourri et il allait perdre même la vue. » Tel, presque aveugle, longuement immobilisé sur sa couche, cadavre vivant, il luttait encore contre le destin, et qui a suivi son activité depuis son avènement comprend le pathétique et douloureux combat qui se livrait en lui. Même en cet état, il voulait encore, avec son âme héroïque, gouverner. En vain son entourage lui conseillait-il d'abandonner les affaires, de se retirer dans quelque palais « avec de bonnes rentes, pour vivre honorablement ». Il refusait, dit la chronique, « parce que, s'il était faible de corps, il avait l'âme haute et la volonté tendue au-delà des forces humaines ». Mais des accès de fièvre achevèrent de l'abattre. Autour de son lit, à Nazareth, se rassemblèrent ses proches, sa mère, son beau-frère Guy de Lusignan, le patriarche Héraclius. Dans ce conseil de famille le malheureux souverain délégua à Guy la « baylie », c'est-à-dire la régence du royaume.

Tout de suite le nouveau « bayle » se montra un chef médiocre. « Vain et enflé d'orgueil de sa nouvelle dignité, écrit le chroniqueur, il se conduisit comme un fol ; c'était, en tout cas, un homme de peu de sens. » Son manque d'autorité apparut lorsqu'en octobre 1183 Saladin envahit de nouveau la Galilée. Guy, qui s'était porté à sa rencontre, se laissa encercler entre Séphorie et Ain Djaloud et, malgré une terrible infériorité numérique, fut sur le point d'ordonner une charge qui eût été un suicide. Le comte de Tripoli l'en empêcha. Grâce à ce dernier, l'armée franque, hérissée et compacte, refusa le combat sans se laisser entamer. Cette stratégie purement défensive eut raison de la patience de Saladin. Il leva le camp et rentra à Damas.

Dans toute cette campagne, Guy de Lusignan ne s'était fait remarquer que par son irrésolution et son inexpérience. Les vieux barons palestiniens n'avaient que mépris pour le nouveau venu que la faveur de la princesse Sibylle leur imposait comme chef. Exploitant cet état d'esprit, des courtisans zélés s'appliquèrent à brouiller Baudouin IV et son beau-frère. Guy ayant commis la folie de faire mauvais accueil aux demandes d'explication du roi, le Lépreux, excité par les barons et dont l'action affectait maintenant, du fait de sa torture, un rythme saccadé et comme haletant, se crut menacé. Il enleva immédiatement à Guy la « baylie » du royaume en même temps que l'expectative de sa succession. Pour barrer la route à l'incapable, on proclama roi comme associé au trône et héritier présomptif un enfant de cinq ans à peine, le jeune Baudouin V, le fils que la femme de Guy, Sibylle, avait eu de son premier mariage avec Guillaume de Montferrat (novembre 1183). En face de Saladin on avait maintenant deux rois, un pauvre lépreux presque aveugle, à peu près incapable de bouger de son lit, et un enfant de cinq ans ! Le parti féodal sembla, il est vrai, atténuer ces inconvénients en faisant réserver la régence au comte de Tripoli, le seul homme d'État capable de remplacer Baudouin IV.

Chapitre X

***

On avait compté sans Renaud de Châtillon. Le sire d'outre-Jourdain ne s'était pas associé à la démarche des grands vassaux qui avaient arraché la régence à Guy de Lusignan pour en réserver l'expectative au comte de Tripoli. Au politique circonspect qu'était Raymond III il devait préférer le faible Lusignan qu'il espérait facilement dominer ; de plus les méthodes prudentes de Raymond, héritier des traditions de la royauté hiérosolymitaine, ne pouvaient que gêner ses entreprises de pillage.

Précisément, le sire de Transjordanie reprenait ses anciens projets sur les villes saintes de l'Arabie, La Mecque et Médine. Ayant construit une petite flotte, il en fit transporter à dos de chameau les éléments démontés depuis la Transjordanie jusqu'au golfe d'Aqaba, sur la mer Rouge. Aussitôt lancée à la mer, cette escadre imprévue alla faire une guerre de course sur les côtes de l'Égypte et du Eledjaz, enlevant les navires musulmans et saccageant les ports, capturant les caravanes et arrêtant tout le transit. L'objectif des corsaires francs était double. Il s'agissait pour eux de couper par mer comme par terre la route du Hadj, le chemin du pèlerinage de La Mecque, de frapper à la tête le monde musulman, et, d'autre part, grâce à la conquête de Aïla au nord et à celle, projetée, d'Aden au sud, de rançonner le commerce de l'océan Indien.

Projet démesuré qui aurait exigé toutes les forces de la monarchie franque à son apogée, mais qui, dans l'état précaire où se trouvait le royaume de Baudouin IV, ne pouvait qu'ameuter contre les Francs l'unanimité de l'Islam. La politique patiente de la royauté hiérosolymitaine, en jouant des dissensions musulmanes, avait eu comme constant objectif de faire accepter l'État franc comme un facteur utile au maintien de l'équilibre oriental. Les princes musulmans s'étaient si bien accoutumés à cette conception qu'on les avait sans cesse vus faire appel contre leurs propres coreligionnaires au roi de Jérusalem. Au contraire, la tentative sacrilège de Renaud faisait apparaître les Francs comme d'irréductibles adversaires de la foi coranique. En menaçant directement La Mecque et Médine, ses corsaires provoquaient de nouveau dans tout l'Islam le sursaut d'indignation qui avait secoué celui-ci en 1099, après le massacre de la mosquée d'Omar. Le repaire de Renaud, la forteresse du Crac de Moab, étendant soudain son ombre jusqu'aux sables du Hedjaz, prenait désormais dans l'imagination des Musulmans l'aspect monstrueux d'une vision d'Apocalypse. Il devenait, dit un historien arabe, « l'angoisse qui étreint la gorge, la barrière qui s'interpose, le loup embusqué dans la vallée. On crut que l'heure du Jugement Dernier arrivait et que la terre allait rentrer dans le néant. »

Saladin, poussé par l'unanimité du sentiment islamique, agit avec décision. Une forte escadre égyptienne, lancée par ses soins sur la mer Rouge, détruisit la flottille franque ; et en novembre 1183, il vint en personne, à la tête d'une puissante armée, assiéger en Transjordanie la forteresse de Renaud, le fameux Crac de Moab, notre Kérak. Déjà sous le bombardement incessant de ses mangonneaux la muraille menaçait de s'écrouler, quand une fois encore la royauté sauva ses vassaux imprudents. La flamme d'un haut bûcher allumé à Jérusalem, sur la Tour de David, et qui, de proche en proche, provoqua l'apparition d'autres signaux sur les donjons de la Judée méridionale, alla, de l'autre côté de la mer Morte, annoncer aux assiégeants du Crac de Moab que le secours approchait. Le cadavre qu'était Baudouin IV se retrouva le roi. Aveugle, paralysé, mourant, il convoqua ses troupes, mit à leur tête le comte de Tripoli et les suivit lui-même en civière jusqu'à Kérak. Une fois de plus Saladin s'enfuit devant lui sans l'attendre. Le Roi Lépreux fit dans la forteresse une entrée triomphale, salué comme un sauveur par la foule des assiégés. Il réconforta la garnison, fit reconstruire les parties endommagées du rempart et ne regagna Jérusalem qu'après avoir accompli jusqu'au bout son devoir de chef (décembre 1183).

***

Les derniers mois du règne de Baudouin IV faillirent voir éclater sous le regard de l'ennemi une guerre civile. On a montré la conduite du roi envers Guy de Lusignan. Depuis qu'il avait pénétré l'incapacité de son beau-frère et discerné quel péril constituait pour la chrétienté le futur fossoyeur de l'État franc, son indulgence pour Guy s'était transformée en une clairvoyante aversion. Non seulement il l'avait cassé comme « bayle », mais il cherchait à faire annuler le mariage de Sibylle. Guy profita d'une absence de Baudouin pour courir à Jérusalem où était restée Sibylle, et la ramener avec lui avant le retour du roi. Réfugié ensuite avec elle dans son fief de Jaffa-Ascalon, il refusa d'obtempérer aux ordres du roi qui le sommait de comparaître. Ce fut alors la lutte ouverte. Le roi marcha sur Ascalon et trouva les portes fermées, mais il réussit à se saisir de Jaffa. Après quoi il réunit un « parlement » à Saint-Jean-d'Acre pour en finir avec le rebelle. Le patriarche Héraclius et le grand maître du Temple essayèrent en vain d'intercéder en faveur de ce dernier. Guy méritait d'autant moins le pardon qu'il venait de se rendre coupable d'une action abominable. Au voisinage d'Ascalon nomadisaient des bédouins, tributaires et clients du roi. Ils y faisaient paître leurs troupeaux en toute confiance lorsque, pour porter préjudice au souverain, Guy se jeta sur eux et les massacra.

La colère de Baudouin IV devant cet acte de félonie fut terrible. Ce fut alors qu'il acheva de confier tout le pouvoir au comte de Tripoli, l'ennemi de Lusignan (1185). Du reste, les événements se précipitaient. Le Roi Lépreux s'était alité pour ne plus se relever. Il fit appeler les grands vassaux et leur réitéra sa volonté de laisser la régence au comte jusqu'à la majorité du jeune Baudouin V.

***

Le prince héroïque, dont le règne n'avait été qu'une lente agonie, rendit son âme à Dieu le 16 mars 1185. Si l'on songe qu'il n'avait que vingt-quatre ans et à tout ce qu'il avait pu accomplir pendant ces brèves années, en dépit de sa lèpre, de son impotence et de sa cécité finales, on reste saisi de respect et d'admiration. Ayant su maintenir jusqu'à son dernier souffle l'autorité monarchique et l'intégrité du royaume, il sut aussi mourir en roi. Les chroniques évoquent pour nous la dramatique scène où, sentant venir sa fin, il convoqua devant lui tous les grands du royaume. « Avant de mourir, il ordonna à tous ses vassaux de venir se présenter devant lui, à Jérusalem, et ils vinrent tous, et quand il trépassa de ce siècle, tous étaient présents à sa mort. » Comme les chroniqueurs francs, les historiens arabes se sont inclinés devant sa mémoire. « Cet enfant lépreux sut faire respecter son autorité », écrit comme avec un salut de l'épée el-Imâd d'Ispahan. Stoïque et douloureuse figure, la plus noble peut-être de l'histoire des croisades, figure où l'héroïsme, sous les pustules et les écailles qui la couvrent, confine à la sainteté, pure effigie de roi français que je voudrais avoir tirée d'un injuste oubli pour la placer à côté de celles d'un Marc Aurèle ou d'un Louis IX.

Délivré de son long martyre, le Roi Lépreux fut enseveli près du Golgotha et du Saint-Sépulcre où était mort et où avait reposé l'Homme de Douleur, son Dieu.

Chapitre XI
Le désastre de Tibériade

GUY DE LUSIGNAN

Conformément aux dernières volontés du Roi Lépreux, son neveu Baudouin V, âgé de cinq ou six ans, « Baudouinet », comme l'appellent nos chroniques, lui succéda sous la régence du comte de Tripoli, Raymond III (mars 1185.)

Pendant sa régence, Raymond, mettant à profit ses amitiés musulmanes, conclut la paix avec Saladin, paix bienfaisante qui permit au royaume de respirer. Une terrible sécheresse ayant marqué l'année 1185 et le pays étant menacé de famine, Saladin, à la demande du comte, fit ravitailler les Francs, geste qui, de l'aveu des chroniques, sauva ces derniers. Le royaume était donc en bonnes mains, lorsque, au bout de quelques mois, le jeune Baudouin V mourut à Saint-Jean-d'Acre (vers septembre 1186).

Le décès de l'enfant-roi remettait tout en question. A qui allait revenir le trône ? En droit à la princesse Sibylle, sœur de Baudouin IV, et à son époux, Guy de Lusignan. Mais Guy avait été exhérédé par Baudouin IV qui avait, en cas de décès de l'enfant Baudouinet, semblé désigner au choix des barons le régent Raymond de Tripoli. Ce dernier, comme petit-fils par sa mère du roi Baudouin II, se rattachait à la dynastie régnante. Il avait pour lui la grande majorité des barons. Dans les circonstances difficiles que traversait le pays, il représentait le parti de la prudence et de la paix.

Mais Sibylle et Guy de Lusignan avaient trouvé quatre puissants protecteurs : le patriarche de Jérusalem Héraclius, le grand maître du Temple Gérard de Ridefort, Renaud de Châtillon et l'ancien tuteur de « Baudouinet », Jocelin III de Courtenay.

Héraclius était le contraire d'un saint. Les chroniques chrétiennes nous peignent avec indignation ce bel homme dissolu à qui la société des Écritures était moins familière que celle des femmes. La faveur de la reine douairière Agnès l'avait fait préférer pour le siège patriarcal au saint prélat qu'était l'archevêque Guillaume de Tyr.

Chapitre XI

Dans ces hautes fonctions, loin de s'amender, il continua sa vie de scandales. Il installa à Jérusalem sa maîtresse, Pâque de Riven, dont irrévérencieusement le peuple disait, quand elle passait dans les rues, couverte de soie et de perles : « Voici la patriarchesse ! » Bien que méprisé par les âmes pieuses, Héraclius disposait de l'autorité de sa fonction. Pour complaire à sa vieille amie, la reine douairière, il mit toute son influence au service de Guy de Lusignan. Quant au grand maître du Temple, il était séparé du comte de Tripoli par une vieille querelle. Jadis, jeune chevalier flamand, il était venu chercher fortune en Orient et s'était mis au service du comte qui l'avait pris en amitié ; mais n'ayant pas obtenu de celui-ci la succession du fief de Batroun, il avait voué à son ancien maître une haine implacable. Entré par la suite dans les ordres et devenu grand maître du Temple, Gérard allait faire servir l'énorme puissance des chevaliers-moines à sa vengeance personnelle. Renaud de Châtillon n'était pas moins animé que lui contre le comte de Tripoli. Les méthodes prudentes et temporisatrices du comte, ses préférences pour une politique de paix avec Saladin entravaient la fougue anarchique, le besoin d'aventures, les habitudes de pillage du sire de Transjordanie. Il se déclara avec violence pour le personnage indécis et faible qu'était Guy de Lusignan, parce que Lusignan lui paraissait singulièrement plus facile à manier. Mais celui des quatre conjurés qui emporta la décision fut Jocelin III.

Comme tant de « poulains » de la troisième génération, Jocelin était un créole intrigant, sans cœur ni foi. L'enfant Baudouin V était décédé sous sa garde, à Saint-Jean-d'Acre. Feignant d'entrer dans les projets du comte de Tripoli, Jocelin se chargea de conduire lui-même le corps à Jérusalem où se trouvaient les sépultures royales, tandis que le comte réunirait ses forces à Tibériade. Pendant que Raymond se dirigeait sans défiance sur la Galilée, Jocelin, Sibylle et Guy de Lusignan coururent à Jérusalem pour s'emparer du pouvoir à la faveur des obsèques.

Furieux de se voir joué, Raymond appela les barons à un « parlement » à Naplouse. Tous, à l'exception de Renaud de Châtillon, s'y rendirent, bien résolus à s'opposer au coup d'État de Guy. Mais il était trop tard. Installée à Jérusalem, Sibylle agissait en héritière légitime des anciens rois. Le patriarche Héraclius lui apportait l'appui du clergé. Mandé par elle, Renaud était accouru de Kérak mettre son épée à la disposition de la jeune femme. La haine de Gérard de Ridefort contre Raymond faisait le reste. Forte du principe de légitimité qu'elle représentait en droit pur, Sibylle invita Raymond et les barons de Naplouse à venir assister à son couronnement. De leur côté, les barons, rappelant le testament formel du Roi Lépreux, faisaient défense au patriarche de procéder au sacre.

Le patriarche, le grand maître du Temple et Renaud passèrent outre à ce veto. Pour se défendre contre une attaque venue de Naplouse, ils firent fermer les portes de Jérusalem. Le grand maître de l'Hôpital, invité à donner les clés du trésor où étaient enfermées les couronnes royales, s'y refusa, tant qu'il n'aurait pas reçu mandat de l'assemblée de Naplouse. Il s'enferma dans la maison de son ordre, farouche, inaccessible. Le temps passait. On le pria, on le supplia. De guerre lasse, il jeta les clés au milieu de la pièce, et on put aller chercher les instruments du sacre. Le patriarche couronna alors Sibylle, et celle-ci à son tour couronna son mari. « Elle prit la couronne et appela son seigneur, Guy de Lusignan, en disant : Seigneur, venez et recevez cette couronne, car je ne sais à qui je la pourrais mieux offrir. Alors il s'agenouilla devant elle et elle lui posa la couronne sur la tête. » Le mouvement est joli de tendresse féminine, mais le grand maître du Temple, Gérard de Ridefort, savourant sa vengeance contre celui qui l'avait jadis frustré du fief de Batroun, murmurait entre ses dents à l'adresse de Raymond III : « Cette couronne vaut bien l'héritage de Boutron ! » Mot révélateur : toute l'affaire avait été montée comme un mauvais coup. Mais ceux qui connaissaient l'incapacité de Guy ne se faisaient aucune illusion sur l'avenir de la Terre Sainte. Le vieux Baudouin de Rama, le plus vaillant baron du pays, répondait à ceux qui lui annonçaient la nouvelle du couronnement : « Il ne sera pas roi un an ! Le royaume est perdu. »

Rien n'était fait cependant, tant que l'assemblée des barons réunie à Naplouse n'avait pas donné son assentiment. Or, elle venait de s'aviser d'une solution. La sœur cadette de Sibylle, Isabelle, avait épousé le fils d'une des principales familles du royaume, Onfroi IV, sire de Toron, que le souvenir de son héroïque grand-père, le vieux connétable, rendait cher à tous les Francs. L'assemblée proposa donc à Onfroi et à Isabelle de les placer sur le trône. Malheureusement Onfroi n'était qu'un joli garçon timide qui s'épouvanta du rôle qu'on voulait lui faire jouer. La nuit même, il s'enfuit secrètement de Naplouse à Jérusalem. La reine Sibylle, devant qui il se présenta, le reçut assez fraîchement, ce qui acheva de le décontenancer. Tout penaud, dit la chronique, il commença à se gratter la tête « comme un enfant pris sur le fait » et à s'excuser piteusement : « Ce n'est pas ma faute, madame ; on voulait me faire roi par force. » Alors elle, qui savait avec qui elle avait affaire, et achevant de profiter de la situation : « Allons, je vous pardonne. Et maintenant allez présenter votre hommage au roi ! »

La défection de leur prétendant jeta le désarroi dans le camp des barons. Manquant désormais de base juridique pour écarter Guy, ils durent de plus ou moins bonne grâce se rallier. Seul Raymond III, dans son comté de Tripoli et sa seigneurie de Tibériade, resta en état de dissidence. Un instant Guy songea à marcher contre lui, et il fallut toute la sagesse des vieux « prudhommes » pour empêcher une lutte aussi criminelle. Devant la menace, Raymond se rapprocha d'ailleurs de Saladin. Sans trahir la cause franque, comme le dirent ses adversaires, il amorça avec le sultan un pacte d'assurance et de garantie. De toute manière la situation devenait trouble, le devoir incertain. L'heure semblait propice pour les pires aventures.

Ce fut le moment que choisit Renaud de Châtillon pour provoquer la guerre.

Après le désastre de l'escadre qu'il avait naguère lancée dans la mer Rouge, Renaud avait, lui aussi, conclu une trêve avec Saladin. C'était tout bénéfice pour lui, car, grâce à la paix, il prélevait de fructueux droits de douane sur les caravanes musulmanes qui étaient obligées de traverser ses terres du Ouadi Mousa ou de Transjordanie pour se rendre de Damas au Caire, ou du Caire et de Damas au pèlerinage de La Mecque. Mais le vieux chevalier-brigand ne pouvait résister longtemps à la tentation du pillage. A la fin de 1186 ou au début de 1187, comme une caravane exceptionnellement considérable, chargée de richesses immenses, était annoncée, venant du Caire et se dirigeant sur Damas, il n'y put tenir. Il se mit en embuscade, surprit le convoi, fit main basse sur les marchandises, jeta marchands, caravaniers et soldats de l'escorte dans les prisons de Kérak.

A cette nouvelle, Saladin somma Renaud de rendre le butin. Le sire de Transjordanie répondit par un refus péremptoire. Saladin en appela alors au roi Guy de Lusignan. Guy, qui comprenait du moins la gravité de l'heure, supplia Renaud de donner satisfaction au sultan, mais lui aussi se heurta à un refus brutal. Une telle désobéissance montrait à quel point le nouveau roi était peu respecté par ceux-là mêmes qui l'avaient imposé au pays. Bafoué par ses propres partisans, tandis que le principal vassal de la couronne refusait de le reconnaître, il s'avérait dès les premiers pas incapable d'organiser la défense du royaume en cas de guerre.

Or, c'était bien la guerre générale. Dès le mois de mai 1187, Saladin, ivre de vengeance, était venu bloquer Renaud dans Kérak, en mettant toute la Transjordanie au pillage. Puis il résolut d'envahir le royaume de Jérusalem lui-même et pour cela demanda à son nouvel ami, le comte de Tripoli, de lui accorder le passage à travers la terre de Gaulée, laquelle, on s'en souvient, appartenait en effet à Raymond. Cette demande plongea le comte dans le plus cruel embarras. Il avait jusque-là joué contre Guy de la protection de Saladin. Mais le jeu devenait insoutenable. S'il refusait le droit de passage, il se brouillait avec le redoutable sultan. S'il l'accordait, il se mettait au ban de la chrétienté. Il crut s'en sortir par une demi-mesure. Il autorisa les avant-gardes de Saladin à faire une démonstration en terre franque, à condition qu'entrées au soleil levant, elles repasseraient le Jourdain avant la nuit et qu'elles se contenteraient de courir la campagne sans commettre aucun dommage contre les bourgs ni attaquer aucune ville. Il comptait ainsi maintenir la lettre de son traité avec Saladin, en même temps qu'il amortissait le choc entre les Musulmans et le roi.

Sur ces entrefaites, Guy, désireux de faire devant l'ennemi l'union des forces franques, envoya à Raymond, alors installé à Tibériade, une délégation, dans laquelle figurait par malheur l'ennemi personnel du comte, le grand maître du Temple Gérard de Ridefort. Dès que Gérard sut que le lendemain les troupes de Saladin allaient, à travers la Galilée, faire une démonstration jusqu'en Samarie, il alerta les Templiers de la région et, se mettant à leur tête, courut sus aux Musulmans qu'il rejoignit près de Séphorie. Les Musulmans, conformément à l'accord avec Raymond III, s'en retournaient paisiblement, leur démonstration effectuée, sans que nul dommage sérieux en eût résulté pour la terre chrétienne.

Pour attaquer cette « chevauchée » de plusieurs milliers de gens, le grand maître n'avait avec lui que cent cinquante chevaliers. En vain son propre lieutenant, le maréchal du Temple Jacques de Mailly, essaya-t-il de lui montrer son imprudence. Il insulta Mailly, l'accusant publiquement de lâcheté : « Vous tenez trop à cette tête blonde, que vous la vouliez si bien garder ! » – « Je me ferai tuer comme un gentilhomme, répliqua Mailly, et c'est vous qui lâcherez pied ! » Après cela il n'y avait plus en effet qu'à se faire tuer. Les cent cinquante chevaliers se jetèrent sur l'armée musulmane avec un acharnement tel, dit la chronique arabe, « que les chevelures les plus noires en eussent blanchi de frayeur ». Mais ils succombèrent sous le nombre. Trois des Templiers seulement réussirent à s'échapper, parmi lesquels, comme l'avait prévu Mailly, le grand maître Gérard de Ridefort.

Après cette victoire inattendue, la colonne musulmane revint de Séphorie vers le Jourdain en arborant au bout des lances les têtes des Templiers tués. Du haut des remparts de Tibériade, Raymond III et ses compagnons virent défiler devant eux cette lugubre cavalcade. Raymond était atterré. Il accepta sur-le-champ de se réconcilier avec le roi, partit même au-devant de lui. La rencontre eut lieu à Saint-Job, près de Djénin. Le comte fléchit le genou. Guy le releva, l'embrassa, et, prenant les devants, s'excusa sur les circonstances du couronnement brusqué. Mais l'heure n'était plus aux discussions entre chrétiens. Guy et Raymond convinrent de réunir toutes les forces franques au point de concentration de Séphorie, au centre de la Gaulée, à mi-chemin entre Tibériade et la mer. Cette « mobilisation générale », aussitôt effectuée, donna environ mille cinq cents chevaliers et vingt mille fantassins ou auxiliaires indigènes.

Il n'était que temps. Saladin, « avec une armée innombrable, pareille à l'Océan », envahissait la Galilée du côté de Tibériade. La ville basse de Tibériade fut emportée en une heure et la comtesse Échive, femme de Raymond III, se vit assiégée dans la citadelle. Raymond se trouvait le premier intéressé à secourir la place. Mais, politique froid, il fut le premier aussi à vouloir sacrifier Tibériade et sa famille plutôt que de risquer une marche inconsidérée. Les Francs étaient en état d'infériorité numérique. Le mois de juillet, torride en ces régions, favorisait la légère cavalerie musulmane au détriment des chevaliers bardés de fer. Il fallait refuser le combat, se tenir sur la défensive, user l'adversaire dont les contingents, rassemblés pour une courte campagne, finiraient bien par se disperser. C'est un pathétique dialogue que celui que rapporte ici la chronique d'Ernoul. « Sire, dit au roi le comte de Tripoli, je vous donnerais bien un conseil, mais je sais d'avance que vous ne m'écouterez pas ! » « Dites toujours. » – « Eh bien ! je vous conseille, sire, de laisser prendre la citadelle de Tibériade. Tibériade est à moi ; la dame de Tibériade est ma femme ; elle est dans la place avec ses enfants et avec mon trésor. Je suis donc le premier intéressé et nul ne perdra autant que moi à la chute de la place. Mais je sais que si les Musulmans la prennent, ils ne pourront la conserver. S'ils abattent les murailles, je les reconstruirai. S'ils capturent ma femme et mes gens, je paierai leur rançon. Mais j'aime mieux voir ma femme captive et ma ville prise que de voir toute la Terre Sainte perdue. Car vous êtes perdus, si vous marchez en ce moment sur Tibériade. Je connais le pays. Sur toute la route il n'existe pas un point d'eau. Vos hommes et vos chevaux seront morts de soif avant même d'être cernés par les multitudes de l'armée musulmane ! » A ce cri d'alarme le grand maître du Temple répondit haineusement qu'un tel discours sentait la trahison : « Il sent le poil du loup ! » Méprisant l'injure, le comte de Tripoli tint bon. Vers minuit, quand le conseil de guerre se sépara, il semblait l'avoir emporté.

Mais le grand maître du Temple veillait, et sa haine avec lui. Les barons une fois sortis de la tente royale, il y revint seul, et son mauvais génie eut vite fait de jeter le trouble dans l'âme de Lusignan. « Sire, n'écoutez pas le comte ; c'est un traître dont les conseils visent à vous déshonorer en vous maintenant dans une lâche inaction. » Épouvantant Guy par ces perfides insinuations, il entraîna le faible monarque à se dédire en quelques heures et finalement lui arracha l'ordre de marche.

En pleine nuit, les barons entendirent crier par le camp l'appel aux armes. Stupéfaits, ils s'interrogeaient les uns les autres pour savoir d'où le contre-ordre pouvait venir et, ne trouvant aucun d'eux qui ne témoignât de la même surprise, ils se précipitèrent vers la tente du roi, demandant la cause de ce changement soudain. Guy, singulièrement embarrassé pour justifier sa volte-face et se laissant aller à la brutalité des faibles, refusa toute explication : il n'y avait qu'à obéir.

Chapitre XI

L'armée franque s'ébranla donc le 3 juillet, à l'aube, de Séphorie vers Tibériade. Le jour se leva, torride. Le moral de l'armée était mauvais, car même pour les simples chevaliers qui n'avaient pas entendu les adjurations de Raymond III, l'absurdité de la marche imposée à l'incapacité de Guy par la morgue des Templiers apparaissait évidente. Les prédictions du comte de Tripoli se réalisaient de point en point. On quittait les eaux de Séphorie pour la zone de collines cailouteuses, arides et nues qui moutonnent au sud et à l'est du Djébel Tourân. Au contraire l'année de Saladin, adossée à la plage de Tibériade, bénéficiait de la fraîcheur du lac. Toute sa tactique allait être d'empêcher les Francs d'accéder aux rives et de les maintenir dans la fournaise. Dans ces conditions le sort de la bataille était écrit d'avance sur le terrain. Saladin l'y lut, comme l'avait fait Raymond III. A la nouvelle du mouvement des Francs, il ne put réprimer sa satisfaction : « Allah nous les livre ! »

Le 3 juillet au soir les Francs firent halte pour passer la nuit sur la colline de Hattîn. Nuit tragique durant laquelle hommes et chevaux furent torturés par la soif. Pas une goutte d'eau sur la fatale butte. Quand le jour se leva, l'armée de Saladin encerclait entièrement la position. Profitant de ce que le vent soufflait de l'est, les Musulmans mirent le feu aux herbes sèches. Les tourbillons de fumée, poussés dans les yeux des Francs, ajoutèrent à leur torture. « Sur ces hommes bardés de fer, dit la chronique arabe, la canicule répandait ses flammes. Les charges de cavalerie se succédaient au milieu de la poussière, de la fumée et du tourbillon des flèches. Ces chiens tiraient leurs langues desséchées et hurlaient sous les coups. Ils espéraient arriver à l'eau, mais ils avaient devant eux les flammes et la mort. »

Dans cette situation désespérée, si les sergents à pied, torturés par la soif, se rendirent assez rapidement, la chevalerie franque sauva l'honneur. Deux fois elle chargea, fit plier l'ennemi, parvint presque jusqu'à Saladin. Mais à la fin le nombre l'emporta. Raymond de Tripoli, avec quelques barons, réussit à s'ouvrir une trouée au milieu des masses musulmanes et put gagner la côte. Tout le reste fut tué ou pris. Les trois responsables de la catastrophe, Guy de Lusignan, Renaud de Châtillon et Gérard de Ridefort, dont l'incapacité avait conduit les chrétiens à la boucherie, furent faits prisonniers. Ni l'orgueilleux Templier ni le chevalier-brigand n'avaient su trouver un beau trépas. Saladin se les fit tous trois amener dans sa tente. Guy de Lusignan, torturé de soif, brisé d'épuisement, de fièvre et de terreur, était sur le point de s'évanouir. Chevaleresque comme toujours, le sultan le fit asseoir à ses côtés. Lui parlant avec douceur, calmant ses craintes, il lui tendit un sorbet d'eau de rose rafraîchi à la neige de l'Hermon. « C'est une noble coutume des Arabes qu'un captif ait la vie sauve, s'il a bu et mangé avec son vainqueur. » Mais Guy ayant ensuite passé la coupe à Renaud de Châtillon, Saladin refusa avec violence d'étendre à ce dernier le bénéfice de l'immunité royale. Il jeta à la face de Renaud ses brigandages, ses parjures, la rupture des traités, l'enlèvement, en pleine paix, de la caravane de La Mecque. A quoi le sire d'outre-Jourdain répondit avec insolence que telle était la coutume des rois. Tant de morgue acheva d'exaspérer Saladin. Se jetant sur Renaud de Châtillon, le sabre haut, il lui trancha l'épaule. Les assistants l'achevèrent. Le corps, décapité, fut traîné aux pieds de Guy de Lusignan. Celui-ci tremblait de terreur. Saladin, le faisant rasseoir auprès de lui, le rassura de nouveau : « Un roi ne tue pas un roi ! » Après l'exécution de Renaud, le seul exemple de sévérité de Saladin fut l'exécution des chevaliers du Temple et de l'Hôpital, exception faite, remarque curieuse, du grand maître Gérard de Ridefort.

La « colonisation » franque n'avait jamais été très dense. Le massacre de Hattîn et la capitulation des survivants firent disparaître d'un coup toute la chevalerie. Du jour au lendemain, le pays se trouva vide de défenseurs. Saladin, exploitant aussitôt sa victoire, s'élança à la conquête des principales places. Au lieu de marcher directement sur Jérusalem, il courut à la mer pour s'emparer des ports. Il lui importait en effet de couper les Francs de leurs bases navales et d'enlever aux futures croisades leurs ponts de débarquement. Le 10 juillet, il fit capituler Saint-Jean-d'Acre où il accorda du reste à la population chrétienne des conditions exceptionnellement favorables. Liberté fut laissée aux habitants soit de rester avec toutes leurs richesses dans la ville sous la domination musulmane, soit d'émigrer en toute sécurité. L'histoire doit s'incliner devant la haute et chevaleresque figure du grand sultan kurde, si différent des impitoyables atâbegs turcs, ses prédécesseurs, comme des brutaux mamelouks qui devaient un jour succéder à sa dynastie. Mais là où Saladin n'était pas présent en personne, ses lieutenants réduisaient toute la population chrétienne en esclavage. L'historien Ibn al-Athîr reçut en partage une jeune esclave franque, faite prisonnière à Jaffa avec son enfant, âgé d'un an. « L'enfant vint à tomber des bras de sa mère et s'écorcha le visage. La mère ayant beaucoup pleuré sur cet accident, je cherchai à la tranquilliser en lui montrant que le bébé n'avait rien de grave. "Ce n'est pas pour lui seulement que je pleure, me répondit-elle, c'est sur nous tous. J'avais six frères qui ont tous péri, un mari et deux sœurs dont j'ignore le sort." » Un peu plus loin, le même Ibn al-Athîn évoque la rencontre lamentable de deux autres jeunes femmes franques, deux sœurs, captives aux harems d'Alep. « Je vis à Alep une femme franque qui, en compagnie de son maître, s'était rendue en visite à une maison voisine. Le maître ayant frappé à la porte, le propriétaire du logis vint lui ouvrir. Avec lui se présenta une femme franque. Dès que la première la vit, toutes deux se mirent à crier, s'embrassèrent en pleurant et se jetèrent sur le sol pour s'entretenir. C'étaient deux sœurs, et elles avaient un certain nombre de parents sur lesquels elles n'avaient pu obtenir aucun renseignement. » Les hommes tués ou prisonniers de guerre, les femmes dispersées à travers tous les harems de l'Orient, ainsi se liquidait cette brillante colonisation franque, œuvre de tant de héros et de saints. On comprend la colère des chroniqueurs contre les chefs insensés qui avaient joué et perdu tout cela sur le coup de dés de Hattîn.

Après Saint-Jean-d'Acre et Jaffa, Saladin enleva Beyrouth (6 août 1187) et le autres ports du Liban. Guy de Lusignan, plus lamentable que jamais, acceptait de lui servir de factotum : le sultan lui avait promis la liberté contre reddition des dernières places franques. De fait l'ex-roi et le grand maître du Temple vinrent, en compagnie des troupes musulmanes, inviter les défenseurs d'Ascalon à capituler. Mais ceux-ci, indignés, couvrirent Lusignan d'injures et persistèrent dans leur résistance. Saladin ne put prendre Ascalon qu'après un mois d'efforts (5 septembre). Il se dirigea ensuite sur Jérusalem.

Parmi les prisonniers faits à Hattîn se trouvait un des principaux barons palestiniens, Balian d'Ibelin. Balian était le type même du « courtois chevalier » selon l'idéal de notre XIIe siècle, prudent et sage autant que vaillant. Il avait épousé en secondes noces l'ancienne reine de Jérusalem Marie Comnène, veuve d'Amaury

Ier. Comme beaucoup de ses pareils, il n'avait cessé d'entretenir avec les princes musulmans des rapports d'amitié chevaleresque. Aussi, quand il sollicita sa liberté pour aller à Jérusalem veiller à la sécurité de Marie Comnène, Saladin fit-il droit à sa demande. A Jérusalem, Balian trouva un peuple affolé. La plupart des chevaliers étaient morts ou captifs. Balian conféra la chevalerie à leurs fils à partir de quinze ans et aussi aux principaux bourgeois de la ville sainte. Mais il était évident que ce n'était pas avec des éléments aussi improvisés qu'on réussirait à défendre l'enceinte de la ville où affluaient tous les réfugiés de la Judée et de la Samarie, troupeau éploré de femmes et d'enfants sans ressources qu'il fallait ravitailler et qui ajoutaient au désordre. Sur ces entrefaites, Saladin arriva devant Jérusalem pour en établir le blocus (20 septembre 1187). Galamment, il permit à Marie Comnène de quitter à temps la ville et la fit escorter jusqu'à Tyr. Puis les négociations commencèrent.

Au fond, Saladin aurait voulu éviter à la ville sainte les destructions d'un siège. Mais les bourgeois de Jérusalem ne pouvaient, sans perdre l'honneur devant la Chrétienté, capituler sans combat. Devant leur résolution, le sultan donna l'assaut, assaut terrible, soutenu par le « bombardement » de douze grosses machines de siège. Les Francs tinrent tête et sur plusieurs points passèrent même à la contre-attaque. Cependant les sapeurs égyptiens, travaillant sous la protection des pierriers et des mangonneaux, réussirent à pratiquer une brèche dans la muraille. Plutôt que de subir la loi du vainqueur, chevaliers et bourgeois formèrent alors la résolution désespérée de tenter une sortie à la faveur des ténèbres, de s'ouvrir un passage ou de mourir les armes à la main.

Le patriarche Héraclius les en dissuada. Ce prélat viveur, politicien et servile ne tenait que médiocrement à la palme du martyre. Il trouva d'ailleurs à son défaitisme les plus dignes raisons morales. Il représenta aux combattants que leur geste héroïque, dans le cas où ils périraient, aurait pour conséquence d'abandonner à l'ennemi leurs enfants en bas âge et que les Musulmans ne manqueraient pas d'élever ces enfants dans l'islamisme. Avait-on le droit de compromettre le salut éternel de tant de jeunes âmes pour le plaisir de courir soi-même à la mort ? Un autre argument en faveur de la reddition était la conduite plus qu'équivoque des chrétiens indigènes de rite grec. Dans sa haine de l'Église latine, l'élément grec se

Chapitre XI

mettait au service de Saladin.

Balian d'Ibelin sollicita alors une entrevue du sultan. Il offrit à celui-ci la reddition de la place, moyennant libre sortie des habitants. Mais Saladin, irrité de la résistance des Francs, exigeait maintenant la reddition à merci. De terribles souvenirs revenaient au champion de l'islamisme. Il évoquait le massacre de la population arabe de Jérusalem lors de l'entrée de Godefroi de Bouillon. « Je ne me conduirai pas envers vous autrement que vos pères envers les nôtres, qui ont été tous massacrés ou réduits en esclavage ! » Balian d'Ibelin parla alors le langage du désespoir. « En ce cas, nous égorgerons nos fils et nos femmes, nous mettrons le feu à la ville, nous renverserons le Temple et tous ces sanctuaires qui sont aussi vos sanctuaires. Nous massacrerons les cinq mille captifs musulmans que nous détenons, puis nous sortirons en masse et aucun de nous ne succombera sans avoir abattu l'un des vôtres ! »

Cette résolution farouche fit réfléchir Saladin. Il accepta que la population chrétienne de Jérusalem pût se racheter moyennant dix besants par homme, cinq pour les femmes, un pour les enfants. « Puisque Dieu vous a inspiré de la pitié pour ces malheureux, lui dit encore Balian, songez à tous ces pauvres gens incapables de payer leur rançon, à cette multitude de femmes et d'enfants qui n'ont plus rien, parce que vous avez tué ou pris les maris et les parents ! » Saladin accepta alors un prix forfaitaire pour la rançon des pauvres.

Malheureusement l'avarice et la dureté de cour des Templiers et des Hospitaliers, à qui on s'était naturellement adressé pour réunir la somme nécessaire, ne permirent de libérer que sept mille personnes, de sorte qu'il resta encore dans les prisons musulmanes seize mille chrétiens irrédimés. Encore fallut-il que, pour forcer le grand maître de l'Hôpital à financer cette première tranche, les bourgeois de Jérusalem menaçassent de livrer son trésor au sultan.

Saladin, au contraire, exécuta ses engagements avec une loyauté, un sentiment d'humanité, une bonne grâce chevaleresque qui ont frappé d'admiration les chroniqueurs latins. Au moment de l'entrée de ses troupes, il fit garder les principales artères par des hommes sûrs, chargés d'empêcher toute violence contre les chrétiens. Sur la demande du patriarche, il donna la liberté à cinq cents chrétiens pauvres. Son frère, Malik el-Adil, s'en fit adjuger mille autres que l'avarice du Temple avait également oublié de racheter et qu'il libéra. Héraclius avait enlevé, pour les emporter, toute l'orfèvrerie, les métaux précieux, les tissus et les tapis des sanctuaires. L'historien el-Imâd fit remarquer à Saladin que ces richesses étaient immobilières et devaient rester sur place. Le sultan en convint, mais, plutôt que d'entamer une discussion juridique, il préféra fermer les yeux. Quelques fanatiques demandaient encore à Saladin, pour abolir le pèlerinage chrétien, de raser le Saint-Sépulcre. Il les arrêta d'un mot : « Pourquoi raser et détruire, alors que le but cette leur adoration est l'emplacement de la Croix et du Sépulcre et non pas l'édifice extérieur ? Imitons les premiers conquérants musulmans qui ont respecté ces églises. »

Les traits de libéralisme du grand sultan ne se comptent pas. Il y avait à Jérusalem deux vieillards francs, deux centenaires, qui avaient vu Godefroi de Bouillon. Saladin, ému de pitié, ordonna qu'on leur laissât finir leurs jours en paix et pourvut à leur entretien. Nous avons vu qu'il fit reconduire par une escorte d'honneur jusqu'à la côte les princesses Sybille de Jérusalem, Marie Comnène et Etiennette d'outre-Jourdain. Envers les simples dames nobles il ne montra pas moins de courtoisie. Une délégation de celles qui avaient perdu les leurs à la guerre était venue le trouver. « Quand il les vit, il demanda qui elles étaient, et on lui dit que c'étaient les femmes et les filles des chevaliers qui avaient été tués ou pris en la bataille ; et il demanda ce qu'elles voulaient ; elles lui dirent que, pour Dieu, il eût pitié d'elles qui avaient leurs barons morts ou en prison et leurs terres perdues et qu'il leur donnât aide et conseil. Quand Saladin les vit pleurer, il en eut grand-pitié et leur dit de s'enquérir pour savoir si leurs seigneurs étaient vivants, et qu'autant qu'il en aurait en prison, il les ferait délivrer, et furent en effet délivrés ceux que l'on trouva. Après, il commanda que l'on donnât largement du sien aux dames et aux demoiselles qui étaient devenues veuves ou orphelines. On leur en donna tant qu'elles se louèrent à Dieu et au monde du bien que Saladin leur avait fait. »

Restait à ramener toute cette population vers la côte ou plutôt vers la partie de la côte encore au pouvoir des Francs, Tyr et Tripoli. Saladin divisa les émigrants en trois convois, fidèlement escortés par ses troupes pour les protéger contre les attaques des Bédouins. « Quand les cavaliers musulmans de l'arrière-garde apercevaient

Chapitre XI

quelque femme ou quelque enfant latin épuisé de fatigue, ils les faisaient monter à leur place et les conduisaient par la bride. » Une partie des réfugiés furent remis aux barons de la côte tripolitaine qui ne se firent malheureusement pas faute de profiter de leur détresse pour les exploiter. Les plus heureux furent ceux qui allèrent s'embarquer en Égypte. Continuant ainsi à bénéficier de la protection de Saladin, ils furent par ses soins hospitalisés tout l'hiver à Alexandrie. En mars, ils purent s'embarquer pour l'Occident. Ou plutôt ils durent à l'énergique intervention du sultan de pouvoir le faire, car les commandants des navires génois, pisans et vénitiens mouillant à Alexandrie avaient d'abord refusé de s'encombrer de gens sans ressources. Pour obliger ces hommes sans cœur à embarquer les fugitifs, le cadi d'Alexandrie dut menacer les capitaines italiens de mettre l'embargo sur leurs navires. Les marins italiens formèrent alors le projet de se débarrasser de leurs pitoyables passagers sur quelque côte déserte. Instruits de cet abominable dessein, les fonctionnaires égyptiens rendirent les Italiens personnellement responsables de la vie des émigrants ; craignant de voir dénoncer les traités de commerce, Vénitiens et Génois s'exécutèrent.

Pendant ce temps Saladin avait fait à Jérusalem une entrée mémorable. Conscient de son rôle historique, il avait solennellement rendu à l'islamisme les grands sanctuaires du Haram ech-chérif, « le Temple du Seigneur », redevenu la mosquée d'Omar, le Temple de Salomon ou des Templiers, redevenu la mosquée el-Aqsa. Au cours d'une scène dramatique que nous décrit Ibn al-Athîr, la grande croix dorée que les croisés avaient élevée au haut du dôme de la mosquée d'Omar fut abattue devant toute l'armée de Saladin et aussi devant la population franque qui partait pour l'exil. « Quand la croix tomba, toute l'assistance, tant les Francs que les Musulmans, poussa un grand cri. Les Musulmans criaient : Allah est grand ! ; les Francs poussaient un cri de douleur. Ce fut une telle clameur que la terre en fut comme ébranlée. »

***

Après la chute de Jérusalem, Saladin partit pour la côte du Liban. Ses efforts contre Tyr échouèrent, la ville, comme on va le voir, venant de recevoir un renfort inattendu, celui du marquis Conrad de Montferrat. A Tripoli, le comte Raymond III, échappé par miracle du champ de carnage de Hattîn, venait de mourir de désespoir autant que de maladie. Mais la place était en état de défense et Saladin ne put rien contre elle. Dans la montagne, la célèbre forteresse des Hospitaliers, le Crac des Chevaliers, défiait également tous les assauts. En revanche Saladin occupa Djabala et Lattaquié, ports que le prince d'Antioche avait eu l'imprudence de confier à un officier musulman qui s'empressa de faire défection. Ce prince d'Antioche, Bohémond III, était un pauvre sire dont la maîtresse était en coquetterie avec Saladin à qui elle révélait les plans de la défense franque. Le résultat fut que le sultan, poursuivant sa rafle des possessions chrétiennes, enleva sans difficulté à la principauté la plupart des forteresses de la côte comme de l'Oronte. L'État franc d'Antioche se vit ainsi, à peu de choses près, réduit aux limites mêmes de sa capitale.

Était-ce, en Syrie comme en Palestine, la fin des colonies franques ?

Chapitre XII
La troisième croisade

Conrad de Montferrat, Philippe Auguste et Richard Cœur de Lion

La Syrie franque vers 1188 était, à part quelques forteresses de la montagne comme l'imprenable Crac des Chevaliers de Marqab, pratiquement réduite aux enceintes de Tyr, de Tripoli, de Tortose et d'Antioche, derniers îlots que la marée montante de la reconquête musulmane semblait devoir recouvrir à son tour. Il n'y avait plus de royauté franque, car Guy de Lusignan, bien que libéré sur ces entrefaites par Saladin, était trop déconsidéré depuis le désastre de Hattîn pour obtenir l'obéissance ; plus de colonisation franque sur laquelle s'appuyer. Mais à ce moment se produisit un fait nouveau. Un homme se présenta qui, bien avant la Troisième Croisade, cristallisa autour de lui la résistance. Parce que c'était un nouveau venu, il échappa à la démoralisation, générale depuis Hattîn. N'ayant pas connu Jérusalem franque, n'étant point paralysé par d'invincibles désespoirs, il reprit la croisade à pied d'œuvre. Cet homme providentiel était Conrad de Montferrat.

Le marquis piémontais Conrad de Montferrat, après un long stationnement à Constantinople, avait mis à la voile pour la Syrie peu avant le désastre de Hattîn. En arrivant le 13juillet 1187 devant Saint-Jean-dAcre, il fut fort étonné. D'ordinaire, quand des navires chrétiens entraient en rade, les autorités du port faisaient sonner les cloches et envoyaient des barques accueillir les pèlerins. Rien de tel cette fois. Surpris d'une pareille abstention, Conrad et ses gens le furent encore davantage en observant plus attentivement l'aspect de la foule répandue sur la plage : c'étaient des Arabes et des Turcs, car Saladin venait de s'emparer de la ville. Le marquis de Montferrat apprit ainsi d'un seul coup le désastre de Hattîn et la chute du royaume. Il remit à la voile et fut assez heureux pour gagner Tyr, place encore au pouvoir des chrétiens.

Tyr, avec Tripoli, avait servi de refuge à la majeure partie des Francs échappés au désastre. Mais ces foules démoralisées, déjà assiégées par l'armée de Saladin, étaient sur le point de capituler à leur tour, quand la nef du marquis de Montferrat apparut dans le port. Son arrivée changea la face des choses. Conrad était vraiment l'homme fort qui convenait à une situation désespérée, « un homme semblable à un démon, dit la chronique musulmane, plein de prudence, de vigilance et de bravoure. » Accueilli comme un sauveur par les Tyriens qui le suppliaient de les défendre, il posa franchement ses conditions : il exigeait d'être reconnu comme seigneur souverain de la ville. Ces propositions, qui furent immédiatement acceptées, faisaient table rase des droits antérieurs, même de ceux du roi Guy de Lusignan, et établissaient un droit nouveau, fondé sur le service rendu. Désormais sûr de son fait, Conrad prit la défense en main. Il n'était que temps. Déjà des traîtres arboraient sur le rempart l'étendard de Saladin. Conrad fit jeter la bannière dans le fossé. Or, Saladin parmi les prisonniers faits à Hattîn avait justement en son pouvoir le vieux seigneur de Montferrat, père de Conrad. Il fit venir le vieillard sous les murs de Tyr et offrit de le remettre en liberté, moyennant reddition de la place. Mais Conrad n'était pas homme à s'attendrir. Il répondit qu'il aimait mieux faire tirer sur son père que de rendre le plus petit moellon de la muraille. Saladin, comprenant avec qui il avait affaire, se retira et Conrad resta paisible possesseur de Tyr. Avec les richesses qu'il apportait, le marquis, employant tous les réfugiés aux fortifications, eut vite fait de la ville une place inexpugnable.

Tyr devint ainsi le boulevard de la résistance franque. Saladin, qui venait d'achever la conquête de la Palestine, fit un nouvel effort contre la place. Mais son énorme supériorité numérique ne lui servit à rien, la presqu'île de Tyr n'étant reliée au rivage que par une étroite bande de terre que Conrad avait eu la précaution de faire couper par un canal inondé d'eau de mer. Après une victoire navale des Francs, remportée dans le port le 2 janvier 1188, le sultan se résigna à lever le siège.

Mais « le Gibraltar de Tyr » était trop étroit, sa garnison trop peu nombreuse pour suffire à la reconquête. Une troisième croisade s'imposait. Dès sa reprise de possession, Conrad de Montferrat chargea l'archevêque de Tyr d'aller en prêcher la nécessité en Occident.

***

Les trois principaux souverains de l'Occident étaient à cette époque le roi de France Philippe Auguste, le roi d'Angleterre Henri Plantagenet et l'empereur germanique Frédéric Barberousse. A la nouvelle de la perte de Jérusalem, tous trois se croisèrent, mais les deux premiers, séparés par une vieille rivalité, ne purent se mettre d'accord et ajournèrent indéfiniment l'exécution de leur vœu. Frédéric Barberousse montra plus de zèle. Le 11 mai 1189 il quittait Ratisbonne avec une armée remarquablement organisée et disciplinée qui, d'après certains chroniqueurs, aurait compté au départ près de cent mille hommes. Il prit par la Hongrie la route de Constantinople. En arrivant dans l'empire byzantin, il se heurta à la mauvaise volonté de l'empereur Isaac l'Ange. La cour byzantine, qui se sentait menacée par les rancunes et les convoitises des Latins, avait conclu contre eux un pacte avec Saladin qu'elle tenait au courant des progrès de la croisade. Frédéric, indigné des obstacles sournois qu'on lui opposait, saccagea Andrinople et fut sur le point de donner l'assaut à Constantinople elle-même. Il eut cependant assez de « patriotisme chrétien » pour maîtriser sa colère, et, à la fin de mars 1190, passa en Asie Mineure avec son armée.

Pour la traversée de l'Asie Mineure, Frédéric suivit l'ancien itinéraire de Godefroi de Bouffon par la route qui traverse la péninsule en diagonale du nord-ouest au sud-est, de la Marmara à la Cilicie. Les Turcs Seldjoukides qui essayèrent de l'arrêter devant Qonya, leur capitale, se firent battre et Frédéric entra dans la ville où il se reposa cinq jours. La difficile traversée du plateau d'Asie Mineure, fatale à tant de croisades précédentes, s'était donc effectuée sans encombre grâce à la discipline et à l'excellent service d'intendance de l'armée allemande. Après avoir franchi le Taurus, Frédéric descendit dans la plaine cilicienne où il fut accueilli en allié par les Arméniens.

L'approche de la grande armée germanique frappa de terreur le monde musulman. Si grand fut l'effroi des lieutenants de Saladin qu'ils évacuèrent les places de la frontière syro-cilicienne, comme Baghrâs, récemment conquises par leur maître. Saladin lui-même fit précipitamment démanteler Sidon, Césarée et Jaffa qu'il considérait comme indéfendables. « Si Allah, dit l'historien arabe Ibn al-Athîr, n'avait daigné montrer sa bonté aux Musulmans en faisant périr le roi des Allemands à l'instant même où il allait pénétrer en Syrie, on écrirait aujourd'hui : la Syrie et l'Égypte ont jadis appartenu à l'Islam... » De fait, entre la grande armée allemande débouchant au nord et les armées franco-anglaises qui allaient débarquer à Saint-Jean-d'Acre, la Syrie musulmane n'eût pas manqué d'être broyée. Mais le 10 juin 1190, Frédéric Barberousse se noya dans les eaux du Sélef, un petit fleuve cilicien, et la face de la question d'Orient fut changée.

La supériorité de l'armée germanique était faite d'organisation méthodique et aussi d'un sentiment de puissance collective dont la personne de Frédéric Barberousse semblait le symbole. Une fois le grand empereur disparu, elle tomba dans l'abattement, se démoralisa ; par manque de ressort individuel, cette immense armée devint une cohue sans âme, dont les Musulmans capturaient sans résistance des détachements entiers. Le fils de l'empereur défunt, Frédéric de Souabe, se montra incapable d'arrêter cette désagrégation matérielle et morale. Sans avoir éprouvé aucune défaite, alors qu'elle venait de prendre l'imprenable Qonya, la croisade allemande, à l'instant où elle arrivait à pied d'œuvre, perdit ainsi sa force vive. Une partie des princes et de leurs hommes rentrèrent en Europe. Le reste alla par voie de mer rejoindre les chrétiens à Tyr ou devant Saint-Jean-d'Acre.

***

La Croisade allemande s'était volatilisée. La Croisade franco-anglaise s'attardait pour des mois encore, nous allons le voir, aux escales de Sicile. Les Francs de Syrie, renforcés par des groupes de Croisés divers, commencèrent seuls la reconquête du littoral.

Le regroupement des Franco-Syriens fut en apparence aidé, en réalité compliqué par la rentrée en scène de Guy de Lusignan, mis en liberté par Saladin. C'était sur une démarche personnelle de la reine Sibylle que le sultan, toujours courtois envers les dames franques, avait relâché le vaincu de Hattîn. En réalité, connaissant l'incapacité de Guy, dont il estimait n'avoir rien à craindre, il avait été bien aise de le lâcher, si l'on peut dire, dans les jambes du redoutable Conrad de Montferrat. A peine libéré, Guy se dirigea en effet sur Tyr, la seule place de l'ancien royaume encore au pouvoir des Francs, mais où aujourd'hui Conrad commandait en maître. Il trouva les portes closes « et commença à crier qu'on lui ouvrît ». « Le marquis de Montferrat vint au créneau et demanda qui se permettait de parler sur un tel ton. On lui répondit que c'était le roi Guy et la reine Sibylle qui entendaient rentrer dans leur bonne ville de Tyr. Le marquis répliqua que la place était à lui, puisqu'il l'avait sauvée, et que de leur vie ils n'y remettraient les pieds. »

Guy de Lusignan, roi sans terre et sans soldats, renié par la plupart de ses anciens sujets qui le rendaient avec raison responsable du désastre, prit alors une résolution dont l'énergie étonne chez ce caractère faible : il décida de reconquérir la seconde ville et le port principal de l'ancien royaume, Saint-Jean-d'Acre. Rassemblant tout ce qu'il put trouver d'anciens chevaliers palestiniens et de pèlerins nouvellement débarqués, il partit pour Acre le 20 août 1189. Huit jours après il établissait son camp à l'est de la place, sur la butte de Tell el-Foukhar.

Entreprise d'une belle audace. Sa petite armée était quatre fois moins nombreuse que la garnison musulmane d'Acre. De plus, à la nouvelle de l'arrivée des Francs, Saladin, accouru devant Acre, vint prendre position dans leur dos, de sorte que d'assiégeants ils se trouvèrent bientôt comme assiégés. Mais l'arrivée de nouveaux Croisés d'Occident vint atténuer les dangers de cette situation. Ce furent successivement une belle escadre pisane de cinquante-deux navires, puis une escadre génoise et une escadre vénitienne, enfin cinq cents navires danois, frisons et flamands portant dix mille hommes. A la mi-septembre arrivèrent les premiers contingents français avec le comte de Bar, Erard II de Brienne, Robert de

Dreux et son frère l'évêque Philippe de Beauvais, deux vaillants capitaines qu'on devait retrouver à Bouvines, puis en octobre Guy de Dampierre, Narjot de Toucy, Raymond de Turenne et Geoffroi de Joinville avec un contingent de chevaliers champenois.

Ainsi renforcé, Guy de Lusignan, avant de presser le siège, essaya de se débarrasser de Saladin dont l'armée, toujours campée sur les hauteurs à l'est d'Acre, encerclait les assiégeants. Le 4 octobre 1189, il attaqua à l'improviste le camp musulman, le surprit et parvint jusqu'aux tentes du sultan. Malheureusement les vainqueurs s'attardèrent au pillage ; Saladin put se ressaisir et rejeta les Francs jusque dans leur propre camp. En somme les forces s'équilibraient. Saladin ne pouvait empêcher les Francs, du côté du rivage, d'investir Saint-Jean-d'Acre et eux-mêmes ne parvenaient pas, du côté de l'intérieur, à se débarrasser de son étreinte. Les opérations prirent alors l'aspect d'une guerre de siège et de tranchées, immobile, épuisante, d'une guerre d'usure qui devait durer deux ans. La garnison d'Acre, derrière ses murailles, les Francs, derrière leurs retranchements, allaient lutter à grand renfort de pierrières et de mangonneaux, de carreaux d'arbalètes, de pelotes incendiaires, de nappes de feu grégeois. Grâce à la maîtrise de la mer, les Francs s'efforçaient de réduire la garnison d'Acre par la famine, tandis qu'eux-mêmes étaient harcelés, affamés et comme « assiégés à distance » par l'année de Saladin.

Cette guerre de position favorisa entre les Francs et les soldats de Saladin de curieuses relations de courtoisie militaire. « Une sorte de familiarité, note la chronique arabe, s'établit entre les deux camps. On échangeait des conversations quand on cessait de combattre et, par suite de cette longue fréquentation, on finissait par chanter et danser de compagnie, puis, une heure après, on recommençait à se battre. » On voyait même pendant ces heures de trêve les enfants des deux armées venir jouer à la lutte entre les deux lignes. Il était des jeux moins innocents ; la chronique arabe, fort scandalisée, rapporte que les mamelouks de Saladin ne résistaient pas aux séductions des ribaudes qui suivaient l'armée franque et que plus d'un déserta pour les yeux d'une jolie fille.

Saladin lui-même continuait à donner l'exemple des sentiments les plus chevaleresques. Parmi les prisonniers on lui amène un jour un vieillard décrépit qui, malgré ses infirmités, avait voulu entreprendre le pèlerinage de Terre Sainte. Saisi de pitié, le sultan lui donne un cheval et le fait reconduire à l'armée franque. Une nuit, des maraudeurs musulmans enlèvent au camp chrétien un petit enfant de trois mois. Au matin la mère s'en aperçoit, se désespère. Les chevaliers francs lui conseillent de faire appel à la générosité de Saladin. Elle court aux avant-postes ennemis, demande à être reçue par le sultan. « Le sultan, écrit el-Imâd, était à cheval, entouré d'une escorte nombreuse dont je faisais partie, quand la mère se présenta, gémissante, et se jeta à ses pieds, le visage dans la poussière. Le sultan s'informa de sa situation et quand il la connut, ses yeux se remplirent de larmes. Il fit rechercher l'enfant. Comme celui-ci avait été déjà vendu au marché, il le racheta de ses propres deniers, et ne s'éloigna point avant que l'enfant eût été rendu à sa mère. Elle le prit et le serra contre son cœur en pleurant à chaudes larmes. Tous les témoins de cette scène, et j'en étais, pleuraient aussi. Après qu'elle l'eût allaité, le sultan la fit reconduire à cheval avec son enfant au camp chrétien. »

Cependant la disette commençait à sévir dans l'armée franque. Conrad de Montferrat se mit en devoir d'amener de Tyr une flotte de ravitaillement. Le 4 mars 1190, cette flotte – cinquante navires – apparut au large de Saint-Jean-d'Acre. L'escadre musulmane sortit du port d'Acre pour empêcher le débarquement. « Vous auriez vu alors, dit l'épopée d'Ambroise, quelque chose de pareil aux fourmis qui sortent d'une fourmilière. Tels, les dix mille Turcs qui sortaient d'Acre sur leurs galères, couvertes comme eux-mêmes d'étoffes de soie, de bougrans et de velours. Ils allèrent tous contre notre flotte que le vent du nord amenait le long du rivage. Ils commencèrent à tirer de leurs arbalètes et la bataille navale s'engagea. Sur les deux escadres la huée ne cessait pas. Chacun cédait à son tour. Souvent elles se rapprochaient et se lançaient du feu grégeois ; des incendies s'allumaient sur le pont et, quand deux bateaux s'abordaient, les coups pleuvaient des deux côtés. » Pendant ce temps, du côté de la terre, l'armée musulmane opérait une sortie contre le camp chrétien. « Toute la plaine jusqu'au pied de la montagne était couverte, comme un champ d'épis, de Turcs qui attaquaient sans relâche et se jetaient dans nos tranchées en si grand nombre qu'il s'y renversaient. Il y avait là une grande masse de gens hideux et noirs, portant sur leurs têtes des coiffures rouges. En voyant les flots pressés de ces gens avec leurs têtes coiffées de rouge, on aurait dit des cerisiers couverts de fruits mûrs. » A la fin, l'assaut musulman fut repoussé par terre, tandis que l'escadre de ravitaillement, forçant le blocus, débarquait ses caisses de vivres dans le camp chrétien.

Pendant que les deux armées, en attendant l'arrivée des rois de France et d'Angleterre, s'enlisaient dans la guerre de position, la question dynastique divisait de nouveau les Francs. En octobre 1190, la reine Sibylle de Jérusalem, femme de Guy de Lusignan et de qui ce dernier tenait ses droits à la couronne, était morte devant Acre, sans laisser d'enfants. D'après le droit franc de Syrie, elle seule était reine *de jure*, Guy n'étant associé au trône qu'à titre de prince consort. Ce n'était pas à lui que revenait la succession, c'était à la sœur cadette de la défunte, à la princesse Isabelle.

Isabelle, on s'en souvient, était mariée à un jeune baron créole, Onfroi de Toron, très joli garçon (les chroniques arabes rendent les armes devant sa beauté), fort cultivé (il savait si bien l'arabe qu'on l'emploiera comme interprète avec Saladin), mais doux, timide, sans ambition malgré le nom illustre dont il était l'héritier, et de caractère plus que faible. On se rappelle qu'en 1186 les barons du parti anti-Lusignan ayant voulu le proclamer roi malgré lui, il s'était, pour éviter ce dangereux honneur, assez ridiculement enfui d'entre leurs mains et était allé, avec des excuses d'enfant, demander son pardon à Sibylle et à Guy. Les barons qui avaient misé sur lui et dont il avait, par manque de caractère, déçu les espérances, ne lui avaient pas pardonné cette lamentable attitude. Du reste, à l'heure où il s'agissait de reconquérir le royaume sur Saladin, Onfroi n'avait aucune des qualités d'un chef. L'aspect efféminé, le geste indécis, la parole hésitante, on ne le voyait pas tenant tête au grand sultan. Le royaume avait besoin d'un homme fort, capable de fonder une nouvelle dynastie. Or cet homme existait, c'était le nouveau maître de Tyr, le marquis Conrad de Montferrat. Le parti des barons résolut donc de faire divorcer Isabelle d'avec Onfroi de Toron et de lui faire épouser Conrad.

Restait un obstacle. Isabelle, qui avait à peine vingt ans, adorait le joli garçon qu'on lui avait donné comme mari. Dès les premiers mots, elle refusa d'entendre parler de divorce. Mais le parti Montferrat disposait d'un puissant appui : la reine mère, Marie Comnène. La reine mère entreprit de catéchiser la récalcitrante :

Isabelle se devait au royaume, à la dynastie dont elle était l'unique héritière. Puisque Onfroi de Toron se montrait incapable de régner, la raison d'État commandait à sa jeune femme de le sacrifier, dût-elle en même temps se sacrifier elle-même. De guerre lasse, Isabelle, harcelée par sa famille, consentit « par force » (la pauvrette le proclama expressément) à se séparer de son cher Onfroi pour épouser Conrad. Restait à trouver un prétexte d'annulation. On le découvrit : Isabelle avait été mariée trop jeune, sans son consentement, mariage de surprise, qui n'était pas valable. Le lamentable Onfroi voulut protester, mais alors intervint l'argument de force. Un des barons du parti Montferrat, Guy de Senlis, « lui tendit son gage », pour le provoquer en combat singulier. Le courage n'avait jamais été le fait du dernier des Toron. « Le cœur lui manqua. » Il ne releva pas le défi et se laissa arracher sa femme. On la remaria, séance tenante, à Conrad. Ce dernier, du reste, ne fut pas, pour autant, reconnu comme roi par les amis de Guy de Lusignan. Les deux princes conservaient leurs partisans et on attendait, pour les départager, l'arrivée des rois de France et d'Angleterre.

***

On se rappelle que le roi d'Angleterre Henri II et le roi de France Philippe Auguste, depuis longtemps en guerre, avaient un instant fait trêve à leur querelle pour prendre la croix. Mais comme, ayant recommencé à se battre, ils n'apportaient aucune hâte à accomplir leur promesse, Henri mourut avant l'achèvement des préparatifs. Son fils, Richard Cœur de Lion, renouvela son vœu, mais ce fut seulement le 4 juillet 1190 qu'avec Philippe Auguste il partit de Vézelay pour la Terre Sainte. Philippe s'embarqua à Gênes et Richard à Marseille. Ils se rejoignirent en Sicile, mais s'attardèrent encore six mois dans l'île, dans une inaction assez inexplicable, tandis que l'armée chrétienne qui assiégeait Acre les attendait fiévreusement. En réalité le Capétien et le Plantagenet, bien qu'alliés pour la guerre sainte, se suspectaient, se surveillaient et s'entravaient l'un l'autre. Après des incidents qui faillirent provoquer une guerre ouverte entre les deux princes croisés, Philippe Auguste partit le premier de Messine le 30 mars 1191, pour débarquer le 20 avril devant Saint-Jean-d'Acre. Quant à Richard, parti de Messine le 10 avril, il ne devait débarquer en Syrie que le 7 juin. Dans l'intervalle, il avait conquis l'île de Chypre.

Chapitre XII

C'était la tempête qui avait jeté le roi d'Angleterre sur les côtes chypriotes. L'île appartenait aux Byzantins, en l'espèce au prince byzantin Isaac Comnène. Isaac ayant montré une attitude hostile envers les navires anglais échoués à sa merci, Richard débarqua, le battit à Trémithoussia, le fit prisonnier et entra à Nicosie, la capitale de l'île (fin mai 1191).

La conquête inattendue de Chypre par Richard Cœur de Lion allait changer le cours de l'histoire franque. L'Orient latin, que Saladin avait jeté à la mer, y renaissait au milieu des flots. Notons, sans anticiper, que dès son débarquement en Chypre, Richard avait vu accourir d'Acre Guy de Lusignan qui venait solliciter son appui contre les prétentions de Conrad de Montferrat à la couronne. Guy mit son épée à la disposition du roi d'Angleterre et l'aida à conquérir l'île, jetant ainsi les premières bases du futur « royaume Lusignan de Chypre ».

Pendant ce temps, Philippe Auguste avait donné au siège d'Acre une impulsion nouvelle. Il avait établi son camp en face de la Tour Maudite, la principale tour de défense d'Acre. Le 7 juin il fut rejoint par Richard Cœur de Lion qui débarquait de Chypre. Le soir toute l'armée franque illumina. « La nuit était claire et la joie grande, chante Ambroise. On sonnait les timbres, les trompettes et les cors. On chantait dans le camp de belles chansons et de beaux airs. Les échansons portaient du vin aux grands et aux petits. Tous étaient pleins de confiance. Je ne crois pas que vous puissiez voir tant de cierges et tant de lumières, si bien qu'il semblait à l'armée ennemie que toute la vallée était embrasée de feux. »

Chacun des deux rois se consacra à l'attaque d'un secteur. Philippe Auguste entreprit la démolition de la Tour Maudite qui défendait la place d'Acre du côté de l'est. Contre elle, il avait dressé une puissante pierrière, dénommée « Male voisine » qui bombardait la ville de blocs énormes, mais à laquelle les défenseurs répondaient par le jeu d'une autre catapulte que la bonne humeur française surnomma « Male cousine ». A côté de « Male voisine » le roi de France faisait en personne, comme un simple soldat, le coup d'arbalète. Déjà un pan de mur attenant à la Tour Maudite venait de s'écrouler. Le 2 juillet, Philippe Auguste lança sur la brèche un assaut qui n'échoua que grâce à une diversion de Saladin contre le camp des Croisés. Mais les assiégés faisaient savoir au sultan qu'ils ne pouvaient tenir plus d'un jour. Le lendemain 3 juillet, celui-ci tenta un effort désespéré contre le camp. Il fut repoussé. « Les Francs, note Behâ ed-Dîn, témoin oculaire, montraient la solidité d'un véritable mur. Un Franc d'une taille énorme, monté sur le parapet, repoussait les Musulmans à lui tout seul. A ses côtés, ses camarades lui passaient des blocs de pierre qu'il lançait sur nous. Il fut atteint de plus de vingt coups de pierre et de flèche, sans même paraître s'en apercevoir. Il fallut, pour en venir à bout, qu'un de nos officiers le brûlât vif avec une bouteille de naphte enflammé. » Le même écrivain nous parle d'une héroïne franque, couverte d'une mante verte, qui ne cessait de lancer des flèches et mit hors de combat plusieurs Musulmans. « Elle fut enfin accablée sous le nombre. Nous la tuâmes et nous portâmes son arc au sultan. » Pendant que les défenseurs du camp repoussaient ainsi la contre-attaque de Saladin, Philippe Auguste recommençait l'assaut de la Tour Maudite. Il fut bien près de réussir. Le maréchal de France Aubri Clément, qui avait juré de prendre Acre ou de mourir, se jeta sur la brèche de la tour, mais les échelles se brisèrent et il fut tué.

Néanmoins la journée du 3 juillet avait été décisive. Si Acre ne fut pas prise ce jour-là, elle était vraiment frappée à mort. Le 11 juillet, un furieux assaut des Anglais acheva de briser le moral de la garnison. Le 12, elle capitula et les Croisés firent leur entrée dans la ville. Des hauteurs à l'est de la plaine d'Acre, Saladin dut assister, impuissant, à ce spectacle. « Ce vendredi, à midi, écrit son historien Abou Châma, on vit les croix et les drapeaux des Francs se dresser sur les murs. Une immense clameur d'enthousiasme s'éleva de l'armée franque, pendant que notre camp retentissait de gémissements et de sanglots. Ce fut pour nous un spectacle odieux, quand le marquis (de Montferrat), entrant dans Acre avec quatre drapeaux des rois chrétiens, en planta un sur la citadelle, un autre sur le minaret de la grande mosquée (et c'était un vendredi !), un troisième sur le bordj à la place des drapeaux de l'Islam... »

Pour prendre Saint-Jean-d'Acre, Richard et Philippe Auguste avaient fait trêve à leur querelle. Leur rivalité se réveilla le lendemain de la victoire. Dans la compétition pour la couronne de Jérusalem, Richard avait pris parti pour Guy de Lusignan, et Philippe pour Conrad de Montferrat. Pour mettre fin à une controverse qui paralysait l'armée, les barons syriens, réunis en « parlement » le 28

Chapitre XII

juillet, imposèrent un compromis : Guy, comme ayant été sacré au Saint-Sépulcre, conserverait la couronne sa vie durant, mais après lui Conrad de Montferrat, comme époux de la princesse Isabelle de Jérusalem, lui succéderait.

Une fois cet accord intervenu, Philippe Auguste annonça l'intention de rentrer en Europe. Le 2 août, il s'embarqua à Tyr pour Brindisi, non sans laisser en Palestine tout le contingent capétien – dix mille chevaliers, sans parler des piétons – sous les ordres du duc de Bourgogne Hugue III. Son départ n'en fut pas moins considéré comme une désertion par le parti plantagenet. Certes, Philippe avait magnifiquement fait son devoir devant Acre et la reconquête de la ville était autant son fait que celui de Richard. Mais on ne saurait nier qu'aux yeux de ce politique réaliste la croisade avait infiniment moins d'intérêt que le rassemblement de la terre de France, et ce fut sans remords qu'estimant son vœu accompli par la victoire d'Acre, il laissa à Richard le soin de délivrer Jérusalem.

***

Le départ de Philippe Auguste fut certainement un malheur pour l'entreprise syrienne. Richard aurait gagné à bénéficier des conseils du capétien dont l'intelligence froide lui aurait épargné bien des fautes. Le roi d'Angleterre, en effet, était le plus magnifique soldat de son temps, mais il manquait singulièrement d'esprit politique et, à la moindre occasion, se laissait emporter par sa violence. Saladin était prêt à racheter fort cher la garnison d'Acre, restée prisonnière des Francs, bien qu'à la manière orientale il fît traîner le marchandage. Richard crut-il qu'on voulait le jouer ? Voulut-il frapper l'Islam de terreur à la façon des croisés de 1099 ? Toujours est-il que le 20 août il rassembla devant Acre, sur le front des troupes, trois mille prisonniers et fit égorger « toute cette chiennaille ».

Cet acte de barbarie était, de surcroît, une faute. Saladin avait jusque-là apporté dans la conduite de la guerre des sentiments d'humanité qui méritaient une autre réponse. Envers Richard lui-même son attitude avait été d'une impeccable courtoisie. Lorsque au siège d'Acre le roi d'Angleterre était tombé malade, le sultan s'était empressé de lui envoyer pour sa convalescence des sorbets à la neige du Liban. En massacrant les prisonniers, on mettait fin à la guerre chevaleresque, en même temps qu'on se privait d'un moyen de pression et d'une précieuse monnaie d'échange. Saladin, indigné, se livra sur les captifs francs à des représailles que l'histoire n'est pas en droit de lui reprocher...

***

Richard Cœur de Lion se réhabilita heureusement au cours de la campagne qui suivit, car il entreprit aussitôt la reconquête du littoral palestinien depuis Saint-Jean-d'Acre jusqu'à Ascalon.

Il fallut d'abord arracher l'armée « aux délices d'Acre ». En effet le grand port, de l'aveu du poète Ambroise, s'était déjà rempli de tavernes regorgeant d'excellents crus et aussi de filles « dont quelques-unes faites à ravir ». Pour éviter l'encombrement de la colonne par les ribaudes, les barons, sagement, décidèrent qu'aucune femme ne suivrait la troupe, « excepté les bonnes vieilles pèlerines, les ouvrières et les lavandières qui leur lavaient le linge et la tête, et qui, pour leur ôter les puces, valaient des singes ».

La colonne franque, faisant mouvement du nord au sud, progressait le long de la côte, ravitaillée d'étape en étape par la flotte chrétienne, maîtresse de la mer. L'armée de Saladin suivait une marche parallèle, du côté des collines, cherchant à profiter de la moindre faute pour harceler ou surprendre Richard. « La cavalerie et l'infanterie des Francs, écrit el-Imâd, s'avançaient sur la plage, ayant la mer à leur droite et notre année à leur gauche. L'infanterie formait comme un rempart autour des chevaux, les hommes étant vêtus de corselets de feutre et de cottes de mailles si serrées que les flèches ne pouvaient pénétrer. Armés de fortes arbalètes, ils tenaient nos cavaliers à distance. » Le cali Behâ ed-Dîn raconte avoir vu un soldat franc qui arborait jusqu'à dix flèches plantées dans le dos de son corselet sans s'en émouvoir le moins du monde. Quant aux chevaliers, ils chevauchaient au centre de la colonne et n'en sortaient que pour des charges soudaines, quand il s'agissait de dégager les fantassins ou de forcer un passage. « Les Turcs, les gens du diable enrageaient, rapporte Ambroise, parce qu'avec nos armures nous étions comme invulnérables ; ils nous nommaient les gens de fer. » Si la supériorité des Francs résidait dans leurs armures et leur discipline, les Musulmans avaient pour eux leur extrême mobilité. A chaque instant l'épopée d'Ambroise nous montre les cavaliers turcs survenant à toute bride, sur leurs chevaux prompts comme la foudre, lançant sur la colonne franque une salve de flèches et disparaissant, insaisissables, dans un nuage de poussière.

En dépit de ce harcèlement, la colonne franque progressait dans un ordre strict, sans se laisser rompre ni attirer loin de sa route. On passa sous le Carmel, on atteignit Césarée que Saladin, désespérant de la défendre, avait fait détruire ; on arriva devant Arsouf : ce fut là, dans les jardins qui précèdent le bourg, que le sultan avait décidé d'arrêter les Francs. En quelques instants l'armée chrétienne se vit encerclée par les mamelouks. « Devant les émirs s'avançaient les trompettes et les tambours frappant sur leurs instruments et hurlant comme des démons : on n'aurait pas entendu Dieu tonner. Après la cavalerie turque venaient les nègres et les Bédouins, fantassins agiles et prompts derrière leurs légers boucliers. Tous visaient aux chevaux, pour démonter nos chevaliers. »

En cette torride journée du 7 septembre, dans la palmeraie d'Arsouf, les Francs, environnés par l'armée de Saladin, leurs chevaux tués et eux-mêmes criblés de flèches, se crurent un instant perdus. Comme en 1187, lors de la fatale chevauchée de Hattîn, le combat semblait engagé dans les pires conditions. Après avoir décrit le tourbillonnement des archers montés de l'Islam, la grêle de flèches qui s'abattait sur la colonne franque dans un nuage suffocant de poussière, le vacarme infernal des tambours égyptiens, les hurlements de toute cette « chiennaille », Ambroise avoue « qu'il n'y avait dans l'armée chrétienne aucun homme assez hardi pour ne pas souhaiter d'avoir fini son pèlerinage ». Dans la chaleur et la poussière de ce torride septembre, c'était vraiment l'avant-goût d'un nouvel Hattîn...

Mais Richard Cœur de Lion n'était ni un Renaud de Châtillon, ni un Guy de Lusignan. Médiocre politique au conseil, il devenait sur le champ de bataille l'incarnation même du génie de la guerre. Aux Hospitaliers de l'arrière-garde qui lui avouaient être à bout, il donna impérieusement l'ordre de tenir – et ils tinrent. Cependant la défensive coûtait trop cher, les archers musulmans tuant à distance les chevaux francs. Richard prépara une charge enveloppante qui eût dû amener la capture ou la destruction complète de toute l'armée musulmane. « Il était convenu qu'avant l'action on placerait à trois échelons six trompettes qui sonneraient à l'improviste la charge de toute notre chevalerie. » L'impatience d'un Hospitalier ne permit pas le développement de la manœuvre. On eut simplement une charge directe. Il est vrai que ce fut une charge en trombe, qui balaya tout. Béhâ ed-Dîn, qui se tenait aux côtés de Saladin, a laissé de cette scène une vision d'épouvante : « Alors la cavalerie franque se forma en masse et, sachant que rien ne pouvait la sauver qu'un effort suprême, elle se décida à charger. Je vis moi-même ces cavaliers, tous réunis autour d'une enceinte formée par leur infanterie. Ils saisirent leurs lances, poussèrent tous à la fois un cri terrible, la ligne des fantassins s'ouvrit pour les laisser passer et ils se précipitèrent sur nous. Une de leurs divisions se précipita sur notre aile droite, une autre sur notre aile gauche, une troisième sur notre centre, et tout chez nous fut mis en déroute... »

Revanche des anciens désastres qui nous vaut sous la plume du poète Ambroise une page d'épopée : « Les chevaliers de l'Hôpital qui avaient beaucoup souffert chargèrent en bon ordre. Le comte Henri de Champagne avec ses braves compagnons, Jacques d'Avesnes avec son lignage chargèrent aussi. Le comte Robert de Dreux et l'évêque de Beauvais chargèrent ensemble. Du côté de la mer, à gauche, chargea le comte de Leicester, avec tout son échelon où il n'y avait point de couards. Ensuite chargèrent les Angevins, les Poitevins, les Bretons, les Manceaux et tous les autres corps d'armée. Les braves gens ! Ils attaquèrent les Turcs avec une telle vigueur que chacun atteignit le sien, lui mit sa lance dans le corps et lui fit vider les étriers. Quand le roi Richard vit que la charge, sans attendre son ordre, s'était déclenchée, il donna de l'éperon et se lança à toute vitesse sur l'ennemi. Il fit en ce jour de telles prouesses qu'autour de lui, des deux côtés comme devant et derrière, il y avait une traînée de Sarrasins tués, et que les survivants, à sa vue, s'écartaient largement pour lui faire place. On voyait les corps des Turcs avec leurs têtes barbues, couchés comme des gerbes. »

La victoire d'Arsouf eut un retentissement énorme. Elle effaçait le désastre de Hattîn. Elle ramenait la supériorité militaire sous les bannières franques. La force avait de nouveau changé de camp, et le « moral », et l'adresse tactique dans le combat, au bref tout ce qui constitue le potentiel militaire. Saladin fut le premier à le comprendre. Renonçant dès lors à affronter Richard Cœur de Lion en rase campagne, il se contentera, à la manière bédouine, de faire le désert devant lui. Le désespoir au cœur, il fit évacuer les villes de la côte, même Ascalon, par la population musulmane et, tandis que de douloureux cortèges d'émigrants prenaient le chemin de l'Égypte, il fit raser au sol les murailles des cités. Richard, que cette tactique déroutait, put cependant faire reconstruire Jaffa, place particulièrement importante comme « le port du pèlerinage », la base de débarquement vers Jérusalem. Quant à Jérusalem même, le sentiment unanime de l'armée voulait qu'on en entreprît aussitôt le siège. Par trois fois Richard s'en approcha de si près qu'on crut revenues les heures merveilleuses de juillet 1099. A la Noël de 1191 il n'était plus qu'à vingt kilomètres de la ville sainte. Déjà, nous dit Ambroise, les soldats fourbissaient joyeusement leur haubert, déjà les malades se déclaraient guéris pour voir, eux aussi, les premiers, le dôme du Temple, mais à la surprise générale Richard fit faire demi-tour.

C'est qu'au point de vue stratégique les circonstances n'étaient plus du tout celles de la première croisade. Godefroi de Bouillon avait pu jadis entreprendre en toute tranquillité le siège de Jérusalem, parce qu'aucune armée musulmane n'était venue le distraire de sa tâche. Il n'en allait plus de même aujourd'hui. Saladin, avec une armée de manœuvre supérieure en nombre, tenait la campagne ; il suivait Richard à la piste ; ses troupes couronnaient les hauteurs, prêtes à tomber sur les derrières de la colonne franque, si celle-ci donnait l'assaut aux murailles de Jérusalem. En capitaine avisé, Richard, malgré sa fougue, se refusa à entreprendre une telle opération si loin de ses bases, dans le milieu hostile du plateau judéen. Il ramena son armée sur la côte et, dès ce moment, commença des pourparlers officieux avec Saladin.

A défaut d'une reconquête des Lieux saints par la force, il ne restait plus en effet qu'à négocier. Entre les Francs redevenus maîtres de la bande côtière et les Musulmans restés en possession de l'hinterland on recherca l'établissement d'un *modus vivendi*. Certains (et Richard lui-même un instant) songèrent à une solution romanesque. Le frère de Saladin, Mélik el-Adil, qui avait toujours montré une certaine sympathie pour les chrétiens, épouserait la sœur de Richard, la reine Jeanne de Sicile, et ce couple mixte régnerait sur Jérusalem neutralisée. Projet évidemment irréalisable, ne fût-ce que par les scrupules religieux de Jeanne, mais qui n'en annonçait pas moins une heureuse détente dans les haines confessionnelles, ainsi que l'avènement d'un esprit de mutuelle tolérance religieuse qui sera celui de Frédéric II et des successeurs de Saladin.

Néanmoins, comme les négociations traînaient, Richard, en juin 1192, dirigea une seconde démonstration vers Jérusalem. Le 12 juin, au matin, comme il poursuivait avec un peloton d'avant-garde une patrouille musulmane, il arriva en vue de la ville sainte. Mais cette fois encore il refusa d'attaquer, avec Saladin sur ses flancs, une place aussi solidement défendue. Le moral de l'armée se trouvant affecté par cette carence, il entreprit, pour le relever, un raid étourdissant. Les Bédouins (car il avait pris des Bédouins à son service) venaient de lui apprendre qu'une énorme caravane musulmane sortie d'Égypte se dirigeait vers la Syrie et qu'elle était en train, sous la protection d'un escadron de mamelouks, de s'engager dans le désert de Juda. A cette nouvelle, Richard saute en selle avec le duc de Bourgogne et cinq cents chevaliers et tous partent au galop vers le sud-ouest. C'était le dimanche 20 juin, au soir. Ils chevauchèrent toute la nuit au clair de lune et ne mirent pied à terre qu'au sud d'Ascalon. Là un Bédouin les avertit que la caravane faisait halte à vingt kilomètres plus loin, au point d'eau de la Citerne Ronde, en plein désert de Nedgeb. Richard fait entourer d'un caffieh à la manière bédouine la tête de ses cavaliers, puis, au soir tombant, il pique à nouveau droit au sud, lui en avant-garde, le duc de Bourgogne en arrière-garde. On marcha toute la nuit, une belle nuit de l'été palestinien qui conduisit sans encombre la colonne à travers les dunes jusqu'à la Citerne Ronde où la caravane reposait sans méfiance, bêtes et gens dormant parmi les ballots de marchandises déchargés. Un peu avant l'aube, Richard donna l'ordre d'attaque. Surprise complète. L'escorte de mamelouks fut la première à se débander. Les caravaniers, abandonnant bêtes et marchandises, s'enfuirent, eux aussi, dans le Nedgeb. « Tout comme des lévriers chassant le lièvre dans la plaine, ainsi nos gens chassaient les leurs. » Au tableau, des files sans fin de chameaux chargés d'or, d'étoffes de soie, de velours et de pourpre, des bassins et des aiguières de cuivre, des chandeliers d'argent, des armures damasquinées, des échiquiers d'ivoire, des ballots de sucre et de poivre, tous les trésors, toutes les gourmandises du vieil Islam.

Mais ces brillants coups de main dissimulaient mal l'embarras de Richard. Il ne parvenait ni à acculer Saladin à quelque action décisive, ni à obtenir de lui une paix de compromis. En juillet 1192 le roi venait de remonter vers Beyrouth en ne laissant à Jaffa qu'une faible garnison. Profitant de son éloignement, Saladin se jeta à l'improviste sur cette dernière ville (26 juillet). Les mineurs musulmans réussirent dès le lendemain à provoquer l'écroulement d'une partie de la courtine, mais derrière la brèche les Francs avaient allumé de grands feux ; protégés par la flamme et par la fumée, ils empêchaient les Musulmans de pénétrer : « Quels admirables guerriers que ces gens-là, ne peut s'empêcher de s'écrier Behâ ed-Dîn, témoin oculaire, quelle bravoure ! » Le 31 juillet la courtine acheva de s'écrouler. « Quand le nuage de poussière se fut dissipé, on aperçut un rempart de hallebardes et de lances qui remplaçait le mur écroulé et fermait si bien la brèche que le regard même n'y pouvait pénétrer ; on vit le spectacle effrayant de l'intrépidité des Francs, du calme et de la précision de leurs mouvements. » Quand ils ne purent plus défendre la ville basse, les Francs se retirèrent en bon ordre dans la citadelle. Malgré tout, ils avaient, vers le soir, engagé des pourparlers de reddition et le lendemain matin, 1er août, ils se préparaient inévitablement à capituler, lorsque, dans les premières lueurs de l'aube, une flotte chrétienne apparut à l'improviste devant Jaffa. C'était le roi Richard qui, miraculeusement prévenu, accourait sur des galères génoises avec les premières troupes qu'il avait pu rassembler.

Ce fut alors qu'on vit ce qu'était le roi d'Angleterre. L'épopée d'Ambroise nous a laissé de cette scène un tableau inoubliable. Sans attendre l'accostage, Richard, l'écu au cou, une hache danoise à la main, saute dans la mer avec de l'eau jusqu'à la ceinture, court au rivage, le nettoie de Musulmans, pénètre dans la ville, trouve la foule des ennemis en train de piller les maisons, en fait un horrible carnage, puis, donnant la main à la garnison délivrée, il se précipite avec elle sur l'armée de Saladin dont il enlève le camp et qu'il met en fuite jusqu'à Yazour. « Le roi, chante Ambroise, fit dresser sa tente à l'endroit même d'où Saladin avait fui. Là campa Richard le Magne. Jamais, même à Roncevaux, paladin n'accomplit un pareil exploit. » Behâ ed-Dîn, de son côté, nous a transmis les mordantes plaisanteries du roi aux Musulmans vaincus : « Votre sultan est le plus grand souverain qu'ait eu l'Islam et voici que ma seule présence le fait décamper ! Voyez, je n'ai même pas une armure ; aux pieds, de simples chaussures de marin. Je ne venais donc pas le combattre ! Pourquoi s'est-il enfui ? »

Cependant Richard ne disposait à Jaffa que de deux mille hommes dont seulement une cinquantaine de chevaliers, d'ailleurs démontés. Sa faiblesse numérique inspira aux ennemis l'espoir de prendre leur revanche.

Dès qu'elle avait pu se ressaisir à Yazour, l'armée musulmane avait ressenti toute la honte de sa panique du août. Elle apprenait que la petite troupe de Richard, avec une folle insouciance, campait hors des murs de Jaffa. Sabrer ces piétons semblait facile. Dans la nuit du 4 au 5 août, la cavalerie musulmane se mit en marche à la clarté de la lune, en direction du camp anglais. Une dispute qui s'éleva entre mamelouks retarda quelque peu sa marche, de sorte que lorsqu'elle arriva en vue du camp, c'était déjà le petit jour. Un Génois, qui s'était écarté dans la lande, vit briller des armures et donna l'alarme. Réveillés en sursaut, Richard et ses gens eurent à peine le temps de sauter sur leurs armes ; plusieurs durent combattre à demi nus. En ligne serrée, un genou en terre pour être plus solides, leurs écus fichés devant eux, la lance inclinée en arrêt, ils reçurent sans rompre, dans la clarté de l'aube, la charge furieuse des escadrons musulmans. Richard, en hâte, avait dissimulé entre les piquiers autant d'arbalétriers. Dès que les cavaliers ennemis, leur première charge s'étant brisée sur les piques, virevoltèrent pour se reformer, les arbalétriers tirèrent, tuant les chevaux et jetant le désordre dans les escadrons. Toutes les charges de Saladin se brisèrent devant cette tactique précise. En vain, derrière les rangs, le sultan exhortait-il ses hommes. « La bravoure des Francs était telle, note Béhâ ed-Dîn, que nos troupes, découragées, se contentaient de les tenir cernés, mais à distance... »

Alors, contre cette armée démoralisée, Richard Cœur de Lion passa à l'attaque. « Il se lançait au milieu des Turcs et les fendait jusqu'aux dents. Il s'y lança tant de fois, leur porta tant de coups, se donna tant de mal que la peau de ses mains en creva, il frappait avant et arrière et de son épée se frayait un passage partout où il la menait. Qu'il frappât un homme ou un cheval, il abattait tout. C'est là qu'il fit le coup du bras et de la tête ensemble d'un émir bardé de fer qu'il envoya droit en enfer. Et quand les Turcs virent ce coup, ils lui firent une si large place qu'il revint, Dieu merci, sans dommage. Mais sa personne, son cheval et son caparaçon étaient si couverts de flèches qu'on eût dit un hérisson. »

La bataille avait duré toute la journée du 5 août. Au soir, la victoire des croisés était complète. Devant le roi d'Angleterre et sa poignée de héros l'armée musulmane battait en retraite avec Saladin humilié et découragé.

Si grande était l'admiration des Musulmans pour l'extraordinaire bravoure du grand Plantagenet qu'en pleine bataille Mélik el-Adil, le voyant combattre sur un médiocre cheval déjà fourbu, lui avait envoyé un nouveau coursier. Fendant la foule des combattants, on avait vu arriver au galop et s'arrêter devant Richard un mamelouk conduisant deux magnifiques chevaux arabes, « car il n'était pas convenable au roi de combattre à pied ». Quelques jours après la bataille, le roi étant tombé malade à Jaffa, Saladin lui envoya une fois encore des pêches et des sorbets à la neige de l'Hermon.

Mais les événements d'Europe rappelaient le roi d'Angleterre. En son absence Philippe Auguste et Jean sans Terre avaient commencé à le dépouiller de son royaume. Pressé de rentrer, il conclut avec Saladin, le 3 septembre 1192, une paix de compromis, basée sur la carte des opérations. Les Francs obtenaient le territoire réoccupé par leurs armes, c'est-à-dire la zone côtière, de Tyr à Jaffa. L'intérieur, avec Jérusalem, restait au pouvoir de Saladin, mais le sultan accordait avec toutes garanties aux chrétiens la liberté du pèlerinage dans la ville sainte. Saladin inaugura le nouveau régime en accueillant à Jérusalem avec une magnifique courtoisie les évêques, les barons et les chevaliers, ses adversaires de la veille, qui venaient, avant de se rembarquer, accomplir leur vœu au Saint-Sépulcre.

Après tant de combats, de tumulte et de drames, c'était donc l'apaisement. Les adversaires avaient appris à s'estimer. Les Francs n'ayant pu chasser les Musulmans de l'intérieur, les Musulmans n'ayant pu empêcher les Francs de reprendre pied sur la côte, le mieux était entre eux, ils l'avaient compris, cette entente amiable que favorisaient à la fois l'existence, dans les deux camps, de mœurs chevaleresques assez analogues et l'imbrication, à ce terminus des routes du Levant, des intérêts commerciaux. Il est frappant que ce soit un Richard Cœur de Lion qui, après les brutalités du début, ait été l'initiateur de cette politique. Quand il se rembarqua pour l'Europe, le 9 octobre 1192, le fougueux Plantagenet se trouva, après tant de prodigieux coups d'épée, avoir finalement substitué à la guerre sainte le rapprochement franco-islamique. Toutefois, ce n'était évidemment pas sans mélancolie qu'il partait sans avoir pu délivrer le Saint-Sépulcre. Il s'en punit lui-même en s'abstenant d'accompagner ses chevaliers dans leur visite aux Lieux saints...

Son chevaleresque adversaire, le sultan Saladin qui unissait, lui aussi, à la gloire des armes le mérite d'avoir (et depuis plus longtemps) favorisé cette détente, avait dû se contenter également d'un demi-succès. Sans doute jouissait-il dans tout le monde islamique du prestige incomparable que lui avait valu la reconquête de Jérusalem, mais après avoir, dans la journée de Hattîn, touché de si près à la victoire totale, il avait connu les jours sombres d'Acre et de Jaffa et, tout en conservant à l'Islam la mosquée d'Omar, dû rétrocéder aux chrétiens la côte palestinienne. Il est vrai aussi que sa générosité, son humanité profonde, sa piété musulmane sans fanatisme, cette fleur de libéralisme et de courtoisie qui ont émerveillé nos vieux chroniqueurs, ne lui valaient pas dans la Syrie franque une moindre popularité qu'en terre d'Islam. En le fréquentant dans les circonstances les plus tragiques où l'homme se montre tout entier, les Francs avaient appris que la civilisation musulmane peut, elle aussi, produire des types d'humanité vraiment supérieurs, de même que les Musulmans, un peu plus tard, devaient avoir une révélation analogue de la civilisation chrétienne en fréquentant Saint Louis.

Mais tant de travaux et d'angoisses avaient épuisé le grand sultan. Il avait rêvé de profiter de la paix pour aller visiter sa belle terre d'Égypte qu'il n'avait pas revue depuis bien des années, surtout pour aller remercier Dieu au pèlerinage de La Mecque. Il n'en eut pas le temps. Dans la nuit du 3 au 4 mars 1193 il mourut dans cette ville de Damas qu'il avait tant aimée et où se dresse aujourd'hui encore, grandiose et simple comme la foi musulmane elle-même, son tombeau.

Chapitre XIII
Champenois et Poitevins

Henri de Champagne et Amaury de Lusignan

A l'heure où le royaume de Jérusalem commençait à renaître sous la forme réduite d'un royaume d'Acre, la question dynastique s'était plus que jamais posée. Vers la fin de son séjour au Levant, Richard Cœur de Lion, malgré sa préférence pour Guy de Lusignan, avait dû se rendre au vœu des barons palestiniens qui se prononçaient presque tous pour Conrad de Montferrat. En avril 1192, le roi d'Angleterre s'était donc rallié à la nomination éventuelle de Conrad comme roi de Jérusalem. Quant à Guy de Lusignan, il allait le dédommager en lui donnant l'île de Chypre.

Conrad de Montferrat, dans sa bonne ville de Tyr, se préparait à ceindre cette couronne royale, objet, depuis si longtemps, de son âpre convoitise et qui d'ailleurs, reconnaissons-le, ne pouvait aller à un meilleur chef. Ce fut alors qu'un drame inattendu vint tout remettre en question, y compris les destinées de la Syrie franque.

Quelques semaines plus tôt, Conrad avait fait jeter à la mer des trafiquants qui se trouvaient appartenir à la secte des Assassins. Nous avons parlé plus haut de cette redoutable société secrète musulmane qui professait dans le sein de l'Islam une doctrine profondément hérétique et qui, pour parvenir à ses fins, recourait au terrorisme contre quiconque, musulman ou chrétien, osait lui tenir tête. En apprenant l'exécution de ses gens, le grand maître des Assassins, le ténébreux Sinân, de son nid d'aigle de Qadmous, dans les monts alaouites, demanda satisfaction à Conrad. Conrad ne lui répondit pas et n'y pensa plus, tout occupé qu'il était des préparatifs de son couronnement. Un soir, le 28 avril 1192, comme sa jeune femme, la princesse Isabelle, s'attardait au bain, lassé de l'attendre, il alla s'inviter à dîner chez son ami, l'évêque de Beauvais. Il sortait après dîner de l'hôtel du prélat, lorsque, dans les ruelles étroites du vieux Tyr, il fut rejoint par deux sicaires de Sinân qui, pour donner le change, venaient de se faire administrer le baptême. Ils lui tendirent un placet qu'il accueillit sans méfiance. Tandis qu'il le lisait, l'un d'eux lui plongea un poignard dans le flanc. Il expira presque aussitôt.

***

La disparition de l'homme fort qu'était Conrad de Montferrat, à l'heure même où il allait enfin pouvoir donner toute sa mesure, fut une grave perte pour l'Orient latin. Les barons syriens durent à l'improviste se remettre en quête d'un nouveau chef. Leur choix se porta sur un croisé français, le comte Henri II de Champagne qui présentait l'avantage d'être le neveu à la fois de Philippe Auguste et de Richard Cœur de Lion. Henri n'accueillit qu'avec des sentiments mélangés une offre qui allait l'obliger à finir ses jours en Orient. Le souvenir de sa terre champenoise le remplissait de nostalgie. D'autre part, la veuve de Conrad, la reine Isabelle, qu'on voulait lui faire épouser pour le rattacher à l'ancienne dynastie de Jérusalem, était une beauté qui avait passé par bien des mains. D'abord mariée presque enfant au bel Onfroi de Toron, qu'elle regrettait toujours, séparée d'Onfroi par force, remariée également de force à Conrad de Montferrat et maintenant veuve de ce dernier, elle restait enceinte de lui. Il y avait d'ailleurs là pour la succession dynastique une hypothèque qui grevait l'avenir des futurs époux, comme le rappelle savoureusement le chroniqueur. Richard, du reste, avait bien invité son neveu à épouser Isabelle, mais sans lui dissimuler qu'elle était grosse du marquis, et que, si l'enfant était un garçon, cet enfant hériterait de la couronne. « Et moi, en ce cas, repartit le comte, je resterai encombré de la dame ! »

La réponse n'était pas fort gracieuse, mais sans doute Henri jusque-là n'avait-il pas bien regardé Isabelle. Son opinion changea, quand il fut mis en présence de la jeune veuve. « Et sur mon âme, dit le bon poète Ambroise, j'en aurais fait autant, car elle était merveilleusement belle et charmante. Aussi fut-il finalement bien aise de l'épouser. » Nous verrons par la suite que, de son côté, elle s'attacha fort à Henri. Les noces furent célébrées le 5 mai 1192 dans la ville même de Tyr au milieu d'un peuple en liesse.

***

Henri de Champagne, qui, d'abord, n'avait pas fait meilleur accueil à l'offre du royaume qu'à l'offre de la reine, se révéla, une fois au pouvoir, aussi bon chef d'État que bon époux. Cet homme jeune, réfléchi et sûr, sut, après le départ de Richard Cœur de Lion, diriger avec prudence et fermeté le royaume d'Acre. Il rétablit l'autorité monarchique que Guy de Lusignan avait laissé péricliter. Il resta en bons termes avec la maison de Saladin. Intervenant, à la manière des anciens rois de Jérusalem, dans la Syrie du nord, il arbitra une grave querelle entre le prince d'Antioche, Bohémond III, et le prince arménien de Cilicie, Léon II. Léon ayant capturé Bohémond, Henri de Champagne fit le voyage de Cilicie, rétablit la concorde entre les deux hommes et obtint la délivrance du prisonnier. Au cours de ce voyage, il alla même rendre visite au grand maître des Assassins dans la forteresse d'el-Kahf : les Assassins (on l'avait vu, hélas, par la mort de Conrad de Montferrat) constituaient une force qu'en cas de nouvelles hostilités franco-musulmanes, il valait mieux avoir pour alliée que pour ennemie. Le grand maître, qui ne tenait pas moins à l'amitié franque à titre de garantie contre l'Islam orthodoxe, fit le meilleur accueil à Henri. Pour honorer son visiteur, il lui offrit le plus naturellement du monde le spectacle de quelques-uns de ces suicides en série qui prouvaient l'obéissance aveugle imposée à la secte. « Parions, sire, dit-il comme en se jouant à Henri, que vos chevaliers ne feraient pas pour vous ce que mes fidèles font pour moi ? » Sur ce, il agite un mouchoir et aussitôt deux des sectaires, qui se tenaient sur les créneaux de la plus haute tour, se jettent dans le vide. A peine les malheureux s'étaient-ils tués, qu'il offrait au comte de provoquer le suicide d'une douzaine d'autres. Le bon Henri, horrifié, le supplia de n'en rien faire. Avant de le laisser partir, le grand maître le combla de cadeaux et, pour finir, lui proposa galamment de faire assassiner tels de ses ennemis qu'il désignerait.

L'Orient latin était en paix sous la sage administration de Henri de Champagne, lorsque l'empereur germanique Henri VI, qui venait de joindre à l'Allemagne le royaume normand des Deux Siciles, annonça l'intention de reprendre la croisade de son père Frédéric Barberousse. En attendant de s'embarquer lui-même, il envoya en Syrie une avant-garde de croisés allemands qui prirent terre à Saint-Jean-d'Acre en septembre 1197. Mais ces croisés, si nous en croyons les chroniqueurs, se conduisirent fort mal. Ils s'installaient d'office chez l'habitant, mettaient les propriétaires à la porte, se comportaient grossièrement avec les dames franques, agissaient partout comme en pays conquis. Les bourgeois d'Acre vinrent se plaindre à Henri de Champagne. Un baron syrien, Hugue de Tibériade, recommanda à celui-ci la seule attitude efficace : « Je connais bien les Allemands, lui fait dire la chronique franque ; avec eux il faut employer la force, ils ne comprennent que cela. » Il conseilla donc de mettre les femmes et les enfants à l'abri chez les chevaliers de l'Hôpital, puis d'appeler la population masculine aux armes et de chasser les soudards. Mais, comme il l'avait prévu, il ne fut pas nécessaire d'en arriver là. Les chefs de l'armée germanique, ayant eu vent du projet, firent sortir leurs gens de Saint-Jean-d'Acre et les cantonnèrent en banlieue. Le débarquement de la croisade allemande n'en eut pas moins de fâcheux résultats. Il provoqua la rupture des trêves avec les Musulmans, événement d'autant plus inopportun que les croisés germaniques ne constituaient qu'une avant-garde, trop peu nombreuse pour agir efficacement. Le sultan de Damas, Mélik el-Adil, frère et successeur de Saladin, se jugeant menacé, riposta en allant surprendre et piller Jaffa.

Au moment précis où se produisait ce regrettable événement, dans le trouble causé à la fois par la menace allemande et par la reprise de la guerre musulmane, survint un nouveau drame qui plongea dans le deuil la Syrie franque.

Le 10 septembre 1197, Henri de Champagne, du balcon de son palais d'Acre, venait d'assister au défilé des renforts envoyés à Jaffa, lorsque, en reculant machinalement pour recevoir une délégation, il tomba à la renverse d'une fenêtre sans barreaux et se brisa le crâne. Son nain Écarlate, qui avait voulu le retenir par ses vêtements, fut entraîné dans sa chute et se tua avec lui. La chronique décrit en termes pathétiques la douleur de la reine Isabelle, avertie par les cris des serviteurs. « Elle accourait comme folle, en se déchirant le visage et en s'arrachant les cheveux. A la montée du château elle rencontra les porteurs. Elle se laissa tomber sur le corps inanimé de son mari, le couvrant de tant de baisers et de larmes que c'était un spectacle à faire pitié. »

***

Henri de Champagne disparaissant après Conrad de Montferrat... Une étrange fatalité semblait s'acharner non seulement sur la malheureuse reine Isabelle, mais sur le royaume tout entier. Cependant l'heure n'était pas aux lamentations. La guerre venait de reprendre, rallumée par l'inopportune croisade allemande, et il fallait trouver immédiatement un nouveau chef.

Les regards des barons de Syrie se portèrent vers l'île de Chypre où à Guy de Lusignan, décédé en avril 1194, avait succédé son frère Amaury. Un tout autre homme que Guy, celui-là, et faisant même avec lui un contraste absolu. Politique prudent et ferme, à l'occasion assez dur, indifférent à l'impopularité, si l'intérêt du pays l'exigeait, sachant se faire obéir de tous, brisant, quand il le fallait, les cabales des barons comme l'arrogance des communiers, on ne pouvait trouver meilleur guide en ces temps incertains. Du reste, il venait de faire ses preuves en Chypre. En moins de trois ans, il avait déjà si solidement organisé le nouvel État insulaire que, sur sa demande, l'empereur Henri VI venait d'ériger cette seigneurie en royaume : en ce même mois de septembre 1197, Amaury de Lusignan avait reçu la couronne royale de Chypre des mains du chancelier impérial et du légat du pape dans la cathédrale de Nicosie, fondant ainsi une dynastie qui devait durer trois siècles.

Ce fut donc fort judicieusement que les barons de Syrie, après le décès de Henri de Champagne, offrirent avec la main de sa veuve Isabelle la couronne de Jérusalem au nouveau « roi de Chypre » Amaury de Lusignan, choix qui, indépendamment des solides qualités du prince, avait l'avantage de réaliser, entre Saint-Jean-d'Acre et Nicosie, la concentration des forces chrétiennes. Amaury, devenu par cette désignation Amaury II de Jérusalem, accepta, débarqua en Syrie et épousa Isabelle. Destinée étrange, avouons-le, que celle de cette jolie femme qui, à vingt-six ans à peine, se trouvait déjà à son quatrième mariage. Cette fois résignée à ce destin, elle ne paraît, malgré la douleur de son dernier deuil, avoir fait aucune opposition, puisque, aussi bien, la raison d'État voulait que, seule héritière de la dynastie de Jérusalem, elle épousât successivement, pour leur conférer la légitimité monarchique, les divers chefs de guerre choisis par les barons.

Amaury de Lusignan fêta son mariage et inaugura son règne à Saint-Jean-d'Acre par une brillante conquête. Le 24 octobre 1197, il reprit aux Musulmans la ville de Beyrouth, acquisition précieuse qui rétablissait les communications entre le royaume de Saint-Jean-d'Acre et le comté de Tripoli. Il profita ensuite de ce succès et aussi du lamentable échec de la croisade allemande devant Tibnîn pour conclure avec le sultan Mélik el-Adil une paix qui fut la bienvenue et qui laissait aux Francs leurs dernières acquisitions : Beyrouth et Djébail.

L'Occident avait alors à sa tête un des plus grands papes du Moyen Age, Innocent III. En 1199 Innocent entreprit la prédication d'une quatrième croisade. Dans son esprit, l'expédition était sans doute destinée à opérer une descente en Égypte pour y saisir des gages et une monnaie d'échange en vue de la récupération de Jérusalem.

On sait comment cette croisade fut détournée de son but par les Vénitiens et, au lieu de contribuer à la délivrance de la Ville sainte, aboutit à une « guerre impie » contre les Byzantins, à la conquête de Constantinople et finalement à la fondation d'un empire latin inattendu sur le Bosphore (1204). On sait aussi qu'après avoir failli excommunier les auteurs responsables de ce « détournement de croisade », Innocent III finit par se résigner au fait accompli, cherchant du moins à en tirer le meilleur parti dans l'intérêt même de la Terre sainte. On pouvait espérer en effet que, possédant désormais la tête de pont de Constantinople, les Francs seraient plus à même de lancer des renforts vers la Syrie. En réalité, ce fut le contraire qui arriva. Après avoir brisé la puissance byzantine, les vainqueurs de 1204 ne la remplacèrent par rien, car ce ne devait pas être une force, mais, tout au contraire, une cause de constante faiblesse pour la Latinité que cet empire artificiel, en l'air, improvisé au sein d'un monde grec et slave complètement hostile. Surtout la fondation d'un empire latin dans les Balkans acheva de priver la Syrie franque de l'immigration sur laquelle elle pouvait raisonnablement compter. Les nouveaux États francs de Romanie et de Grèce, en détournant les chevaliers qui eussent normalement cherché fortune au Levant, interceptèrent la vie du royaume d'Acre. Cette colonie déjà anémique s'anémia encore davantage. L'immigration franque, en se dispersant de Constantinople à Jaffa, d'Athènes à Antioche, finit par être partout insuffisante : le résultat, c'est qu'avant la fin du siècle la revanche byzantine aura chassé les Francs de Constantinople, et la revanche musulmane, de Saint-Jean-d'Acre.

Sur le moment déjà la quatrième croisade risquait, en inspirant aux Francs de Syrie une fausse confiance, de les inciter contre l'Islam à des gestes imprudents. De fait, les quelques croisés qui, au lieu de se diriger sur Constantinople, avaient pris le chemin de la Syrie ne songeaient qu'à courir sus au Musulman. Amaury de Lusignan eut la sagesse de freiner ce zèle inconsidéré. Il renouvela en septembre 1204 les trêves avec le sultan Mélik el-Adil. A cette occasion il fit encore admettre par le sultan la rétrocession pacifique, au « royaume de Jérusalem », de Sidon au nord, de Lydda et de Ramla au sud. Toute la plaine littorale était ainsi rendue aux chrétiens.

***

Quand Amaury de Lusignan mourut à Saint-Jean-d'Acre le 1er avril 1205, il avait donc excellemment besogné pour les colonies franques. Malheureusement, de par les assises constitutionnelles du pays franc, les deux royaumes de Chypre et de Jérusalem (c'est-à-dire de Chypre et d'Acre) se séparèrent de nouveau après lui. Chypre passa au fils qu'il avait eu d'un premier mariage, Hugue Ier de Lusignan. Au contraire, Amaury n'ayant laissé de la reine Isabelle de Jérusalem aucun héritier mâle, la couronne de Terre sainte revint à la fille qu'Isabelle avait eue auparavant de Conrad, la jeune Marie de Montferrat. Comme Marie n'avait encore que quatorze ans, la régence fut confiée à son oncle maternel, Jean d'Ibelin, seigneur de Beyrouth, un des plus sages barons du pays. Jean, « le vieux sire de Baruth », comme l'appellent les chroniques, gouverna avec beaucoup de prudence et sut maintenir les trêves avec la dynastie de Saladin.

Chapitre XIV
La cinquième croisade

Un roi-chevalier : Jean de Brienne

En 1208, la jeune reine Marie de Jérusalem-Montferrat ayant atteint ses dix-sept ans, Jean d'Ibelin songea à la marier. D'accord avec les prélats et les barons, il s'en remit pour le choix de l'époux royal au roi de France Philippe Auguste. Celui-ci leur désigna Jean de Brienne.

Jean de Brienne était un baron champenois qui approchait de la soixantaine. Le choix du roi de France aurait pu paraître étrange, s'il ne s'était agi avant tout de confier la Terre Sainte à un politique expérimenté. Du reste Jean, grand bel homme, d'une force herculéenne, était encore plein de flamme, comme le prouve l'insinuation recueillie par les chroniqueurs, savoir que Philippe Auguste ne l'aurait désigné que pour le séparer de la comtesse Blanche de Champagne qui en était fort éprise. Quoi qu'il en soit, ce chevalier accompli joignait à la bravoure des anciens Croisés une sagesse qui devait faire de lui un des meilleurs rois de son temps. Ce fut au milieu de la joie universelle, « à grand concert de chalumeaux et de tambours », que le 14 septembre 1210 il fut reçu à Acre et épousa la reine Marie et que le 3 octobre il fut, à côté d'elle, sacré roi de Jérusalem dans la cathédrale de Tyr.

***

Cependant Innocent III, dont le détournement de la quatrième croisade avait contrarié les projets, ne renonçait nullement à la reconquête de Jérusalem. Le grand pape se préparait à prêcher une nouvelle guerre sainte, peut-être même à se mettre personnellement à la tête de l'expédition lorsque la mort le surprit le 16 janvier 1216. Son successeur Honorius III continua son œuvre. Non seulement il fit prêcher la Croisade en Occident, mais il chargea l'éloquent archevêque d'Acre, Jacques de Vitry, de réchauffer le zèle des Francs de Syrie eux-mêmes. Si nous en croyons Jacques de Vitry (dont le tableau nous paraît cependant quelque peu poussé au noir), les colons francs n'avaient pas été sans se laisser influencer par le milieu levantin, voire par les mœurs musulmanes. Ces créoles – ces « poulains », comme on disait alors, – satisfaits des facilités de la vie dans leurs belles cités de la côte libanaise, s'accommodaient fort bien du *modus vivendi* franco-musulman de 1192. La paix enrichissait dans des proportions inouïes les ports de Tripoli, de Tyr et d'Acre, redevenus, comme à l'époque phénicienne, les entrepôts de tout le commerce du Levant. C'était le terminus des caravanes qui y apportaient tous les produits du monde musulman ou de l'océan Indien, et les bourdonnantes colonies vénitiennes, pisanes, génoises, marseillaises et catalanes qui s'y étaient installées songeaient plus au cours des épices qu'à la délivrance du Saint-Sépulcre. Le tableau que nous trace de ces grands ports Jacques de Vitry nous replonge dans le milieu habituel des Échelles du Levant, préfiguration médiévale des Hong-Kong et des Singapour modernes. On comprend qu'avant de ranimer en Occident la flamme de 1099, le pape ait éprouvé le besoin de réveiller d'abord l'esprit de croisade dans la Syrie franque elle-même. Nous savons d'ailleurs que la prédication de Jacques atteignit au moins temporairement son but ; à Saint-Jean-d'Acre, à Beyrouth, à Tripoli, à Tortose, à Antioche les foules prirent la croix. A Tripoli ses sermons furent traduits en arabe pour les maronites et les autres chrétiens de rite syriaque.

Chapitre XIV

Il ne restait plus qu'à attendre les croisés occidentaux. Ils arrivèrent en plusieurs échelons. En septembre 1217 on vit débarquer à Acre deux pèlerins de marque, accompagnés d'une bonne chevalerie, le roi de Hongrie André II et le duc d'Autriche Léopold VI. Le roi de Chypre Hugue II de Lusignan et le prince d'Antioche-Tripoli Bohémond IV vinrent les rejoindre. L'armée ainsi rassemblée sous les ordres d'André II et de Jean de Brienne représentait une force assez imposante. Pour lui faire rendre son maximum d'effet, il aurait fallu adopter l'unité de commandement, évidemment en faveur de Brienne, plus au courant du pays. André II s'y refusa. Averti de cette mésentente, le sultan Mélik el-Adil se garda d'affronter les croisés en rase campagne. Il se déroba systématiquement, cherchant seulement à user le moral de l'adversaire en marches « dans le vide » ou en sièges fastidieux. Son calcul réussit, notamment en ce qui concerne les Hongrois. Quand la croisade eut échoué contre la forteresse musulmane du mont Thabor, ils se découragèrent. Venus dans l'espoir d'actions éclatantes et de charges héroïques, ils se désintéressèrent de la suite des opérations et au commencement de 1218 le roi André II, d'ailleurs diminué par la maladie, rentra en Europe.

Cependant, malgré l'avortement de la Croisade hongroise, d'autres croisés, français, italiens ou frisons, continuaient à débarquer à Saint-Jean-d'Acre. Sur l'initiative de Jean de Brienne, on décida d'utiliser ces renforts pour une grande expédition en Égypte.

L'idée était excellente. En cette année 1218, les clés de Jérusalem se trouvaient au Caire. L'empire musulman, tel que Saladin l'avait constitué en unissant Alep et Damas à l'Égypte, était invulnérable du côté de la Syrie : en présence d'armées ennemies tenant la campagne, il était trop dangereux pour les chrétiens de s'aventurer pendant des mois loin de la côte, sur l'aride plateau de Judée, en vue du siège long et difficile d'une place forte comme Jérusalem. Richard Cœur de Lion, malgré toute sa fougue, avait dû en convenir face à Saladin, comme le roi de Hongrie venait de s'en apercevoir devant Mélik el-Adil. Ce n'était pas en Judée, c'était en Égypte, dans les grasses plaines du Delta, que l'empire musulman était vulnérable. Possédant la maîtrise de la mer, les Francs pouvaient sans trop de difficultés s'emparer des grands ports égyptiens, Alexandrie ou Damiette, et, au moyen de ce gage, obtenir par voie d'échange la rétrocession de Jérusalem. Cette politique de prise de gages sur les ports a été, depuis, bien souvent pratiquée au siècle par les Puissances dans l'Empire Ottoman comme en Extrême-Orient. Il est intéressant d'en constater la première application en pleine croisade.

Damiette, étant plus près qu'Alexandrie du littoral palestinien, fut choisie comme premier objectif. Le 29 mai 1218, l'armée croisée, commandée par Jean de Brienne, débarqua en face de la ville, de l'autre côté de l'embouchure du Nil. Pour défendre l'accès de Damiette et en même temps interdire la remontée du Nil, les Égyptiens avaient barré le fleuve au moyen d'énormes chaînes de fer, rivées à une tour centrale. Le 24 août, après trois mois d'efforts, Jean de Brienne réussit à s'emparer de la tour et à couper la chaîne. Selon l'expression du Livre des Deux Jardins, c'étaient les clés de l'Égypte qui tombaient aux mains des Francs. Trois jours après, le vieux sultan Mélik el-Adil en mourait de chagrin.

Le fils aîné du sultan, Mélik el-Kâmil, qui lui succéda au Caire, prépara dans le plus grand secret une contre-attaque. Le 9 octobre il fit passer le Nil à son armée, la cavalerie sur un pont de fortune, les fantassins en barque, et attaqua à l'improviste le camp chrétien. Le coup faillit réussir, les Francs se trouvant en effet complètement surpris. Ce fut Jean de Brienne qui rétablit la situation. A la première rumeur, il sauta à cheval et avec trente compagnons courut aux avant-postes. Il tomba sur l'infanterie musulmane qui débarquait par grappes, en nombre tel « qu'il en fut tout ébahi ». Toute la berge du Nil en était couverte. Si ces bataillons pénétraient dans le camp d'un côté pendant que, de l'autre, leur cavalerie débouchait du pont, tout était perdu. Jean et ses trente chevaliers n'avaient plus le temps de retourner sur leurs pas pour donner l'alarme. Jouant le tout pour le tout, le roi chargea avec ses trente héros, en renouvelant les exploits de Richard Cœur de Lion. « Il enleva son cheval, lui fit franchir d'un bond le fossé du camp et se lança au galop dans la masse de l'infanterie musulmane. Dans les rangs ennemis il aperçut un émir de haute taille, armé du haubert et brandissant un étendard bleu à croissant d'or. Jean piqua des éperons, pointa sa lance et atteignit l'émir d'un coup si terrible qu'il lui rompit le haubert, « lui creva le cœur » et l'étendit raide mort. A cette vue, les Musulmans reculèrent en désordre vers le Nil pour regagner à la nage leurs embarcations. »

A la suite de cet échec, la situation ne tarda pas à devenir fort grave pour les Égyptiens. Dans la nuit du 4 au 5 février 1219, le sultan el-Kâmil, découragé, abandonna son camp devant Damiette pour se rapprocher du Caire. Le lendemain matin, les Francs, ne découvrant plus d'ennemis devant eux, passèrent le Nil sans obstacle et s'installèrent à sa place sur la rive orientale, au pied des murailles de Damiette dont le siège effectif commença aussitôt. Les chroniqueurs nous parlent ici de Jean d'Arcis, le chevalier au casque orné d'une plume de paon, dont les exploits terrifiaient les assiégés.

Les prévisions de Jean de Brienne commencèrent alors à se réaliser. Avant même que Damiette eût été prise, le sultan d'Égypte Mélik el-Kâmil, d'accord avec son frère Mélik el-Mouazzam, sultan de Damas, offrit aux Francs la rétrocession de Jérusalem contre l'évacuation du Delta. Le roi Jean de Brienne, les barons de Syrie et les croisés français furent unanimes à accepter ces propositions. Malheureusement Jean n'était plus seul à diriger la croisade. A la fin de septembre 1218 était arrivé devant Damiette le cardinal-légat Pélage qui avait aussitôt revendiqué le commandement.

Pélage se présente à nous comme le mauvais génie de la cinquième croisade. Disons tout de suite que le Saint-Siège, dont il allait trahir la confiance, devait, à la fin de la campagne, le blâmer sévèrement de toute sa conduite. Déjà à Constantinople, en 1213, il avait, par son intransigeance, fait échouer le programme que lui avait confié le pape Innocent III pour la réconciliation de l'Église grecque et de l'Église romaine. Cet Espagnol intolérant, plein d'orgueil et de fanatisme, se montrait aujourd'hui sous Damiette tel qu'on l'avait vu en Romanie, « dur de caractère, d'une sévérité insupportable envers tous, fastueux, insolent, se présentant comme investi de toutes les prérogatives de la Papauté, vêtu de rouge des pieds à la tête, avec jusqu'à la housse et aux brides de son cheval de la même couleur ». Quand on lui parla d'évacuer l'Égypte pour obtenir Jérusalem, il s'indigna : il voulait et Jérusalem et l'Égypte ! Avec sa fougue et son intolérance habituelles, appuyé d'ailleurs (ce qui ne nous surprendra point) par les Templiers, il imposa silence à Jean de Brienne et déclara rejeter les propositions du sultan. Et il ordonna de pousser avec plus d'ardeur le siège de Damiette.

L'entêtement du légat parut d'abord justifié par les faits. Si le sultan el-Kâmil essayait d'obtenir à tout prix le départ des Francs, c'est que la garnison musulmane de Damiette était réellement à bout. Les Francs, instruits de cette situation, préparèrent l'assaut. Dans la nuit du 5 novembre 1219 ils s'emparèrent par escalade d'une des maîtresses tours et à l'aube la ville elle-même fut prise.

La prise de Damiette était l'œuvre personnelle de Jean de Brienne qui avait préparé et dirigé l'assaut. Néanmoins Pélage pouvait en revendiquer le bénéfice, puisque c'était grâce à lui qu'au lieu d'accepter les propositions du sultan, on avait persévéré dans l'attaque de la place : le légat se trouvait avoir eu raison contre le roi. Son orgueil s'en accrut, ainsi que ses prétentions au commandement unique. Dans Damiette conquise on le vit se conduire en maître, affectant d'ignorer les droits du roi, éliminant les agents royaux. Entre ses gens, des Italiens pour la plupart, et les chevaliers français qui s'étaient rangés du côté de Jean de Brienne, se produisirent des rixes, des combats de rue. Jean, plein d'amertume, saisit le premier prétexte pour quitter Damiette et rentrer en Syrie (29 mars 1220).

Pélage, comme il l'avait voulu, restait donc seul dans Damiette à la tête de la croisade. Son orgueil ne connut plus de bornes. Depuis la conquête de la ville, il se croyait les qualités d'un grand capitaine. En réalité, sa suffisance n'allait pas tarder à mettre l'année en péril. Il oublia notamment de maintenir devant Damiette une escadre d'observation, faute grave, car la maîtrise de la mer était indispensable au succès de l'expédition. Les Égyptiens se hâtèrent d'en profiter pour construire une flotte destinée à intercepter les communications entre Damiette et Saint-Jean-d'Acre. Des informateurs (sans doute des Coptes) prévinrent à temps le légat, mais celui-ci refusa d'ajouter foi à leurs paroles. « Voyez-moi ces manants, se serait-il écrié ; quand ils veulent se faire payer à dîner, ils viennent nous débiter quelque nouvelle de leur invention. Allons, qu'on leur donne à manger ! » L'information était pourtant si exacte que, quelques jours après, les navires égyptiens prenaient la mer et commençaient entre Damiette et les ports chrétiens une guerre de course qui causa aux Francs des préjudices énormes.

Cependant, une fois encore, le sultan el-Kâmil proposa aux Francs de leur restituer tout le territoire de l'ancien royaume de Jérusalem s'ils lui rendaient Damiette. De nouveau, Pélage fit rejeter la proposition. Quand les messages venus d'Égypte apportèrent la nouvelle à Philippe Auguste, le roi de France, nous dit Ernoul, pensa que le légat était devenu fou : « Il pouvait échanger une seule ville contre tout un royaume, et il a refusé ! »

Pélage ne s'en tint pas là. Dans les derniers jours de juin 1221, il décida d'aller conquérir Le Caire. A Acre, Jean de Brienne jugea d'un coup d'œil la situation : « On lance l'armée dans une aventure où on va tout perdre ! » Désespéré, mais n'écoutant que son devoir, il s'embarqua aussitôt, le cœur plein de sinistres pressentiments, pour rejoindre l'armée. Le 7 juillet il débarqua à Damiette. L'ordre de marche était déjà donné par Pélage. Toute l'armée s'ébranlait vers le sud, en direction du Caire. « Ceux qui firent prendre cette décision aux Francs, dit énergiquement la chronique d'Ernoul, leur firent proprement décider d'aller se noyer ! » On arrivait en effet à l'époque où, chaque année, les Égyptiens ouvrent les écluses à l'inondation du Nil. D'après l'histoire des patriarches d'Alexandrie, Jean de Brienne essaya une dernière fois d'arrêter Pélage. Celui-ci l'accusa de trahir. « Je m'associerai donc à votre marche, répliqua Jean, mais que Dieu nous juge ! »

L'armée franque, au sortir de Damiette, s'engagea dans le triangle de terres basses, véritable « île », que bordent au nord le lac Menzalé, à l'ouest la branche orientale du Nil et au sud le canal du Nil appelé Bahr es-Séghir. Sur le Nil la flottille égyptienne, embossée entre Le Caire et Damiette, interceptait les communications par eau et coupait le ravitaillement des Croisés. Or le légat, persuadé qu'on allait entrer immédiatement au Caire, n'avait fait emporter qu'une quantité de vivres dérisoire. D'autre part, à la bifurcation du Nil et du Bahr es-Séghir, le sultan el-Kâmil venait d'élever la puissante forteresse de Mançoura qui, à l'abri derrière ce dernier cours d'eau, en défendait le passage, comme elle barrait la route du Caire. Les Croisés commençaient à se rendre compte de l'impasse où ils s'étaient engagés, quand se produisit le drame final : les Égyptiens coupèrent les digues et l'eau envahit la plaine, ne laissant aux Francs qu'une étroite chaussée au milieu de l'inondation.

Pélage – on était le 26 août – se décida alors à battre en retraite. Mais la crue montait toujours et, en arrivant à hauteur de Baramoun, il fallut bien reconnaître qu'on ne pouvait plus avancer.

« Les Francs auraient voulu combattre, mais leurs soldats, de l'eau jusqu'aux genoux, glissaient dans la boue sans pouvoir atteindre l'ennemi qui les criblait de flèches. » Le légat, éperdu, implore alors l'aide de Jean de Brienne qu'il a si cavalièrement traité jusque-là. « Sire, pour l'amour de Dieu, montrez maintenant votre sens et votre valeur ! » – « Seigneur légat, seigneur légat, répond Brienne, puissiez-vous n'être jamais sorti de votre Espagne, car vous avez conduit la Chrétienté à sa perte. Et maintenant vous me demandez de sauver la situation, ce qui n'est plus au pouvoir de personne, car vous voyez bien que nous ne pouvons ni joindre l'ennemi pour combattre, ni continuer notre retraite, ni même camper au milieu de toute cette eau. Du reste, nous n'avons de ravitaillement ni pour nos chevaux ni pour nos hommes. »

Il ne restait aux Croisés qu'à offrir à Mélik el-Kâmil la reddition de Damiette, en s'estimant heureux si, à ces conditions, ils pouvaient opérer leur sauvetage. Par bonheur le nouveau sultan d'Égypte comptait parmi les esprits les plus politiques et les plus libéraux de cette glorieuse dynastie kurde, politique autant que son père el-Adil qui avait failli devenir le beau-frère de Richard Cœur de Lion, libéral et généreux autant que son oncle, le grand Saladin. Du reste, el-Kâmil avait les yeux fixés sur l'Occident. Il n'ignorait pas que le plus puissant souverain de la chrétienté, l'empereur germanique et roi de Sicile Frédéric II, venait de prendre la croix. A faire périr l'armée franque que les Égyptiens tenaient à leur merci, il s'exposait à une invasion de représailles plus redoutable encore. El-Kâmil accepta donc la proposition des Croisés, et une fois prise cette décision, il l'appliqua avec une humanité et une courtoisie qui ont fait l'admiration de nos chroniqueurs. Jean de Brienne, avec une noble abnégation, avait accepté de servir d'otage pour l'évacuation de Damiette. El-Kâmil l'accueillit en roi, « le comblant de marques d'estime telles qu'il n'en accorda jamais à personne ». Dans une tente splendide, sur un haut tertre qui dominait le théâtre des opérations, entouré de ses frères el-Mouazzam, sultan de Damas, et el-Achraf, sultan de la Djéziré, il offrit au roi-chevalier un festin magnifique. Mais au milieu des plus flatteuses attentions le vieux soldat ne put retenir ses larmes. Le sultan s'en étonna : « Pourquoi pleures-tu ? Il ne sied pas à un roi de pleurer. » – « Je puis pleurer, répondit Brienne, quand je vois là-bas tous ces pauvres gens que

Dieu m'avait confiés mourir de faim. » De fait, l'année franque, entourée par la crue et sans vivres sur l'étroite chaussée où elle avait dû mettre bas les armes, tombait d'inanition. Mélik el-Kâmil, saisi de compassion, fit aussitôt envoyer aux Francs les vivres nécessaires. « Ces mêmes Égyptiens, dont nous avions naguère massacré les parents, que nous avions dépouillés et chassés de chez eux, avoue Olivier de Cologne, venaient maintenant nous ravitailler et nous sauver quand nous mourions de faim et que nous étions à leur merci... »

L'armée chrétienne, tirée de son impasse, se rembarqua sans encombre après avoir rendu Damiette à el-Kâmil. Jean de Brienne regagna Saint-Jean-d'Acre au milieu de l'estime générale. Quant à Pélage, l'auteur responsable du désastre, il eut, à son retour en Italie, à subir un blâme sévère du pape qui, après avoir évoqué toute l'affaire, donna entièrement raison à Jean.

Chapitre XV
Un pèlerinage sans la foi

L'Étrange croisade de Frédéric II

L'échec de la cinquième croisade obligeait les Francs à réexaminer tout le problème du Levant. Une attaque directe sur Jérusalem était, depuis Richard Cœur de Lion, jugée impossible. La diversion et la prise de gages en Égypte n'avaient abouti qu'à la capitulation du corps expéditionnaire. Que faire désormais ? Jean de Brienne se rendit en Italie pour demander aide et conseil au pape Honorius III et à l'empereur Frédéric II (octobre 1222).

C'était un puissant souverain que Frédéric II, le plus puissant qui eût paru depuis Charlemagne, si l'on songe qu'à l'héritage de son aïeul Frédéric Barberousse – tout le Saint Empire avec l'Allemagne, l'Italie du Nord, le royaume d'Arles – il joignait, du fait de sa mère, héritière des derniers Normands de Sicile, le beau royaume de l'Italie méridionale. La double hérédité des Césars germaniques et des princes italo-normands avait abouti à créer en lui un des personnages les plus complexes de l'histoire, le dernier des potentats du haut Moyen Age par ses rêves de monarchie universelle, le premier homme de la Renaissance par sa curiosité d'esprit et sa conception toute laïque de l'État. Non moins étrange paraissait sa situation dans la querelle du Sacerdoce et de l'Empire, puisque ce descendant des Hohenstaufen, ennemis acharnés de la papauté, s'était trouvé, par suite des circonstances, le pupille de l'Église romaine, l'enfant d'adoption d'Innocent III. Le successeur d'Innocent, le vieux pape Honorius III, qui portait au jeune Frédéric une affection toute paternelle et qui, jusqu'au dernier moment, devait conserver tant d'illusions à son égard, comptait fermement sur lui pour recommencer les croisades. Ces sentiments étaient partagés par le grand maître de l'Ordre teutonique, le chevalier-moine Hermann von Salza dont le zèle pour la Terre sainte n'avait d'égal que son dévouement envers Frédéric. Tous deux pensèrent avoir trouvé un moyen décisif d'attacher l'empereur aux intérêts de la Syrie franque : lui assurer la couronne de Jérusalem.

Jean de Brienne, de son mariage avec la reine de Jérusalem Marie de Montferrat, maintenant décédée, n'avait qu'une fille, Isabelle, alors âgée de onze ans. C'était cette enfant qui, par sa mère, se trouvait l'héritière légitime de la couronne de Jérusalem, Jean n'ayant été reconnu roi qu'à titre de prince consort. Or Frédéric II, depuis quatre mois, se trouvait veuf. Il n'avait que vingt-huit ans. Honorius III et Hermann von Salza eurent l'idée de lui faire épouser Isabelle.

Frédéric accueillit ce projet avec empressement. En droit chrétien, le titre prestigieux de roi de Jérusalem rehaussait encore, si possible, celui d'empereur d'Occident. Tout l'Orient latin se trouverait du coup rattaché à l'empire germanique. De son côté, Jean de Brienne fut ébloui. Le vieux chevalier champenois que la faveur de Philippe Auguste avait envoyé gouverner la Terre sainte se voyait maintenant beau-père de l'empereur. Il donna sans discuter son assentiment au mariage. N'était-ce pas du reste l'intérêt du pays chrétien ? Le souverain de l'Allemagne et de la Sicile n'allait-il pas engager toutes les forces de l'Occident dans la défense et la récupération de la Terre sainte, reprendre Jérusalem, écraser l'Islam ? N'était-ce pas le salut de la France du Levant ?

Ainsi songeait le vieux roi, type de chevalier errant, franc comme son épée, sans arrière-pensée et sans malice. Mais quand, en quittant l'Italie, il vint, tout joyeux, faire part de la bonne nouvelle à Philippe Auguste, l'accueil glacial que lui fit le Capétien commença à lui faire concevoir quelque doute. Le profond politique qui venait d'édifier la France des Gaules n'avait pas été long à comprendre que le mariage impérial était la mort de la France du Levant. Alors que la papauté se laissait prendre aux séductions de Frédéric II, il avait, lui, pénétré la psychologie du jeune Hohenstaufen. La Syrie latine, malgré son caractère théoriquement international, était en fait, depuis longtemps, par la race comme par la civilisation, une terre française et le mariage de l'héritière de ses rois avec l'empereur souabe ne pouvait que la dénationaliser. Philippe Auguste, à qui Jean de Brienne devait toute sa carrière, lui reprocha de le mettre en présence du fait accompli.

Car il était trop tard pour revenir sur la décision. En août 1225 une escadre impériale de quatorze navires conduisit de Brindisi à Saint-Jean-d'Acre l'archevêque Jacques de Patti, chargé de célébrer par procuration le mariage d'Isabelle et de Frédéric II. La jeune fille – elle avait maintenant quatorze ans – reçut l'anneau nuptial dans l'église Sainte-Croix-d'Acre, puis fut couronnée impératrice dans la cathédrale de Tyr. Les chroniqueurs nous décrivent avec complaisance les fêtes qui, pendant quinze jours, accompagnèrent la cérémonie, les rues pavoisées aux armes de Jérusalem et de Souabe, avec joutes, tournois, danses et représentations de romans de chevalerie, « comme il sied quand si haute dame que la reine de Jérusalem épouse si haut homme que l'empereur ». Quelques semaines après, la jeune impératrice-reine fit ses adieux à cette terre de Syrie où elle était née et qu'elle n'avait jamais quittée, adieux traversés d'un mélancolique pressentiment, et en partant, elle regarda la rive et dit : « A Dieu je vous recommande, douce Syrie, car jamais plus je ne vous reverrai. » A son arrivée à Brindisi, en octobre 1225, elle fut reçue en grande pompe par Frédéric II. Le mariage fut célébré dans cette ville le 9 novembre.

Toute cette affaire de mariage reposait sur un malentendu entre Jean de Brienne et son nouveau gendre, malentendu soigneusement entretenu jusque-là par ce dernier, mais qu'une fois en possession de l'héritière il se chargea de dissiper. Le vieux Brienne pensait garder la couronne de Jérusalem jusqu'à sa mort. Frédéric entendait se la faire céder tout de suite. Notons que du point de vue juridique (et on sait qu'à l'égal de notre Philippe le Bel il était juriste dans l'âme) il se trouvait strictement dans son droit.

Jean de Brienne, on l'a vu, depuis la mort de son épouse, Marie de Jérusalem, n'exerçait le pouvoir que comme tuteur de leur fille Isabelle : celle-ci étant, du fait de son mariage, considérée comme majeure, la royauté revenait à la jeune femme, c'est-à-dire à son mari. C'est ce que Frédéric, le soir même des noces, expliqua crûment à son naïf beau-père. Le vieux chevalier, en qui il y avait toujours eu du don Quichotte, ne comprit pas tout de suite. Sur quoi Frédéric, emmenant Isabelle, quitta Brindisi sans le prévenir, en l'abandonnant à ses réflexions. Le malheureux, dévorant ce premier affront, courut rejoindre l'empereur à la prochaine étape ; mais cette fois l'accueil fut tel qu'il perdit toute illusion : il était joué et dépouillé.

La pauvre petite impératrice-reine n'était guère plus heureuse. Frédéric, qui, malgré les quatorze ans de sa nouvelle épouse, avait hâté la consommation du mariage, la trompait déjà. D'après les chroniques franques, Jean de Brienne la trouva un jour tout en larmes parce que Frédéric venait de violer une de ses cousines, arrivée de Syrie avec elle. Jean alla crier son indignation au coupable « et lui dit que, si ce n'était par peur du péché, il lui planterait son épée dans le corps ». L'empereur l'obligea alors à « vider la terre ». Les deux hommes ne devaient plus se revoir que sur le champ de bataille. Quant à la malheureuse Isabelle, l'adolescente précocement initiée aux tristesses de la vie, elle allait mourir en couches à seize ans, le 4 mai 1228. Mais comme elle laissait un fils, le futur Conrad IV, héritier légitime du trône de Jérusalem, Frédéric put continuer à administrer au nom de cet enfant les terres d'outre-mer.

Car Frédéric, après avoir si cavalièrement éliminé Jean de Brienne, s'était hâté de prendre possession de la Syrie franque. Ne se fiant qu'à demi à la noblesse française du pays, il envoya comme gouverneur à Saint-Jean-d'Acre, dès 1226, un homme à lui, le baron napolitain Thomas d'Acerra. Cette hâte à se saisir de son nouveau royaume syrien pouvait du moins faire espérer aux Francs de Syrie comme à la papauté qu'il allait se mettre à la tête d'une grande croisade. A la vérité il y avait déjà longtemps qu'à la demande du pape Innocent III – c'était en 1215 – il avait juré de prendre la croix. Depuis lors il reculait indéfiniment l'exécution de son vœu. A toutes les objurgations de la papauté, d'abord paternelles tant que vécut Honorius III, puis sévères et bientôt menaçantes depuis l'avènement de Grégoire IX, il répondait par des demandes de délai, tantôt sous des prétextes excellents, tantôt au moyen de misérables défaites. La comédie qu'il jouait de la sorte finit par exaspérer le vieillard zélé qu'était Grégoire, acculant celui-ci à une rupture dont devaient souffrir également l'empire, la papauté et la Syrie franque. Et il faut bien avouer qu'elle était étrange, l'attitude de ce chef de l'Occident, de ce roi de Jérusalem, si rigoureux quand il s'agissait de revendiquer tous les droits attachés à ce double titre et qui semblait si peu disposé à pratiquer les devoirs correspondants. La défense de l'Occident, au XIIIe siècle, s'assurait aux marches de Syrie, face à l'Islam ; elle s'appelait la Croisade.

Mais Frédéric II n'était rien moins qu'un ennemi de l'Islam. L'Islam, il le connaissait bien. Élevé en Sicile, sur cette terre encore à demi musulmane où la domination normande était loin d'avoir effacé les traces de l'occupation arabe, tout dans la civilisation arabo-persane flattait ses goûts ; la philosophie arabe, alors à son apogée, qui permettait à cet esprit curieux et presque libre penseur de s'échapper du cercle de la pensée chrétienne – l'exemple du califat héréditaire qui renforçait ses tendances au césaropapisme – le dévouement aveugle de ses sujets arabes de Sicile qui lui fournissaient des régiments qu'aucune menace d'excommunication ne pouvait émouvoir – les mœurs musulmanes enfin avec leur polygamie. Depuis la mort de sa femme Isabelle, il s'était constitué à Lucera, dans le royaume de Naples, une véritable capitale musulmane où, au milieu de ses mamelouks siciliens, il faisait figure de sultan – un sultan auquel ne manquait même pas un harem. « La population, de Lucera, écrit le chroniqueur arabe Djémâl ed-Dîn qui avait visité la ville, était toute musulmane. On y observait la fête du vendredi et les autres coutumes de l'islamisme. Frédéric y avait fait construire un collège où on enseignait les sciences astrologiques. Beaucoup de ses familiers et de ses secrétaires étaient musulmans. Dans son camp le muezzin faisait l'appel à la prière. » Des chroniqueurs occidentaux confirment ces données. « Il avait si grand amour et familiarité avec les infidèles, nous confie le manuscrit de Rothelin, qu'il choisissait parmi eux ses serviteurs les plus intimes et qu'il faisait garder ses femmes par leurs eunuques » – des femmes d'ailleurs elles-mêmes arabes ou mauresques, spécifie Mathieu Paris. « Nombreux, poursuit notre manuscrit, étaient les points sur lesquels il avait ainsi adopté les mœurs musulmanes. Il n'était du reste jamais si heureux que quand lui arrivaient les envoyés des pays musulmans. C'est ainsi qu'il échangeait sans cesse ambassades et cadeaux avec le sultan d'Égypte. Le Pape et les autres princes chrétiens finissaient par se demander s'il n'était pas secrètement converti à la religion de Mahomet ; mais d'autres disaient qu'il hésitait encore entre l'islam et le christianisme. »

Ce qui séduisait Frédéric, c'était moins sans doute la religion du Coran proprement dite que la science arabo-persane, alors très en avance sur la science occidentale. « C'était, nous dit l'historien arabe Maqrîzî, un prince très savant en philosophie, en géométrie, en mathématiques et dans toutes les sciences exactes. Il envoya au sultan el-Kâmil plusieurs questions très ardues sur la théorie des nombres. Le sultan les montra au cheikh Alam ed-Din Tasif, ainsi qu'à d'autres savants. Il en écrivit les réponses et les retourna à l'empereur. » Notons que, précisément, nul n'était mieux qualifié pour comprendre semblables préoccupations qu'el-Kâmil. Ce successeur de Saladin était connu dans tout l'Islam pour la manière libérale dont il attirait et pensionnait les savants. Il en faisait toujours coucher quelques-uns dans son propre palais, rapporte Maqrîzî, pour discuter avec eux une partie de la nuit. De telles dispositions chez le sultan comme chez l'empereur allaient introduire dans les rapports entre musulmans et chrétiens un esprit vraiment nouveau.

Par ailleurs, si Frédéric II affectait de tant admirer l'Islam, c'était un peu à la façon de Montesquieu et de Voltaire, moins pour l'Islam lui-même que contre l'Église romaine. Jusque sous la plume des chroniqueurs arabes, ses éloges de la société musulmane prennent l'aspect de traits contre la papauté. Voici, rapportée par Djémâl ed-Dîn, une conversation qui ne déparerait pas les *Lettres persanes*. Frédéric demande à l'émir Fakhr ed-Dîn, ambassadeur du sultan, des renseignements sur le calife. « Le calife, répond l'émir, est le descendant de l'oncle de notre prophète Mohammed. Il a reçu le califat de son père, et ainsi de suite, de sorte que le califat est toujours resté sans solution de continuité dans la famille du Prophète. » – « Voilà qui est parfait, s'écrie l'empereur, et très supérieur à ce qui existe chez ces imbéciles de Francs qui prennent comme chef un homme quelconque (le Pape), n'ayant aucune parenté avec le Messie, et qui en font une sorte de calife. Cet homme n'a aucun droit à un pareil rang, tandis que votre calife, qui est de la famille du Prophète, y a tous les droits. » Il ne fallait pas beaucoup de traits de ce genre pour que, si Frédéric se résignait enfin à partir pour l'Orient, le voyage de cet étrange croisé apparût aux Musulmans surpris aussi bien qu'aux chrétiens scandalisés comme la visite du « sultan d'Italie » à son ami, le sultan d'Égypte.

Tel allait bien être en effet un des aspects de la « croisade » de Frédéric II ; mieux encore, telle en fut la raison déterminante. Ce fut à l'appel du sultan que l'empereur germanique entreprit le voyage de Syrie. Voici l'explication de ce fait paradoxal.

L'empire de Saladin qui comprenait toujours l'Égypte, la Palestine et la Syrie musulmanes et la Mésopotamie septentrionale, était alors partagé entre trois princes de sa famille, trois frères, ses neveux : el-Kâmil qui, avec le titre de sultan suprême, avait l'Égypte, el-Mouazzam qui avait Damas et el-Achraf qui avait la Mésopotamie. En 1226 le sultan d'Égypte el-Kâmil et le roi de Damas el-Mouazzam se brouillèrent. Pour triompher de son aîné, el-Mouazzam appela à son aide le redoutable conquérant turc Djélâl ed-Dîn Mangouberdi qui, chassé du Khwârezm ou pays du Khiva, sa patrie, par les Mongols de Gengis-khan, venait de se tailler un nouveau royaume en Perse et en Arménie et dont les bandes à demi sauvages, massacrant tout sur leur route, étaient un objet de terreur pour les vieilles capitales de l'Islam méditerranéen. C'était l'appel aux Barbares. El-Kâmil ne s'y trompa point. Dans un éclair, le sultan philosophe et lettré vit sa belle terre d'Égypte envahie par les féroces escadrons khwarizmiens, la civilisation musulmane tout entière en péril, péril d'autant plus grave que les Khwarizmiens n'étaient que les avant-coureurs de l'invasion mongole et que derrière Djélâl ed-Dîn se profilait l'ombre terrible de Gengis-khan. Djélâl ed-Dîn avait beau être musulman comme el-Kâmil, ce dernier, aussi accommodant au point de vue islamique que Frédéric II pouvait l'être au point de vue chrétien, se sentait beaucoup plus en sécurité avec le sceptique empereur d'Occident qu'avec le sanguinaire sabreur turc. Contre la menace khwarizmienne, pour la défense de la civilisation, il n'hésita pas à faire appel à Frédéric. « Il écrivit à l'empereur, roi des Francs, atteste la chronique musulmane du *Collier de perles* ; il demanda à celui-ci de venir en Syrie, à Acre, en promettant, si Frédéric l'aidait contre el-Mouazzam, de rendre aux Francs la ville de Jérusalem. »

L'ambassadeur que le sultan d'Égypte chargea d'apporter ce message à Frédéric II était l'émir Fakhr ed-Dîn, une des figures les plus curieuses de ce temps, aussi épris de la civilisation occidentale que Frédéric pouvait l'être de la civilisation musulmane, si bien que les deux hommes se lièrent d'une amitié qui dura autant que leur vie. Au cours d'un des deux voyages que l'émir fit à la cour de Sicile, à l'automne 1226 ou en octobre 1227, Frédéric l'arma chevalier de sa main et depuis lors Fakhr ed-Dîn porta sur sa bannière le blason de l'empereur. De son côté, Frédéric envoya au Caire deux ambassadeurs, Thomas d'Acerra et l'évêque Bérard de Palerme, qui, nous dit le chroniqueur arabe Maqrîzî, « offrirent au sultan le propre cheval de l'empereur, avec une selle d'or incrustée de pierreries. El-Kâmil se porta en personne au-devant des ambassadeurs et leur donna comme résidence au Caire le palais du dernier vizir. Il s'occupa d'envoyer à son tour à l'empereur de riches cadeaux venant du Yémen et de l'Inde ». Conformément aux conditions de l'alliance ainsi conclue avec le sultan, Bérard de Palerme se rendit ensuite à Damas pour chercher à intimider son frère el-Mouazzam. L'accueil, on le devine, y fut tout différent. « Dis à ton maître, répondit le roi de Damas, que je ne suis pas comme certains autres et que, pour lui, je n'ai que mon épée. »

Ainsi, tandis que la papauté enjoignait à Frédéric II de partir pour l'Orient et d'y diriger la guerre sainte contre le sultan, le sultan l'invitait à y venir en ami et en allié pour le défendre contre son frère et les associés de son frère, c'est-à-dire contre les remous de barbarie propagés du fond de l'Asie Centrale par la tourmente mongole. Cette double invite allait permettre à l'empereur sicilien de jouer un de ces jeux diplomatiques auxquels il excellait, jeu subtil, encore qu'assez compliqué et contradictoire, voire dangereux, où il ne réussit que par un miracle d'adresse et aussi d'équivoque.

Notons un des premiers avantages de cette situation : Frédéric II put dans son royaume de Terre Sainte commencer la guerre contre les Musulmans de Damas sans indisposer en rien le sultan d'Égypte, tout au contraire en comblant d'aise celui-ci. Dès le début de 1227 il envoya à Saint-Jean-d'Acre un premier contingent de croisés germaniques sous le commandement du duc Henri de Limbourg qui reprit Sidon aux gens d'el-Mouazzam, releva la ville forte de Césarée et aida le grand maître Hermann von Salza à élever la forteresse de Montfort, depuis siège principal de l'Ordre des chevaliers teutoniques. Ces opérations, du reste fort utiles à la défense de la Terre Sainte, n'étaient que l'amorce de la grande expédition pour laquelle les croisés allemands attendaient l'arrivée de Frédéric II, non sans s'étonner qu'il ne débarquât toujours pas.

Le retard de Frédéric II à partir pour la Syrie s'explique par la nécessité de mener à bien sa négociation avec le sultan. Mais il semble aussi que, comme notre Louis XI, l'empereur germano-sicilien ait voulu être trop habile. A force d'atermoyer pour ne partir qu'au moment le plus favorable, il laissa passer ce moment et cela tant au point de vue de l'effet moral dans le monde chrétien qu'en ce qui concerne même son pacte avec le sultan. D'une part, en effet, le nouveau pape Grégoire IX, qui n'avait pas pour lui les trésors de patience d'Honorius III, finit par exiger son départ immédiat ; et comme Frédéric, réellement retardé, cette fois, par la mort du landgrave de Thuringe et par sa propre maladie, sollicitait un dernier délai, le pape refusant de croire à ses explications l'excommunia (28 septembre 1227). Décision grave qui semblait rendre moralement impossible la croisade de l'empereur ; du reste Grégoire IX le comprit ainsi, puisqu'il lui interdit formellement d'aller désormais en Terre Sainte. Mais Frédéric, dont le voyage devait avoir si peu le caractère d'une croisade, passa outre. Malgré les objurgations de la papauté, il avait d'année en année différé son départ. Malgré la défense du pape, il s'embarqua, une fois excommunié (28 juin 1228).

D'autre part, même au point de vue de ses tractations avec le sultan, Frédéric II avait réellement trop tardé. Si el-Kâmil avait sollicité son alliance, c'était, nous l'avons vu, pour lutter contre el-Mouazzam, prince de Damas, qui menaçait de déclencher sur l'Égypte l'invasion des bandes khwarizmiennes. Or, pendant que l'ambassadeur égyptien Fakhr el-Dîn se trouvait encore en Italie auprès de Frédéric, el-Mouazzam mourut (12 novembre 1227). Le fils d'el-Mouazzam, en-Nâsir Dâoud, qui lui succéda à Damas, n'était qu'un jeune homme sans expérience, bien incapable de constituer un péril pour l'Égypte. Le danger étant ainsi passé, le sultan n'avait plus d'intérêt à faire venir Frédéric : pourquoi désormais eût-il maintenu l'offre de rétrocéder Jérusalem aux Francs ? Regrettant ses imprudentes invites, il chercha à décommander le voyage de l'empereur.

Seulement Frédéric II s'était maintenant trop avancé pour reculer. La pression de l'opinion publique dans tout l'Occident était devenue irrésistible. Il partait donc, mais il partait dans les conditions les moins favorables, croisé excommunié, mis au ban de la chrétienté par le Saint-Siège ; et, en même temps, au lieu d'arriver en allié du sultan d'Égypte, il survenait, aux yeux de ce dernier, comme le plus indésirable des voyageurs. Pour avoir voulu louvoyer trop habilement entre l'Islam et la chrétienté, il risquait de se voir désavouer par la chrétienté comme par l'Islam.

***

A toutes ces difficultés qui ne dépendaient pas entièrement de lui, l'étrange croisé en ajouta gratuitement d'autres par son attitude envers la noblesse française de Chypre et de Palestine.

Le royaume fondé dans l'île de Chypre à la fin du XIIe siècle par la maison de Lusignan était, si possible, encore plus français que le royaume de Jérusalem. Pendant la minorité du jeune roi Henri Ier de Lusignan, alors âgé de onze ans, la régence était exercée par un vieux baron français de Syrie, Jean d'Ibelin, seigneur de Beyrouth, dont la famille, originaire de Chartres, se trouvait, en Chypre comme en Palestine, à la tête de la noblesse. C'était le modèle accompli du parfait chevalier, vaillant et sage, prudent et courtois ; avec cela, administrateur ferme et libéral, juriste avisé, orateur disert, il incarnait aux marches du Levant la brillante civilisation française du XIIIe siècle. Quand Frédéric II, se rendant en Syrie, fit escale en Chypre, Jean d'Ibelin vint le recevoir avec la plus grande déférence au port de Limassol (21 juillet 1228). Frédéric, de son côté, affecta la plus franche amitié pour lui et l'invita, avec toute la noblesse chypriote, à un banquet magnifique, à Limassol même. Le sire de Beyrouth, qui se rappelait la fâcheuse déconvenue de Jean de Brienne, n'était pas sans se douter que ces caresses cachaient aussi quelque perfidie, mais à ses amis qui le dissuadaient de se rendre à l'invitation il répondit noblement « qu'il préférait être fait prisonnier ou tué qu'entendre dire que, par sa méfiance envers l'empereur, les forces franques avaient été divisées et que la

Croisade avait été vouée à l'échec ».

La défiance au sujet de l'attitude de Frédéric II n'était cependant que trop fondée. Roi de Jérusalem, il entendait dans ses États syriens établir le même absolutisme qu'en Sicile. Pour cela il lui fallait briser les franchises et les libertés dont avait toujours joui la noblesse française de Palestine. Il lui fallait briser cette noblesse elle-même et, comme l'avait prévu Philippe Auguste, transférer le pouvoir de l'élément français à l'élément italo-germanique. Pour y parvenir, il ne lui suffisait pas d'assurer son autorité sur la Syrie franque où son titre de roi de Jérusalem lui donnait en effet tous les droits ; il lui fallait aussi mettre la main sur le royaume de Chypre en supprimant l'obstacle que constituait pour lui la régence de Jean d'Ibelin.

Le banquet de Limassol n'avait pas d'autre but. Dans la nuit précédente, Frédéric avait secrètement garni les issues du château d'hommes d'armes dévoués. A la fin du festin ces gardes surgirent, l'épée au poing, derrière les convives, et lui-même leva le masque. Sans préambule, il somma Jean d'Ibelin de lui rendre des comptes pour sa gestion des affaires de Chypre et, sur le continent, de remettre aux Impériaux la place de Beyrouth. La première demande tendait à conférer à l'empereur, roi de Jérusalem, la suzeraineté sur le royaume de Chypre avec la régence de l'État insulaire ; la seconde à dépouiller le chef de la noblesse française du Levant de son fief personnel. A l'appui de ses prétentions, Frédéric invoquait le droit impérial germanique. Il était impossible de signifier plus nettement que les droits et coutumes des deux royaumes français d'Orient se trouvaient abolis par le rattachement à l'Empire. Et la menace suivait : « Par cette tête qui maintes fois a porté la couronne, je ferai à mon gré sur ces deux points, ou vous êtes pris. » Derrière les convives, les gardes, l'épée nue à la main, se rapprochaient.

Jean d'Ibelin se leva. Avec une courtoise, mais inébranlable fermeté, il invoqua les lois des royaumes français du Levant. Il ne répondrait de ses titres de propriété sur Beyrouth que devant la cour des notables du royaume de Jérusalem, à Saint-Jean-d'Acre, de sa gestion dans l'île que devant la cour de Chypre, à Nicosie. Contre les projets de l'absolutisme impérial, il proclama les droits et les libertés de la noblesse française, héritière de l'ancienne dynastie de

Jérusalem et qui n'entendait pas laisser traiter la France du Levant comme une simple marche germanique : « J'ai et je tiens Beyrouth comme mon droit au fief, et madame la reine Isabeau de Jérusalem qui fut ma sœur et son seigneur le roi Amaury me la donnèrent quand la chrétienté l'eut recouvrée toute détruite, et c'est moi qui en ai relevé les murs et l'ai fortifiée, et si vous prétendez que je la tiens à tort, je vous en demanderai raison devant la haute cour du royaume de Jérusalem. Et sachez que ni crainte, ni prison, ni menace de mort ne me feront céder, sinon un jugement en bonne et due forme de la cour ! »

Devant l'argument de droit féodal opposé à ses théories de droit romain, le César germanique se laissa aller à toute sa brutalité : « J'avais déjà entendu dire que votre langage est moult beau et poli et que vous êtes moult sage et subtil de paroles, mais je vous montrerai bien que toute votre éloquence ne prévaudra pas contre ma force ! »

Dans ce dialogue dramatique dont le chevalier-poète Philippe de Novare nous a conservé toutes les répliques le sire de Beyrouth, interprète des sentiments de la noblesse française, répond alors à l'empereur allemand avec une franchise directe qui fait trembler pour lui ses compagnons : « Sire, vous aviez ouï parler de mes paroles polies, mais moi il y avait longtemps que j'avais entendu parler de vos actes et tous mes amis aussi, qui m'avaient mis en garde contre ce guet-apens ! » Suit la magnifique déclaration déjà faite par le vieux chevalier aux conseillers de prudence : quand il était venu se fier à la loyauté de l'empereur, il n'ignorait rien des trahisons auxquelles l'exposait le caractère bien connu de celui-ci, mais il avait préféré courir ce risque que d'être accusé de défection au rassemblement de la Croisade : « Et je n'ai pas voulu que l'on pût dire : "Vous savez, l'empereur de Rome alla outre-mer et il eût tout conquis sans ces sires d'Ibelin qui refusèrent de le suivre !" » Il faut lire dans le texte de Philippe de Novare ce discours d'une magnifique éloquence, un des plus beaux de notre français médiéval. Dans le souffle puissant qui l'anime, on sent passer, avec la noblesse d'âme du vieux baron, ce patriotisme de Terre Sainte auquel le sire de Beyrouth subordonnait sa fortune, sa liberté et sa vie.

« L'empereur, poursuit Novare, fut moult courroucé et changea de couleur », mais il n'osa aller jusqu'au bout. Devant la crainte d'une révolte générale, il laissa partir Jean d'Ibelin. Bien lui en prit d'ailleurs, car les jeunes gens de l'aristocratie chypriote songeaient à poignarder Frédéric pendant sa visite à Nicosie, et ce fut Jean d'Ibelin qui, prévenu, les en empêcha : « Il est notre seigneur et, quoi qu'il fasse, gardons notre honneur ! » Un accord intervint donc. Les barons chypriotes consentirent à reconnaître l'empereur comme suzerain de leur roi. En revanche ils refusèrent d'ajouter à cette suzeraineté globale une prestation d'hommage direct et personnel à Frédéric. La netteté de cette distinction juridique empêchait l'empereur d'établir à Chypre le gouvernement absolutiste qu'il rêvait.

Après le roi de Chypre, le plus puissant prince de l'Orient latin était le prince d'Antioche et de Tripoli, Bohémond IV. A la nouvelle de l'arrivée de l'empereur, il était accouru en Chypre pour lui faire sa cour. Mais le coup de force de Limassol lui inspira les plus vives inquiétudes. Frédéric, qui avait voulu déposséder Jean d'Ibelin du comté de Beyrouth, n'allait-il pas se saisir de même de la personne de Bohémond pour se faire livrer Antioche et Tripoli ? Pour se tirer de ce guêpier, le prince d'Antioche simula le mutisme et la folie et, dit le bon chroniqueur, il criait seulement à tue-tête : « Ah ! ah ! ah ! » Grâce à ce manège il put, sans être surveillé, se jeter dans un bateau qui le ramena à Tripoli. « Dès qu'il toucha terre, ajoute narquoisement la chronique, il se trouva guéri ; et il rendit grâce à Dieu d'avoir échappé à l'empereur. » Excellente comédie, savoureuse comme un fabliau, mais qui montre bien l'impression déplorable produite au Levant par Frédéric II. Impression de crainte, mais d'une crainte à laquelle ne se mêle aucun respect et qui inspirait au contraire à « notre gent » une révolte irrévérencieuse et goguenarde. Que nous sommes loin de la majesté encore carolingienne d'un Frédéric Barberousse ou de l'admiration qu'inspirera la valeur morale d'un Saint Louis ! Ici, il faut bien en convenir, la majesté impériale la plus authentique, chez l'héritier de Charlemagne et des Césars, se rabaisse à des déloyautés de condottiere. Les actes mêmes par lesquels l'empereur essaie de réaliser son rêve d'État centralisé à la manière antique – ou déjà moderne – se présentent comme de mauvais coups. C'est un tyran de la Renaissance égaré dans la belle société chrétienne du XIIIe siècle.

Ce fut donc précédé de la plus fâcheuse réputation que, le 3 septembre 1228, Frédéric II s'embarqua à Famagouste pour la Palestine. Cependant, comme le dit Jean d'Ibelin, il restait l'empereur : le jeune roi Henri et les chevaliers de Chypre avec Jean d'Ibelin lui-même l'accompagnèrent sur le continent. Le 7 septembre tout le cortège débarquait à Saint-Jean-d'Acre.

**

Comme on l'a annoncé, Frédéric II, en arrivant en Syrie, n'y trouvait plus la situation escomptée. Toute sa politique syrienne reposait sur l'opposition du sultan d'Égypte el-Kâmil et de son frère cadet, le sultan de Damas. C'était à l'appel du premier qu'il s'était décidé à venir. Il comptait aider la cour d'Égypte à annexer Damas et recevoir en échange Jérusalem. Et voici que la disparition du sultan de Damas, remplacé par un fils insignifiant dont l'Égypte aurait raison quand elle voudrait, ruinait toute cette combinaison. Au moment même où Frédéric II s'apprêtait à passer de Chypre en Palestine, le sultan el-Kâmil quittait l'Égypte avec une puissante armée et occupait sans combat, sur les terres du jeune prince de Damas, Jérusalem et Naplouse (août 1228). Peu après les troupes d'el-Kâmil, jointes à celles de son dernier frère el-Achraf, roi de la Mésopotamie, vinrent mettre le blocus devant Damas, blocus qui dura de janvier à juillet 1229 et se termina, comme il était à prévoir, par la reddition de la ville.

Ces événements qui coïncident avec l'arrivée de Frédéric II en Syrie expliquent l'attitude embarrassée du sultan el-Kâmil envers l'empereur. Certes, il regrettait amèrement d'avoir appelé celui-ci. L'historien arabe Aboul Fidâ résume d'un mot la situation : « El-Kâmil n'avait appelé l'empereur que pour donner de l'embarras au sultan de Damas. Ce dernier une fois décédé, l'arrivée de l'empereur fut pour le sultan d'Égypte comme une flèche qui reste dans une blessure. » Et un autre historien arabe, Maqrîzî : « Le sultan el-Kâmil était dans le plus grand embarras, car, après le traité qu'il avait conclu avec l'empereur, il ne pouvait maintenant revenir sur sa parole et lui refuser la rétrocession de Jérusalem sans lui déclarer la guerre. » Du reste, au milieu des querelles de sa maison, pendant qu'il assiégeait Damas, il n'avait pas intérêt à pousser les chrétiens à bout, car alors Frédéric aurait pu prendre parti pour le malheureux jeune prince de Damas. Enfin à elle seule, la menace, toujours présente sur le haut Euphrate, des bandes khwarizmiennes et, derrière elles, le péril d'une nouvelle avalanche mongole obligeaient encore le sultan d'Égypte à une grande souplesse envers les Francs. Mais, en même temps, il se rendait compte que toute concession trop voyante faite aux Francs susciterait dans le monde musulman une réprobation dont les gens de Damas seraient les premiers à profiter contre lui.

La situation de Frédéric II n'était pas moins délicate. Traité depuis son excommunication en réprouvé par le clergé et par les Ordres militaires du Temple et de l'Hôpital, il s'était encore aliéné comme à plaisir, par le coup de force de Limassol, les sympathies de la noblesse française de Chypre et de Syrie. Suspect aux chrétiens, devenu indésirable à son allié musulman, il voyait toute sa préparation diplomatique réduite à néant. Restait la méthode de l'intimidation militaire, méthode qu'avec les immenses ressources de l'Italie et de l'Allemagne nul n'était plus à même d'employer que lui. Malheureusement dans son désir d'éviter à tout prix la guerre avec ses amis musulmans, dans sa coquetterie à vouloir tout obtenir par voie de négociation, Frédéric ne s'était embarqué qu'avec des forces insignifiantes – pas plus de cent chevaliers – et sans le nerf de la guerre – il dut emprunter trente mille besants au seigneur de Djébaïl. Sans doute s'était-il fait précéder depuis 1227 par des contingents de croisés allemands et italiens qui, avec les Templiers, les Hospitaliers et les barons de Syrie et de Chypre, formaient un total de huit cents chevaliers et de dix mille fantassins environ. Mais l'excommunication dont il était frappé lui enlevait le concours actif non seulement du Temple et de l'Hôpital, mais aussi de nombreux Italiens. Les croisés allemands, qui, eux du moins, lui restaient fidèles, furent les premiers surpris, nous le savons, de le voir arriver avec des renforts si insignifiants. Même si l'on écartait d'avance toute idée de guerre sainte, même en se limitant à une simple parade militaire en demi-complicité avec le sultan, il restait d'élémentaire prudence d'amener avec soi des effectifs suffisants pour appuyer la négociation.

Frédéric ne devait pas tarder à s'en apercevoir. Dès son arrivée à Acre, il envoya au sultan el-Kâmil Balian, seigneur de Sidon, et Thomas d'Acerra avec de riches présents. Les deux ambassadeurs demandaient l'exécution du traité conclu avec l'émir Fakhr-ed-

Dîn, la rétrocession amiable de Jérusalem. Le chroniqueur arabe Dhahabî nous révèle le sens de cette lettre, dans laquelle, d'homme à homme, l'empereur, suppliait le sultan de lui sauver la face. « Je suis ton ami, écrivait-il à el-Kâmil. Tu n'ignores pas combien je suis au-dessus des princes de l'Occident. C'est toi qui m'as engagé à venir ici. Les rois et le pape sont instruits de mon voyage. Si je m'en retournais sans avoir rien obtenu, je perdrais toute considération à leurs yeux. Après tout, cette Jérusalem, n'est-ce pas elle qui a donné naissance à la religion chrétienne ? De grâce, rends-la-moi afin que je puisse lever la tête devant les rois... »

Le sultan, dans sa réponse, s'excusa sur les changements intervenus depuis la mort d'el-Mouazzam, changements qui modifiaient complètement le problème. Il montra l'impossibilité où il se trouvait de rendre Jérusalem sans soulever contre lui l'opinion publique du monde musulman. L'émir Fakhr ed-Dîn, l'ami de Frédéric qu'il envoya une fois de plus à ce dernier, insista sur ces graves difficultés : Jérusalem était une ville sainte pour les Musulmans autant que pour les chrétiens ; comment rendre aux Francs sans combat la mosquée d'Omar, reconquise au prix de tant d'efforts par Saladin ? Ce serait provoquer, avec le blâme du calife de Baghdad, quelque insurrection piétiste qui emporterait la dynastie. Ajoutons que, malgré ce refus d'exécuter les engagements antérieurs, le sultan comblait Frédéric de prévenances et de cadeaux : draps de soie, juments arabes, chameaux de course, éléphants, etc.

Malgré la courtoisie de ces procédés, il était clair que, si Frédéric voulait aboutir, il devait faire la preuve de sa force. Finissant par où il aurait sans doute dû commencer, il rassembla tous les chevaliers d'Acre, tous ses contingents allemands et italiens, tous ceux des pèlerins de passage que n'effrayait pas trop la politique gibeline et entreprit à leur tête une promenade militaire le long du littoral palestinien, d'Acre à Jaffa. Le grand maître du Temple, Pierre de Montaigu, et celui de l'Hôpital, Bertrand de Thessy, refusèrent tout d'abord de s'associer à un monarque excommunié ; mais, bientôt, angoissés à la vue de cette troupe d'hommes qui se hasardaient en rase campagne dans un pays tenu par plusieurs armées musulmanes, ils suivirent les Impériaux à une journée de distance pour les protéger en cas d'attaque. Arrivée à hauteur du « casal » de Montdidier entre Césarée et Arsouf, Frédéric II se rendit compte du péril : qu'une mauvaise tentation traversât l'esprit du sultan, campé près de là, devant Gaza, la petite armée impériale serait surprise et écrasée sous le nombre. Frédéric attendit donc les deux Ordres militaires pour continuer sa marche. Les Templiers et les Hospitaliers, pour lui épargner un désastre, acceptèrent de se joindre à sa colonne, mais, toujours désireux d'éviter le contact de l'excommunié, ils chevauchaient indépendamment, sans se mêler directement à sa troupe. Une fois à Jaffa, Frédéric fit relever les anciennes fortifications de la ville (mi-novembre 1228). Besogne excellente, reconnaissons-le, qui, complétant les travaux de fortification déjà exécutés par ses lieutenants à Sidon, à Montfort et à Césarée, achevait de rendre aux chrétiens la maîtrise de la côte. Mais, tandis qu'il séjournait à Jaffa, l'empereur reçut les plus fâcheuses nouvelles d'Italie : le pape Grégoire IX venait de faire envahir par les Guelfes ses possessions napolitaines. Le propre beau-père de Frédéric, Jean de Brienne, prenait sa revanche des affronts de Brindisi en conduisant à l'attaque les troupes pontificales.

Frédéric se trouvait dans la situation la plus périlleuse. S'il s'attardait en Syrie pour récupérer Jérusalem, il perdait son royaume de Sicile, peut-être même la couronne impériale. S'il abandonnait l'Orient sans avoir recouvré Jérusalem, il se déshonorait et fournissait de nouveaux griefs au parti pontifical. Comme on pouvait le craindre, son premier mouvement fut pour déserter la croisade, rentrer en Italie et châtier ses agresseurs. Par bonheur la mauvaise saison l'en empêcha. Et de cette impasse où l'avaient acculé quatorze années de fausse adresse et de duplicité, il sut, après avoir côtoyé des précipices, se tirer avec une souveraine élégance.

Malgré son infériorité numérique, Frédéric, par sa marche sur Jaffa, avait impressionné les Musulmans. Du reste, des renforts pouvaient encore lui arriver d'Italie, qui renverseraient la balance des forces. D'autre part, tandis que les Impériaux fortifiaient Jaffa, le sultan, toujours en guerre contre son neveu, commençait le siège de Damas : la conquête de la grande ville syrienne lui importait beaucoup plus que la question des Lieux saints. Frédéric profita habilement de ces circonstances redevenues favorables. Sur le conseil de son ami, l'émir Fakhr ed-Dîn, il envoya de nouveau en mission auprès du sultan Thomas d'Acerra et Balian de Sidon, et, après plusieurs allées et venues, un accord fut conclu à Jaffa le 21 février 1229.

Par ce traité, d'une importance capitale dans l'histoire des rapports franco-musulmans, le sultan el-Kâmil rendit au royaume franc les trois villes saintes, Jérusalem, Bethléem et Nazareth, plus, en haute Galilée, la seigneurie du Toron, l'actuel Tibnîn, et, en Phénicie, la partie du territoire de Sidon que les Musulmans détenaient encore. En d'autres termes, le royaume de Jérusalem, qui pouvait de nouveau reprendre vraiment ce titre, recouvrait, en plus de sa capitale – rétrocession inestimable – de très larges zones territoriales : d'abord toute la côte, puis, autour de Nazareth, une très importante partie de la Galilée, enfin, de Jaffa à Jérusalem et à Bethléem, une longue bande de terre encadrant la route du pèlerinage, avec Lydda, Ramla et Emmaüs. Ce n'était évidemment pas la restauration intégrale de l'ancien royaume de Jérusalem, puisque le sultan conservait la Galilée orientale, la Samarie, une partie de la Judée et le sud de la Philistie, mais ce n'en était pas moins un magnifique succès. Les rétrocessions que Richard Cœur de Lion, dans tout l'éclat de sa supériorité militaire, avait été impuissant à provoquer, Frédéric II, sans tirer l'épée, les obtenait de l'amitié du sultan.

Notons du reste que le sultan faisait preuve d'un esprit de conciliation vraiment exceptionnel, car, comme il l'avait prévu, la rétrocession bénévole de Jérusalem aux Francs ne manqua pas de soulever contre lui dans les milieux musulmans piétistes une tempête d'indignation : cette ville sainte que le grand Saladin avait eu tant de mal à reconquérir, voilà que son neveu la rendait sans lutte aux « trinitaires » ! Dans la grande mosquée de Damas le prédicateur Chems ed-Dîn Yousouf arracha des larmes à la foule en décrivant les sanctuaires de la ville sainte, l'enceinte du Haram ech-Chérif de nouveau profanés par les « Nazaréens ». Dans l'entourage même du sultan, les imams et les muezzins le traitaient publiquement en réprouvé.

On comprend que Frédéric ait eu à tenir compte de cet état d'esprit. S'il voulait éviter une révolte générale contre son ami el-Kâmil, révolte qui eût tout remis en question, force lui était d'apporter la plus grande modération dans son succès et d'éviter tout ce qui aurait pu provoquer un sursaut de fanatisme chez les Musulmans. Le traité de Jaffa porta nettement la trace de ces préoccupations ou plus exactement des préoccupations du sultan comme de l'em-

Chapitre XV

pereur à l'égard de leur opinion publique respective. Ce fut avant tout un compromis qui atteste l'inquiétude d'el-Kâmil par rapport aux réactions du monde musulman, de Frédéric par rapport aux réactions de la chrétienté. D'où le balancement et l'enchevêtrement des clauses du traité : Jérusalem était politiquement rendue aux Francs, mais, reconnue ville sainte pour les deux cultes, elle se voyait soumise à une sorte de condominium religieux, d'ailleurs fort intelligemment compris. Les chrétiens recouvraient le Saint-Sépulcre, mais les Musulmans gardaient l'ensemble du Haram ech-Chérif, avec la Qoubbat es-Sakhra ou mosquée d'Omar et la mosquée el-Aqsa, l'ancien domaine des Templiers. L'enceinte du Haram ech-Chérif où les Musulmans eurent licence d'entretenir une garde de fidèles – mais de fidèles sans armes, uniquement affectés au culte – constitua ainsi une enclave religieuse musulmane dans Jérusalem redevenue chrétienne, comme Jérusalem et Bethléem devenaient une enclave chrétienne dans la Judée restée musulmane. Et, de même que les populations musulmanes du plateau judéen devaient laisser toute liberté aux pèlerins chrétiens circulant sur la route de Jaffa à Jérusalem, de même les chrétiens de Jérusalem devaient accorder toute liberté aux pèlerins musulmans désireux de venir faire leurs dévotions au Haram ech-Chérif. Du reste, dans la « mosquée d'Omar » et l'ancien Temple de Salomon ainsi conservés à l'Islam, les chrétiens pouvaient, eux aussi, venir prier. Pour éviter toute contestation, la communauté musulmane de Jérusalem resta placée sous la juridiction d'un cadi résidant, qui servait d'intermédiaire entre elle et les nouvelles autorités franques. En somme, Frédéric II et el-Kâmil semblent avoir à dessein imbriqué le plus étroitement possible les intérêts chrétiens et les intérêts musulmans pour clore le *djihâd*, la guerre sainte islamique, comme la croisade par un accord acceptable pour les deux religions. Il faut reconnaître qu'un tel accord révélait chez le sultan comme chez l'empereur un esprit de tolérance singulièrement en avance sur leur temps.

Malheureusement Frédéric II, qui venait de rendre à la chrétienté cet immense service, portait la peine de la faute qu'il avait commise en se jouant de la Papauté jusqu'à encourir l'excommunication. Non seulement les Templiers refusèrent de reconnaître le traité de Jaffa, attitude qui se comprend un peu, puisque dans Jérusalem recouvrée leur maison mère, le Temple de Salomon, avait été laissée à l'Islam, mais, fait beaucoup plus grave, le patriarche Gérold jeta l'interdit sur la ville sainte, geste qui allait mettre Frédéric et ses partisans dans une situation moralement intenable. Il est évident que Frédéric II avait espéré que la récupération de Jérusalem le réconcilierait avec les autorités religieuses. De Jaffa, après la conclusion du traité avec le sultan, il s'était rendu dans la ville sainte. Il y fit son entrée le 17 mars 1229 et la reçut des mains du cadi Chems ed-Dîn de Naplouse, représentant du sultan el-Kâmil. Le lendemain, dimanche, il monta au Saint-Sépulcre. Par suite de l'interdit du patriarche, la cérémonie fut purement laïque. « Au seul bruit des armes », il prit sur le maître-autel et posa lui-même sur sa tête une couronne royale. Le grand maître teutonique Hermann von Salza lut en allemand d'abord, en français ensuite une proclamation justifiant la politique impériale.

Au sortir du Saint-Sépulcre, après avoir tenu sa cour dans la maison de l'Hôpital, Frédéric II parut se préoccuper de fortifier la ville sainte, comme son traité avec le sultan lui en laissait officiellement le droit. Il chercha dans tous les cas à conférer à ce sujet avec les prélats et avec les grands maîtres des trois ordres militaires. Il semble notamment avoir donné des instructions pour la mise en état de défense de la citadelle ou Tour de David et de la Porte Saint-Étienne. Il paraissait donc prendre au sérieux son rôle de défenseur du Saint-Sépulcre. D'où vient donc que les chroniqueurs occidentaux aient douté de la sincérité de ses intentions ?

Ce qui a le plus choqué les chrétiens dans la conduite de Frédéric II en Palestine, c'est évidemment son intimité avec les Musulmans. Certes, les relations cordiales entre personnages des deux religions étaient loin d'être une nouveauté. Tout au long du XIIe siècle, princes francs et émirs turco-arabes avaient entretenu des rapports de courtoisie chevaleresque, souvent de véritable amitié, comme tel avait été le cas entre le roi de Jérusalem, Foulque d'Anjou, et le régent de Damas, Mouin ed-Dîn Ounour, ou entre Richard Cœur de Lion et le frère de Saladin. Mais chez Frédéric II, nous le savons, il ne s'agissait plus seulement d'amitié personnelle avec les sultans et les émirs, mais d'une véritable islamophilie et même d'une islamophilie d'une nature très particulière, car elle était à base d'anticléricalisme. C'était cette attitude intellectuelle qui choquait le plus

Chapitre XV

les Latins. Notons d'ailleurs que les Musulmans, qui auraient dû en être charmés, ne tardaient pas à en éprouver un certain malaise dès qu'ils s'apercevaient que toutes ces manifestations de sympathie à leur égard s'accompagnaient chez l'empereur d'un scepticisme à peine dissimulé.

C'est dans le recueil arabe du *Collier de perles* qu'on discerne le mieux l'impression très complexe que laissa à ce sujet dans l'esprit des Musulmans la visite de Frédéric II à Jérusalem : « Cet homme roux, au visage glabre et à la vue faible, dont, s'il avait été esclave, on n'eût pas donné deux cents dirhems », ne ressemblait décidément pas aux paladins francs de jadis. Il inquiétait les Musulmans autant qu'il les attirait. « A en juger par ses propos, note Bedr ed-Dîn, il était athée et se jouait de la religion chrétienne. » De cette indifférence religieuse Bedr ed-Dîn et Maqrîzî citent des preuves caractéristiques. Quand l'empereur se rendit à Jérusalem, le sultan, on l'a vu, lui avait envoyé le cadi Chems ed-Dîn, chargé de lui faire les honneurs des monuments musulmans de la ville. Sous la direction de ce guide, Frédéric visita les édifices du Haram ech-Chérif, « il admira le Mesdjid el-Aqsa, le dôme de la Sakhra (mosquée d'Omar) et gravit les degrés du minbar ». Dans cette même Sakhra, redevenue le sanctuaire musulman le plus véritable de Jérusalem, il aperçut un prêtre chrétien qui venait d'entrer et qui, l'évangile à la main, assis près de « l'empreinte des pas de Mahomet », commençait à faire la quête. Dans Jérusalem recouvrée de la veille et avec le statut très particulier du Haram ech-Chérif, Frédéric estima-t-il qu'il y avait là manque de discrétion ? En ce cas son rappel à l'ordre fut encore plus indiscret. « L'empereur, assure Bedr ed-Dîn, s'avança vers le prêtre et le souffleta au point de le jeter à terre, en s'écriant : « Porc, le sultan nous a bénévolement accordé "le droit de venir ici en pèlerinage et tu y quêtes déjà ! Si l'un de vous recommence, je le ferai exécuter". » Frédéric avait évidemment ses raisons de faire respecter les clauses du traité de Jaffa qui réservaient au culte musulman l'enceinte du Haram ech-Chérif. Il n'en est pas moins vrai que la manière était quelque peu surprenante. Son désir de plaire aux Musulmans prenait des formes si ostentatoires, son anticléricalisme, exaspéré par l'interdit qui le poursuivait, aboutissait à des éclats si brutaux qu'il en arrivait presque à faire figure de renégat.

Sur la coupole de la Sakhra ou mosquée d'Omar on lisait l'inscription naguère apposée par Saladin après la reconquête de Jérusalem : « Cette demeure sacrée, Salâh ed-Dîn l'a purifiée des polythéistes », nom que les Musulmans appliquaient aux adorateurs de la Trinité. Frédéric, qui, sans doute, avait appris assez d'arabe en Sicile, déchiffra ou se fit déchiffrer l'inscription et demanda en souriant quels étaient ces polythéistes. Au moment de la prière musulmane, les assistants furent très surpris de voir un de ses conseillers se prosterner avec la foule : c'était un philosophe arabe de Sicile « qui enseignait la logique à l'empereur ». Le sultan el-Kâmil, ne pouvant croire à un tel éclectisme religieux, avait, par courtoisie, fait défendre aux muezzins de paraître sur les minarets de Jérusalem pendant toute la durée du séjour de l'empereur. Mais dès l'aube un des muezzins qu'on avait oublié d'avertir se mit à réciter les versets du Coran, notamment ceux qui nient implicitement la divinité du Christ. Le cadi lui ayant adressé des reproches, le muezzin évita de faire la prière suivante. L'empereur s'en aperçut, fit appeler le cadi et lui interdit de rien modifier aux appels coraniques : « O cadi, vous changez vos rites religieux à cause de moi ? Quelle erreur ! »

En cela, remarquons-le bien, rien que de normal, l'intervention de Frédéric rentrant dans le cadre de sa politique de détente et d'apaisement religieux. Comme plus tard Guillaume II, dans le fameux pèlerinage de ce dernier à Damas, à la tombe de Saladin, il mettait sa coquetterie à séduire l'Islam. Du reste il semble en Syrie avoir éprouvé lui-même la séduction de la terre musulmane. Un de ses propos, rapporté par Maqrîzî, nous le montre à cet égard sous un jour bien curieux. « Mon principal but en venant à Jérusalem, aurait soupiré Frédéric, était d'entendre les Musulmans, à l'heure de la prière, invoquer Allah pendant la nuit » : trait qui achève de dessiner pour nous la physionomie de cet empereur orientaliste et dilettante, précurseur inattendu de Chateaubriand et de Loti. Ce qui est plus inquiétant, ce qui de nouveau donne à cette figure une expression quelque peu équivoque, ce sont les confidences qu'au témoignage de la chronique arabe il prodiguait à l'émir Fakhr ed-Dîn : « Si je n'avais craint de perdre mon prestige aux yeux des Francs, jamais je n'aurais imposé au sultan de rendre Jérusalem... »

Il est plus troublant encore – car il s'agit là d'une question de vie ou de mort pour Jérusalem délivrée – de constater le désaccord entre sources chrétiennes et sources musulmanes sur le sujet capital des fortifications de la ville sainte. Jérusalem avait été, quelques années auparavant, entièrement démantelée par les Musulmans qui ne voulaient pas que la Croisade imminente pût s'y accrocher, de sorte que le sultan n'avait rendu à Frédéric qu'une ville ouverte. Pour que cette récupération ne fût pas un épisode sans lendemain, il importait que l'empereur fît reconstruire immédiatement les fortifications. De fait, d'après les sources franques, il en avait obtenu l'autorisation du sultan et, aussitôt après son couronnement, nous l'avons vu, il donna le signal des travaux. Pour plusieurs chroniqueurs arabes, au contraire, ce n'était là qu'un simulacre, car il s'était secrètement engagé avec le sultan à ne pas relever les fortifications, engagement fort grave qui laissait Jérusalem à la merci du premier rezzou. Peut-être, en mettant les choses au mieux, cette discordance entre témoins francs et témoins arabes révèle-t-elle simplement et une fois de plus la situation délicate du sultan comme de l'empereur. Le sultan, pour apaiser la colère de ses coreligionnaires, leur laissa entendre que Jérusalem resterait une ville ouverte qu'il réoccuperait quand il le voudrait. Et Frédéric, pour apaiser l'inquiétude légitime des Francs, leur jura qu'il allait fortifier la place. Il est d'ailleurs possible qu'il ait eu réellement l'intention de pousser au moins les travaux de la Tour de David et de la Porte Saint-Étienne, quand survint à Jérusalem, sur ses traces, l'archevêque de Césarée, chargé de faire appliquer l'interdit lancé par le patriarche contre la ville.

Quels qu'aient été les torts de Frédéric envers la chrétienté, quelque équivoque que se fût révélée toute sa conduite, il est bien évident que l'interdit lancé contre Jérusalem par le patriarche, au lendemain du jour où les Impériaux venaient de rendre le Saint-Sépulcre aux chrétiens, fut en soi une faute. Ce fut ainsi d'ailleurs qu'en jugea par la suite le pape Grégoire IX lui-même, quand il eut en main tous les éléments d'information. Le geste du patriarche Gérold ne scandalisa pas seulement beaucoup de fidèles. Au point de vue des intérêts chrétiens, il fut franchement inopportun. Frédéric II fut ulcéré. Renonçant à mettre la ville en état de défense, il repartit sur-le-champ pour Jaffa, d'où il regagna Saint-Jean-d'Acre (21 mars 1229).

***

A Saint-Jean-d'Acre Frédéric II retrouva une atmosphère de guerre civile. Tristes conséquences de ces passions guelfes et gibelines, dont il avait fait au Levant le plus fâcheux article d'exportation et qui, jusqu'à la catastrophe finale, allaient empoisonner la vie des colonies franques. Pour protester contre l'attitude du patriarche Gérold, l'empereur, dès le lendemain de son retour à Acre, réunit le peuple de la ville et présenta la défense de sa politique, notamment du traité avec el-Kâmil. Avec l'appui de ses soldats lombards et aussi de la colonie pisane (les Pisans étaient passionnément attachés à la cause gibeline), il recourut ensuite à la force. Il fit fermer les portes d'Acre, s'assura des murs et plaça des gardes autour de la maison des Templiers, voire devant le palais du patriarche Gérold, qui, pendant cinq jours, se trouva ainsi aux arrêts, presque assiégé dans sa propre demeure. Naturellement le parti guelfe réagit. Le dimanche des Rameaux (8 avril 1229), dans toutes les églises d'Acre les prédicateurs fulminèrent contre l'empereur excommunié, sur quoi des satellites impériaux vinrent les arracher de leur chaire et les jeter dehors. Frédéric essaya aussi de s'emparer par surprise de la maison-forteresse des Templiers, à Acre, mais les chevaliers-moines étaient sur leurs gardes : il dut lâcher prise. Un semblable projet contre Jean d'Ibelin échoua de même : le sire de Beyrouth avait éventé ce nouveau guet-apens. Ces tentatives où se marquait l'exaspération du monarque gibelin achevèrent de lui aliéner les dernières sympathies franques.

Encore quelques mesures du même ordre et Frédéric II allait se trouver en face d'une révolte générale contre laquelle il eût été en assez mauvaise posture. Avec sa souplesse habituelle, dissimulant sa fureur, il fit à temps volte-face. Avant de se rembarquer, il affecta de se réconcilier avec les chefs de la noblesse française de Syrie et de Chypre, même avec Jean d'Ibelin qui, non seulement gardait son fief de Beyrouth, mais allait continuer à participer au gouvernement de la Terre Sainte. L'avenir devait montrer que ce n'était là qu'une comédie, car ni l'empereur ne pardonnait à Jean d'avoir dû reculer devant lui, ni Jean n'oubliait le guet-apens de Limassol. Une haine profonde séparait désormais les deux hommes, haine qui devait troubler la vie du royaume de Jérusalem pendant toute la période suivante. Du reste, Frédéric laissait à Acre une forte garnison lombarde, chargée de maintenir son autorité. Mais, politiques consommés tous deux, l'empereur et le sire de Beyrouth qui se sentaient pour le moment à forces égales eurent l'élégance de remettre à plus tard le règlement de leur querelle et de prendre congé l'un de l'autre avec une parfaite courtoisie.

Seulement il ne fut pas possible de demander pareille tenue à la foule et, quand Frédéric II quitta Acre pour regagner l'Italie, le 1er mai 1229, son départ donna lieu à des scènes pénibles, tant les éléments guelfes étaient montés contre lui. Conscient de son impopularité, il était allé s'embarquer à l'aube, presque furtivement, accompagné des seuls barons. Mais son départ fut éventé. Comme il traversait le quartier des halles pour descendre au port, bouchers et bouchères, accourus sur le pas de leur porte, l'injurièrent grossièrement en lui jetant des tripes et de la fressure au visage. Jean d'Ibelin et le connétable Eude de Montbéliard n'eurent que le temps de se précipiter pour empêcher la populace de se livrer contre lui à de pires violences. Il s'embarqua plein de haine et, après un second arrêt en Chypre, fut de retour en Italie le 10 juin 1229.

**

Tel fut le lamentable épilogue d'une croisade qui, somme toute, avait brillamment réussi, puisque, seule d'entre toutes les expéditions similaires depuis 1190, elle avait rendu Jérusalem aux chrétiens. Croisade paradoxale, il est vrai, et qui mérite à peine ce nom, si l'on songe que c'est à l'amitié des Musulmans que l'empereur devait la rétrocession des Lieux saints. Certes il ressemblait bien peu aux croisés de naguère, l'étrange pèlerin qui déclarait n'avoir entrepris le voyage de Terre Sainte que pour entendre durant les nuits d'Orient monter l'appel du muezzin. Voyage, a-t-on déjà dit, du sultan d'Italie chez son ami, le sultan d'Égypte, mais voyage heureux puisque le sultan d'Égypte, pour lui éviter de perdre la face auprès des « polythéistes » d'Occident, lui avait fait cadeau de ce Saint-Sépulcre auquel tenaient tant les Occidentaux.

Frédéric II avait donc réussi auprès des Musulmans, mais il avait échoué auprès des Francs, ou, pour être plus précis, auprès de la chevalerie française de Syrie et de Chypre, maîtresse des deux royaumes. Comme d'autres chefs d'État germaniques au cours de l'histoire, s'il avait assez bien pénétré la psychologie musulmane, il n'avait rien compris à la psychologie de l'élément français. Cet élément si facile à s'attacher avec un peu de bonne grâce (Richard

Cœur de Lion en est la preuve), il l'avait heurté de front par un mélange de duplicité et de brutalité qui avait « cabré » l'opinion. C'est par là que ce politique si séduisant et si adroit avait finalement manqué son but. Malgré sa dévorante activité, les ressources de la plus souple diplomatie, ses qualités d'homme supérieur, l'universalité de sa culture, les éclairs d'un génie qui, en plein XIIIe siècle, entrevit la réconciliation de l'Orient et de l'Occident, il partait sous les huées, ne laissant derrière lui qu'une traînée de haine et une semence de guerres civiles. Il avait rendu au monde chrétien sa capitale et le monde chrétien le maudissait. Saint Louis viendra, perdra tout et ne recueillera que respect et bénédiction. Qu'avait-il donc manqué à cette brillante intelligence, à ce précurseur des temps modernes ? Sans doute un peu de bonté chrétienne, de détente et d'amour.

***

Frédéric II avait laissé en Syrie et en Chypre une semence de guerres civiles. La moisson leva aussitôt après son départ. En Chypre il avait confié la régence, avec la tutelle du jeune roi Henri Ier, à Amaury Barlais et à quatre autres barons dévoués à la cause impériale. Ces régents profitèrent de leur pouvoir pour persécuter les partisans de Jean d'Ibelin. Ils essayèrent de faire assassiner le principal représentant de ce parti, le chevalier-poète Philippe de Novare. Novare ayant échappé à cette tentative, ils vinrent l'assiéger dans la Tour des Hospitaliers où il s'était réfugié. Le vaillant chevalier tint bon en attendant l'aide du sire de Beyrouth qu'il venait d'aviser par une lettre en vers d'un tour charmant :

Je suis le rossignol, puisqu'ils m'ont mis en cage,

lettre pleine de joyeuses plaisanteries, malgré le sérieux de la situation, et où notre poète compare ses adversaires aux plus vilains animaux du Roman de Renart. A l'appel de Novare, Jean d'Ibelin accourut de Beyrouth en Chypre et battit les régents devant Nicosie le 14 juillet 1229. Amaury Barlais, qui s'était réfugié dans le château de Dieud'amour (l'actuel Hagios Hilarion, près de Cérines), y résista pendant dix mois, au cours d'un siège rendu célèbre par Philippe de Novare qui, tout en faisant le coup d'arbalète, ne cessait, au pied du rempart, de cribler les assiégés de ses plus mordantes chansons.

Chapitre XV

Enfin à la mi-mai 1230, Dieud'amour se rendit et Jean d'Ibelin resta maître de Chypre qu'il gouverna à la satisfaction générale pour le compte de son neveu, le jeune roi Henri Ier.

Mais Frédéric II ne pouvait accepter l'éviction de ses représentants. En février 1231, il envoya au Levant un corps expéditionnaire commandé par le maréchal d'empire Riccardo Filanghieri qui profita de l'absence de Jean d'Ibelin pour s'emparer par surprise de Beyrouth, à l'exception de la citadelle qui résista, puis pour occuper Tyr. Filanghieri vint ensuite réclamer l'obéissance de l'assemblée des barons, réunie à Saint-Jean-d'Acre. Au nom de la noblesse, Balian de Sidon refusa : les droits de la couronne de Jérusalem, dont se réclamait Frédéric II, restaient limités par les droits, franchises et privilèges des barons, et la Syrie franque n'avait pas à supporter le bon plaisir d'un podestat impérial qui se permettrait, comme à Beyrouth, d'attaquer les liges sans jugement préalable de leurs pairs.

Pendant ce temps, à Chypre, Jean d'Ibelin avait obtenu du roi Henri Ier et des barons chypriotes l'envoi d'une armée sur le continent pour l'aider à chasser les Impériaux. Débarqué le 25 février 1232, Jean fut reçu comme un libérateur à Saint-Jean-d'Acre et proclamé maire de la commune qui s'y était constituée. Puis il se mit en devoir d'aller délivrer Tyr. Son armée était arrivée à Casal-Imbert, à six kilomètres au sud du cap Naqoura, quand il dut revenir pour affaire à Saint-Jean-d'Acre en confiant le camp à ses neveux. Mais ceux-ci n'avaient pas son expérience. Le 3 mai, à l'aube, ils furent entièrement surpris par Filanghieri, descendu en secret de Tyr. La chevalerie chypriote, abandonnant son camp aux Impériaux, ne trouva son salut que dans la fuite. Filanghieri profita de cette victoire inattendue pour aller faire la conquête de Chypre qui, à l'exception de quelques châteaux de la montagne, tomba en sa possession.

Mais Jean d'Ibelin ne tarda pas à se ressaisir. Ayant en Syrie reconstitué son année, il passa à son tour en Chypre avec le roi Henri Ier, s'empara par une surprise nocturne du port de Famagouste et le 15 juin 1232 écrasa Filanghieri dans une grande bataille à Agridi, entre Nicosie et Cérines. Les Impériaux, chassés de Chypre et ayant également perdu Beyrouth que leur reprit Jean d'Ibelin, ne conservèrent que Tyr où ils étaient comme bloqués. En vain Filanghieri, essayant de la séduction maintenant que la force avait échoué, fit-il faire à Jean d'Ibelin les propositions les plus flatteuses. Le vieux sire de Beyrouth, dans un discours plein de finesse et de narquoise ironie, répondit à ses invites par la fable du cerf qu'on veut attirer dans l'antre du lion, et le podestat impérial en fut pour ses frais. Lorsque Jean mourut, quatre ans plus tard (1236), la Syrie franque, comme le royaume de Chypre, était pratiquement soustraite au césarisme frédéricien. Le baron français avait triomphé du saint empire romain germanique.

Ce n'est pas sans regret que l'historien des croisades prend ici congé de Jean d'Ibelin. Le vieux sire de Beyrouth reste en effet une des figures les plus attachantes de l'Orient latin. Oncle et conseiller très écouté du roi Henri Ier de Chypre, maire élu de la commune de Saint-Jean-d'Acre, reconnu comme guide par la noblesse de Syrie et de Chypre, il avait été, depuis le départ de Jean de Brienne, le véritable chef des deux royaumes. Sa parfaite dignité de vie, son sentiment de l'honneur, sa modération, sa clémence et son humanité, ses qualités de juriste, non moins remarquables que ses vertus chevaleresques, cette haute sagesse, cette loyauté avisée, cette fleur de courtoisie, cette éloquence ferme et fine dont Novare nous a transmis l'écho, font de lui le type même du « prudhomme », c'est-à-dire du parfait chevalier selon la définition de Saint Louis, et le représentant le plus accompli de la civilisation française en Orient au XIIIe siècle.

Il était réservé au fils aîné de Jean d'Ibelin, à Balian III, qui lui succéda dans la seigneurie de Beyrouth, et au neveu du « vieux sire », Philippe de Montfort, d'en finir avec les derniers vestiges de la domination frédéricienne en Syrie. Filanghieri, le podestat impérial de Tyr, avait commis l'imprudence de mettre à profit la disparition de Jean d'Ibelin pour tenter un coup de main sur la commune d'Acre. Les communiers, sous la direction de Balian et de Philippe de Montfort, réagirent énergiquement, puis ils organisèrent une contre-attaque. Le 12 juin 1243, après une marche nocturne sur la plage, entre la mer et les remparts de Tyr, Balian et Philippe de Montfort pénétrèrent par surprise dans cette ville dont les habitants, fatigués de la tyrannie de Filanghieri, firent cause commune avec eux. La seigneurie de Tyr fut donnée à Philippe de Montfort. « Ainsi, conclut joyeusement le continuateur de Novare, cette vénéneuse plante des Impériaux fut déracinée à jamais du pays d'outre-mer. »

Chapitre XVI
Une croisade de poètes

Thibaut de Champagne et Philippe de Nanteuil

Le départ des derniers représentants de Frédéric II, s'il délivrait la Syrie franque d'un régime qu'elle détestait, la laissait sans gouvernement. L'ancien royaume de Jérusalem devenait un royaume de la table ronde, une sorte de république féodale formée de petites seigneuries pratiquement autonomes : seigneurie de Tyr, à Philippe de Montfort, seigneuries de Beyrouth, d'Arsouf et de Jaffa, à divers membres de la famille des Ibelin ; commune de Saint-Jean-d'Acre où les colonies marchandes de Gênes, de Pise et de Venise, s'administrant elles-mêmes sous le gouvernement de leurs consuls, commençaient à prendre une importance politique prépondérante ; ordres militaires enfin qui, depuis la chute de la royauté, n'obéissaient plus qu'à leurs grands maîtres et jouissaient d'une indépendance absolue dans leurs places fortes, les Hospitaliers au Crac des Chevaliers et à Marqab, les Templiers à Tortose, à Safitha, à Beaufort, bientôt à Safed, les Teutoniques à Montfort, pour ne citer ici que les forteresses principales.

Inquiet de l'affaiblissement qu'un tel régime comportait pour la Syrie franque, le pape Grégoire IX fit appel à une nouvelle croisade. Sa voix fut entendue par la noblesse de France dont les plus illustres représentants partirent pour la Terre Sainte. Mentionnons entre autres Thibaut IV, comte de Champagne et roi de Navarre, le duc de Bourgogne Hugue IV, le comte de Bretagne Pierre Mauclerc, le comte Henri de Bar, Raoul de Soissons, Henri de Grandpré, Mathieu de Montmorency, Guillaume de Senlis, Philippe de Nanteuil et Richard de Beaumont. Jamais plus brillante chevalerie n'avait été rassemblée.

Le chef de l'expédition, Thibaut de Champagne, était un aimable seigneur, généreux et chevaleresque, un poète qui, comme soupirant de la reine Blanche de Castille, nous a laissé de jolis vers :

> Celle que j'aime est de tel seigneurie
> Que sa beauté me fait outrecuider.

Peut-être, comme il l'avait montré en France pendant la minorité de Louis IX, manquait-il sinon de clairvoyance, du moins du minimum de sévérité nécessaire à un chef. C'est ce qu'on allait voir dès le début.

Sous son commandement les croisés étaient partis d'Acre le 2 novembre 1239, pour aller relever les murailles d'Ascalon, position importante qui eût interdit aux Égyptiens la côte de Palestine. Ils chevauchaient le long du littoral, lorsque le comte de Bar et le duc de Bourgogne, qu'accompagnait Philippe de Nanteuil – trouvère réputé comme Thibaut de Champagne –, pour avoir seuls la gloire des premiers coups d'épée décidèrent de fausser compagnie au reste de l'armée. Dans la soirée du 12 novembre ils partirent au galop vers le sud, malgré les objurgations de Thibaut qui tenta vainement de les retenir.

Le comte de Bar, galopant toujours droit au sud, était arrivé en pleine nuit, par-delà Ascalon, jusqu'aux environs de Gaza, où on lui avait signalé la présence d'un détachement égyptien. La nuit était belle et très douce. La lune éclairait comme en plein jour la mer, la plage et les dunes. Le comte de Jaffa avertit les têtes de colonne que ce serait folie de pousser plus avant. Henri de Bar n'en persista pas moins à s'enfoncer dans les collines sablonneuses de la côte, avec l'espoir d'une belle razzia. Sans aucune précaution, sans envoyer d'éclaireurs, la folle chevalerie française mit pied à terre pour se restaurer, dans une dépression abritée entre les dunes. « Ils firent étendre les nappes et s'assirent pour souper, car ils s'étaient fait suivre d'un convoi chargé de pain, de gélines et de chapons, de grillades et de fromages, de vins et de fruits. Les uns mangeaient encore, les autres, ayant fini, dormaient ou soignaient leurs chevaux. » Or, l'armée égyptienne, instruite heure par heure de leur marche, avait silencieusement garni d'archers les dunes environnantes et fermé avec sa cavalerie toutes les issues du vallon. Soudain, au milieu du silence de cette nuit d'Orient, les fanfares sarrasines éclatent en un vacarme assourdissant et les croisés se voient cernés et criblés de traits par l'ennemi, maître de toutes les hauteurs. Les chevaliers essaient de charger, mais dès les premiers pas les chevaux s'enfoncent jusqu'à mi-jambe dans le sable... Ce fut le massacre sur place. Le comte de Bar fut tué avec une partie de ses compagnons. Les autres furent traînés en captivité dans les prisons du Caire. De ce nombre se trouva le chevalier-poète Philippe de Nanteuil qui nous a laissé une touchante complainte sur cette triste équipée :

> Ah ! France, douce contrée,
> Maudite soit la journée
> Où tant de vaillants chevaliers
> Sont devenus prisonniers !

Toutefois le gros de l'armée, demeuré avec Thibaut de Champagne, restait intact. Le cœur navré de ce désastre, dans lequel il n'était d'ailleurs pour rien, Thibaut ramena ses troupes à Saint-Jean-d'Acre, d'où il alla camper dans la plaine de Séphorie, en Galilée. Or, la simple présence de cette force franque eut, sans qu'il fût besoin de nouveaux combats, du seul fait des discordes entre Musulmans, les plus heureuses conséquences. L'empire musulman fondé par Saladin était, à cette époque, disputé entre deux de ses neveux, es-Sâlih Eiyoub, sultan d'Égypte, et es-Sâlih Ismâïl, sultan de Damas. Menacé par Eiyoub, Ismâïl n'hésita pas à solliciter l'appui des Francs. A cet effet il leur rétrocéda séance tenante la Galilée, avec Beaufort (Chaqîf Arnoun), Nazareth, Safed et Tibériade (1240). De son côté, le sultan d'Égypte, Eiyoub, pour ramener les Francs dans son parti, leur abandonna Ascalon et leur confirma la possession de Jérusalem et de Bethléem (1240-1241). A cette date l'ancien royaume de Jérusalem se trouva donc, exception faite de la région de Naplouse et de la région d'Hébron, à peu près reconstitué dans ses limites historiques.

Quand Thibaut de Champagne, dans les derniers jours de septembre 1240, se rembarqua à Saint-Jean-d'Acre, il pouvait donc se rendre cette justice que sa croisade avait, en dépit d'un aspect quelque peu décousu, obtenu d'utiles résultats, puisque, plus heureux que tant de grands politiques, l'aimable poète, par sa seule présence au moment opportun, avait fait rendre aux chrétiens presque tout leur ancien domaine.

Chapitre XVII
La croisade d'un saint

Louis IX en Égypte et en Syrie

La restauration du territoire du royaume de Jérusalem, tel que l'avaient refait les rétrocessions de 1240, ne dura pas. Le 23 août 1244 Jérusalem fut définitivement enlevée aux Francs par des bandes de Turcs Khwanzmiens. Le 17 juin 1247 les Francs reperdirent de même Tibériade, et le 15 octobre de la même année Ascalon. Pour achever de rendre la situation menaçante, l'empire musulman, si longtemps troublé par les discordes entre les neveux de Saladin, se trouva de nouveau, à partir d'octobre 1245, unifié aux mains de l'un d'entre eux, es-Sâlih Eiyoub, qui à son royaume d'Égypte venait d'ajouter Damas. En face de ce puissant État musulman, la Syrie franque ne représentait plus qu'une étroite frange littorale. Il était temps que quelque grande croisade vînt la sauver.

Ce fut alors qu'apparut Saint Louis.

***

Saint Louis avait pris la croix en décembre 1244, au cours d'une grave maladie. Il partit de Paris le 12 juin 1248 et alla s'embarquer à Aigues-Mortes pour l'île de Chypre où était fixée la concentration générale des troupes. Il mit à la voile le 25 août.

Aucun autre souverain ne s'étant joint à lui, la croisade de Saint Louis se trouva revêtir un caractère purement français. Avec lui tout le royaume s'était croisé. Au premier rang ses trois frères, Robert d'Artois, Alphonse de Poitiers, Charles d'Anjou. Puis le duc de Bourgogne Hugue IV, le comte de Flandre Guillaume de Dampierre, Hugue le Brun, comte de la Marche, Hugue V, comte de Saint-Paul, enfin les seigneurs de moindre importance, comme Jean de Joinville, sénéchal de Champagne, l'historien de l'expédition, Geoffroy de Sergines, Philippe de Nanteuil, Gaucher de Châtillon, et bien d'autres dont les noms vont revenir au cours des pages qui suivent.

Quand les galères au beau nom – la *Reine*, la *Demoiselle*, la *Montjoie* – qui portaient Louis IX et son armée jetèrent l'ancre à Limassol, sur la côte méridionale de Chypre, le 17 septembre 1248,

Chapitre XVII

les croisés français purent se croire de nouveau dans leur patrie. Le roi de Chypre Henri Ier de Lusignan leur offrit dans sa capitale de Nicosie la plus affectueuse hospitalité avec tout le ravitaillement nécessaire.

Avec raison, Louis IX, reprenant les conceptions d'Amaury Ier et de Jean de Brienne, décida d'attaquer les Musulmans au cœur de leur puissance, qui en était en même temps le point le plus vulnérable, en Égypte. Plus que jamais, en cette année 1248 où Jérusalem comme Damas dépendaient du sultan d'Égypte, les clés de la ville sainte étaient au Caire. Restait à fixer la date de l'expédition. Saint Louis, pour bénéficier de la surprise, songeait à une attaque immédiate. Ce furent les barons de Syrie, en particulier les Templiers, qui lui persuadèrent de remettre l'expédition au printemps pour attendre les retardataires et n'entreprendre la conquête du Delta qu'avec le maximum de forces. De fait, pendant cet hivernage, Saint Louis vit se joindre à lui non seulement la chevalerie chypriote sous les ordres du roi Henri Ier mais aussi la chevalerie franque de Syrie avec Jean II d'Ibelin, comte de Jaffa, et même quatre cents chevaliers français du Péloponèse, conduits par le prince d'Achaïe, Guillaume de Villehardouin. N'oublions pas non plus un corps de chevaliers anglais sous les ordres du vaillant comte de Salisbury.

L'armée s'embarqua à Limassol pour l'Égypte dans les derniers jours de mai 1249. Le 4 juin, en dépit d'une tempête qui avait séparé les navires, celui qui portait Saint Louis, la *Montjoie*, jeta l'ancre sur la côte du Delta, devant Damiette, ville qu'en raison du précédent de 1219 on avait choisie comme premier objectif. Le sultan es-Sâlih Eiyoub, se doutant que l'attaque se produirait de ce côté, avait massé son armée sur le rivage. « Les armoiries d'or du sultan étincelaient au soleil et le vacarme des timbales et des cors sarrasinois était assourdissant. » Les barons conseillaient à Saint Louis d'attendre, pour débarquer, l'arrivée des navires dispersés par la tempête. Il refusa, jugeant avec raison que ce délai « donnerait du cœur à l'ennemi ». Le samedi 5 juin à l'aube, le débarquement commença, les chevaliers se jetant par grappes dans les barques pour aller prendre pied sur la plage. Les barons de Syrie rivalisaient d'ardeur avec les Français. Le tableau du débarquement du comte de Jaffa, Jean II d'Ibelin, est chez Joinville une tapisserie aux couleurs merveilleuses : « Sa galère aborda toute peinte d'écussons à ses armes qui sont d'or à une croix de gueules patée ; il avait bien trois cents rameurs dans sa galère et pour chaque rameur il y avait une targe à ses armes et à chaque targe un pennon en or appliqué ; il semblait que la galère volât sur les eaux, tant les rameurs la poussaient à force d'avirons, et que le tonnerre tombât des cieux, au bruit que menaient les pennons, les timbales, les tambours et les cors qui étaient en sa galère. Sitôt que celle-ci eut atteint le sable, le comte de Jaffa et ses chevaliers sautèrent à terre. »

Les Égyptiens essayèrent de s'opposer au débarquement. « Sitôt qu'ils nous virent à terre, dit Joinville, ils accoururent au galop, piquant des éperons. Nous fichâmes solidement dans le sable les pointes de nos écus et le fût de nos lances, la pointe inclinée vers eux : quand ils furent à quelques pas de cette forêt de piques, toutes prêtes à entrer dans le ventre de leurs chevaux, ils firent demi-tour. » Le roi de France n'avait pas voulu rester en arrière. « Quand il entendit dire que l'oriflamme de Saint-Denis était plantée sur la terre égyptienne, il sauta dans la mer, malgré les efforts qu'on fit pour le retenir, de l'eau jusqu'aux aisselles, l'écu au col, le heaume en tête et la lance à la main, et rejoignit ses hommes sur le rivage. Lorsqu'il aperçut les Sarrasins, il demanda quelles gens c'étaient, et quand on le lui eut dit, il mit la lance sous son aisselle et l'écu devant lui et il aurait sur-le-champ couru sus à l'ennemi si ses chevaliers ne l'avaient retenu. »

La bataille de la plage tourna à l'avantage des Français. L'armée égyptienne, prise de panique, battit en retraite vers le sud. Les habitants de Damiette, laissés sans défense, évacuèrent précipitamment leur cité pendant la nuit, avec une hâte telle qu'ils oublièrent de rien emporter. Le 6 juin Louis IX fit son entrée dans la ville déserte et intacte. Il y trouva des quantités énormes d'armes, de munitions et de vivres, abandonnées par l'ennemi. Si l'on se souvient des dix-huit mois d'efforts que la conquête de la même place avait, trente ans plus tôt, coûté aux soldats de Jean de Brienne, on conviendra que la croisade s'ouvrait cette fois par le succès le plus éclatant.

Cependant, Louis IX ne crut pas pouvoir en profiter pour marcher sur Le Caire. On était en juin. L'inondation allait commencer le mois suivant et le roi de France (qui d'ailleurs n'avait pas encore tous ses contingents sous la main) ne voulait pas s'exposer à

Chapitre XVII

la mésaventure de Pélage. On décida donc d'attendre à Damiette pendant tout l'été jusqu'à la fin de la crue.

Ce délai, pour raisonnable qu'il fût, n'en permit pas moins aux Égyptiens de se ressaisir. Le sultan d'Égypte, on l'a vu, était alors es-Sâlih Eiyoub, petit-neveu du grand Saladin. Curieux personnage que cet adversaire de Saint Louis. Fils d'une esclave soudanaise, ayant lui-même plutôt l'aspect d'un mulâtre, son caractère non plus ne rappelait en rien les grands sultans kurdes de sa lignées paternelle. On cherchait vainement chez lui l'ouverture de cœur d'un Saladin, la curiosité d'esprit d'un el-Adil, la souplesse intellectuelle et la culture d'un el-Kâmil. Les historiens arabes ne nous dissimulent guère leur malaise devant ce demi-nègre ennemi des lettres, hautain et taciturne, dur et triste, cruel et cupide, héritier inattendu de tant de grands hommes et bien plus pareil à quelque tyran noir du Ouadaï ou du Darfour. Mais il avait pour lui une qualité : l'énergie. Rongé d'ulcères et de phtisie, les jambes enflées, presque mourant, il montra, pour rétablir la situation, une sévérité impitoyable, fit massacrer sans jugement les troupes qui avaient lâché pied devant Damiette et, à force d'exécutions, par la terreur, réussit à regrouper et à opposer aux Francs entre Damiette et Mansoura, pour barrer la route du Caire, une solide armée de mamelouks.

Cependant la saison de la crue était passée, les renforts attendus par Louis IX lui avaient été conduits par son frère Alphonse de Poitiers, l'heure de commencer la campagne était venue. Le comte de Bretagne, Pierre Mauclerc, proposait d'aller s'emparer d'Alexandrie. La supériorité navale des Francs leur rendait sans doute l'entreprise relativement facile. Alexandrie conquise après Damiette, c'était la mainmise sur tout le commerce égyptien, *l'Égypte asphyxiée*, et il y avait bien des chances pour qu'après ce coup la cour du Caire demandât grâce. Mais le comte d'Artois, qui devait être le mauvais génie de l'expédition, fit rejeter ce conseil et, déclarant qu'il fallait atteindre l'Égypte au cœur, fit décider la marche sur Le Caire. Il fit repousser aussi les propositions du sultan qui, pour recouvrer Damiette, offrait de rendre aux Francs Jérusalem, Ascalon et Tibériade, et le 20 novembre 1249 la marche sur Le Caire commença.

La chance semblait toujours favoriser les chrétiens. Au moment même où ils entraient en campagne, leur ennemi, le sultan es-Sâlih Eiyoub, mourait à Mansoura (23 novembre). Cette disparition en ces heures tragiques laissait l'Égypte sans chef et presque sans gouvernement. Le seul fils du défunt, Tourân-Châh, résidait au fond du Dyarbékir. En attendant qu'il pût arriver, la favorite du sultan décédé, l'énergique Chadjar ed-Dorr (Bouche de perles), une Turque d'après certaines sources, une Arménienne selon d'autres, sut, d'accord avec les eunuques, tenir secrète la mort de son maître et empêcher l'État égyptien de se disloquer.

Pendant ce temps, Saint Louis poursuivait sa marche. Le théâtre des opérations était le même qu'au temps de Jean de Brienne, le triangle des terres basses bordé au nord par le lac de Menzalé, à l'ouest par le Nil, au sud-est par le canal du Bahr es-Séghir. A la pointe méridionale de ce triangle, à la séparation du Nil et du Bahr es-Séghir et abritée derrière le canal, se dressait, barrant la route du Caire, la citadelle de la défense égyptienne, la ville forte de Mansoura. Pour s'ouvrir le chemin du Caire, il fallait donc traverser le Bahr es-Séghir, opération singulièrement difficile, car elle devait s'effectuer en présence des forces égyptiennes massées sur la rive sud du canal et appuyées sur Mansoura. Le 21 décembre Saint Louis arriva à pied d'œuvre sur la berge nord du canal. Il put mesurer toute la difficulté du problème, d'autant que, par des gués inconnus, les Égyptiens faisaient passer sur la berge nord des pelotons de cavalerie qui venaient pendant la nuit opérer des coups de main autour du camp français et massacrer les soldats isolés. A la suite de ces alertes, Saint Louis fit entourer le camp de fossés et de parapets difficiles à franchir.

Saint Louis essaya d'abord d'assécher le lit du Bahr es-Séghir en faisant, par la construction d'un barrage, refluer vers le Nil les eaux de ce canal. Pour défendre ses terrassiers contre les flèches de l'armée musulmane qui, de l'autre rive, cherchait à empêcher le travail, il les fit protéger par tout un système de tours de bois et de catapultes. Mais, par-dessus le canal, les Égyptiens aspergeaient les machines de naphte enflammé qui y portait l'incendie et brûlait cruellement les serveurs. Ces jets de naphte ont été bien décrits par Joinville. « Le feu grégeois arrivait par-devant aussi gros qu'un tonneau de verjus, et la queue du feu qui en sortait était bien aussi grande qu'une grande lance. Il faisait un tel bruit en venant qu'on eût dit la foudre ou un dragon volant. Il jetait une si grande clarté que, la nuit, on y voyait dans le camp comme en plein jour. » A chaque « arrivée », les chrétiens se « planquaient » sur les genoux et les coudes « et Saint Louis tendait ses mains vers Notre-Seigneur et disait en pleurant : beau sire Dieu, gardez-moi mes gens ! » Du reste, à mesure que sur la rive nord du Bahr es-Séghir les terrassiers francs poussaient leur barrage, sur la rive sud les terrassiers égyptiens creusaient la berge, élargissaient d'autant le lit du canal et neutralisaient le travail de l'ennemi.

Il fallait trouver autre chose. Saint Louis apprit enfin par un Bédouin ou par un Copte l'existence d'un gué situé plus à l'est, en un point que les Égyptiens surveillaient mal. Après avoir confié la garde du camp au duc de Bourgogne, il conduisit l'année dans la nuit du 7 février 1250 vers le point indiqué par son informateur. Le mardi 8 à l'aube, le passage commença. L'opération fut lente, le gué étant beaucoup plus profond qu'on ne l'avait cru, avec des rives glissantes et escarpées. Le comte d'Artois, qui, avec les Templiers, formait l'avant-garde, passa le premier. Dans des instructions précises et sévères, Louis IX lui avait enjoint d'attendre, pour se mettre en mouvement, que tout le reste de l'armée eût traversé. Désobéissant à cet ordre, Robert ne fut pas plutôt sur l'autre rive qu'il piqua des éperons, entraîna ses chevaliers et s'élança à leur tête à l'assaut du camp égyptien.

La surprise fut complète. Les avant-postes égyptiens furent sabrés en quelques secondes, le camp fut enlevé, tout fut bousculé, massacré ou mis en fuite. L'émir Fakhr ed-Dîn, le généralissime égyptien, sortait du bain et se faisait teindre la barbe au henné quand les cris des fuyards l'alertèrent. Sans avoir le temps de revêtir son armure, il sauta sur un cheval et courut aux nouvelles. Des Templiers arrivaient en trombe. Un coup de lance lui perça le flanc et il roula, mort, tandis que la chevauchée franque s'éloignait en direction de Mansoura.

Car – faute impardonnable – Robert d'Artois, après la surprise du camp égyptien, ne sut pas s'arrêter. En vain le grand maître du Temple le supplia-t-il d'attendre le roi. Il traita le grand maître de « poulain » et de couard. « Les Templiers n'ont pas l'habitude d'avoir peur, répondit le vieillard. Nous vous accompagnerons. Mais sachez que nul d'entre nous n'en reviendra ! » En vain arrivèrent, bride abattue, auprès de Robert dix chevaliers envoyés par Louis IX, lui ordonnant « de par le roi » de s'arrêter. En pleine révolte, il répondit par un refus brutal. Et reprenant la poursuite, au galop de leurs montures déjà épuisées, sans attendre aucun renfort, sans liaison avec le gros de l'armée royale, sans prendre soin de s'éclairer ni de se couvrir, par petits groupes séparés au hasard de leur charge, Robert et ses chevaliers s'élancèrent dans les rues de Mansoura.

A l'heure où Robert d'Artois commettait cette suprême folie, les Égyptiens avaient la fortune de trouver un chef, le mamelouk turc Baïbars l'Arbalétrier, que toute la suite de cette histoire va nous montrer comme un des meilleurs hommes de guerre de son temps. Il suffit de l'entrée en scène de ce soldat de race pour rallier les fuyards musulmans, les regrouper, mettre à profit l'incroyable faute du comte d'Artois et faire de Mansoura sauvée le point de départ d'une irrésistible contre-attaque.

Le comte d'Artois arrivait au cœur de Mansoura, devant la citadelle, lorsque Baïbars, à la tête de la cavalerie mamelouke, le chargea à l'improviste. Les chevaliers, écrasés sous le choc, furent rejetés par petits groupes isolés dans les rues où ils se virent pris comme dans une souricière, car les issues se trouvèrent bientôt coupées par un amoncellement de poutres et de palissades. Dans cette cité sarrasine aux ruelles étroites et traîtresses, hommes, femmes et enfants, du haut des moucharabiehs, les accablaient de projectiles, tandis qu'à tous les carrefours, à coups de yatagans et de masses d'armes, les mamelouks, à cent contre un, achevaient les malheureux. Robert d'Artois, qui avait essayé de se barricader dans une maison, y fut massacré, comme furent massacrés Erard de Brienne, Raoul de Coucy, Jean de Cherizy, Roger de Rozoy, Guillaume de Salisbury et tous les autres chevaliers qu'il avait entraînés dans cette chevauchée de la mort.

Louis IX venait à peine, avec le centre de son armée, de passer à son tour le Bahr es-Séghir, quand les mamelouks, victorieux de son avant-garde, s'élancèrent contre lui. En présence de cet assaut soudain, il se trouvait entièrement isolé, sans nouvelles (et pour cause) de Robert d'Artois et coupé de son arrière-garde qui, sous les ordres du duc de Bourgogne, était restée, avec l'infanterie, sur la rive septentrionale du canal. Le moindre manque de sang-froid

Chapitre XVII

chez le chef de l'armée pouvait tout perdre.

Ce fut alors qu'on apprit à connaître le roi de France. Joinville, qui, blessé dès le début de l'action, le vit passer avec son corps d'armée, a gardé la vision inoubliable

« *du héros, à lui seul plus grand que la bataille* ».

« Il s'arrêta sur un chemin en chaussée. Jamais je ne vis si beau chevalier. Il paraissait au-dessus de tous ses gens, les dépassant des épaules, un heaume doré sur la tête, une épée d'Allemagne à la main. »

A l'acharnement joyeux des mamelouks, Louis IX se doutait bien que malheur était arrivé au comte d'Artois. Plein de sang-froid, il réitéra à ses compagnons l'ordre de se serrer étroitement en évitant toute action isolée. Cependant les charges de la cavalerie mamelouke se succédaient sans arrêt. Dans le fracas des tambours, des cors et des cymbales, les escadrons musulmans tourbillonnaient autour du roi, le criblaient de flèches et de carreaux d'arbalète, puis, quand leurs carquois étaient vides, faisaient demi-tour en cédant la place à de nouveaux escadrons.

Louis IX, voyant sa chevalerie fondre sous ce tir, ordonna la charge et le corps à corps où les siens recouvreraient leur supériorité. C'est à cette « fuite en avant » que fait allusion Joinville qui, cinquante ans plus tard, s'émouvait encore au souvenir de ce magnifique spectacle : « Et sachez que ce fut un très beau fait d'armes, car nul n'y tirait de l'arc ni de l'arbalète, mais c'était une mêlée à la masse et à l'épée entre les Turcs et nos gens. » Au jeu des épées, les chevaliers de France eurent d'abord l'avantage sur les mamelouks, mais la supériorité numérique de l'armée turque finissait là aussi par être écrasante.

Le salut de l'armée franque dépendit alors du roi seul, son rôle de capitaine s'identifiant à cette heure avec ses devoirs de soldat. Dans ce double rôle il fut prodigieux. « Ceux qui assistèrent à cette bataille, nous dit le manuscrit de Rothelin, témoignèrent depuis que, « Si le roi n'eût déployé tant de vaillance, ils auraient été tous tués ou pris ».

Il était trois heures et le combat durait depuis le matin. Louis IX sentit la nécessité de manœuvrer. Sur le conseil de Jean de Valéry, il remonta le Bahr es-Séghir jusqu'en face du camp, pour donner la main au duc de Bourgogne et à l'infanterie qu'on y avait laissés en réserve. Marche terrible au cours de laquelle Alphonse de Poitiers et le comte de Flandre, Guillaume de Dampierre, qui commandaient l'arrière-garde, se virent coupés du gros de la colonne et encerclés par les mamelouks. Le corps d'armée du roi lui-même était comme submergé sous les masses ennemies. Un moment six mamelouks entourèrent Louis IX et, saisissant la bride de son cheval, ils l'emmenaient prisonnier. A grands coups d'épée il se dégagea. La bataille, en effet, se morcelait en une multitude d'actions particulières dont Joinville nous a laissé une vivante évocation. Le sénéchal s'était imposé la tâche de défendre avec son cousin, Jean de Nesle, un canal secondaire, parallèle au Bahr es-Séghir. Dans cette garde farouche, parmi les cris de mort et les assauts de la cavalerie mamelouke, la pluie de flèches et de feu grégeois, les deux bons chevaliers plaisantaient encore, en évoquant les soirées de leur terre champenoise : « Sénéchal, me disait le comte, laissons hurler cette chiennaille, mais, par la coiffe-Dieu, voilà une journée dont nous reparlerons plus tard dans la chambre des dames ! » Ce fut alors qu'il vit passer, grièvement blessé, le comte de Bretagne, Pierre Mauclerc. « Il était blessé d'un coup d'épée au visage, le sang lui tombait dans la bouche. Il avait jeté ses rênes sur l'arçon de sa selle et la tenait à deux mains. »

Pendant ce temps les arbalétriers, dont la présence eût été indispensable pour contrebattre les archers mamelouks, étaient restés au nord du canal qui, à peine guéable pour la cavalerie, restait infranchissable pour les piétons. Toute cette infanterie était réduite à contempler impuissante, de l'autre rive, le désastre des chevaliers. Cependant la résistance obstinée de Louis IX donna à ces braves gens le temps d'entrer en scène. Au prix de mille efforts, ils réussirent à jeter sur le canal un pont de fortune, et vers le soir, au soleil couchant, on les vit déboucher sur le champ de bataille. Leur intervention détermina le sort de la journée. Quand les Égyptiens les virent mettre le pied à l'étrier des arbalètes, ils firent demi-tour et disparurent.

Le roi de France était épuisé, mais n'avait pas faibli. Joinville courut à lui, lui fit ôter le heaume sous lequel il étouffait et mettre à la place son « chapeau de fer ». Le soleil se couchait sur le Nil et sur ses canaux. Les Égyptiens battaient en retraite. L'armée du roi de France restait maîtresse du champ de bataille. Elle eut l'orgueil de dresser ses tentes près de l'ancien camp égyptien. Cette terrible journée se terminait donc par une victoire, victoire chèrement achetée, grosse de redoutables lendemains, victoire quand même, et due à la valeur personnelle, au sang-froid et à l'héroïsme du roi de France. Le vice-maître de l'Hôpital, Jean de Ronay, qui vint en féliciter Louis IX, eut le triste privilège d'annoncer au roi la mort de son frère. « Il s'approcha du roi, nous dit Joinville, et lui baisa la main tout armée. Le roi lui demanda s'il savait quelque chose du comte d'Artois. Et Jean de Ronay lui dit qu'il en savait bien des nouvelles, à savoir que le comte était certainement au paradis. » Ce fut alors que chez le roi-chevalier, chez le guerrier de fer qui avait tout un jour soutenu sans faiblir le choc de toute une armée, affronté sans émotion les plus redoutables périls, fait face aux situations les plus désespérées, le cœur se montra à nu. Ce victorieux n'était plus qu'un pauvre homme en deuil qui pleurait son frère. « Hé ! Sire, lui dit le prévôt, ayez réconfort, car jamais pareille gloire n'advint à roi de France. En cette journée, vous avez franchi la rivière, battu et chassé du champ de bataille vos ennemis, pris leurs engins de guerre et vous couchez en vainqueur dans leur propre camp ! » « Et le roi répondit que Dieu fût adoré dans tout ce qu'il ordonnait, et de grosses larmes lui tombaient des yeux. » Larmes du héros chrétien au soir d'une victoire, montées du cœur le plus tendre peut-être qu'ait connu ce siècle après François d'Assise...

Mais le roi de France n'avait le temps ni de s'attarder à pleurer ses morts, ni de savourer l'orgueil de coucher sur le champ de bataille. Les lendemains s'annonçaient menaçants. Dans la nuit même, comme Joinville, harassé et blessé, prenait quelque repos dans sa tente, il dut courir aux armes contre une patrouille de cavalerie mamelouke. « Mes chevaliers me vinrent tout blessés. Je me levai, jetai une veste rembourrée sur mon dos et un chapeau de fer sur ma tête, et nous repoussâmes les Sarrasins, mais je mandai au roi qu'il nous secourût, car ni moi ni mes chevaliers ne pouvions revêtir nos haubergs, à cause de nos blessures. »

Le surlendemain, vendredi 11 février, la cavalerie mamelouke, l'infanterie égyptienne et les irréguliers bédouins se lancèrent à l'assaut du camp. Cette fois encore ce fut le roi qui donna à tous l'exemple du sang-froid. Le manuscrit de Rothelin le qualifie ici de chevalier sans peur et sans reproche. « Pas un muscle de son visage ne bougeait. » Le corps d'armée de Charles d'Anjou se trouva un moment encerclé et sur le point de succomber. A cette nouvelle, le roi piqua des éperons et s'élança, l'épée au poing, au plus épais des bataillons ennemis ; il passa à travers des jets de feu grégeois, qui par bonheur ne brûlèrent que la croupière de son cheval, et dégagea son frère. Du côté du canal, le comte de Flandre, Guillaume de Dampierre, fit aussi des prodiges de valeur et, par une vigoureuse contre-attaque, détermina dans son secteur la déroute des mamelouks. Plus loin, Alphonse de Poitiers, qui se trouvait encerclé et déjà pris, fut délivré par l'intervention inattendue des valets d'armée et gens du train, bouchers et cantinières, qui avec leurs coutelas lui ouvrirent un chemin. Notons du reste que la plupart des barons avaient démonté leur chevalerie, de sorte que c'est contre un mur de chevaliers à pied que vinrent se briser les charges de la cavalerie mamelouke. Le récit de Joinville évoque à cet égard pour nous celui de la bataille des Pyramides, les lances des chevaliers démontés jouant ici le même rôle que plus tard les baïonnettes de Bonaparte.

Cette armée de héros et de saints eut raison de la fougue mamelouke. Au soir, les Égyptiens, découragés et ayant subi de lourdes pertes, battirent en retraite sur Mansoura. L'admirable roi de France, à qui, plus qu'à tout autre, était due la victoire, réunit alors ses barons et dans un noble discours exalta l'œuvre accomplie, remerciant Dieu de l'honneur qu'il leur avait fait en leur permettant de s'emparer du camp égyptien « où nous sommes maintenant installés », et de repousser tous les assauts des ennemis, « nous à pied et eux à cheval ! ».

Après cette double victoire, la sagesse commandait aux Français de ne pas s'obstiner, de regagner Damiette pendant qu'il en était temps encore. Malheureusement Louis IX crut que son devoir de soldat lui interdisait de battre en retraite. Faute analogue à celle qu'eût commise Napoléon s'il s'était obstiné dans Moscou après l'incendie. Pendant cinquante-cinq jours, du 11 février au 5 avril, Louis se cramponna aux rives du Bahr es-Séghir. Stationnement fatal. Une terrible épidémie, sorte de « grippe espagnole », avec les caractères de la dysenterie et de la typhoïde, s'abattit sur l'armée. De plus, le sultan Tourân-Châh, arrivé sur ces entrefaites au Caire, fit construire sur le Nil une flottille qui arrêta bientôt tout convoi par eau entre Damiette et le camp chrétien, interceptant ainsi le ravitaillement de Louis IX. La famine, dans le camp français, s'ajouta alors au typhus, achevant d'anémier cette magnifique armée qui, sans combat, fondait à vue d'œil.

Devant cette situation, Louis IX se décida enfin à la retraite. Il repassa le Bahr es-Séghir et reprit le chemin de Damiette, non sans se voir poursuivi et bientôt encerclé par toute la cavalerie mamelouke acharnée à ses trousses. Ses fidèles lui proposèrent de se sauver soit à cheval, sur un coursier rapide, soit en barque, sur le Nil. Il refusa avec indignation de se séparer de l'armée. Les charges des mamelouks, accompagnées d'une pluie de flèches, contre les éléments de la colonne franque qu'ils cherchaient à rompre, ne cessaient ni jour ni nuit. Les soldats français dans une effroyable détresse physique – dysenterie générale, maladies cutanées, muqueuses attaquées, gencives enflées – n'étaient plus que des ombres. Par un miracle de force morale Louis IX sut galvaniser cette armée de typhiques et de moribonds. Bien que grelottant lui-même de fièvre et épuisé par l'entérite, il réussit à maintenir la discipline dans sa colonne qu'il conduisit, hérissée de piques, inentamée, résistant à toutes les charges, jusqu'au canton de Châramsâh, à mi-chemin de Damiette. Mais lui et les siens avaient dépassé la limite des forces humaines. A diverses reprises il s'évanouit. Joinville nous le montre chevauchant péniblement à l'arrière-garde, monté sur un petit roussin, aux côtés de Geoffroy de Sergines qui le défendait contre les mamelouks « comme le bon écuyer défend contre les mouches la coupe de son seigneur », « car chaque fois que les Sarrasins les serraient de trop près, Geoffroy prenait sa pique qu'il avait contre l'arçon de sa selle, et, la couchant sous son aisselle, il leur courait sus et les chassait ».

Mais Louis IX, épuisé par le typhus, ne pouvait plus se tenir à cheval. Arrivé au petit village de Mounyat Abou-Abdallah, Geoffroy de Sergines le coucha, mourant, dans une masure tandis que Gaucher de Châtillon défendait, à lui tout seul, l'unique rue du village. Page de chanson de geste. « Gaucher de Châtillon s'était posté là, l'épée nue au poing. Quand il voyait approcher les Turcs, il leur courait sus et les chassait. Il revenait alors, se débarrassait des flèches dont il était couvert, et se dressait sur ses étriers en criant :

Châtillon, chevalier, mes fidèles, à moi ! Et quand il voyait que les Turcs rentraient par l'autre extrémité de la rue, il remettait l'épée au poing et recommençait à leur courir sus. Ainsi fit-il trois fois. » Ce ne fut qu'à la vue d'un Turc qui ramenait le cheval du héros, la croupière rouge de sang, que l'on apprit l'épilogue de ce prodigieux fait d'armes.

Dans le désarroi général, en l'absence du roi qu'on croyait décédé, tandis que les barons essayaient d'entrer en pourparlers avec les généraux égyptiens, la méprise ou la trahison d'un sergent amena la capitulation pure et simple de l'armée. Les mamelouks, ivres de leur victoire, massacrèrent séance tenante une partie des captifs, notamment la plupart des malades. Louis IX lui-même fut personnellement insulté et menacé de mort, sans pour cela se départir de sa sérénité. « A leurs menaces, il répondit qu'il était leur prisonnier et qu'ils pouvaient en agir avec lui comme il leur plairait. » Cette inébranlable douceur, ce stoïcisme chrétien imposèrent aux barbares. Le sultan Tourân-Châh accepta de traiter : il fut entendu que le roi verserait cinq cent mille livres tournois pour la rançon de l'armée.

Le traité, pour dur qu'il fût, avait le double mérite de libérer l'armée française et de laisser intactes les possessions franques de Syrie. Il allait recevoir un commencement d'exécution quand une révolution grosse de conséquences vint en remettre en question les clauses et le principe. Le 2 mai 1250, le sultan Tourân-Châh fut renversé par la garde turque des mamelouks au cours d'un drame sauvage qui dépasse en horreur les plus sombres pages de Tacite. Poursuivi et traqué dans une effroyable chasse à l'homme jusqu'au Nil où il essaya de se cacher, à demi noyé, rejeté à l'eau à grands coups de sabre par le féroce Baïbars, puis « tiré hors de l'eau comme un poisson à l'aide d'un harpon », le dernier prince de la maison de Saladin expira sous les yeux de la foule égyptienne, sans que nul songeât à le secourir. Les mamelouks, tout chauds du meurtre de leur sultan, faillirent massacrer du même coup les prisonniers français. Puis la cupidité chez eux l'emporta. L'un d'eux, le « Poulain blanc », les mains toutes rouges du sang de Tourân-Châh, fit irruption dans la prison de Saint Louis : « Que me donneras-tu, à moi qui ai tué ton ennemi ? », « et le roi refusa de lui répondre ». Finalement, les mamelouks ratifièrent le traité conclu par le feu sultan.

Cet accord, si péniblement conclu, faillit être rendu inutile par les événements de Damiette. Quand Louis IX était parti pour Mansoura, il avait laissé à Damiette sa femme, Marguerite de Provence, qui était enceinte. Au moment où le roi fut capturé, elle mettait au monde un fils. Un vieux chevalier de quatre-vingts ans, serviteur dévoué de sa famille, l'assistait en ces terribles instants. Les mamelouks pouvaient surgir d'un moment à l'autre. Ce fut alors que se déroula le dialogue cornélien rapporté par Joinville. « Avant d'accoucher, elle fit sortir tout le monde de sa chambre, excepté ce chevalier. Elle s'agenouilla devant lui et le supplia de lui accorder ce qu'elle lui demanderait. Il le jura. Elle lui demanda alors, si les Sarrasins arrivaient, de lui trancher la tête avant qu'elle tombât entre leurs mains. Et le chevalier répondit : « Madame, j'y songeais. » La malheureuse femme n'était pas au bout de ses angoisses. Depuis le départ de Louis IX, la garde de Damiette était confiée aux marins italiens, génois et autres. Pris de panique à la nouvelle du désastre, ils étaient sur le point de s'enfuir en abandonnant la place. Leur lâcheté risquait d'entraîner le massacre du roi de France dont Damiette constituait précisément la rançon. Marguerite de Provence fut admirable. C'était au lendemain même de ses couches. Elle fit appeler auprès de son lit les capitaines italiens et, dans une adjuration pathétique, réussit à les ramener au sentiment du devoir : « Seigneurs, pour l'amour de Dieu, n'abandonnez pas cette ville, car vous voyez que monseigneur le roi serait perdu, et tous les prisonniers avec lui. Ou au moins (et elle leur montrait l'enfant qui venait de naître), ayez pitié de cette chétive créature, et attendez que je sois relevée. » Finalement les Italiens se contentèrent d'un chantage : ils voulaient être entretenus aux frais de la reine. L'énergique femme fit réunir pour trois cent soixante mille livres de marchandises qu'on leur distribua, et Damiette fut sauvée.

Louis IX se débattait dans des difficultés analogues. Il lui fallait trouver des avances pour le complément de la rançon. Joinville conseilla de contracter un emprunt auprès des Templiers, puisque l'ordre faisait ouvertement la banque. Le commandeur du Temple refusa. Pour respectueux que fût Louis IX des privilèges des Ordres, il fut suffoqué. Mandaté par lui, Joinville se rendit sur la maîtresse galère du Temple, où se trouvaient les coffres-forts des chevaliers-banquiers. « Sitôt que j'y fus, je demandai au trésorier du Temple les clés du trésor, et lui, qui me voyait tout maigre et décharné de ce que j'avais souffert en prison, refusa. Mais j'aperçus dans un coin une hache. Je m'en saisis et je déclarai que j'allais en faire la clé du roi. Alors, le trésorier s'exécuta. » Grâce à cet emprunt forcé, Louis IX, délivré des prisons égyptiennes, put s'embarquer le 8 mai 1250. Le 13 il abordait à Saint-Jean-d'Acre.

***

Le roi de France reçut à Acre le plus émouvant accueil. « Toute la ville alla en procession à sa rencontre, le clergé, en ornements sacerdotaux, les chevaliers, les bourgeois, les sergents, les dames, les pucelles, tous avec leurs plus beaux atours, au son des cloches qui avaient commencé à carillonner dès qu'on avait aperçu son navire en mer. »

Louis IX, qui, sur les champs de bataille d'Égypte, n'avait pas réussi à délivrer Jérusalem, résolut de séjourner du moins dans la Syrie franque assez longtemps pour réorganiser le pays et le mettre à l'abri des attaques musulmanes. Ce séjour supplémentaire en Orient n'était pas du goût des barons qui avaient hâte de rentrer en France. Seul, Joinville partageait l'avis du roi. Il se fit à ce propos traiter de « poulain », terme quelque peu péjoratif qui, on le sait, désignait aux yeux des Occidentaux les Francs créoles. « Plutôt poulain que, comme vous, roussin fourbu », répondit le bon sénéchal à ses interlocuteurs. Du reste, Louis IX permit aux siens de regagner la France et ne conserva avec lui que les volontaires.

Louis IX resta quatre ans en Syrie, du 13 mai 1250 au 24 avril 1254. Il y fit de l'excellente besogne. Désormais au courant des affaires musulmanes, il sut jouer avec adresse de l'hostilité entre les mamelouks, maîtres de l'Égypte, et la famille de Saladin, restée maîtresse de la Syrie. En misant alternativement sur les deux tableaux, il obtint des mamelouks la libération de ses soldats encore prisonniers, et faillit même un moment, comme naguère Frédéric II, se faire rétrocéder Jérusalem. Les Templiers s'étant permis d'entraver sa politique (ils avaient conclu en dehors de lui des traités particuliers avec le sultan de Syrie), il leur infligea une leçon sévère. Devant toute l'armée, le grand maître et les dignitaires du Temple durent venir, pieds nus, en attitude de pénitents, s'agenouiller devant le

Chapitre XVII

Capétien et lui demander pardon de leur désobéissance. Cette humiliation publique infligée aux orgueilleux chevaliers avait la valeur d'un manifeste. Depuis plus de vingt ans les colonies franques, royaume sans roi, étaient la plus anarchique des républiques. Louis IX entendait y rétablir la notion de l'État et la discipline. Pendant les quatre années de son séjour, il fut, sans en avoir le titre, le véritable roi de la Syrie chrétienne. La communauté de culture du Capétien et des barons d'Acre ou de Tyr, son sentiment du devoir et sa loyauté absolue, son dévouement, poussé jusqu'au sacrifice, aux intérêts de la Terre Sainte, son aimable et courtoise fermeté firent accepter de bonne grâce ce redressement par ceux-là mêmes qui risquaient d'en souffrir dans leurs intérêts personnels.

Au point de vue territorial Louis IX mit la Syrie franque en état de défense, restaurant ou complétant avec beaucoup de soin les fortifications des principales villes, Saint-Jean-d'Acre, Césarée, Jaffa, Sidon. Dans la principauté d'Antioche-Tripoli, il arbitra les différends de la famille régnante et émancipa le jeune prince Bohémond VI qu'il arma chevalier et qui, depuis lors, écartela ses armes de celles de France. Il réconcilia la principauté d'Antioche avec le royaume arménien de Cilicie, reconstituant ainsi dans le nord le faisceau des forces chrétiennes. Contre l'Islam officiel il n'hésita pas à conclure une véritable alliance avec le grand maître des Assassins, « le Vieux de la montagne ». Le chef de la redoutable secte avait d'abord essayé d'intimider Louis en le faisant menacer d'assassinat. Quand il eut compris que de tels procédés n'avaient ici aucune chance de succès et quel homme était le roi de France, il lui envoya en témoignage d'amitié « sa chemise et son anneau », sans parler d'un éléphant de cristal, d'un magnifique jeu d'échecs et de parfums merveilleux. Louis IX répondit par l'envoi de « force joyaux, draps d'écarlate, coupes d'or et freins d'argent ». Enfin Saint Louis, par une initiative pleine de hardiesse et qui montre combien il avait d'avenir dans l'esprit, envoya chez les Mongols le franciscain Rubrouck, pour s'enquérir des dispositions de ce peuple dont l'intervention dans le duel franco-musulman pouvait en modifier toutes les données. S'il fut, sur le moment, déçu de la réponse que lui rapporta le voyageur, il n'en avait pas moins comme pressenti l'événement qui cinq ans plus tard devait bouleverser l'Asie : la destruction du Khalifat de Baghdad par ces mêmes Mongols, alliés inattendus de la chrétienté [1] (1).

Quand Louis IX, rappelé en France par la mort de la régente, sa mère, s'embarqua à Saint-Jean-d'Acre le 24 avril 1254, il avait donc dans tous les domaines, au point de vue de la cohésion intérieure comme de la situation diplomatique du pays, opéré dans la Syrie franque un redressement qui n'est pas un de ses moindres titres à notre admiration.

Chapitre XVIII
Épilogue

L'Anarchie franque et la chute de Saint-Jean-d'Acre

Le redressement opéré par Saint Louis ne dura guère après son départ. Sa présence avait rendu à la Syrie franque la cohésion, l'unité, la nation de l'État. Lui parti, elle retomba dans son anarchie et dans ses luttes politiques ou mercantiles. La ville de Saint-Jean-d'Acre, capitale officielle du pays, mais qui, depuis l'expulsion des Impériaux, s'était organisée en commune autonome, fut désolée par la rivalité de la colonie génoise et de la colonie vénitienne abritées dans ses murs. Une querelle de clocher pour la possession de l'église de Saint-Sabas, située entre le quartier génois et le quartier vénitien, servit de prétexte à une guerre de rues entre les ressortissants des deux républiques italiennes, guerre qui avait comme véritable enjeu le monopole du commerce du Levant et qui finit par s'étendre de Saint-Jean-d'Acre à la Syrie franque tout entière, puis à tout le bassin de la Méditerranée. Commencée en 1256, deux ans après le départ de Saint Louis, la « guerre de Saint-Sabas » amena les diverses seigneuries qui constituaient la Syrie franque à se ranger dans l'un ou l'autre parti : du côté des Vénitiens, la famille d'Ibelin, maîtresse de Beyrouth et de Jaffa, les Templiers, l'Ordre Teutonique, les Pisans et les marchands provençaux ; du côté des Génois, Philippe de Montfort, seigneur de Tyr, les Hospitaliers, les marchands catalans. Cette guerre civile, sous

---

1 Cf. René Grousset, *l'Empire des steppes, Attila, Gengis-khan, Tamerlan*, Paris, Payot, 1939, p. 342 et suivantes, 426 et suivantes – Rubrouck, parti de Constantinople le 7 mai 1253, arriva chez le grand khan en Mongolie à la fin de décembre. Baghdad fut prise par les Mongols le 10 février 1258.

Chapitre XVIII

les yeux des Musulmans narquois, atteignit un degré de violence inouï. Dans Saint-Jean-d'Acre, les quartiers des différents partis se hérissèrent de fortifications intérieures auxquelles le parti adverse donnait l'assaut à grand renfort de machines de guerre. Au bout de deux ans de lutte, Saint-Jean-d'Acre resta au parti vénitien, tandis que les Génois se retiraient à Tyr sous la protection de Philippe de Montfort, et la Syrie franque se trouva coupée en deux (1258).

Les hostilités gagnèrent même la principauté d'Antioche-Tripoli où le prince Bohémond VI s'était rangé du côté des Vénitiens, tandis que son vassal, Bertrand de Gibelet (Djébaïl), dont la famille était d'origine génoise, tenait naturellement pour les Génois. Au cours d'une rencontre sous les murs de Tripoli, Bohémond fut blessé et faillit être tué de la main même de Bertrand (1258). Quelques mois plus tard, comme Bertrand visitait ses vignobles, un paysan l'assassina pour offrir sa tête en cadeau à Bohémond.

Tant de luttes et de drames, avec les ferments de haine laissés dans les cours, achevèrent d'affaiblir ce malheureux pays à la veille de l'invasion.

***

Les Francs n'étaient pas moins divisés sur la politique extérieure.

En 1260 les Mongols, commandés par le khan de Perse Hulägu, petit-fils de Gengis-khan, envahirent la Syrie musulmane dont toutes les villes, Alep, Hamâ, Homs et Damas, tombèrent entre leurs mains, tandis que la dynastie de Saladin disparaissait dans la tourmente [1]. Comme ils se trouvaient faire la guerre aux puissances musulmanes et que de surcroît une partie d'entre eux, notamment un de leurs généraux, le célèbre Kitbouqa, professaient le christianisme nestorien, le prince d'Antioche-Tripoli Bohémond VI, d'accord avec le roi d'Arménie Héthoum le Grand, unit résolument ses forces aux leurs. Il entra avec eux dans Alep et dans Damas, les villes inviolées que n'avait jamais foulées une chevauchée franque, et contribua, avec Kitbouqa, à faire transformer en églises plusieurs mosquées de Damas.

Mais les barons de Saint-Jean-d'Acre furent loin d'adopter cette politique. Effrayés du voisinage des Mongols, ils n'hésitèrent pas à conclure contre ceux-ci un pacte avec les défenseurs de l'Is-

[1] Entrée des Mongols à Alep, 24 janvier 1260, et à Damas, 1er mars de la même année. Je me permets de renvoyer ici à mon *Empire des steppes* (Payot, 1939), p. 436.

lam, avec les mamelouks d'Égypte. Ils permirent aux mamelouks d'emprunter le territoire franc pour venir attaquer le corps d'occupation mongol et ce fut en grande partie grâce à cette « neutralité bienveillante » que les chefs mamelouks Qoutouz et Baïbars purent, le 3 septembre 1260, écraser et tuer Kitbouqa à la bataille d'Aïnjâloud, en Galilée. Les Mongols furent rejetés en Perse et les mamelouks réunirent la Syrie musulmane à l'Égypte.

Si les barons d'Acre avaient compté sur la reconnaissance des mamelouks, ils furent amèrement déçus. Le chef mamelouk Baïbars qui, sur ces entrefaites, monta sur le trône du Caire après avoir assassiné son prédécesseur, n'était pas homme à s'embarrasser de serments. Personnalité à vrai dire démesurée que ce Turc de Russie aux yeux bleus, à la stature formidable, et qui avait peut-être dans ses veines un peu du sang qui donnera Ivan le Terrible et Pierre le Grand. Acheté comme tant de ses pareils sur les marchés à esclaves de Crimée, le prodigieux aventurier, une fois admis dans la condotte mamelouke, l'avait deux fois sauvée, et l'Islam avec elle, en arrêtant Saint Louis à Mansoura d'abord, en chassant les Mongols de la Syrie ensuite. Parvenu au trône d'Égypte par une série d'assassinats – meurtre sauvage du dernier représentant de la famille de Saladin ; meurtre, en toute trahison, de son propre chef, de son ami personnel, de son prédécesseur, le sultan mamelouk Qoutouz – Baïbars, une fois sur le trône, rachète ces crimes en se révélant du jour au lendemain un des premiers hommes d'État de son temps, bête féroce et traîtresse, mais soldat de génie et administrateur incomparable. C'est désormais contre cet adversaire hors de pair – le dieu même de l'action et de la victoire – que les Francs vont avoir à se défendre.

Les conquêtes de Baïbars furent foudroyantes. Le 27 février 1265 il prenait Césarée, le 26 avril Arsouf, le 25 juillet 1266 la forteresse des Templiers à Safed, le 7 mars 1268 Jaffa, le 15 avril la place de Beaufort qui appartenait aux Templiers. Dans la seconde quinzaine de mai 1268 il s'empara d'Antioche et réduisit Bohémond VI au comté de Tripoli. L'annonce d'une huitième croisade dirigée par Louis IX rendit quelque espoir aux chrétiens, mais le fatal détournement de l'expédition vers Tunis et la mort du saint roi achevèrent de les abattre (1270). Baïbars, tranquillisé, enleva aux Templiers leur château de Safitha ou Chastel-Blanc (février 1271), puis aux

Hospitaliers, tour par tour, enceinte par enceinte, « l'imprenable » forteresse du Crac des Chevaliers (15 mars-8 avril 1271).

Les dernières possessions franques semblaient à la veille de succomber. Le débarquement à Saint-Jean-d'Acre, le 9 mai 1271, du prince Édouard d'Angleterre, le futur roi Édouard Ier leur valut un sursis inespéré. Édouard était un des meilleurs esprits politiques de son temps, bon soldat, bon diplomate, chrétien sérieux. Il dégagea par d'utiles chevauchées la région de Saint-Jean-d'Acre, renoua la précieuse alliance mongole et inspira à Baïbars, en même temps qu'un respect suffisant des armes franques, la conviction que l'Europe ne se désintéressait pas de ses colonies. Le 22 avril 1272 le terrible sultan accorda aux chrétiens de Saint-Jean-d'Acre une trêve de dix ans et dix mois.

Ce sursis, les Francs le mirent à profit pour recommencer leurs querelles. Le roi Hugue III de Chypre, qui depuis 1269 essayait de réaliser parmi eux un minimum d'union, n'arrivait pas à se faire obéir [1]. A Beyrouth, l'héritière de la maison d'Ibelin réclamait contre lui la « protection » de Baïbars. Le grand maître des Templiers, Guillaume de Beaujeu, entravait systématiquement tous ses efforts pour rétablir l'autorité. Découragé, Hugue III, abandonnant à leur sort ces gens acharnés à se perdre, se retira dans son beau royaume de Chypre (1276). Ce fut alors que le roi de Sicile, Charles d'Anjou, revendiqua la couronne de Terre Sainte, mais au lieu de venir lui-même, il se contenta d'envoyer, pour le représenter à Saint-Jean-d'Acre, son lieutenant, le comte de Marseille Roger de Saint-Séverin, avec des effectifs dérisoires. Le gouvernement de Saint-Séverin, soutenu par le grand maître du Temple Guillaume de Beaujeu, pouvait du moins ramener un minimum d'ordre dans le pays. Il fut brusquement interrompu par le drame des Vêpres siciliennes qui, en rappelant en Italie le comte de Marseille, mit fin à cette tentative de domination angevine au Levant (1282). Et l'anarchie recommença.

Jusqu'à la dernière heure les luttes civiles devaient désoler ce malheureux pays. Dans le comté de Tripoli, le règne de Bohémond VII (1275-1287) vit la rivalité d'un « parti romain », représenté par la princesse mère Lucie de Segni, et d'un « parti poulain », représenté

---

[1] Hugue III d'Antioche-Lusignan, roi de Chypre en 1267, nommé roi de Jérusalem en 1269, mort en 1284.

par Bohémond VII lui-même. Les Templiers (qu'on retrouve dans toute intrigue politicienne) et le principal vassal de Bohémond VII, Guy II de Gibelet ou Djébaïl, prirent parti contre lui, et une guerre civile en règle – la plus impie de toutes, si l'on songe à l'encerclement du pays par les mamelouks – acheva, de 1278 à 1282, de décimer la chevalerie tripolitaine. En janvier 1282, Guy de Gibelet essaya, d'accord avec les Templiers, de s'emparer de Tripoli par surprise ; ce fut lui qui fut pris au piège et livré à Bohémond VII. Ce dernier le fit jeter vivant dans une cave dont on mura la porte et où on le laissa mourir atrocement. Telle était la fureur des haines civiles que ce drame sauvage fut célébré avec délices par les ennemis de la maison de Gibelet et qu'à Saint-Jean-d'Acre les Pisans montèrent une manière de représentation théâtrale pour en commémorer les épisodes.

Une dernière fois, les Francs essayèrent de se ressaisir autour de l'autorité royale, en donnant « la couronne de Jérusalem » – ou ce qu'on continuait à appeler de ce nom – au roi de Chypre Henri II. De grandes fêtes accueillirent l'arrivée de Henri à Saint-Jean-d'Acre et son couronnement à Tyr (15 août 1286), mais ce jeune homme épileptique et sans virilité, jouet de son entourage et bientôt victime de ses frères, « ce pauvre Louis XVI chypriote », comme l'appelle Iorga, n'avait aucune des qualités d'un chef. Dans les eaux de Saint-Jean-d'Acre, Pisans et Génois se livraient de furieuses batailles navales (mai 1287). A Tripoli, à la mort de Bohémond VII (19 octobre 1287), la population, refusant de reconnaître sa sœur, se constituait en commune indépendante. Dans un curieux manifeste, les bourgeois de Tripoli proclamèrent la déchéance de la dynastie des Bohémond, énumérant leurs griefs contre sa tyrannie et affirmant leur volonté de se gouverner eux-mêmes « pour maintenir chacun en son droit et raison », après quoi ils s'empressèrent d'ailleurs de se placer sous le protectorat de Gênes. En vain le grand maître du Temple, Guillaume de Beaujeu, avertissait-il ces fiers communiers que l'heure n'était plus aux discordes civiles, que les escadrons mamelouks approchaient. Ils répondaient avec insouciance « qu'on cessât de leur faire un épouvantail avec ces bruits de guerre ! »

Or les mamelouks étaient là. A la fin de février 1289, le sultan Qalaoun avec quarante mille cavaliers et cent mille fantassins in-

Chapitre XVIII

vestissait Tripoli. Le 20 avril les Vénitiens et les Génois, dont les querelles avaient tant contribué à l'affaiblissement de l'ancien comté, abandonnaient les Français à eux-mêmes et s'embarquaient clandestinement sur leurs navires avec toutes leurs richesses. Instruit de cette défection, le sultan ordonna l'assaut général et emporta la place (26 avril 1289).

Le massacre « à la mamelouke » fut épouvantable. « Les habitants, écrit Aboul Fidâ, s'enfuirent de côté du port, mais bien peu purent s'embarquer. La plupart des hommes furent tués, les femmes et les enfants réduits en esclavage. Quand on eut fini de tuer, on rasa la ville jusqu'au sol. Près de la ville était un îlot où s'élevait une église de saint Thomas. Une foule énorme s'y était réfugiée. Les Musulmans se précipitèrent dans la mer à cheval ou atteignirent l'îlot à la nage. Tous les hommes qui s'y trouvaient furent égorgés. Je me rendis quelque temps après sur cet îlot et le trouvai couvert de cadavres en putréfaction. Il était impossible d'y demeurer à cause de la puanteur. » De toute cette bourdonnante population de marchands, d'ouvriers d'industrie, de médecins et d'écolâtres, orgueil du Levant, rien ne resta que, pendant quelques mois, la putréfaction de ces cadavres, dont le souvenir, vingt ans plus tard, obsédait encore Aboul Fidâ. Épilogue lamentable, mais trop aisé à prévoir, de tant de passions partisanes et d'aveuglement politique.

***

Sur ces entrefaites arriva à Saint-Jean-d'Acre une croisade populaire italienne, formée de pèlerins sans préparation militaire comme sans discipline, dont le zèle dangereux rappelait celui des bandes de Pierre l'Ermite. Ces foules déchaînées et illuminées allaient, au crépuscule des croisades, amener les mêmes malheurs qu'au début. En 1096 elles avaient failli faire avorter la guerre sainte en un ignoble massacre de Juifs et de paysans hongrois ou grecs. Ce fut par un massacre du même ordre qu'en 1291 elles provoquèrent la catastrophe finale.

Avec infiniment de raison les chefs responsables de la commune d'Acre s'efforçaient de calmer le zèle belliciste de la croisade populaire. Faute de pouvoir se mesurer avec les mamelouks, les pèlerins se répandirent alors dans la banlieue d'Acre et se mirent à détrousser et à massacrer les inoffensifs paysans musulmans qui portaient leurs denrées au marché de la ville. Puis, rentrant à Acre, ils y organisèrent des « Vêpres musulmanes », parcourant en émeute le bazar et égorgeant tous les marchands mahométans qu'ils y trouvaient. Dans leur criminelle folie ils passèrent même au fil de l'épée un grand nombre de Syriens chrétiens qui, portant la barbe, furent pris pour des Musulmans.

Les barons syriens furent atterrés. Par ce massacre, perpétré sous le régime de trêve, la démagogie de croisade avait violé le droit public, mis tous les torts du côté des chrétiens et donné aux mamelouks l'occasion de représailles terribles.

En effet, le sultan el-Achraf Khalîl, qui monta sur ces entrefaites sur le trône d'Égypte, n'eut garde de négliger une si favorable occasion. Le jeudi 5 avril 1291, il commençait le siège de Saint-Jean-d'Acre à la tête de cent soixante mille fantassins appuyés par soixante mille cavaliers et d'une formidable « artillerie » de catapultes.

En réunissant toutes les forces chrétiennes, Francs de Syrie et de Chypre, croisés et pèlerins nouveaux venus, marins italiens en escale, la place d'Acre comptait, sur trente-cinq mille habitants environ, quatorze mille combattants à pied et huit cents chevaliers ou sergents montés. Les Ordres militaires, dont la politique égoïste et les querelles étaient pour une bonne part responsables de la décadence franque, se retrouvèrent, à l'heure suprême, dignes de leurs origines. On pouvait beaucoup reprocher à ces hommes, mais ils surent noblement mourir.

Dans la nuit du 15 avril, en profitant d'un magnifique clair de lune, le grand maître du Temple Guillaume de Beaujeu et le chevalier suisse Otton de Granson, commandant des gens d'armes du roi d'Angleterre, tentèrent une sortie dans le secteur nord, du côté de la plage. Avec trois cents chevaliers, ils surprirent les avant-postes égyptiens et parvinrent jusqu'au camp ennemi, mais leurs chevaux s'embarrassèrent dans les cordages de tentes, l'éveil fut donné et ils ne purent, comme ils le voulaient, incendier les machines de siège. Pendant ce même mois d'avril, les assiégés tentèrent une autre sortie, mais cette fois à la faveur d'une nuit obscure. A minuit, toute la chevalerie se massa en silence derrière la porte Saint-Antoine ; mais les mamelouks, prévenus, étaient sur leurs gardes. A l'instant précis où le commandement « à cheval ! » venait de retentir dans l'armée franque, tout le camp musulman s'éclaira de torches et on

Chapitre XVIII

vit dix mille mamelouks montant eux aussi en selle. Les chevaliers rentrèrent dans Acre sous une furieuse charge ennemie.

Le vendredi 18 mai à l'aube, le sultan el-Achraf lança l'assaut final. Une grande batterie de cymbales en avait donné le signal. Les mamelouks s'avançaient à pied, en colonnes profondes, submergeant tout. Pénétrant entre le mur extérieur et le mur intérieur, ils occupèrent d'un seul élan la fameuse Tour Maudite d'où une partie d'entre eux s'élancèrent vers la porte Saint-Antoine. Ce fut de ce côté que se concentra la suprême résistance. Le maréchal de l'Hôpital, Mathieu de Clermont, y fit un instant reculer l'ennemi. Les Templiers eux aussi tinrent dans la tempête. Le chroniqueur de leur ordre, qui fut un des héros de cette journée terrible, nous montre leur grand maître, Guillaume de Beaujeu, courant avec une douzaine des siens arrêter les milliers d'assaillants. Au passage il entre chez le grand maître de l'Hôpital, l'emmène avec lui et tous deux marchent ensemble vers la mort : réconciliation à l'heure suprême – bientôt scellée dans le sang des deux vieillards – des deux ordres rivaux qu'avait jusque-là séparés un mur de haine.

Ce que voulait cette poignée d'hommes de fer, c'était refermer la voie entre les deux enceintes, sauver l'enceinte intérieure, reconquérir la Tour Maudite. Mais devant les masses musulmanes déferlantes « rien ne valut », les deux héros semblaient « frapper sur un mur de pierre ». Aveuglés par les fumées du feu grégeois, ils ne se voyaient plus l'un l'autre. Tels, dans ces tourbillons et ces jets de flamme, au milieu de la pluie des carreaux d'arbalète, tout le reste des Francs ayant cédé, eux, pied à pied, résistaient encore. Il était trois heures quand le grand maître du Temple reçut le coup mortel. Le trait lui entra sous l'aisselle, profondément. « Quand il se sentit frappé à mort, il se retira et on crut qu'il se sauvait ; quelques croisés de Spolète l'arrêtèrent en lui criant : "Pour Dieu, seigneur, ne nous abandonnez pas, ou la ville est perdue !" Et il leur répondit : "Je ne m'enfuis pas, je suis mort, voyez le coup !" Et nous vîmes le trait fiché dans son côté. » Ses fidèles le portèrent au Temple où il expira.

Le maréchal de l'Hôpital, Mathieu de Clermont, n'eut pas une fin moins belle. Après s'être couvert de gloire devant la porte Saint-Antoine, il avait un instant repris haleine dans la maison-forteresse du Temple qui pouvait longtemps encore défier les assauts.

Mais à peine y eut-il salué la dépouille de Guillaume de Beaujeu qu'il retourna au combat. « Lui et ses compagnons abattirent une infinité de Sarrasins et à la fin il fut tué ainsi que tous les siens, comme chevaliers preux et hardis et bons chrétiens, et que Dieu ait leur âme ! » Quant au grand maître de l'Hôpital, Jean de Villiers, il fut dangereusement blessé, mais put être sauvé à temps par les siens.

Tandis que les mamelouks, malgré le sacrifice des Templiers et des Hospitaliers, s'engouffraient dans la ville par la porte Saint-Antoine, Jean de Grailly, commandant du contingent français, et Otton de Granson, commandant du contingent anglais, qui avaient longtemps défendu la porte Saint-Nicolas et la Tour du Pont, finissaient par être écrasés sous le nombre. Jean de Grailly était grièvement blessé, et Otton de Granson refoulé sur le port avec les survivants. Du moins Granson réussit-il à faire embarquer Grailly, le grand maître de l'Hôpital et les autres blessés de son entourage sur un vaisseau vénitien qui les transporta à Chypre.

Mais les bateaux disponibles étaient insuffisants. Plusieurs coulèrent à pic sous les grappes humaines qui les surchargeaient. Le patriarche de Jérusalem, Nicolas de Hanapes, dominicain du diocèse de Reims, après avoir, pendant le siège, soutenu avec un zèle admirable le courage des chrétiens, avait trouvé refuge sur une embarcation ; mais entraîné par sa charité, il ne pouvait se décider à mettre à la voile et accueillait toujours de nouveaux arrivants, si bien qu'à la fin le bateau coula.

La masse de la population resta livrée aux fureurs des mamelouks. « Ce fut terrible, écrit le Templier de Tyr, car les dames, les bourgeoises et les demoiselles fuyaient par les rues, leurs enfants sur les bras ; éperdues et en larmes, elles couraient vers le port. Et quand les Sarrasins les rencontraient, l'un prenait la mère et l'autre l'enfant ; parfois ils en venaient aux mains en se disputant une femme, puis se mettaient d'accord en l'égorgeant. Ailleurs on arrachait aux mères l'enfant qu'elles allaitaient et on le jetait sous les pieds des chevaux. »

Seul le couvent-forteresse des Templiers tenait toujours. Situé sur la mer, avec des murailles énormes, c'était le suprême réduit. Après la mort du grand maître, le maréchal du Temple Pierre de Sevry et le commandeur Thibaut Gaudin s'y barricadèrent avec les derniers

Chapitre XVIII

survivants, après avoir fait réunir au pied des murailles toutes les embarcations encore disponibles. Tout ce qui put se réfugier dans cette forteresse, hommes, femmes et enfants, y trouva le salut, et de là, avec le roi Henri II, s'embarqua pour Chypre. « Et quand tous ces navires mirent à la voile, les Templiers, qui restaient dans leur forteresse, les saluèrent d'un grand cri, et s'éloignèrent les vaisseaux... »

Pendant plusieurs jours la forteresse du Temple défia toutes les attaques. Le sultan el-Achraf offrit alors aux Templiers une capitulation honorable, avec autorisation de se retirer à Chypre. L'accord fut conclu sur ces bases. Déjà les grands étendards sultaniens étaient, en signe d'armistice, arborés sur la maîtresse tour, tandis qu'un émir, avec une centaine de mamelouks, était admis dans la forteresse pour présider à l'embarquement des chrétiens. Mais dans l'ivresse de leur triomphe ces mamelouks attentèrent à l'honneur des dames franques. A ce spectacle, les chevaliers indignés se ruèrent sur eux, les exécutèrent, abattirent le drapeau du sultan et refermèrent les portes. Et le maréchal Pierre de Sevry se prépara pour un nouveau siège.

Le château, avec ses défenseurs réduits au désespoir, semblait imprenable. Le sultan el-Achraf recourut à une félonie.

De nouveau, il offrit à Pierre de Sevry une capitulation pleine d'honneur. Pierre commit l'imprudence de se fier à ces serments. Il se rendit auprès d'el-Achraf avec une partie des siens. A peine le sultan les tint-il en son pouvoir qu'il les fit tous décapiter. Alors ceux des Templiers qui étaient restés dans la forteresse, les blessés, les malades, les vieillards, résolurent de résister jusqu'à la mort. Le sultan dut une troisième fois, à grand renfort de mines, recommencer le siège. La base était sapée, des pans entiers du mur s'effondraient, les Templiers résistaient toujours. Le 28 mai, la brèche étant suffisamment large, el-Achraf lança l'assaut final, mais le poids des masses mameloukes fit céder les étançons des sapes et tout le bâtiment s'effondra, ensevelissant sous ses décombres, avec les derniers Templiers, les colonnes d'assaut. Le « Temple de Jérusalem » eut pour ses funérailles deux mille cadavres turcs.

Les autres places chrétiennes furent évacuées sans combat, Tyr en mai, Sidon en juillet, Tortose en août de la même année. Les Templiers conservèrent jusqu'en 1303 l'îlot de Rouad, en face de

Tortose.

***

C'est par l'îlot de Rouad que six siècles plus tard – en 1914 – les « Francs » devaient reprendre pied en Syrie, pour, de là, aller, quatre ans après, délivrer Tripoli, Beyrouth et Tyr, la ville de Raymond de Saint-Gilles, la ville de Jean d'Ibelin, la ville de Philippe de Montfort.

Quant à Jérusalem, elle devait être « réoccupée » le 9 décembre 1917 par les descendants du roi Richard, sous les ordres du maréchal Allenby.

Annexe
Saint Louis et les alliances orientales [1]
par René GROUSSET,
de l'Académie française

Il ne s'agit de rien de moins, à mon avis, que du tournant décisif de l'histoire des croisades.

Nous sommes en 1250. La croisade de Saint Louis en Égypte, malgré l'héroïsme du roi, vient d'échouer. Au lieu de rentrer en Occident pour se remettre des terribles fatigues de la campagne, Saint Louis, avec une abnégation dont l'histoire doit lui tenir le plus grand compte, se fait aussitôt conduire en Syrie et, pendant près de quatre ans, y prolonge son séjour.

Ces quatre années d'obscur, patient et méritoire labeur de Louis IX en Terre sainte tiennent moins de place dans nos manuels que les dix mois de l'expédition d'Égypte. En réalité, ce fut là qu'il donna toute sa mesure. La campagne d'Égypte, il faut bien en convenir, n'avait pas été précédée d'une préparation diplomatique suffisante. Les Francs de Syrie – les Poulains, comme on les appelait – eussent sans doute souhaité qu'avant de débarquer au Levant, le roi de France adoptât ce que nous appelons une politique musulmane : je veux dire qu'il profitât des conflits qui, au sein de l'Islam, dans la famille des sultans de la maison de Saladin, opposaient le sultan d'Égypte et son cousin, le mélik d'Alep. C'était en manœuvrant de

---

[1] Extrait de la conférence prononcée à la Société des Études historiques, le 16 juin 1948.

Annexe

la sorte entre le sultan d'Égypte et le sultan de Damas que, vingt ans plus tôt, l'empereur Frédéric II avait obtenu sans coup férir la rétrocession de Jérusalem aux chrétiens.

Mais précisément, imiter Frédéric II, c'est ce que Louis IX à cette époque ne voulait à aucun prix. On a même l'impression que la rigidité de sa première politique orientale n'est due qu'à son désir d'éviter les louvoiements, compromissions et collusions islamophiles de son devancier. Le saint roi, en posant le pied – avec quel héroïsme, il vous en souvient ! – sur le sol d'Égypte, entend ne pas marcher sur les traces suspectes de l'empereur excommunié. Il refuse donc tout accord avec les autres puissances musulmanes, ennemies naturelles du sultan d'Égypte, toute conversation, même officieuse. C'est un croisé, uniquement un croisé, c'est un soldat, uniquement un soldat, qui débarque devant Damiette, s'en empare, marche sur Le Caire et, par la folie d'un chevau-léger, son propre frère Robert, échoue à la Mansourah.

Après la Mansourah, après le rachat du roi et son départ pour la Palestine, tout est perdu, fors l'honneur – fors aussi la diplomatie. Dans toute la mesure où une diplomatie avisée, à la fois prudente et hardie, ingénieuse et fine, peut réparer un désastre militaire, Louis IX rétablit la situation. Et c'est là qu'il faut admirer la solidité intellectuelle du grand Capétien. Le soldat sans reproche et sans peur de la Mansourah, le rigide croisé qui s'était refusé à toute conversation préliminaire avec une des cours musulmanes, va, ayant acquis par une dure expérience cette *connaissance de l'Est* qui lui avait jusque-là fait défaut, se transformer sous nos yeux en un politique sans préjugés, qui négociera inlassablement, explorera l'horizon jusqu'aux extrémités de la terre, pour chercher partout des alliances nouvelles, souvent bien inattendues de la part d'un homme tel que lui, en faveur du Saint-Sépulcre. Du jour au lendemain, faisant maintenant sienne la politique de Frédéric II, il poursuit la dissociation du bloc musulman par tout un système d'ententes en terre d'Islam. Bientôt même, par ses ambassades en pays mongol, il dépassera à cet égard Frédéric et jettera, le premier peut-être dans l'histoire de l'Europe, les bases d'une politique vraiment mondiale.

Tout d'abord, disais-je, il recommence Frédéric II. Aussi bien les divisions de l'Islam permettaient-elles de nouveau une manœuvre de grand style. La révolution de caserne, qui, à la faveur de l'invasion franque, avait, en 1250, substitué à la maison de Saladin, en Égypte, la *condotte* turque des mamelouks, n'avait tranché dans le monde musulman ni la question de droit, ni la question de force. Après leur sanglant coup d'État, les mamelouks n'étaient devenus maîtres que de l'Égypte où, aux yeux de tous, ces sauvages prétoriens, assassins de leur monarque, faisaient figure d'usurpateurs. La dynastie légitime, la maison de Saladin, restait en possession de toute la Syrie musulmane. Comme un fossé de sang séparait désormais les nouveaux maîtres du Caire et la vieille cour de Damas, aucune réconciliation entre eux ne paraissait possible. Et déjà les uns et les autres commençaient à faire des ouvertures à Louis IX. Si affaibli qu'il fût alors au point de vue militaire, le roi de France, de Jaffa ou de Saint-Jean-d'Acre où il résidait, faisait presque figure d'arbitre. En tout cas, la cour du Caire, comme celle de Damas, se préoccupait de son attitude, l'une et l'autre se montrant, dans leur conflit, désireuses d'obtenir sa bienveillante neutralité.

Discernant aussitôt les avantages d'une telle situation, Louis IX ne manqua pas d'en jouer. Et ce fut ainsi que son ambassadeur, Jean de Valenciennes, obtint du sultan mamelouk Aïbek la libération d'un premier contingent de prisonniers. Aïbek, en veine de coquetterie envers son ancien captif, envoya même, en cadeau personnel à Louis IX, diverses raretés de ses jardins zoologiques, dont un zèbre et un éléphant.

Fort alarmé par ces nouvelles qui semblaient faire présager une coalition franco-égyptienne contre lui, le sultan de Damas, en-Nâçir Yoûsouf, dépêcha des émissaires à Saint-Jean-d'Acre pour offrir de son côté à Louis IX une alliance précise : que le roi l'aidât à recouvrer l'Égypte sur les mamelouks, et la cour de Damas rétrocéderait Jérusalem aux chrétiens. L'offre était tentante.

Malheureusement le roi n'avait pas les mains libres. Outre que ses moyens militaires, après la capitulation du gros de l'armée et la démobilisation quelque peu hâtive des rescapés, demeuraient extrêmement faibles, une rupture avec la cour du Caire risquait d'entraîner le massacre de ce qui restait de prisonniers français dans les camps de concentration égyptiens.

Mais le roi se garda, pour autant, de repousser les propositions de la cour damastique. Il envoya même à Damas un dominicain, célèbre comme arabisant, Yves le Breton, chargé de maintenir en-Naçir Yoûsouf dans des dispositions favorables. En même temps, et fort de cette négociation que les Égyptiens ne pouvaient ignorer, il renvoyait Jean de Valenciennes au Caire pour exiger des mamelouks la libération immédiate des derniers captifs. Son rapprochement avec les Damasquins lui permettait maintenant de parler haut avec ses anciens geôliers, dont le ton baissa d'autant. Pour éviter la coalition franco-damasquine qui s'annonçait contre lui, le sultan d'Égypte relâcha d'un seul coup tous les prisonniers et même fit remise au roi de l'arriéré de sa rançon. Un article annexe du traité promettait que, si jamais les mamelouks enlevaient à la maison de Saladin Damas et Alep, ils rétrocéderaient Jérusalem aux chrétiens.

Ce traité – le traité franco-égyptien de 1252 – marque, on le voit, le plus étonnant renversement des situations. Le vaincu de Mansourah en arrivait à dicter ses conditions à ses vainqueurs. Non seulement les derniers prisonniers français quittèrent l'Égypte, mais les pourparlers d'états-majors entre Français et Égyptiens furent poussés si avant que date fut prise pour leur commune entrée en campagne contre les Damasquins, campagne au cours de laquelle les Égyptiens devaient prendre Damas et les Francs Jérusalem. Il ne fallut rien de moins que l'intervention du khalife de Bagdad pour faire, au dernier moment, surseoir à cette guerre fratricide entre musulmans, guerre qui n'aurait profité qu'aux chrétiens. Dans ces conditions, insister eût été une faute. Louis IX se garda de la commettre et chercha, en dehors du monde musulman, des alliés plus sûrs à la croisade.

Le premier allié auquel il songea, était le royaume arménien de Cilicie. Allié de longue date, il est vrai, allié naturel de la Syrie franque, à laquelle, par la force des choses, le sort de l'Arménie cilicienne se trouvait évidemment lié. Il n'en est pas moins vrai qu'encore qu'ayant les mêmes intérêts, encore que menacés par les mêmes ennemis, le royaume d'Arménie et les Francs, en l'espèce ceux de la principauté d'Antioche, se trouvaient depuis de longues années en état de lutte ouverte.

Entre eux (qui aurait pu le croire ?) il y avait du sang, le sang d'un cadet tombé à la fleur de l'âge, victime d'obscures vengeances féodales. Trente ans plus tôt, en effet, comme le trône d'Arménie venait d'échoir à la fille du dernier roi, à la toute jeune Isabelle, les barons arméniens avaient donné comme prince consort à celle-ci le fils cadet du sire d'Antioche, Philippe, presque aussi jeune qu'elle. Les nouveaux époux s'adoraient quand un complot, fomenté par le châtelain de Lampron, se forma contre Philippe. Une nuit, des conjurés pénétrèrent dans la chambre conjugale et, au cours d'une scène dramatique, arrachèrent Philippe des bras d'Isabelle. En vain la jeune femme, faisant à son bien-aimé un rempart de son corps, chercha-t-elle à attendrir les agresseurs. Le malheureux fut jeté en prison où il ne tarda pas à périr. Par surcroît d'infortune, les conjurés avaient ensuite obligé la jeune veuve à épouser, malgré ses protestations et sa longue résistance, le fils de leur chef, devenu, du fait de son mariage, le roi d'Arménie Héthoum Ier.

Depuis lors, entre les princes d'Antioche qui pleuraient la fin tragique d'un de leurs fils, et le roi arménien Héthoum, l'hostilité n'avait pas cessé. Cette rupture, qui, depuis près de trente ans, faisait le jeu des seuls musulmans, avait grandement nui aux deux États voisins. Louis IX, soucieux de refaire, face à l'Islam, le faisceau des forces chrétiennes, obligea enfin les deux cours à se réconcilier.

Réconciliation cette fois définitive, car en 1254 le nouveau prince d'Antioche-Tripoli, Bohémond VI le Bel, épousa une des filles du roi d'Arménie Héthoum, la princesse Sibylle. L'ancienne rivalité fit dès lors place à une intime alliance politique et militaire entre l'État arménien de Cilicie et la principauté franque de l'Oronte et du Liban. La constitution de ce bloc franco-arménien, étendu depuis le Taurus cilicien jusqu'aux approches de Beyrouth, c'était l'obstacle le plus sérieux qu'on pût dresser contre la poussée musulmane.

Non moins remarquable est la politique du roi de France avec les ismaïliens. On connaît ces hérétiques de l'islam, cette étrange secte musulmane, en possession de doctrines ésotériques millénaristes mais en abomination à l'islam orthodoxe, cette secte qui s'était constituée en société secrète et à laquelle l'emploi des stupéfiants, à commencer par le haschisch, avait valu le nom d'*assassins*. Les « assassinats », ordonnés par le Grand Maître, « le Vieux de la montagne », frappaient à l'improviste, par des voies mystérieuses, les chefs d'État qui s'opposaient à ses desseins. Plus d'un prince musulman, plus d'un baron chrétien avaient péri sous les coups des sectaires. Dans les nids d'aigle des monts Ansariehs qui leur servaient de repaire, ceux-ci étaient insaisissables.

Certes, l'ismaïlisme ne pouvait exciter aucune sympathie chez les chrétiens. Il n'en est pas moins vrai que, comme puissance temporelle, par son opposition à l'impérialisme musulman, il représentait une force qu'il n'était pas permis d'ignorer. C'est ce qu'avaient déjà pensé plusieurs rois de Jérusalem, notamment Foulque d'Anjou à qui les ismaïliens faillirent livrer Damas ; et Henri de Champagne, qui avait gouverné le royaume de Jérusalem de 1192 à 1197, n'avait pas hésité à aller rendre visite au Vieux de la montagne en sa tanière de Kahf. Pour impressionner le prince français, le Grand Maître lui donna une démonstration de l'obéissance passive avec laquelle ses fidèles, dûment enivrés de haschisch, exécutaient ses ordres. « Parions, Seigneur, plaisanta le Vieux, que vos gens ne feraient pas pour vous ce que les miens font pour moi. » Et sur un signe, on vit se précipiter du haut des tours deux fanatiques qui allèrent se fracasser le crâne sur les rochers. D'autres, rangés à la file sur les créneaux, attendaient leur tour. Il fallut que le bon Henri, tout ému, suppliât le Grand Maître d'arrêter là sa démonstration.

Louis IX n'hésita pas à renouer ces relations. Il y eut du mérite. Le Grand Maître, pour lui extorquer le paiement d'un tribut, avait essayé de l'intimider en lui envoyant, sinistre avertissement en cas de refus, un poignard et un linceul. C'était mal connaître Saint Louis. Non seulement il ne se laissa pas émouvoir, mais il manda les envoyés ismaïliens et les menaça de rupture.

Cette attitude ferme eut un succès immédiat. Le Grand Maître, soudain radouci, envoya à Louis IX des bibelots de luxe, un éléphant de cristal, une girafe de cristal, un jeu d'échecs fait de cristal et d'ambre. Louis IX répondit par d'autres cadeaux, « grand foison de joyaux, d'écarlates, de coupes d'or et de freins d'argent ». C'était une véritable alliance qui se nouait. Le roi la scella en dépêchant chez les ismaïliens, en leurs châteaux du Djebel Ansarieh, le dominicain Yves le Breton pour lequel, nous l'avons vu, la langue arabe n'avait pas de secret.

Frère Yves, à son retour, rapporta au roi des indications précieuses qui nous ont été conservées par Joinville. Il insistait sur l'antagonisme théologique entre l'Islam orthodoxe et la dissidence chiite dont l'ismaïlisme formait l'aile extrémiste. Entre eux, aucune conciliation possible, et les Francs n'avaient qu'à exploiter ces divisions. Quant aux ismaïliens, Yves avait parfaitement discerné les rêveries ésotériques qui faisaient le fond de leurs doctrines, avec croyance à la métempsycose et réincarnations particulièrement heureuses pour les affiliés morts dans le pieux exercice de leur fonction d'assassin. Yves ne fut pas moins surpris de découvrir dans la bibliothèque du Grand Maître des discours apocryphes du Christ et l'affirmation que saint Pierre n'était qu'une réincarnation d'Abel, de Noé et d'Abraham.

Certes, de telles divagations, qui nous montrent qu'en plein Islam l'ismaïlisme conservait l'enseignement souterrain de la gnose, ne pouvaient que faire horreur à Saint Louis. Il n'en eut que plus de mérite à conclure sur le terrain purement politique une alliance de raison avec le Vieux de la montagne pour étayer la défense des *cracs* et autres forteresses septentrionales du comté de Tripoli.

Il montra plus d'audace encore en jetant les bases de l'alliance franco-mongole.

La conquête mongole est le grand fait du XIIIe siècle. A l'époque où nous sommes arrivés, elle se révélait irrésistible. Sous le règne du grand khan Guyuk, petit-fils et deuxième successeur de Gengis-khan (1246-1248), les armées mongoles occupaient la Chine du Nord, les deux Turkestans, l'Afghanistan, l'Iran, le Caucase et la Russie méridionale. En Asie Mineure, le sultan turc n'était que leur humble vassal. Dix ans auparavant, les avant-gardes mongoles avaient subjugué la Russie septentrionale et l'Ukraine, saccagé la Pologne, écrasé la Hongrie, couru jusqu'aux portes de Vienne, non sans commettre partout d'effroyables atrocités.

La teneur tartare, dans les années 1240, avait fait trembler l'Occident.

Et cependant, c'était aux princes gengiskhanides que les Latins cherchaient à appliquer la légende du prêtre Jean, ce mystérieux roi chrétien qui, des extrémités de la terre, devait un jour venir sauver les fidèles. Quelque invraisemblable qu'il parût quand on songe aux atrocités dont les Mongols, encore en pleine barbarie, se rendaient quotidiennement coupables, la légende reposait sur un fond de vérité. Il était exact que, pour barbares qu'ils fussent, les Mongols, ou plus exactement les peuples de la Haute Asie réu-

Annexe

nis sous ce vocable, étaient en partie chrétiens. Le christianisme, sous sa forme nestorienne, avait été prêché à plusieurs des tribus associées à leur domination, à plusieurs familles princières, alliées par le mariage à leur famille impériale, de sorte qu'on avait la surprise de trouver le nestorianisme communément répandu parmi eux, honoré comme une de leurs religions officielles, professé par plusieurs de leurs généraux, représenté même, surtout par les femmes, dans la famille impériale gengiskhanide. Le grand khan Guyuk, qui de Pékin à l'Anatolie régnait sur ce gigantesque empire, bien que fort éclectique en matière religieuse, n'en était pas moins apparenté à plus d'une princesse nestorienne, et, comme tel, se montrait bienveillant au christianisme indigène.

Ses deux principaux ministres, son ancien précepteur Qadaq et son chancelier Tchinqaï, étaient nestoriens. Et c'était pour cette raison que le pape Innocent IV, en 1245, lui avait envoyé en ambassade le célèbre franciscain Jean de Plan Carpin. Quand, après un voyage mémorable à travers les steppes de la Russie méridionale et du Turkestan, Plan Carpin arriva en Haute Mongolie où il séjourna dans la région de Karakoroum, de juillet à novembre 1246, il éprouva cependant une désillusion diplomatique assez grave. Préalablement à tout accord avec le monde latin, le grand khan exigeait que les princes de l'Occident, à commencer par le pape, reconnussent sa souveraineté. La réponse de Guyuk en ce sens, retrouvée dans les archives du Vatican, a été étudiée par Pelliot et par le cardinal Tisserand. Cette réponse, au ton extrêmement raide et cassant, désobligeante même, était conforme aux formules protocolaires des grands khans gengiskhanides, lesquels, depuis leurs victoires, prétendaient à l'empire universel et affectaient de se considérer en droit – en droit divin – comme les représentants uniques du Ciel sur la terre. C'est la vieille théorie chinoise du Fils du Ciel que nous voyons ainsi accommodée, si j'ose dire, à la sauce tartare. Elle ne facilitait évidemment pas les rapports avec les chefs d'État de l'Occident...

Derrière la raideur des formules, il y avait cependant entre Latins et Mongols le désir inavoué de causer, Mongols et Latins ayant, dans l'Islam, le même adversaire. Au moment où Saint Louis était arrivé en Chypre, le poste de haut commissaire mongol en Iran venait d'être attribué par la cour de Karakoroum à un dignitaire tartare très favorable au christianisme, Eldjigidèi, qui, en mai 1248, envoya à Saint Louis deux chrétiens orientaux, David et Marc, chargés d'entrer en négociation officieuse avec le roi.

Au nom du grand khan « roi de la Terre », parlant à « son fils » le roi de France, Eldjigidèi offrait en somme contre l'Islam la protection mongole aux chrétientés du Levant. Il est possible, comme l'a pensé Pelliot, que, dès cette année 1248, le général mongol ait songé à attaquer le Khalifat de Bagdad, attaque qui devait être effectivement menée à bien quelque dix ans plus tard. Il est possible aussi qu'à cet effet Eldjigidèi ait songé à lier partie avec la croisade de Saint Louis au moment où celui-ci se préparait à envahir l'Égypte. La puissance arabe, attaquée par les Français dans le Delta, prise à revers du côté de l'Irak par la grande armée mongole, se serait évidemment trouvée dans des conditions terribles.

Notons que Saint Louis n'a pas découragé l'offre. Bien au contraire. Il a aussitôt envoyé à Eldjigidèi, en Iran, trois dominicains versés dans les dialectes orientaux, André de Longjumeau, son frère Guillaume et Jean de Carcassonne. Si important était l'objet de la négociation qu'Eldjigidèi adressa aussitôt les trois dominicains à la cour impériale de Karakoroum. Malheureusement, à Karakoroum, le grand khan, l'énergique Guyuk, venait de mourir. L'immense empire était paralysé, la force mongole était en suspens sous la régence de sa veuve Oghoul Gaïmich, dont l'autorité était d'ailleurs battue en brèche par des compétitions familiales.

Oghoul Gaïmich reçut les trois dominicains dans ses campements de l'Imil et du Tarbagataï, en Haute Mongolie occidentale. Elle agréa comme un tribut les présents du roi de France et manda à celui-ci d'avoir à se soumettre plus explicitement. En réalité, dans l'arrêt général de la grande politique mongole, au milieu des incertitudes de l'interrègne, la régente n'avait pas l'autorité nécessaire pour conclure les accords envisagés. De fait, dans le sein même de la famille gengiskhanide, une révolution de palais n'allait pas tarder à chasser Oghoul Gaïmich du pouvoir, puis à la faire périr.

On ne doit savoir que plus de gré à Louis IX de son obstination à ne pas se laisser décourager par les résultats, en apparence négatifs, de cette ambassade. Si la réponse d'Oghoul Gaïmich restait décevante, la puissance mongole était un facteur trop décisif en Asie pour qu'on n'essayât pas, une fois encore, de se la concilier.

Saint Louis avait entendu parler des dispositions, particulièrement favorables au christianisme, du prince Sartaq, fils du khan mongol Batou, khan gengiskhanide de la Russie méridionale, la future Horde d'Or. Il décida de lui envoyer le cordelier Guillaume de Rubrouck. Rubrouck, qu'accompagnait un autre franciscain, Barthélemy de Crémone, quitta la Palestine au début de 1253. Il se rendit à Constantinople, s'y embarqua, et prit terre en Crimée. En pénétrant dans les immenses plaines de la Russie méridionale, ce vestibule de l'Asie, il eut l'impression de tomber sur une autre planète, tant la vie des grands nomades, restée inchangée depuis les temps préhistoriques, différait de tout ce que pouvaient imaginer les Occidentaux. Depuis le récent massacre des anciens Turcs Qiptchaq par les Mongols, ces solitudes, que les Slaves n'avaient pas encore colonisées, n'étaient qu'un désert d'herbes, à l'horizon duquel surgissait de loin en loin quelque patrouille de cavalerie tartare. « Quand je me vis au milieu de ces Tartares, il me parut, en vérité, que je me trouvais transporté dans un autre siècle. » La description des cavaliers mongols par Rubrouck est restée classique : Ils n'ont point de demeure permanente, mais ils ont partagé entre eux toute l'ancienne Scythie, et chaque capitaine, selon le nombre d'hommes placés sous ses ordres, sait les bornes de ses pâturages et où il doit aller établir ses campements selon les saisons de l'année. L'hiver approchant, ils descendent en pays plus chaud (vers la Crimée) ; en été, ils remontent vers le nord (du côté des monts Oural). Et Rubrouck de décrire les yourtes de feutre mongoles, montées sur des chariots pendant les déplacements de la horde, puis, à chaque halte, agglomérées en villages mobiles. Quant aux Mongols eux-mêmes, nul ne les a mieux peints que notre franciscain. « Les hommes se rasent un petit carré sur le haut de la tête et font descendre ce qui leur reste de cheveux en tresses qu'ils laissent pendre des deux côtés des tempes, jusqu'aux oreilles. » Couverts de fourrures en hiver, ils s'habillent en été de soieries de luxe livrées en tribut par leurs vassaux chinois. Enfin les énormes beuveries de *qoumiz*, le lait de jument fermenté, boisson nationale des Mongols, et les scènes d'ivresse générale qui s'ensuivaient.

Le 31 juillet 1253, Rubrouck atteignit, à trois journées en deçà de la basse Volga, le campement de Sartaq, fils du khan Batou. Comme quelques autres descendants de Gengis-khan, Sartaq professait le nestorianisme et se montrait fort averti des choses de l'Europe. A Rubrouck qui lui disait que le plus puissant souverain de la chrétienté était théoriquement l'empereur romain germanique, il répondit que l'hégémonie lui paraissait maintenant passée au roi de France. Du campement de Sartaq, Rubrouck, après avoir traversé la basse Volga, se rendit au campement de Batou, sur la rive orientale du grand fleuve. « Batou, écrit Rubrouck, était assis sur un haut siège ou trône, de la grandeur d'un lit et tout doré, auquel on montait par trois degrés ; auprès de lui étaient assis son épouse, puis ses dignitaires. »

L'accueil du gengiskhanide fut courtois, et il envoya l'ambassadeur chrétien au khan suprême, le puissant empereur Mongka, qui avait renversé et remplacé, à Karakoroum, la régente Oghoul Gaïmich.

De la basse Volga, Rubrouck repartit donc, toujours plus loin vers l'Est. Il traversa le fleuve Oural et entra dans la grande steppe asiatique, « cette vaste solitude, note-t-il, qui est comme une grande mer ». Après d'interminables semaines passées à chevaucher dans la monotonie des steppes, on changeant de monture de relais mongol en relais mongol, Rubrouck atteignit enfin les campements impériaux dans la région de Karakoroum, en Haute Mongolie, en décembre 1253. Le 4 janvier 1254, le grand khan Mongka le reçut en audience. « Nous fûmes introduits dans la tente impériale et, le feutre qui servait de portière ayant été soulevé, nous entrâmes en entonnant l'hymne *A solis ortu*. Ce lieu était tout tapissé de draps d'or. Au milieu, il y avait un réchaud plein de feu fait d'épines, de racines d'absinthe et de bouses de vache. Le grand khan était assis sur un petit lit, vêtu d'une robe fourrée et fort lustrée. C'était un homme de moyenne stature, au nez un peu plat et rabattu, âgé d'environ quarante-cinq ans. Il commanda de nous donner de la césarine, faite de riz, qui était aussi douce et claire que du vin blanc. Après cela, il se fit apporter plusieurs sortes d'oiseaux de proie, en les considérant avec attention. Ensuite il nous commanda d'exposer l'objet de notre ambassade, avec, pour interprète, un nestorien. »

A la cour nomade de l'empereur mongol, l'envoyé de Saint Louis eut la surprise de rencontrer une Lorraine, la dame Pâquette de Metz, qui avait été emmenée de Hongrie et qui était au service d'une des épouses nestoriennes du grand khan. Elle avait épousé elle-même un Russe, employé à la horde comme architecte. Rubrouck trouva encore à la cour de Karakoroum un orfèvre parisien, nommé Guillaume Boucher, dont le frère, nous dit-il, demeurait à Paris, sur le Grand Pont.

Rubrouck constata que, pour les grandes fêtes de la cour mongole, les prêtres nestoriens étaient admis les premiers à venir, en habits sacerdotaux, bénir la coupe du grand khan, avant même les docteurs musulmans et les moines bouddhistes. Le grand khan Mongka accompagnait parfois son épouse nestorienne aux offices chrétiens. « Il y vint en ma présence et on lui apporta un lit sur lequel il s'assit durant l'office, avec la reine sa femme, vis-à-vis de l'autel. »

Rubrouck suivit la cour mongole à Karakoroum, où il arriva le 5 avril 1254. Guillaume Boucher, qui jouissait d'un traitement de faveur comme orfèvre de la cour, reçut chez lui avec une grande joie l'envoyé de Saint Louis.

Pour la fête de Pâques 1254, Rubrouck fut admis à célébrer l'office divin dans l'église nestorienne de Karakoroum, où, nous apprend-il, Guillaume Boucher avait sculpté une Vierge à la manière de France. Il eut notamment l'occasion de dire la messe devant le prince impérial Arik-bögè, dont il constata les tendances chrétiennes. Un jour qu'une controverse s'était engagée entre musulmans et chrétiens, Arik-bögè prit publiquement parti pour ces derniers.

Le 30 mai 1254, devant trois arbitres désignés par le grand khan Mongka, Rubrouck soutint en public, toujours à Karakoroum, une grande discussion religieuse, au cours de laquelle, se plaçant sur le terrain de la transcendance divine, il lia partie avec les docteurs musulmans contre les négations métaphysiques des bouddhistes.

Avant de donner congé à Rubrouck, le grand khan, dans une dernière audience, le 18 août 1254, lui remit sa réponse aux propositions de Saint Louis. Le ton, conformément au protocole mongol, en restait fort roide. Au début, la clause de style habituelle : « Tel est le commandement du Ciel Éternel. Il n'y a au ciel qu'un seul Dieu. Il n'y a sur terre qu'un seul souverain, le grand khan, force du Ciel, seul représentant du Ciel sur la terre. » Et au nom de l'Éternel Ciel, ordre était donné au roi de France d'avoir à se reconnaître vassal du grand khan.

Rapportant ce message, Rubrouck reprit à travers les steppes le chemin du retour, et, par la basse Volga, la Transcaucasie et l'Asie Mineure, vint rendre compte au monde latin des résultats de son ambassade. Ils étaient loin d'être négatifs. Sans doute y avait-il les clauses de style, le terrible protocole mongol qui prétendait exiger de tous les rois de la terre une vassalité explicite à l'égard du grand khan. Et il est évident que le roi de France ne pouvait pas une seconde se prêter à de telles exigences. Mais sous les mots il y avait les réalités. Et la réalité, c'était que dans les États du Levant l'intérêt des Mongols était partout solidaire des intérêts chrétiens. Nous savons, nous, qu'au moment où il recevait l'ambassadeur de Saint Louis, Mongka se préparait à envoyer son propre frère Hulègu en Perse pour détruire, en Irak, le khalifat de Bagdad, et en Syrie la maison de Saladin.

La réponse de Mongka put paraître insolente et inadmissible à la cour de France, parce qu'elle débutait par les prétentions de suzeraineté œcuménique habituelles à la diplomatie mongole. Sous ces clauses de style en quelque sorte protocolaires, Mongka n'en souhaitait pas moins un échange régulier d'ambassades. Surtout le grand khan n'avait nullement dissimulé son intention de prendre, avec toutes ses forces, l'Islam à revers. Ce qui, en effet, se préparait à Karakoroum, tandis qu'y séjournait Rubrouck, ce n'était rien de moins que l'équivalent d'une grande croisade mongole, d'une croisade nestorienne, destinée à jeter contre les États turco-arabes du Levant (mais avec l'appui du monde iranien) tous les nomades de la Haute Asie, depuis la Chine jusqu'à la Caspienne. Quelle que fût leur rudesse, quelle que fût l'insolence de leurs prétentions à la monarchie universelle, les Mongols allaient, par la force des choses, se présenter à l'Orient latin comme des alliés naturels et des sauveurs providentiels. La légende du Prêtre Jean allait devenir réalité.

C'est ce qu'avait compris un des plus sagaces princes chrétiens d'Orient, le roi d'Arménie (c'est-à-dire de Cilicie) Héthoum Ier, dont nous avons vu l'importance dans le système défensif, constitué au Levant par Louis IX. Nul ne discerna mieux que cet habile monarque quel *coup de théâtre* dans la lutte séculaire de la Croix et du Croissant pouvait constituer l'entrée en scène du facteur mongol. Pour bénéficier contre l'Islam sunnite de la protection des Mongols, le prince arménien n'avait point hésité à accepter spontanément leur protectorat. Dès 1247 il avait envoyé à cet effet en Mongolie son propre frère, le célèbre connétable Sempad. En 1254, pour resserrer l'alliance ainsi conclue, Héthoum à son tour se rendit en personne en Mongolie. Le 13 septembre 1254, il fut reçu, près de Karakoroum, par le grand khan Mongka « siégeant dans toute sa gloire ». L'empereur mongol fit le meilleur accueil à ce fidèle vassal. Il lui remit des lettres patentes déclarant prendre sous sa protection effective toute la chrétienté arménienne. Surtout, il confirma au monarque arménien la grande nouvelle. Le frère du grand khan, le prince impérial Hulègu, nommé vice-empereur d'Iran, allait attaquer et détruire le khalifat de Bagdad, attaquer et détruire le sultanat d'Alep et de Damas, attaquer et détruire le sultanat mamelouk d'Égypte. Et partout il rétablirait la chrétienté dans son antique patrimoine...

Occasion unique, sourire du destin qui durent, dans leur tombe, faire tressaillir d'allégresse les grands rois de Jérusalem du siècle précédent, les Baudouin, les Foulque, les Amaury. Le Prêtre Jean n'était plus un rêve, c'était la plus merveilleuse des réalités. Tous les espoirs étaient permis...

Ils se réalisèrent. En 1256, le frère du grand khan Mongka, le prince Hulègu, vint prendre possession de sa vice-royauté d'Iran. Fils d'une princesse nestorienne, de la pieuse Sorgaqtani, époux d'une autre nestorienne, de la non moins pieuse Dokouz-Khatoun, il ne dissimulait pas ses sympathies pour le christianisme. Devant la tente de son épouse, une autre tente, aménagée en chapelle, était toujours dressée, et partout où la cour nomade se déplaçait, on y célébrait la messe. Hulègu lui-même, bien que personnellement bouddhiste, considérait un peu le christianisme comme sa seconde religion. Il aimait à s'en entretenir avec les prêtres nestoriens, arméniens ou syriaques qui affluaient autour de lui et qu'il comblait de bienfaits. « Un jour, écrit le moine arménien Vartan, il fit écarter toutes les personnes de sa suite et m'entretint longuement de ses souvenirs d'enfance et de sa mère, qui était chrétienne. »

Ce fut dans ces sentiments que le petit-fils de Gengis-khan attaqua le khalifat de Bagdad et, le 10 février 1258, s'empara de l'immense cité. Rien de plus significatif que son attitude en la circonstance. Au milieu des fureurs de la prise d'assaut, il ordonna d'épargner la vie de tous les chrétiens indigènes, de respecter toutes les églises chrétiennes. Mieux encore, il fit don d'un des palais du khalife vaincu au patriarche de l'Église nestorienne, le *katholikos* Makikha. Partout dans ses États, l'élément chrétien recevait une situation privilégiée et bénéficiait, de la part des nouveaux maîtres du monde, d'attentions suivies.

A cet égard, remarquons-le, se trouvait justifié l'espoir instinctif placé par Louis IX dans les Mongols. C'était bien une croisade mongole qui déferlait et qui, après avoir détruit le khalifat, allait se ruer sur la Syrie musulmane.

La Syrie, on le sait, était, en effet, partagée entre la maison de Saladin, maîtresse de l'intérieur, c'est-à-dire d'Alep, de Damas et de Jérusalem, et la zone littorale, encore au pouvoir des Francs, en l'espèce la principauté d'Antioche-Tripoli, alors gouvernée par Bohémond VI le Bel, et les baronnies franques du sahel palestinien comme Beyrouth, Tyr, Saint-Jean-d'Acre, Césarée et Jaffa.

A la nouvelle que débouchait en Syrie la grande armée mongole, commandée par le khan Hulègu en personne, le prince d'Antioche Bohémond VI et le roi Héthoum d'Arménie n'hésitèrent point. Réunissant leurs forces, ils vinrent les mettre à la disposition du gengiskhanide, aux côtés duquel ils participèrent à toute la campagne. En janvier 1260, Alep, la ville inviolée, qui avait résisté à toutes les croisades latines, fut emportée d'assaut. Quelques semaines après, son imprenable citadelle tombait à son tour. Tout le territoire que depuis un siècle l'émirat d'Alep avait enlevé à la principauté d'Antioche fut restitué à celle-ci.

La chute d'Alep entraîna celle de Damas. Le 1er mars 1260, les Mongols firent leur entrée dans la ville. Ils avaient à leur tête un Turc nestorien, né au pied de l'Altaï, le célèbre *naïman* Kitbouqa qui, là comme à Bagdad, favorisa systématiquement l'élément chrétien. Par ailleurs, et dans le sein de l'Islam, les Mongols favorisaient partout l'élément persan et plaçaient des fonctionnaires persans à la tête de l'administration des villes musulmanes conquises. Nous retrouvons là les vieilles sympathies franco-iraniennes qui sont une des constantes de la question d'Orient.

Plus encore que la chute de Bagdad, l'entrée des Mongols à Damas parut aux chrétiens orientaux une revanche du destin. Ils organisèrent dans les rues des processions d'actions de grâces en chantant des psaumes et en portant des croix. Se vengeant d'une interdiction de six siècles, ils faisaient dans leurs églises carillonner joyeusement leurs cloches. Bohémond d'Antioche et le roi d'Arménie qui chevauchaient aux côtés du général mongol Kitbouqa obtinrent sans difficulté de celui-ci qu'un certain nombre d'anciens sanctuaires chrétiens, naguère transformés en mosquées, fussent rendus au culte de la Croix. Kitbouqa lui-même, après sa victoire, donnait libre cours à sa piété en visitant les églises de Syrie.

La victoire des Mongols semblait complète. Les avant-gardes galopèrent d'une seule traite jusqu'au-delà de Gaza, vers la frontière égyptienne.

Insistons sur cet étonnant spectacle. Ce qu'aucune croisade n'avait pu, ce que la politique des meilleurs rois de Jérusalem au XIIe siècle avait été impuissante à obtenir, le sabre du guerrier mongol, surgi des profondeurs de l'Altaï, l'imposait d'un seul geste. En cette année 1260, la Syrie musulmane, toujours contenue à l'ouest par la ligne des cracs et des forteresses littorales franques, prise à revers à l'est par la ruée des escadrons mongols, venait de s'effondrer. Le Mongol nestorien, maître de toute la Syrie intérieure, tendait sa rude main au Franc, toujours maître des ports.

Comment ne pas reconnaître dans ce prodigieux renversement des situations le résultat des vues profondes de Louis IX ? Ce qui se réalisait aujourd'hui, n'était-ce pas ce que le grand Capétien avait entrevu, voulu, proposé sept ans plus tôt, quand il avait envoyé Rubrouck à la cour de Karakoroum ? Mais en 1260 Saint Louis n'était plus sur place en Terre Sainte pour tirer parti de ce triomphe. Depuis son retour en France, la Syrie franque, tout au moins la république féodale de Saint-Jean-d'Acre, était en proie à la plus lamentable anarchie. Seul le prince d'Antioche, le vaillant Bohémond VI, que Saint Louis avait naguère armé chevalier, restait fidèle aux directions ludoviciennes. Et nous venons de voir qu'effectivement Bohémond s'était étroitement allié aux Mongols. Mais les barons de Sidon et d'Acre, par une effroyable cécité politique, rejetèrent l'alliance mongole au moment même où celle-ci allait leur rendre Jérusalem. Non seulement ils attaquèrent les détachements mongols, mais ils pactisèrent avec les mamelouks et permirent à ceux-ci d'emprunter le territoire latin pour tourner les positions mongoles et surprendre l'armée mongole en Haute Galilée. Décision fatale, qui provoqua en effet la défaite des escadrons de Kitbouqa à Aïndjalout, mais qui, une fois l'armée mongole rejetée en Perse, laissa les Francs seuls face à face avec leur dangereux allié, le terrible sultan mamelouk Baïbars, lequel, pour toute récompense, commença à les rejeter impitoyablement à la mer.

  Le récit de ces derniers événements excéderait le cadre de la présente conférence. Ce que j'ai voulu évoquer, c'est l'admirable politique orientale d'un de nos plus grands rois. Politique aux larges vues, que dis-je ? d'une incroyable ampleur d'horizon, politique qui embrassait l'Asie entière, de la Cilicie à la Chine, politique déjà mondiale.

  De notre roi français à plus juste titre que de son contemporain l'empereur Frédéric II, on peut dire qu'il aura vraiment dominé son époque. Il fut un des hommes de son temps qui eurent le plus d'espace dans le regard, le plus d'universalité dans les conceptions, le plus d'avenir dans l'esprit.

ISBN : 978-2-37976-176-8